Nils Seibert

Die Begründung und Beendigung von Arbeitsverhältnissen und Arbeitsverträgen

Eine Darstellung und Analyse der chinesischen Rechtslage

PETER LANG
Internationaler Verlag der Wissenschaften

Bibliografische Information der Deutschen Nationalbibliothek
Die Deutsche Nationalbibliothek verzeichnet diese Publikation in der Deutschen Nationalbibliografie; detaillierte bibliografische Daten sind im Internet über http://dnb.d-nb.de abrufbar.

Zugl.: Göttingen, Univ., Diss., 2011

D 7
ISSN 2191-4079
ISBN 978-3-631-63754-8

www.peterlang.de

Die Begründung und Beendigung von Arbeitsverhältnissen
und Arbeitsverträgen

Schriften zum Recht der Arbeit

Herausgegeben von Olaf Deinert und Rüdiger Krause

Band 3

PETER LANG

Frankfurt am Main · Berlin · Bern · Bruxelles · New York · Oxford · Wien

Brief Comments on Doctor Nils Seibert's Doctoral Thesis, Comparative Analysis of Chinese Labor Contract Law and German Labor Contract Law

By Professor Wang Quanxing[1]

In Chinese labor law system composed by the single employment relationship law (i.e. labor contract law), collective labor relations law, labor condition standard law, etc., the labor contract law is superior to the collective labor relations law and labor condition standard law from development, completeness and effectiveness perspectives. The significant role of the labor contract law in the Chinese labor law system is hard to be compared with that of other western countries. Doctor Nils Seibert's choice of labor contract law as the study subject for a comparison between the Chinese and German labor law system seizes the key of current Chinese labor law.

As the first treatise on a comparative and systematic analyzes of Chinese and German labor contract law, *Comparative Analysis of Chinese Labor Contract Law and German Labor Contract Law*, the doctor dissertation of Doctor Nils Seibert, makes its outstanding contributions at the following two points:

1. Accurately revealing the "Chinese Characteristics" of Chinese labor contract law, the distinction from that of German and other western countries

Chinese employment relationship and labor law are in a special historical stage, when Chinese industrialization and urbanization are in an acceleration period and also overlap with economic market reform as well as economic globalization. It is a stage of development never been before in Chinese and foreign history when the Chinese Characteristic is so apparent. In this stage, accumulatively affected by industrialization, urbanization, economic market reform, economic globalization and other factors, employment relationship and labor law present some special phenomena.

For instance, industrialization and urbanization are in the acceleration period as a whole, but unbalanced in the regional process, that is, regions in the early, middle and late stage of industrialization and urbanization

1 Übersetzung vom Chinesischen ins Englische durch Hu Xinting.

coexist; urbanization lags behind industrialization in some areas, while industrialization lags behind urbanization in other areas; the barriers between urban and rural areas as well as those in different regions originating from the planned economy system are not broken thoroughly. All these cause the employment and employment relationship being easily affected by international economic fluctuation. Therefore, on one side, an increased transfer of surplus rural labor to non-agricultural industries and cities creates a large number of rural migrant workers, resulting in the oversupply of labor force in the overall market; on the other side, rural migrant workers are the most volatile group whose social condition is unequal to urban workers. These are the main reasons for unstable employment relationships. The unstable employment relationship, especially that of rural migrant workers, directly causes that the collective contract system as well as the democratic management system are hard to cover rural migrant workers. Thus, labor contract law takes over a significant role in the labor law system.

For another instance, Chinese labor contract system serves as a method of labor system market-oriented reform, which actually is a transition of labor resource allocation mechanisms from administration-oriented to market-oriented. Under the planned economy system, labor resources were totally administratively allocated, whereby the conclusion of employment relationships was arranged by the government without any contract. From the market-oriented labor system reform in 1986, labor resource's administration-oriented allocation mechanisms and market-oriented mechanisms coexisted, namely, the labor contract system and the original permanent worker system coexisted. The main function of labor contract system was to break the ultra-stable condition of employment relations in the planned economy system, to promote and protect the free mobility of labor resources. However, its function to stabilize the employment relations was not given enough concern. Since the labor law was put in place in China from 1995, as a tool of labor resource market-oriented allocation mechanism and to fully implement the labor contract system, together with the appearance of a vast amount of rural immigrant groups, the problem of short-term employment relations has become increasingly prominent. Accordingly, the labor contract system's stablizing function has become its main function, which is well embodied in China's Labor Contract Law promulgated in 2007. Nevertheless, because unstable employment relationships partly attribute to the market system, Chinese labor contract law's stablizing function is still weaker than that in western countries.

That is why some special regulations in Chinese labor contract law are hard to be understood by foreign scholars. For example, the conclusion of a labor contract shall be made in writing. Oral form is not allowed. However, the written labor contract is not the requirement for the establishment of an employment relationship; the normal labor contract term is fixed term, non-fixed term is an exception. Fixed term labor contracts include short-term (temporary) labor contracts and middle-long term labor contracts; and so on. It demonstrate Doctor Nils Seibert's wisdom that he chooses the distinctive mechanism in Chinese labor contract law which is different from German mechanism as the focus of analysis and accurately reveals the legal implication of its "Chinese Characteristic". This is a good guidance and demonstration for foreigners to understand Chinese labor law through its legislative background and interpret Chinese laws from a "Chinese Characteristic" perspective.

2. Resolving difficult problems of Chinese labor contract law through German legal interpretation method

Legislative defects are unavoidable, for a law cannot simultaneously satisfy the requirements of normativity and stability as well as the flexibility of the dynamic of regulatory objects. With respect to the legislative defects, a jurist is responsible for completion of the following tasks: firstly, to find and criticize the defects; secondly, through legal interpretation and jurisprudential construction, to remedy legislative defects and improve the legislation's adaptability to the dynamic social behavior and social relationships in its application; thirdly, to submit amendment and supplementary suggestions, if it fails to remedy the legislative defects through legal interpretation and theoretical construction. In the three tasks hereinbefore, for the current legislative defects, such as the defects in China's Labor Contract Law and the Regulation on the Implementation of Labor Contract Law (hereinafter referred to as "Implementation Regulation"), second task may be more meaningful. Moreover, the performance of all these three tasks depends on the use of legal interpretation.

In Chinese labor law circle, in spite of a widespread use of legal interpretation methods, the scholars attach more importance to the method of legal revision than legal interpretation, in a market-oriented labor system reform with onerous labor legislation tasks. Whereas, after the enforcement of China's Labor Contract Law and the Implementation Regulation, there is no doubt that jurists should be more concerned with the use of legal interpretation. In this context, it is quite appropriate that Doctor Nils Seibert makes his comparative analysis study of Chinese and German labor contract law using German legal interpretation method.

Chinese labor contract law is meeting more and more problems in its application. Using German legal interpretation method to resolve such problems is quite appropriate, which has been demonstrated in Doctor Nils Seibert's doctoral dissertation. For example, in accordance with Article 10 and Paragraph 3 of Article 14 in China's Labor Contract Law and Article 5, Article 6 and Article 7 in the Implementation Regulation, employment relationships are composed of employment relations with written contract and without written contract; and the employment relations without written contract may be divided into the employment relations which have continued less than one year as of the date of start using the employee and the employment relations which have continued more than one year as of the date of start to use the employee. The former is an employment relation without written contract and uncertain terms and conditions, and its termination and continuance are all uncertain as well, whereas, the latter is an employment relation without written contract but regarded as conclusion of non-fixed term employment relation. Chapter 4 of China's Labor Contract Law regarding dissolution and termination of labor contracts only applies to the employment relations with written contract, and does not provide whether it applies to the employment relations without contract. Whereas the employment relationship with a written contract is an employment relation with certain term (i.e. fixed term, indefinite term or taking the completion of a specific task as a term), so Chapter 4 also applies to the employment relations without written contract but continuing more than one year as of the date of start to use the employee, because such employment relations are regarded as employment with non-fixed term. In this sense, a special law to provide for the dissolution and termination of such employment without written contract and uncertain terms and conditions, and whose termination and continuance are all uncertain, should be enacted. Considering that such employment relation is not appropriate to be the object of the dissolution protection of the other party, and the termination has been specially provided in Article 5 and 6 in the Implementation Regulation, it is suitable to enact only rules regarding its termination, but dissolution rules are not needed. Doctor Nils Seibert finds these secrets through his analysis using German legal interpretation methods, and makes his judgments that Chinese labor contract law shall distinguish "employment relationship" and "labor contract", and claims to establish an independent theory and system for employment without written contract.

Thus, Doctor Nils Seibert's precise analysis of China's labor contract law through German legal interpretation method is not only helpful to resolve difficulties in the application of law and legislation, but also important as a reference of Chinese labor law circle's transformation to glossators and for precise analysis.

In the end, it is worthy to point out that Doctor Nils Seibert has very concerned about the "Chinese Characteristic" of China's labor contract law, but maybe did not take the comprehensive background of Chinese labor contract law's changes into regard which may affect the exact interpretation of the statute. The legal interpretation method despite it is advantageous it also has its limitations, therefore it is ideal if legal logic matches with background logic. Doctor Nils Seibert is engaged in law practice in China. I believe he will more deeply and comprehensively learn about China's background and hope he will make more valuable attributions to China, Germany and even the world in comparative jurisprudence study.

Shanghai, China
July 5, 2012

Vorwort Prof. Lin Jia

I learnt to know Dr. Nils Seibert during an academic speech of his tutor, Prof. Ruediger Krause, about German labour law for our law school, which I hosted at Renmin University. Dr. Seibert speaks fluent Chinese so that we had a good communication on labour law. After learning of the topic of his dissertation on PRC labour contract law, I invited him to write an article for the periodical "Social Law Review" which I undertake as editor in chief. Shortly afterwards he sent me the article "Analysis of the Differentiation between Labor Relationship and Labor Contract under PRC Labor Contract Law with German Interpretation Methodology". My doctoral candidates translated his article into Chinese and I published it in 5th "Social Law Review" 2011. Through his article I learnt more about his ideas on PRC labour contract law. Therefore, when he asked me, as a PRC labor law Professor, to write a short introduction for his dissertation, I was pleased to do so.

As a labor law scholar, I think that Dr. Seibert's dissertation has the two following aspects which should be highly valued by PRC labor law scholars:

(1) As a German labor law scholar, Dr. Seibert understands PRC labor contract law not only through translated law texts which is sufficient to gain some superficial information, but he took his advantage of Chinese to search and read deeply in almost all related law texts of Chinese labor contract law including not only national laws, administrative regulations but also local decrees, special decrees, administrative or local rules and interpretations of the supreme court. As I know, he cited over 100 PRC labor law laws and regulations in his dissertation. Even within Chinese labor law scholars it is not usual to research so carefully on the basis of almost all relevant law texts. This is why he can give very adequate arguments in the analysis of his dissertation.

(2) The major idea of Dr. Seibert's dissertation is that PRC labor contract law differentiates between labor relationship and labor contract. At first glance this view seems different to the traditional opinion, because the Chinese legislator and scholars assume that the purpose of the PRC Labor Contract Law is to remove the differentiation of factual labor relationship and labor contract. However, if one looks into the whole theoretical construct of the dissertation, one can find a justification of this differentiation, which has not been noticed by the Chinese legislator and scholars before. For example, Dr.

Seibert put forward observantly that if the agreement on the wage amount is not clear, one should refer to Article 10 in case of a labor relationship without written labor contract, but Article 18 in case of a labor contract; another example, employer can dissolve a labor relationship at any time, if employee does not want to sign a written contract pursuant to the Regulation on the Implementation of the Labor Contract Law. There is a distinct difference to the dissolution of written contract. The differentiation leads to different results of judicial application. Chinese legislator and scholars should consider this point.

I wish Dr. Seibert much success for his further Chinese legal research.

Executive vice president of China Social Law Association
Prof. Dr. Lin Jia
May 2, 2012

Vorwort

Die vorliegende Arbeit wurde 2010 als Promotionsarbeit von Herrn Professor Dr. Rüdiger Krause von der Georg-August Universität Göttingen angenommen. Anfang 2011 wurde von Professor Krause das Erstgutachten und von Professor Dr. Peter-Tobias Stoll das Zweitgutachten angefertigt, worauf die Einladung zum Rigorosum erging, das am 28. Juni 2011 erfolgreich bestanden wurde. Damit fand ein ca. zweijähriges Forschungsprojekt zum chinesischen Arbeitsvertragsrecht seinen Abschluss bei der Person, die diese Arbeit erst ermöglicht hat.

Angeregt durch eine Referendarsstage bei der Gesellschaft für Technische Zusammenarbeit bewarb ich mich 2007 bei Professor Krause zwecks Betreuung einer Doktorarbeit zum chinesischen Arbeitsvertragsrecht. Das grosse und offensichtliche Manko des Forschungsprojektes schienen meine damals noch fehlenden Chinesischkenntnisse. Nichtsdestotrotz erachtete Professor Krause das Forschungsprojekt für machbar und, nachdem ich einen umfangreichen Überblick zum chinesischen Schlichtungs- und Schiedsverfahren in Arbeitsstreitigkeiten angefertigt hatte, erklärte sich zur Betreuung desselben bereit.

Ich möchte jedenfalls die Gelegenheit dieses Vorwortes nutzen, um Professor Krause für das entgegengebrachte Vertrauen, die stets sehr guten und hilfreichen Tipps im Rahmen von Besprechungen des Forschungsvorhabens sowie die Erstellung eines Gutachtens für die Beantragung eines Promotionsstipendiums zu danken.

Weiterer Dank gebührt zudem Herrn Professor Dr. Stoll für die Anfertigung des Zweitgutachtens sowie Herrn Professor Dr. Volker Lipp für die freundlich geführte Prüfung während des Rigorosums.

Vergessen werden dürfen auch die folgenden Personen nicht:

Katja Senkel, die trotz Dreifachbelastung mit Arbeit, Jurastudium in Heidelberg und Promotion in Mainz noch Zeit fand, einen Grossteil meiner Doktorarbeit korrekturzulesen;

Sebastian Weber, eine dieser guten Seelen, an die sich Freunde in Not immer wenden können, ebenfalls für das Korrekturlesen meiner Doktorarbeit;

Dr. Wu Wenfang, die ich stundenlang mit meinen Fragen zum Verständnis des chinesischen Arbeitsrechts in Anspruch genommen habe, ohne dass Sie jemals erkennbar ungeduldig geworden wäre, und die mir half, einige Verständnislücken zu füllen, aber auch meine Arbeit dem „Praxischeck" zu unterziehen;

Dr. Fanwei, mit dem ich ebenfalls einige interessante Diskussionen zum chinesischen Arbeitsvertragsrecht führte, auch wenn wir fast immer unterschiedlicher Meinung waren;

Professor Lin Jia, die die Veröffentlichung der Kernidee meiner Dissertation in einer von ihr herausgegebenen Fachzeitschrift ermöglicht hat und so freundlich war, ein Vorwort für dieses Buch zu verfassen; und

Professor Wang Quan Xing, der mir erstmals die Gelegenheit bot, einer grösseren Anzahl chinesischer Rechtswissenschaftler meine Doktorarbeit vorzustellen.

Last but not least danke ich meinen Eltern, die, bescheiden wie unsere Familie ist, nicht am Anfang dieses Vorwortes genannt werden wollen, auch wenn sie es verdient hätten.

Inhaltsverzeichnis

Abkürzungsverzeichnis

aaO	Am angegebenen Ort
ACFTU	All China Federation of Trade Unions
AFG	Arbeitsförderungsgesetz
AG	Arbeitsgesetz
AGG	Allgemeines Gleichbehandlungsgesetz
AGZR	Allgemeine Grundsätze des Zivilrechts
AMVB 2000	Bestimmungen zur Verwaltung des Arbeitsmarktes
Anstellungsbest. 1986	Vorläufige Bestimmungen zur Anstellung von Arbeitern in staatlichen Unternehmen
Arbeitskonfliktbest. 1987	Vorläufige Bestimmungen über die Regelung von Arbeitskonflikten in staatlich betriebenen Unternehmen
Arbeitslosenversicherungsbest. 1986	Vorläufige Bestimmungen zur Arbeitslosenversicherung für Arbeiter und Angestellte in staatlichen Unternehmen
Arbeitsvertragsbest. 1986	Vorläufige Bestimmungen zur Durchführung des Arbeitsvertragssystems in staatlichen Unternehmen
AuA	Arbeit und Arbeitsrecht
AUV-Regeln	Arbeitsunfallversicherungsregeln
AÜG	Arbeitnehmerüberlassungsgesetz
AV in der VRC	Der Arbeitsvertrag in der Volksrepublik China nach dem Arbeitsvertragssystem von 1986
AVG	Arbeitsvertragsgesetz
AVVB 2008	Bestimmungen zur Arbeitsvermittlung und Arbeitsverwaltung
AVR	Arbeitslosenversicherungsregeln
BAG	Bundesarbeitsgericht
BBAU	Bestimmungen zur Beilegung von Arbeitstreitigkeiten in Unternehmen
BBiG	Berufsbildungsgesetz
BDSG	Bundesdatenschutzgesetz

BEEG	Bundeselterngeld- und Elternzeitgesetz
Pekinger AVB	Beijinger Arbeitsvertragsbestimmungen
BetrVG	Betriebsverfassungsgesetz
BImSchG	Bundesimmissionsschutzgesetz
BVerfG	Bundesverfassungsgericht
BGB	Bürgerliches Gesetzbuch
Bspw.	Beispielsweise
Bzw.	Beziehungsweise
CLB	China Labour Bulletin
CLP	China Law & Practice
DB	Der Betrieb
DDR	Deutsche Demokratische Republik
ELL	Encyclopedia Labour Law
EL&PC	Employment Law & Practice in China
Entlassungsbest. 1986	Vorläufige Bestimmungen zur Entlassung von Arbeitern und Angestellten wegen Arbeitsverletzungen in staatlichen Unternehmen
EuGH	Europäischer Gerichtshof
FFE	Foreign-Funded Enterprises
FIE	Foreign-Invested Enterprises
GG	Grundgesetz
Guangd. AVB	Guangdonger Arbeitsvertragsbestimmungen
GesetzgebungsG	Gesetzgebungsgesetz
HGB	Handelsgesetzbuch
ILO	International Labour Organisation
i. V. m.	in Verbindung mit
JV	Joint Ventures
Kfz.	Kraftfahrzeug
KP	Kommunistische Partei
KSchG	Kündigungsschutzgesetz
LAC	Legislative Affairs Commission
MOFCOM	Ministry of Finance and Commerce
MOHRSS	Ministry of Human Resources and Social Security
MOLP	Ministry of Labour and Personnel
MOLSS	Ministry of Labour and Social Security
MOP	Ministry of Personnel
MuSchG	Mutterschutzgesetz
m. w. N.	mit weiteren Nachweisen
NachweisG	Nachweisgesetz

NGO	Non-Government Organisation
NJW	Neue Juristische Woche
NVK	Nationaler Volkskongress
NZA	Neue Zeitschrift für Arbeitsrecht
OVG	Oberste Volksgericht
RA	Rechtsanwalt
RAG	Reichsarbeitsgericht
RAG ARS	Reichsarbeitsgericht, Arbeitsrechtssammlung
RdA	Recht der Arbeit
RIW	Recht der internationalen Wirtschaft
RL-LA	Richtlinie über Leiharbeit
RMB	Renminbi
SA-NVK	Ständiger Ausschuss des Nationalen Volkskongresses
SGB	Sozialgesetzbuch
Shangh. AVB	Shanghaier Arbeitsvertragsbestimmungen
Shenz. AVB	Arbeitsvertragsbestimmungen der SWZ Shenzhen
S. o.	Siehe oben
SOE	State-Owned Enterprises
SR	Staatsrat
SSAG	Gesetz über die Schlichtung und Schiedsverfahren in Arbeitsstreitigkeiten
StPO	Strafprozessordnung der VRC
S. u.	Siehe unten
SWZ	Sonderwirtschaftszonen
Tianjin ABVB	Arbeits- und Beschäftigungsverwaltungs-bestimmungen der SWZ Tianjin
TzBfG	Teilzeit- und Befristungsgesetz
UNIDROIT	Institut international pour l'unification du droit
usw.	und so weiter
Verf.	Verfassung der VRC
VG	Vertragsgesetz
Vgl.	Vergleiche
VRC	Volksrepublik China
Z. B.	Zum Beispiel
ZIAS	Zeitschrift für internationales und ausländisches Arbeits- und Sozialrecht
ZPG	Zivilprozessgesetz

ZVglRWiss	Zeitschrift für vergleichende Rechtswissenschaften
1982er Regeln	Bestimmungen zur Belohnung und Bestrafung von Arbeitern und Angestellten in Unternehmen
1986er Bestimmungen	Vorläufige Bestimmungen zur Anstellung von Arbeitern in staatlichen Unternehmen / Vorläufige Bestimmungen über die Regelung von Arbeitskonflikten in staatlich betriebenen Unternehmen / Vorläufige Bestimmungen zur Arbeitslosenversicherung für Arbeiter und Angestellte in staatlichen Unternehmen / Vorläufige Bestimmungen zur Durchführung des Arbeitsvertragssystems in staatlichen Unternehmen

Einleitung

Der Verfasser ist seit Anfang 2011 als deutscher Rechtsanwalt und Senior Counsel mit Beratungsschwerpunkt im chinesischen Recht in Shanghai tätig. 2007 kam er erstmalig im Rahmen seines juristischen Referendariats bei der Rechtskooperation der Gesellschaft für Technische Zusammenarbeit (GTZ) in Beijing mit dem chinesischen Recht in Kontakt. Anfang 2008 begann der Verfasser mit der Arbeit an der vorliegenden Dissertation, während er gleichzeitig als Rechtsanwalt für Arbeitsrecht in einer Kanzlei in Frankfurt tätig war. Ende 2009 wurde das Studium der chinesischen Sprache und Schrift an der Fremdsprachenuniversität Peking im Rahmen des „Sprache und Praxis in der Volksrepublik China" Stipendienprogrammes des Deutschen Akademischen Austauschdienstes aufgenommen. Das Programm endete Anfang 2011. Die vorliegende Arbeit wurde im Frühjahr 2010 eingereicht.

Anfang 2010 führte der Verfasser mehrere Interviews zu arbeitsrechtlichen Fragen mit chinesischen Rechtswissenschaftlern, unter anderem mit Dr. Fan Wei, Dozent an der Hauptstadt-Universität für Handel und Wirtschaft, Dr. Wu Wenfang, Dozentin für Arbeitsrecht an der Rechtsfakultät der Shanghai Universität für Wirtschaft und Finanzen, und mit Professor Wang Quan Xing, Lehrstuhlinhaber an der Rechtsfakultät der Shanghai Universität für Wirtschaft und Finanzen, Vizepräsident der Wirtschaftsrechtsvereinigung Chinas, der Sozialrechtsvereinigung Chinas, der Arbeitsrechtsvereinigung Chinas sowie der Vereinigung für Arbeitsbeziehungen Chinas. Dabei zeigte sich, dass die Forschung des Verfassers in China Neuland betreten hat und infolgedessen auf ein breites Interesse stieß. In der Folge hat der Verfasser – neben mehreren Vorträgen zum chinesischen Arbeitsrecht – auch einen ins Chinesische übersetzten Artikel in der chinesischen Rechtszeitschrift Social Law Review der Renmin-Universität Peking (herausgegeben von Professor Lin Jia, Vizedekanin der juristischen Fakultät der Renmin-Universität Peking, Vizepräsidentin der Sozialrechtsvereinigung Chinas) veröffentlicht, der den Schwerpunkt der vorliegenden Arbeit, das Verhältnis und die Abgrenzung zwischen Arbeitsverhältnis und Arbeitsvertrag, zum Gegenstand hat.

Methodisch stehen die chinesischen Normwerke im Mittelpunkt der wissenschaftlichen Betrachtung. In erster Linie stützt sich die Arbeit auf die deutschen Übersetzungen von Professor Frank Münzel, allerdings wurden alle in der Dissertation genannten Rechtsvorschriften vom Verfasser im chinesischen Originaltext überprüft.

Diese Dissertation hat es sich zum Ziel gesetzt, die Begründung sowie Beendigung von Arbeitsverhältnissen und Arbeitsverträgen systematisch zu ordnen. Dafür wurden die drei veröffentlichten Entwürfe zum Arbeitsvertragsgesetz, andere nationale und regionale arbeitsrechtliche Vorschriften sowie rechtswissenschaftliche Literatur herangezogen. Das sich daraus erschließende Rechtsverständnis wird danach unmittelbar an den einschlägigen Stellen in der Arbeit mit der deutschen Rechtslage verglichen.

Die Arbeit beginnt in Teil A mit einer Einführung in die Entwicklung des Arbeitsvertragsrechtes seit Beginn der Wirtschaftsreformen in der Volksrepublik China 1978. In Teil B folgt ein kurzer Überblick über das chinesische Rechtsnormsystem. Teil C beschäftigt sich mit dem Anwendungsbereich der wesentlichen nationalen Arbeitsrechtsnormen. Den Schwerpunkt der Arbeit bilden Teil D und Teil E, die sich mit der Begründung und Beendigung von Arbeitsverhältnis und Arbeitsvertrag auseinander setzen. Den Abschluss (Teil F) machen eine Kurzzusammenfassung der gewonnenen Erkenntnisse und eine allgemeine Reflektion auf das chinesische Arbeitsrecht.

A. Die Entwicklung des Arbeitsvertragssystems in der Volksrepublik China[2]

I. Einleitung in das chinesische Arbeitsrecht des 20. Jahrhunderts

Eingangs dieser Arbeit wird die Geschichte des Arbeitsrechts in China im 20. Jahrhundert dargestellt. Der Abriss über die sozialgeschichtliche Entwicklung hilft beim Verständnis der Rechtsreformen der vergangenen dreißig Jahre und des gegenwärtigen Rechts. Der Schwerpunkt liegt jedoch in der darauf folgenden Abhandlung der Entwicklung des Arbeitsvertragssystems, welches im Zuge der wirtschaftlichen Reformen seit Ende der 70er Jahre in China eingeführt wurde[3].

Bereits im chinesischen Bürgerlichen Gesetzbuch von 1929, das dem japanischen nachempfunden war, welches sich wiederum an das deutsche BGB anlehnte, waren arbeitsrechtliche Bestimmungen enthalten. Die damalige Gesetzgebung war insgesamt stark von den machtpolitischen Auseinandersetzungen insbesondere zwischen der von Nanjing aus regierenden, nationalen Kuomingtang-Partei und der kommunistischen Partei, die vordergründig für die Rechte der Arbeiter und Bauern eintrat, geprägt. 1929 erließ die nationale Regierung beispielsweise ein Gewerkschaftsgesetz, das die Koalitionsfreiheit erheblich einschränkte. Ein im selben Jahr verkündetes Fabrikgesetz, welches sich an der Weimarer Arbeitsrechtsgesetzgebung orientierte, befasste sich mit Vorschriften zum Arbeitsschutz. In den Gebieten, in denen die kommunistische Partei herrschte, wurden 1930 ein Arbeitsschutzgesetz und 1931 erstmals ein Arbeitsgesetz erlassen, das jedoch bereits 1933 revidiert wurde[4]. Nach der Machterlangung der Kommunistischen Partei kam es zu einer großflächigen Industrialisierung in China. Damit entstand in China erstmalig in den 50er Jahren eine Arbeiterschaft von bedeutendem Umfang. Man kann sagen, dass die chinesische Arbeiterschaft somit von Anfang an nach dem sozialistischen

2 Im Folgenden mit „VRC“ abgekürzt.

3 Für einen weitergehenden historischen Abriss des chinesischen Arbeitsrechts vgl. Rolf Geffken, Der Preis des Wachstum – Arbeitsbeziehungen und Arbeitsrecht in der VRC, Hamburg, 2005, S. 12 ff.

4 Vgl. Chen Ke, People's Republic of China, in: Encyclopedia Labour Law, hrsg. v. Kluwer Law International, 2004, Supplement 288 November 2004, hier S. 29.

Bild geformt wurde, was sie von den weltweit grundsätzlich üblichen Entwicklungen abgrenzt[5].

Etwa mit Gründung der VRC 1949 kam die Entwicklung des Arbeitsrechtes in China im Großen und Ganzen zum Erliegen. Zwar wurden noch am 22.11.1949 von der "All China Federation of Trade Unions" (ACFTU) die „Vorläufige Methode, die Beziehungen zwischen Arbeit und Kapital zu regeln" und am 26.11.1950 vom Arbeitsministerium die „Bestimmungen zum Verfahren für die Beilegung von Arbeitsstreitigkeiten" erlassen. Mit der Verstaatlichung der Privatwirtschaft 1957 gab es aber aus ideologischen Gründen keinen Bedarf mehr an einem Arbeitsrecht im Sinne eines Arbeitnehmerschutzrechtes. Mit dem Aufschwung der Arbeiter zu den Besitzern der Unternehmen waren theoretisch alle Konflikte zwischen Arbeitgeber und Arbeitnehmer beseitigt. Zudem wurde die Einführung eines Rechtssystems und die Legalisierung individueller Rechte und Interessen als bürgerlich und damit konterrevolutionär abgelehnt und beispielsweise das Vertragssystem im Arbeitsrecht abgeschafft[6]. Die Kulturrevolution von 1966 bis 1976 machte alle übrigen Anstrengungen in der Arbeitsgesetzgebung zunichte[7]. Erst mit den wirtschaftlichen Reformen Ende der 70er Jahre wurde die Arbeitsgesetzgebung wieder entdeckt, wobei die Reform des Arbeitsrechts lediglich als Begleitmaßnahme der Wirtschaftsreform ausgemacht wurde[8].

II. Überblick über das politische Gesamtkonzept der VRC

Ideologisch ist das Rechtsverständnis der VRC durch das marxistisch-leninistische Verständnis[9], wonach die klassenlose Gesellschaft Staat und Recht überflüssig macht, und durch das stalinistische Verständnis, wonach das Recht zur Unterdrückung politischer Gegner diente, beeinflusst. Mao Zedong lehnte im

5 Vgl. Sheila Oakley, Labor Relations in China's Socialist Market Economy – Adapting to the Global Market, Westport Connecticut, 2002, S. 41.

6 Vgl. unter anderen Chen, People's Republic of China, S. 30 f.

7 Mattias Burell, The Rule-Governed State – China's Labour Market Policy: 1978–1998, Uppsala, 2001, S. 81, stellt dar, dass nach den Recherchen des Arbeits- und Personalministeriums die bis zum Beginn der Wirtschaftsreformen bestehenden arbeitsrechtlichen Vorschriften in weit überwiegender Anzahl aus der Zeit vor der Kulturrevolution stammen. Siehe auch Chen, People's Republic of China, S. 31.

8 Vgl. Fan Jianhong, Rechtsgrundlagen und Kontrollstruktur der Arbeitgeberkündigung nach den Grundsätzen deutscher Verhältnismäßigkeit und chinesischer beilegungsimmanenter Schiedsentscheidung, Frankfurt/Main, 1997, hier S. 34 ff., Geffken, Der Preis des Wachstums, S. 23 ff. Burell, The Rule-Governed State, S. 80, will dem Arbeitsrecht in den Reformbemühungen des Gesetzgebers dagegen eine wichtigere Rolle zukommen lassen.

9 Vgl. Jie Shen, Labour Disputes and Their Resolution in China, Oxford, 2007, S. 14.

Einklang damit den Aufbau eines umfassend kodifizierten Rechtssystems ab, verlangte andererseits aber die Befolgung wirksamer Gesetze. Zwar wurde unter Deng Xiaoping eine legalistische Auffassung mit dem Prinzip von Vorrang und Vorbehalt des Gesetzes in die Verfassung aufgenommen[10]. Letztlich dient das Recht der kommunistischen Partei allerdings nur zur Erreichung und Durchsetzung ihrer Ziele[11].

Für das Arbeitsrecht bedeutete dies in den 80er Jahren, dass (1) die gesellschaftliche Arbeit rationell organisiert und die Organisation gestärkt, (2) die Rechte und Interessen der Arbeiter geschützt und ihre Aktivität gefördert und (3) die Produktivität vorangetrieben sowie die sozialistische Modernisierung verwirklicht werden sollte. Mit den in Punkt 2 angesprochenen Individualrechten sind nach Wolff die aus der Herrenstellung des Arbeitnehmers resultierenden Rechte und Pflichten, die das Eigentumsrecht an den im Gemeineigentum stehende Produktionsmitteln, eine Arbeitsvergütung und die Teilnahme an der demokratischen Verwaltung des Unternehmens umfassen, und die Rechte auf Arbeit, Erholung, angemessene Entlohnung und Arbeitsschutz gemeint[12]. Wolff ist dabei der Meinung, dass diese Individualrechte „letztlich nicht im Interesse des einzelnen, sondern in dem der gesamten Gesellschaft“ bestehen, da sie „Anspornungs- bzw. Belohnungscharakter“ hätten[13].

Dies könnte auf die von Oakley für das Verständnis der Arbeitsplatzverhältnisse in den Vordergrund gestellten, maoistischen und konfuzianischen Einflüsse zurückzuführen sein. Nach Oakley bevorzugen diese Einflüsse eine kollektive vor einer individualistischen Interpretation des Arbeitsplatzes. Für Maoisten sei die Arbeitskraft eine gemeinschaftliche Ressource, die zum Wohlergehen der Gesellschaft als Ganzes beitragen soll. Konfuzianische Ideale der Hierarchie und Gruppenorientierung führten zu der Wahrnehmung eines familienähnlichen Bundes unter den Arbeitenden[14].

Die bei Tao Rong dargestellte marxistische Arbeitstheorie und die Vorstellung vom Volkseigentum an den Produktionsmitteln gehen in die gleiche Richtung wie die Ausführungen von Wolff[15]. Danach resultiert das Recht des Einzelnen, für seine Arbeitsleistung ein Gehalt zu erhalten, unmittelbar aus dem verfas-

---

10 Vgl. Art. 5 Abs. 3 der Verfassung der VRC i. d. F. von 2004.

11 “Rule of Men” oder “Rule by Law” nicht aber “Rule of Law”.

12 Vgl. Lutz-Christian Wolff mit weiteren Nachweisen, Der Arbeitsvertrag in der VRC nach dem Arbeitsvertragssystem von 1986, Hamburg, 1990, S. 14 ff., 42.

13 Vgl. Wolff, Arbeitsvertrag, S. 16.

14 Vgl. Oakley, Labor Relations, S. 61.

15 Tao Rong, Employees’ Property Rights in China’s State-Owned Enterprises Reorganization, in: Columbia Journal of Asian Law (1999), Volume 13, Herbst Ausgabe, Nr. 2, S. 153–184, hier S. 154 ff.

sungsrechtlichen Recht auf und der Pflicht zur Arbeit. Die Differenz zwischen dem Gehalt und dem tatsächlichen Wert der geleisteten Arbeit, der Gewinn sozusagen, fließt in einem kapitalistischen System den Kapitalisten zu. In der sozialistischen Wirtschaft ist dieser Mehrwert dagegen Bestandteil eines unaufteilbaren Interesses an den Produktionsmitteln. Das Miteigentum des Einzelnen an den Produktionsmitteln beschränkt sich danach auf sein Interesse an der Entwicklung der Wirtschaft als Ganzes sowie der Anhäufung von nutzbringendem Reichtum, also Dingen, die der gesamten Nation dienen. Der Staat ist seinerseits (unter Zuhilfenahme dieser Produktionsmittel) verpflichtet, das Möglichste zur Schaffung von Arbeitsmöglichkeiten für alle Arbeitsfähigen zu tun. Die Miteigentumsstellung des Einzelnen hat zur Folge, dass er trotz Leistung von Arbeit gegen Entgelt von den Staatsbetrieben nicht ausgebeutet wird, weil er mit auf der Arbeitgeberseite steht[16]. Letztere Theorie wurde nach Tao Rong im Zuge der Wirtschaftsreformen in zunehmendem Maße vom Verständnis des Warencharakters der Arbeit abgelöst. Danach verfügen die Arbeiter über ihre Arbeit selbst, die sie entweder an den Staat oder an einen anderen verkaufen können. Nur indirekt kontrollieren die Einzelnen die staatlichen Produktionsmittel, weshalb die Arbeit nach der marxistischen Theorie eine Ware sein soll. Gleichzeitig ziehen sie aber auch den Nutzen aus dem langfristig erzielten Wohlstand und dem durch die Wirtschaftsreformen errungenen Sieg des Sozialismus. Der Staat verteilt den erworbenen Reichtum zum Beispiel über die sozialen Systeme[17]. Dieses rechtstheoretische Verständnis spiegelt sich in der Verfassung wider:

> *„Der Sieg in der neudemokratischen Revolution und die Erfolge der Sache des Sozialismus in China sind von den Volksmassen all unserer Nationalitäten errungen worden, indem sie unter der Führung der Kommunistischen Partei Chinas und angeleitet durch den Marxismus-Leninismus und die Maozedongideen an der Wahrheit festgehalten, Fehler korrigiert und unzählige Schwierigkeiten und Hindernisse überwunden haben. Die grundlegende Aufgabe des Landes in den kommenden Jahren besteht darin, alle Kräfte auf die sozialistische Modernisierung zu konzentrieren. Unter der Führung der Kommunistischen Partei Chinas und angeleitet durch den Marxismus-Leninismus und die Maozedongideen werden die Volksmassen aller Nationalitäten in China weiterhin an der demokratischen Diktatur des Volkes festhalten und dem sozialistischen Weg folgen, ununterbrochen die sozialistischen Institutionen vervollkommnen, die sozialistische Demokratie entwickeln, das sozialistische Rechtssystem perfektionieren und auf die eigene Kraft gestützt und hart arbeiten, um die Industrie, Landwirtschaft, Landesverteidigung und Wissenschaft und Technik Schritt für Schritt zu modernisieren und China zu einem sozialistischen Land mit hochentwickelter Zivilisation und hochentwickelter Demokratie aufzubauen."*[18]

---

16 Vgl. Tao, Employees' Property Rights, S. 154 f., mit weiteren Ausführungen auch zu der Frage, ob der Einzelne seine Arbeitskraft selbst besitzt oder ob diese dem Volk insgesamt zusteht.

17 Vgl. Tao, Employees' Property Rights, S. 156 f.

18 Absatz 7 der Präambel der Verfassung der VRC.

III. Das Arbeitsverhältnis in der VRC vor den Wirtschaftsreformen

Der Arbeitsmarkt der VRC in der Vor-Reformära war nicht frei. Es herrschte eine Politik der administrativen Zuteilung von Arbeitsplätzen entsprechend den staatlichen Planvorgaben. Ziel war die Kontrolle der Entwicklung der städtischen Bevölkerung; in Verbindung mit dem so genannten Hukou-System sollte der urbane Lebensstandard erhalten bleiben. Daneben reagierte die administrative Zuteilung von Arbeitnehmern nach Wirtschaftszweigen, Landesteilen und Berufen auf die sehr unterschiedliche wirtschaftliche Entwicklung in China. Die Zuteilungen erfolgten oftmals ohne Rücksicht auf die Interessen, Fähigkeiten und Ausbildung des Einzelnen und ein späterer Wechsel des Arbeitsplatzes war grundsätzlich nicht vorgesehen[19].

Ein der administrativen Zuteilung des Arbeitsplatzes grundlegend widersprechendes System war das der Ersetzung eines Arbeitnehmers durch ein jüngeres Familienmitglied. Auf der Grundlage der traditionellen sozialen Strukturen setzte sich dieses System von Anfang an in der VRC durch. Die Vorteile lagen in der im Vergleich zur administrativen Zuteilung einfachen Rekrutierung von Arbeitnehmern und in deren Arbeitseinstellung, da sie wegen ihrer persönlichen Bande an das Unternehmen mehr auf die Arbeitsleistung und die Arbeitsdisziplin achteten. In Zeiten geringer Beschäftigungsmöglichkeiten bot das System gleichfalls soziale Sicherheit für die ganze Familie, die sich über die Pension des verrenteten und das Gehalt des neu angestellten Familienmitglieds finanzieren konnte. Nachteilig war die noch geringere Berücksichtigung der Qualifikation der Arbeitnehmer bei der Einstellung, zumal Eltern häufig die leistungsschwächsten Kinder für diesen sicheren Arbeitsplatz auswählten. Dass die Firmen selbst solche Arbeitnehmer, die die freigemachte Position in keiner Weise ersetzen konnten, anstellten, führte zu einer immensen Überbeschäftigung[20]. Erst 1980 wurde dieses System offiziell abgeschafft und durch ein System ersetzt, bei dem der Bewerber sich einem Eignungstest unterziehen und der Qualifizierteste ausgewählt werden sollte[21].

---

19 Vgl. Wolff, Arbeitsvertrag, S. 33, 35, und Hilary K. Josephs, Labor Law in China, 2. Auflage, Huntington, New York, 2003, S. 20. Speziell zum Hukou-System siehe auch Mary Elizabeth Gallagher, Contagious Capitalism – Globalisation and the Politics of Labor in China, Princeton, New Jersey, 2005, S. 106 f., und Li Jing, China's new Labor Contract Law and Protection of Workers, in: Fordham International Law Journal (2008/2009), Volume 32, S. 1083–1316 ff. Dazu folgen weiter unten nähere Ausführungen.

20 Vgl. Josephs, Labor Law in China, S. 21–24, sowie Wolff, Arbeitsvertrag, S. 75.

21 Vgl. Lutz-Christian Wolff, Das internationale Wirtschaftsrecht der VRC, 2. Auflage, Frankfurt am Main, 2005, S. 213, und Josephs, Labor Law in China, S. 24. Eine entsprechende Regelung sah noch § 10 der „Bestimmungen über das Ausscheiden von Arbeitern" vor.

Das chinesische Regelarbeitsverhältnis („Eiserne Reisschüssel“ 铁饭碗) war eine dauerhafte Beschäftigung mit strikter Beschränkung der Befristungsmöglichkeiten und Kontrolle seiner Beendigung[22]. Dieses „System der festen Arbeitsbeziehungen“ war unter anderem ein Versuch, der 1949 nach dem Bürgerkrieg entstandenen hohen Arbeitslosigkeit entgegenzuwirken[23]. Dauerhaft angestellten Arbeitnehmern konnte nicht betriebsbedingt oder auf Grund mangelnder Eignung gekündigt werden. Selbst wenn der Arbeitnehmer nicht mehr zu beschäftigen war, wurde sein Gehalt voll weiterbezahlt oder er wurde auf eine andere dauerhafte Arbeitsstelle versetzt. Es gab lediglich die Möglichkeit, schwere Disziplinverstöße zu ahnden. Am Arbeitsplatz galt der Grundsatz „Erziehung vor Bestrafung“ und Kündigungen wurden nur bei den schwersten Verstößen ausgesprochen[24]. Damit war gleichzeitig das verfassungsmäßige Recht auf Arbeit durch eine Kontrolle der Arbeitslosigkeit zumindest theoretisch gewährleistet[25]. Inhalt des Rechts auf Arbeit war, dass jeder Bürger eine Arbeit erhalten und entsprechend entlohnt werden sollte. Eingeschränkt wurde dieses Recht nur durch Anforderungen an die Arbeitsfähigkeit, Arbeitsrechtsfähigkeit und arbeitsrechtliche Handlungsfähigkeit des jeweiligen Bürgers. Daneben wurde zwar theoretisch ein Arbeitsplatz garantiert, aber kein bestimmter[26].

Die Arbeitskräfte in den fast ausschließlich staatlichen Unternehmen setzten sich aus den in wirtschaftlicher, sozialer und rechtlicher Hinsicht privilegierten dauerhaft angestellten Arbeitnehmern und den meist schlecht qualifizierten, minderwertige Arbeiten erledigenden befristet angestellten Arbeitnehmern zusammen[27]. Diese Zeitarbeit hatte Ausnahmecharakter und durfte nur für Tätigkeiten außerhalb der regulären Produktion, die temporären Charakter besaßen, eingeführt werden[28]. Daneben unterscheidet Wolff zwischen Kontrakt[29]- und Rotationsarbeitsbeziehungen, denen aber ebenfalls nur eine geringe Bedeutung zugekommen sein soll. Bereits 1956 hatte man eine Reform des Beschäftigungs-

22 Vgl. Josephs, Labor Law in China, S. 17.

23 Vgl. Wolff, Wirtschaftsrecht, S. 213.

24 Vgl. Oakley, Labor Relations, S. 52, die der Ansicht ist, dass diese Einstellung auch heute noch im Bewusstsein vieler Arbeiter vorhanden ist.

25 Vgl. Josephs, Labor Law in China, S. 18 f., 21, Wolff, Arbeitsvertrag, S. 63, und Bernd Waas/Wu Yongxin, Das neue Arbeitsvertragsgesetz der VRC, in: ZVglRWiss (2008), S. 231–260, hier S. 235.

26 Vgl. Wolff, Arbeitsvertrag, S. 28.

27 Vgl. Josephs, Labor Law in China, S. 18 f.

28 Vgl. Wolff, Arbeitsvertrag, S. 62, 67 f.

29 Die Bedeutung der Kontraktarbeit wird bei Geffken, Der Preis des Wachstums, S. 16 f., weiter in die Historie zurückverfolgt und erläutert. Nach Geffken unterlagen die Kontraktarbeiter dem Zivilrecht, ebenda, S. 34.

systems durch die Förderung befristeter Arbeitsverhältnisse und Verringerung fester Arbeitsverhältnisse im Auge. Die Kulturrevolution machte dem Vorhaben allerdings einen Strich durch die Rechnung[30].

Zum System der „Eisernen Reisschüssel" kam ein einheitliches Vergütungssystem unabhängig von Leistung oder Produktivität des jeweiligen Arbeitnehmers („alle essen aus einem großen Topf": 吃大锅饭), das zu einer gleichmäßigen Verteilung des Wohlstandes führen sollte und die allumfassende Versorgung der arbeitenden Bevölkerung während ihres gesamten Lebens („die staatliche von-der-Krippe-zum-Grab Wohlfahrt"). Die staatlichen Unternehmen, auch „kleine Gesellschaften" (小社会) genannt, waren für die vollständige Versorgung der Beschäftigten zuständig und bildeten den gesellschaftlichen Mittelpunkt des Lebens der Beschäftigten[31]. Gerade der drohende Verlust der allumfassenden Versorgung verstärkt durch einen fehlenden freien Arbeitsmarkt banden die Arbeitnehmer faktisch an ihren Arbeitsplatz[32]. Die leistungsunabhängige Rundumversorgung wirkte sich letztlich negativ auf die Produktivität der Arbeitnehmer aus[33]. Die rechtliche Verankerung dieses Beschäftigungssystems findet sich bereits in zwei Beschlüssen des Staatsverwaltungsrates von 1952[34].

IV. Die Einführung des Arbeitsvertragssystems in der VRC im Rahmen der Wirtschaftsreformen

Mit dem Beginn der Wirtschaftsreformen Ende der 70er/Anfang der 80er Jahre wurde das Arbeitsrecht grundlegend umstrukturiert. 1983 wurden bei einer Durchsicht der bestehenden arbeitsrechtlichen Vorschriften nahezu 80% aller von 1949 bis zum Beginn der Kulturrevolution durch 1965 geschaffenen Normen wegen mangelnder Eignung für die anstehenden Reformen annulliert. Von den wenigen im Zeitraum zwischen 1966–1978 geschaffenen Vorschriften wurden immerhin 62% annulliert[35].

30 Vgl. Wolff, Arbeitsvertrag, S. 68 ff.

31 Vgl. Shen, Labour Disputes, S. 21, und Wolff, Wirtschaftsrecht, S. 213.

32 Vgl. Shen, Labour Disputes, S. 32.

33 Vgl. Wolff, Arbeitsvertrag, S. 75.

34 Vgl. Shen, Labour Disputes, S. 12, 30 f., und Wolff, Arbeitsvertrag, S. 62.

35 Vgl. Burell, The Rule-Governed State, S. 82. Seitdem ist die Überprüfungen und Anpassungen älterer Rechtsnormen an aktuelle Veränderungen, in deren Rahmen stets zahlreiche Normaufhebungen stattfinden, die Regel, vgl. Burell, The Rule-Governed State, S. 84, 86.

1. Die Versuchsphase der Jahre 1977–1986

Mit dem „Vier Modernisierungsprogramm" von 1977, das zur Modernisierung von Industrie, Landwirtschaft, Verteidigung und Wissenschaft führen sollte, wurde der Versuch gestartet, die Produktivität in der Landwirtschaft und im industriellen Sektor anzutreiben – dem Beginn der Entwicklung der „Sozialistischen Marktwirtschaft" in China[36].

Die Einführung eines Arbeitsvertragssystems war ideologisch und politisch umstritten und man wollte die Auswirkungen des neuen Systems erst einmal in kleinem Rahmen beobachten. Deshalb wurde es versuchsweise in den Sonderwirtschaftszonen („SWZ") Südchinas implementiert. Dort galten besondere Rechtsordnungen, die ausländische Unternehmen und Investitionen anlocken sollten[37]. Die neuen rechtlichen Regelungen waren speziell auf die jeweiligen Eigentumsverhältnisse zugeschnitten, was unter anderem zu einer unterschiedlichen (arbeits-)rechtlichen Behandlung von Unternehmen mit ausländischen bzw. inländischen Eigentümern und solchen im Staatseigentum führte. So erließ der Staatsrat beispielsweise am 26.7.1980 die „Bestimmungen zur Verwaltung von Arbeit in Joint-Ventures"[38].

Mit der „Mitteilung des Arbeits- und Personalministeriums[39] über den aktiven Versuch der Einführung des Arbeitsvertragssystems" wurde der Weg grundsätzlich frei gemacht für mehr Flexibilität auf dem nationalen Arbeitsmarkt[40]. Auch wenn die „Mitteilung des Arbeits- und Personalministeriums

---

36 Vgl. Josephs, Labor Law in China, S. 12.

37 Vgl. u. a. Gallagher, Contagious Capitalism, S. 62. Oakley, Labor Relations, S. 106. Der Erfolg dieser Sonderwirtschaftszonen (SWZ) ebnete den Weg für die nationale Verbreitung des neuen Wirtschafts- und Arbeitssystems, vgl. Gallagher, Contagious Capitalism, S. 108. Siehe auch Edward X. Gu, Guest Editor's Introduction, in: Chinese Law and Government (2001), Ausgabe Januar/Februar, Volume 34, Nr. 1, S. 5–15, hier S. 6.

38 Vgl. Mary E. Gallagher/Junlu Jiang, Guest Editor's Introduction, in: Chinese Law and Government (2002), Ausgabe November/Dezember, Volume 35, Nr. 6, S. 1–15, hier S. 6 f. Siehe auch Ye Jing-Sheng, Labour contracts, in: Vout, Paul T./Ye Jing-Sheng/Yi Yi Wu, China contracts handbook, 2. Auflage, Hongkong, 2000, S. 157–170, hier S. 157 f.

39 Das erste Arbeitsministerium wurde 1949 errichtet und 1970 in das Staatliche Büro für Arbeit umgewandelt. 1982 entstand durch einen Zusammenschluss der Staatlichen Büros für Arbeit bzw. Personal ein einheitliches Ministerium. Dieses wurde 1988 in das Arbeitsministerium (Ministry of Labour and Social Security – MOLSS) und das Personalministerium (Ministry of Personnel – MOP) getrennt. Seit dem 31. März 2008 sind Ministry of Labor and Social Security (MOLSS), Ministry of Personnel (MOP) und State Administration of Foreign Experts Affairs im neu gegründeten Ministry of Human Resources and Social Security (MOHRSS) vereint.

40 Vgl. Wolff, Wirtschaftsrecht, S. 214, und Josephs, Labor Law in China, S. 24. Siehe auch Chen, People's Republic of China, S. 32. Von grundlegenderer Natur für das Gesamtwirtschaftssystem war dagegen der Beschluss des Zentralkomitees der Kommunistischen Partei

über den aktiven Versuch der Einführung des Arbeitsvertragssystems“ nur ermahnenden Charakter hatte und keine Sanktionen bei Verstößen vorsah, machte sie doch die neue Richtung deutlich, die eingeschlagen werden sollte[41]. Die Arbeitsplatzsicherheit der dauerhaft angestellten Arbeiter („Eiserne Reisschüssel“) und das alle gleich behandelnde Vergütungssystem („alle essen aus einem großen Topf“)[42] wurden als Ursachen für die niedrige Produktivität ausgemacht. Konkret benannte die „Mitteilung des Arbeits- und Personalministeriums über den aktiven Versuch der Einführung des Arbeitsvertragssystems“ die Unmöglichkeit, einmal eingestellte Arbeiter zu entlassen, den Aufstieg ohne die Gefahr der Herabstufung und die Gleichheit bei der Vergütung unabhängig von der Produktivität, fachlichen Fähigkeit oder Natur der Arbeit. Das bestehende Arbeitssystem wurde als die fortschrittlichen Arbeiter beschränkend und die rückständigen Arbeiter schützend, die Entwicklung der Produktivkräfte schwer beeinträchtigend und die strategischen Ziele des 12. Partei Kongresses hemmend angesehen[43]. Die Durchbrechung des alten Systems und die Ersetzung durch das Arbeitsvertragssystem sollten dem wahren sozialistischen Prinzip „von jeder nach seinen Fähigkeit, zu jeder nach seiner Arbeitsleistung“[44] dienen, um die Initiative des Volkes zum Nutzen des Sozialismus zu stimulieren und die Produktivkräfte zu befreien[45].

Grundlegender Charakter des Arbeitsvertragssystems war die Festlegung der betreffenden Verantwortlichkeiten und Rechte von Arbeitnehmer und Arbeitgeber durch den Arbeitsvertrag. Die Kombination des Arbeitsvertragssystems mit dem System der wirtschaftlichen Verantwortung sollte danach nicht nur zur Verbesserung der Unternehmensführung und dem Hervorbringen wirtschaftlicher Gewinne dienen, sondern genauso den Arbeitnehmern

---

Chinas über die Reform des Wirtschaftssystems vom 20.10.1984. Zur Diskussion um die Einführung des Systems vgl. Wolff, Arbeitsvertrag, S. 70 ff. Vgl. auch Hilary K. Josephs, Labor Reform in the Worker's State: The Chinese Experience, in: Journal of Chinese Law (1988), Volume 2, Nr. 2, S. 201–263, hier S. 219 ff.,

41 Interessant ist ein Vergleich mit dem 1983er AG-Entwurf, der einen sehr starken administrativen Ansatz in den Arbeitsbeziehungen verfolgte, die Freiheiten der Parteien im Hinblick auf Eingehung und Beendigung noch weitgehend einschränkte und das Arbeitsvertragssystem nur am Rande erwähnte, vgl. Ngok Kinglu, Guest Editor's Introduction – The Development of the Labor Law of the People's Republic of China (2000), Ausgabe Januar/Februar, Volume 33, Nr. 1, S. 3–21, hier S. 10 f.

42 Zu den beiden Prinzipien vgl. Wolff, Arbeitsvertrag, S. 35.

43 Vgl. Punkt 1 der „Mitteilung des Arbeits- und Personalministeriums über den aktiven Versuch der Einführung des Arbeitsvertragssystems“. Dazu auch Wolff, Arbeitsvertrag, S. 35.

44 Siehe Art. 6 der Verfassung.

45 Vgl. auch Wolff, Arbeitsvertrag, S. 38, 60, bzw. Tao, Employees' Property Rights, S. 156 ff.

vor Augen führen, dass positive Anstrengungen mit Beschäftigungssicherheit und einem höheren Einkommen zusammenhängen[46].

Durch das Arbeitsvertragssystem wurde versucht, einen kontrollierten, freien Arbeitsmarkt zu schaffen, in dem beiden Arbeitsvertragsparteien eine größere Autonomie bei der Eingehung, Dauer (vorgesehen waren ausschließlich befristete Arbeitsverträge) und Beendigung von Arbeitsverhältnissen zukam[47]. Dass das Augenmerk des Gesetzgebers in erster Linie auf der Wirtschaftlichkeit der Unternehmen lag, spiegelt sich in den Rechtsvorschriften wieder: „Läuft ein Vertrag aus und wird die Arbeitsleistung des Arbeiters noch benötigt, kann der Vertrag erneuert werden"[48]. Daran wird die extreme Veränderung der Beziehungen im Arbeitsverhältnis deutlich. Während vor den Reformen die Versorgung des Arbeitnehmers durch das Unternehmen im Mittelpunkt stand, galt das nun für den wirtschaftlichen Erfolg des Unternehmens, hinter dem die Arbeitnehmerinteressen zurückstanden,[49]. Dennoch wurde betont, dass auch Vertragsarbeiter Mitglieder der Arbeiterklasse und Herren der Unternehmen seien[50].

Das weiterhin bestehende verfassungsmäßige Recht auf Arbeit sah man durch eine die Fortentwicklung der Wirtschaft, welche eine Arbeitslosigkeit verhindere, als gewährleistet an. Solange der Arbeitnehmer fleißig und diszipliniert arbeite und sich fortbilde, werde sein Arbeitsverhältnis fortgesetzt. Die Gefahr von Arbeitslosigkeit durch Umstellungen von Markt, Produktion und Ähnlichem sah man als wenig relevant an, da der Staat bei der Arbeitssuche helfe und die kurze Zeit der Arbeitslosigkeit sozial absichere. Damit tue der Staat alles zur Verwirklichung des Rechts auf Arbeit und dennoch eintretende Arbeitslosigkeit sei deshalb nicht von ihm zu vertreten[51]. Trotzdem hatte sich der Inhalt des Rechts auf Arbeit durch das Arbeitsvertragssystem grundlegend geändert, da nunmehr Arbeitslosigkeit als systemimmanent angesehen wurde[52]. Arbeit selbst wurde

46 Vgl. Punkt 2 der Mitteilung und Wolff, Arbeitsvertrag, S. 74, bzw. Tao, Employees' Property Rights, S. 156.

47 Vgl. auch Wolff, Arbeitsvertrag, S. 70.

48 Vgl. Punkt 4 der „Mitteilung des Arbeits- und Personalministeriums über den aktiven Versuch der Einführung des Arbeitsvertragssystems". Zeitarbeit gab es zwar bereits vorher, war aber grundsätzlich den Unqualifizierten vorbehalten.

49 Dies lässt sich auch in Punkt 5 der „Mitteilung des Arbeits- und Personalministeriumsüber den aktiven Versuch der Einführung des Arbeitsvertragssystems" ablesen.

50 Zur Kritik hieran vgl. Wolff, Arbeitsvertrag, S. 73.

51 Vgl. Wolff, Arbeitsvertrag, S. 72.

52 Ähnlich auch Wolff, Arbeitsvertrag, S. 73. Siehe auch Gallagher, Contagious Capitalism, S. 109 f., die meint, dass die sozialistische Idee des „Rechts auf Arbeit" durch das „Recht auf Wahl der Arbeit" ausgetauscht wurde. Oakley, Labor Relations, S. 77, 84 stützt sich auf die Analyse von Fallbeispielen, wenn sie anmerkt, dass einseitige Vertragsauflösungen durch den Arbeitgeber von den Arbeitnehmern auch heute noch nicht selten als Verletzung des sozialis-

zunehmend als menschliche Ressource mit strategischer und finanzieller Bedeutung angesehen[53].

Interessant ist, dass im machbaren Umfang vorrangig junge Arbeitslose, die gerade erst eine Berufsausbildung vollendet hatten, eingestellt, demgegenüber beispielsweise Anstellungen von Arbeitern vom Land stark eingeschränkt wurden[54]. Von den jungen Arbeitslosen war weniger Widerstand gegen die Reformen zu erwarten, als von an das alte System gewöhnten Arbeitnehmern[55]. Zum anderen war die Arbeitslosigkeit unter Jugendlichen damals besonders hoch, weshalb diese Politik der sozialen Stabilität diente[56]. Man war der Ansicht, dass die „alten Genossen dem modernen Wirtschaftsleben u. U. nicht mehr gewachsen" seien[57]. Die Beschränkung des Zustroms der Arbeitskräfte vom Land diente offensichtlich der Entlastung städtischer Arbeitsmärkte.

In der chinesischen Planwirtschaft wurde zwischen Arbeitern, die vom Arbeitsministerium, und den die Unternehmen führenden Kadern, die vom Personalministerium verwaltet wurden, unterschieden[58]. Von den Arbeitsmarktreformen waren in erster Linie die Arbeiter betroffen. Noch heute gibt es für Kader vom „normalen" Arbeitsrecht getrennte Regeln, auch wenn die Unterschiede geringer werden[59].

Beim Vertragsschluss sollten die Grundsätze der Gleichberechtigung und Freiwilligkeit und des Einvernehmens durch gegenseitige Verhandlungen beachtet werden[60]. Erstmalig wurde auch ein formelles System der Streitbeilegung durch eine dritte Partei geschaffen[61]. Um im Übrigen eine Gleichbehandlung der am Arbeitsvertragssystem teilnehmenden Arbeitnehmer mit den noch nach dem alten System dauerhaft angestellten Arbeitnehmern herzustellen, schuf man ein System der Arbeitslosen- und Rentenversicherung, zu welchem

---

tischen „Rechts auf Arbeit" angesehen werden. Eine Rolle bei dem Unverständnis der Arbeitnehmer für Vertragsauflösungen soll auch in den konfuzianischen Idealen des familiären Verantwortungssystems liegen, Oakley, Labor Relations, S. 88.

53 Vgl. Shen, Labour Disputes, S. 31.

54 Vgl. Punkt 5 der Mitteilung.

55 Ähnlich Gu, Guest, S. 6.

56 Vgl. hierzu auch Gesellschaft für technische Zusammenarbeit/Department of Legal Affairs of the Ministry of Labour and Social Security Commentaries on Chinese Labour and Social Security Laws and Regulations, Volume 1, Peking, 2003, S. 435, und Wolff, Arbeitsvertrag, S. 41.

57 Vgl. Punkt 9 des „Beschlusses über die Reform des Wirtschaftssystems", vgl. bei Wolff, Arbeitsvertrag, S. 39.

58 Vgl. Geffken, Der Preis des Wachstums, S. 33 f.

59 Vgl. bei Shen, Labour Disputes, S. 34 f.

60 Vgl. Punkt 4 der „Mitteilung über den aktiven Versuch der Einführung des Arbeitsvertragssystems".

61 Vgl. Josephs, Labor Law in China, S. 30 f.

in erster Linie die Arbeitgeber und örtlichen Finanzorgane beitrugen[62]. Dieses System wurde jedoch mangelhaft implementiert[63].

Die Verrechtlichung der Arbeitsbeziehungen und die Errichtung eines Arbeitsmarktes brachte eine Stärkung der Individualrechte der Arbeitnehmer mit sich. Andererseits wurde ihnen aber 1982 das Streikrecht durch Löschung aus der Verfassung quasi aus der Hand geschlagen. Zwar wurden Streiks auch nicht per Verfassung verboten, seit der Streichung des ausdrücklichen Streikrechts besteht aber eine von der Regierung bewusst unklar gehaltene Rechtslage in dieser Frage, die häufig zu Lasten der Arbeitnehmer geht. Hintergrund ist die Befürchtung der Regierung, dass die durch Streiks entstehenden Schäden für die Produktion zu groß und damit die Attraktivität Chinas für ausländische Investitionen und Unternehmen und letztlich die soziale Stabilität gefährdet würden[64].

2. Die Vorläufigen Bestimmungen von 1986/87

Während vor 1986 die Anwendung des Arbeitsvertragssystems auf bestimmte Regionen beschränkt war und der Fokus der Reformgesetzgebung auf der Wirtschaftsentwicklung und nicht auf dem Arbeitsrecht lag, begann im Zeitraum von 1986 bis 1995 die landesweite Einführung des Arbeitsvertragssystems. Dies geschah erst versuchsweise, da sich die Regierung nicht sicher sein konnte, wie die Mehrheit der Arbeitskräfte in den staatlichen Unternehmen darauf reagieren würde[65].

Das Arbeitsvertragssystem wurde in der Praxis nur auf neu eingestellte Arbeiter angewandt. Das führte zur Benachteiligung der Arbeitsvertragssystemarbeiter gegenüber den nach dem alten System privilegierten Arbeitern[66]. Die Folge der Anwendung des Arbeitsvertragssystems nur auf neu einzustellende Arbeitnehmer war trotz aller zusätzlichen Bemühungen eine sehr langsame Verbreitung im staatlichen Sektor. Lauffs ist der Ansicht, dass auch die Versuche, die staatlichen Unternehmen zum Abschluss kurzfristiger

62 Vgl. Josephs, Labor Law in China, S. 32.

63 Vgl. Punkt 6 der „Mitteilung über den aktiven Versuch der Einführung des Arbeitsvertragssystems“. Siehe dazu auch bei Shen, Labour Disputes, S. 20f., und Wolff, Arbeitsvertrag, S. 222 Anm. 298.

64 Vgl. Wolff, Arbeitsvertrag, S. 27, und Gallagher, Contagious Capitalism, S. 112.

65 Vgl. Gu, Guest, S. 6.

66 Vgl. Punkt 3 der „Mitteilung über den aktiven Versuch der Einführung des Arbeitsvertragssystems“. Vgl. Shen, Labour Disputes, S. 32, und Chen, People's Republic of China, S. 32. Zur gegenteiligen Praxis siehe Wolff, Arbeitsvertrag, S. 85.

Arbeitsverträge mit neu angestellten Arbeitnehmern zu zwingen, nicht ernsthaft durchgesetzt wurden und erst das Arbeitsgesetz (AG) zur grundlegenden arbeitsrechtlichen Gesetzgebung in der VRC wurde[67]. Man fürchtete soziale Unruhen als Folge von Massenentlassungen. Es wurde stattdessen versucht, auf andere Art und Weise Personal und Personalkosten zu reduzieren[68].

Da die staatlichen Unternehmen zudem viele qualifizierte Arbeitnehmer an die Privatwirtschaft verloren, waren sie gezwungen, ihre Personalkosten zu erhöhen, um weitere zu halten oder neu anwerben zu können, so dass entgegen dem Sinn der Reformen die staatlichen Unternehmen stärker von ihren Arbeitnehmern abhingen, als umgekehrt[69]. Auch die Einführung leistungsabhängiger Vergütungssysteme für Manager führte zu einem im Gegensatz zur Entwicklung der Produktivität stehenden Anstieg der Gehälter der Arbeitnehmer in den staatlichen Unternehmen, da das Management auf deren Kooperation zur Erreichung ihrer Boniziele angewiesen war[70]. Allerdings wurde bereits vor Verabschiedung des Arbeitsgesetzes („AG“) Anfang der 90er Jahre das Reformtempo verschärft und ein Zeitplan vorgegeben, der die Ausweitung des Arbeitsvertragssystems auf die Beschäftigten in Zweidritteln des Landes bis 2000 vorsah[71]. 2007 behauptete Jie Shen 2007: „There is literally no single permanent worker in any Chinese Industry“[72]. In den Anfängen war die Nutzung von Arbeitsverträgen in den staatlichen Unternehmen aber meist eine reine Formalie.

Um die bestehende Überbeschäftigung abzubauen, wurde die Möglichkeit der bezahlten Freistellung mit Arbeitsplatzgarantie für maximal zwei Jahre geschaffen. Dauerhaft angestellte Arbeitnehmer konnten diese Phase bezahlter Freistellung zur Entfaltung eigener unternehmerischer Tätigkeiten nutzen[73].

Das Recht zur freien Anstellung von Arbeitnehmern in Abkehr von der staatlichen Zuteilung stand zuerst im Vordergrund der Gesetzgebung. Die Möglich-

67 Vgl. Andreas Lauffs, Employment Law and Practice in China, Hong Kong, 2008, S. 1.

68 Vgl. hierzu Gallagher, Contagious Capitalism, S. 73 f.

69 Vgl. Gallagher, Contagious Capitalism, S. 72 ff. Zur Steigerung der Personalkosten soll auch der sozialistische Gedanke beigetragen haben, dass die Arbeitnehmer an den steigenden Gewinnen des Unternehmens gleichberechtigt zu beteiligen sind. Zu den Versuchen vor allem staatlicher Unternehmen, entgegen den Reformen die Kontrolle über die Arbeiter zu behalten, vgl. Oakley, Labor Relations, S. 89 ff.

70 Vgl. Anita Chan, Emerging Patterns of Industrial Relations in China and the Rise of Two New Labour Movements, in: China Information (1995), Volume 9, Nr. 4, S. 36–59, hier S. 43 f.

71 Dazu trugen auch die Privatisierungsmaßnahmen des 15. Parteikongresses von 1997 bei, vgl. für alles Gallagher, Contagious Capitalism, S. 66. Vgl. auch Gu, Guest, S. 6 f.

72 Shen, Labor Disputes, S. 33.

73 Vgl. Josephs, Labor Law in China, S. 27. Siehe auch Geffken, Der Preis des Wachstums, S. 66 ff.

keiten zur Entlassung entwickelten sich erst in der Folge[74]. Der chinesische Gesetzgeber eröffnete dabei zuerst die Möglichkeit zum Abschluss befristeter Arbeitsverträge und förderte sie in besonderem Maße, um hierdurch die „Struktur des Systems der festen Arbeitsbeziehungen“ zu zerstören und langfristige Bindungen zu vermeiden[75]. Da ein Arbeitsvertrag nur in Ausnahmefällen vom Arbeitgeber gekündigt werden konnte und insbesondere nicht aus betriebsbedingten Gründen[76], diente vorrangig die Befristung dem Ziel der Flexibilisierung der Arbeitsbeziehungen[77]. Der Arbeitsvertrag sollte prinzipiell bis zum Ablauf der Vertragsdauer erfüllt werden, um eine „relative Stabilität der Arbeitskräfte zu garantieren[78].

Am 12.7.1986 verkündete der Staatsrat die „Vorläufigen Bestimmungen zur Anstellung von Arbeitern in staatlichen Unternehmen“ („Anstellungsbest. 1986“), die eine öffentliche Ausschreibung der Position und Prüfung zukünftiger Einstellungen voraussetzten[79], die „Vorläufigen Bestimmungen zur Durchführung des Arbeitsvertragssystems in staatlichen Unternehmen“ („Arbeitsvertragsbest. 1986“) und die „Vorläufige Bestimmungen des Staatsrates zur Entlassung von Beschäftigten in Staatsunternehmen bei Disziplinarverletzungen“ („Entlassungsbest. 1986“).

Einer umfassenden Einführung des Arbeitsvertragssystems im staatlichen Sektor stand die Struktur der Unternehmen, als sich auf alle Lebensbereiche erstreckende „kleine Gesellschaften“ (小社会), im Weg, da es ursprünglich kein soziales Auffangnetz für arbeitslos gewordene Arbeitnehmer gab[80]. Vor diesem Hintergrund wurden die „Vorläufigen Bestimmungen zur Arbeitslosenversicherung für Arbeiter und Angestellte in staatlichen Unternehmen“ („Arbeitslosenvers.best. 1986“) verkündet.

Mit den „Vorläufigen Bestimmungen über die Regelung von Arbeitskonflikten in staatlich betriebenen Unternehmen“ („Arbeitskonfliktbest. 1987“) wurde 1987 erstmalig der Versuch unternommen, einen formalen Rahmen für die Beilegung von Arbeitsstreitigkeiten zu schaffen. Dies war notwendig geworden, weil sich

---

74 Vgl. Gallagher, Contagious Capitalism, S. 105.

75 Günter Schucher spricht in diesem Zusammenhang von der Aushebelung der sozialistischen Ansprüche der Arbeiter und Angestellten auf lebenslange Beschäftigung, Chinas neues Arbeitsvertragsgesetz – Stärkung der Schwachen oder nur Beruhigungspille?, in: China Aktuell (2006), Heft 4, S. 47–65, hier S. 57.

76 Insofern entsprach dies weitestgehend der alten Rechtslage, vgl. „Bestimmungen des Staatsrats zur Belohnung und Bestrafung von Arbeitern und Angestellten in Unternehmen“.

77 Vgl. Wolff, Arbeitsvertrag, S. 10 1 f., 121.

78 Vgl. Wolff, Arbeitsvertrag, S. 108. Zu den 86er Bestimmungen vgl. auch Josephs, Labor Reform, S. 229 ff.

79 Vgl. Josephs, Labor Law in China, S. 24.

80 Vgl. Gallagher, Contagious Capitalism, S. 108.

die Beziehungen zwischen Arbeitnehmern und Arbeitgebern insbesondere in den Privatunternehmen grundlegend geändert hatte. Zudem erachtete man eine interne Einmischung des Staates in die tägliche Personalpolitik der Unternehmen als investitionshemmend. Deshalb wurde eine außerhalb der Unternehmen stehende Einrichtung zur Kontrolle der Arbeitsbeziehungen erforderlich[81].

Die Arbeitsvertragsbest. 1986 sahen nur den Abschluss befristeter Arbeitsverträge vor[82]. Diese konnten sowohl von Arbeitnehmern[83] als auch von Arbeitgebern[84] ausschließlich bei Vorliegen bestimmter Umstände aufgelöst werden. Keine Seite konnte den Arbeitsvertrag ohne Vorliegen eines Grundes einseitig auflösen. Die einvernehmliche Vertragsauflösung vor Ablauf der Vertragsdauer war ebenfalls nicht ausdrücklich vorgesehen. Selbst die einverständliche Änderung des Vertrages, über die man theoretisch auch indirekt – durch Verkürzung der Laufzeit – eine einvernehmliche Vertragsbeendigung herbeiführen konnte, war nur unter bestimmten Voraussetzungen möglich[85]. Eine Vertragsauflösung musste der anderen Seite einen Monat im Voraus mitgeteilt werden[86], die Arbeitsbehörde[87] war zu informieren[88] und die Meinung der Gewerkschaft war einzuholen[89]. Die Vertragsautonomie der Parteien war damit noch stark eingeschränkt.

81 Vgl. Gallagher, Contagious Capitalism, S. 98 f., 101. Insofern kann man sagen, dass die Hinwendung des Staates zur Herrschaft des Rechts rein zweckgebunden war, vgl. Gallagher, Contagious Capitalism, S. 102, 104.

82 Vgl. § 2 der Bestimmung. Bei Oakley, Labor Relations, S. 26, heißt es, dass in der Praxis mit bereits beschäftigten Arbeitskräften unbefristete Arbeitsverträge geschlossen wurden.

83 Vgl. § 15 der Bestimmung. Nach dem Wortlaut von § 2 Nr. 3 Arbeitslosenvers.best. 1986 stand dem Arbeitnehmer aber kein Anspruch auf Leistungen aus der Arbeitslosenversicherung zu, wenn er selbst den Arbeitsvertrag auflöste, was tatsächlich die Vertragsautonomie des Arbeitnehmers im Vergleich zum Arbeitgeber deutlich eingeschränkt hätte. Vgl. zu dieser Problematik die verschiedenen Ansichten bei Wolff, Arbeitsvertrag, S. 120 f.

84 Vgl. § 12 der Arbeitsvertragsbest. 1986. Dazu gehörten: Nichtentsprechung der Einstellungsbedingungen während der Probezeit, arbeitsunabhängige Erkrankung oder Verletzung die zur Arbeitsunfähigkeit führt, Disziplinarverletzungen im Sinne der Entlassungsbest. 1986 oder der Konkurs des Unternehmens, vgl. § 12 der Arbeitsvertragsbest 1986.

85 Vgl. §§ 10, 11 der Arbeitsvertragsbest. 1986.

86 Vgl. § 16 Abs. 1 der Arbeitsvertragsbest. 1986.

87 Vgl. § 16 Abs. 2 der Arbeitsvertragsbest. 1986 und § 3 der Entlassungsbest. 1986.

88 In der Praxis übten die Behörden wohl nicht selten Druck auf den Arbeitgeber zur Rücknahme der Entlassung aus, vgl. Josephs, Labor Law in China, S. 38.

89 Vgl. § 17 der Arbeitsvertragsbest. 1986 und § 3 der Entlassungsbest. 1986.

3. Vereinheitlichung des Arbeitsrechtes

Bereits 1979 ging man an den Entwurf des AG, es wurde aber erst am 5.7.1994 vom Ständigen Ausschuss des Nationalen Volkskongresses erlassen und trat am 1.1.1995 in Kraft[90]. Insgesamt gab es dreißig Gesetzentwürfe, die die heftige interne Diskussion innerhalb der Kommunistischen Partei über den konkreten Inhalt des Arbeitsvertragssystems aber auch die Veränderungen durch die wirtschaftliche Entwicklung widerspiegeln[91].

Das Gesetz ersetzte die 1986er Bestimmungen im Wesentlichen und erfasste in seinem Anwendungsbereich erstmalig die staatlichen und privaten Arbeitgeber[92]. Damit wurde die bisherige Differenzierung zwischen staatlichen und privaten Unternehmen grundsätzlich aufgehoben. Aber erst 2000 wurden die Arbeitsvertragsbest. 1986, Entlassungsbest. 1986 und Anstellungsbest. 1986 vom Staatsrat für ungültig erklärt[93].

Auch das AG verfolgt den Zweck der Verbesserung der Produktivität der Unternehmen durch Beendigung lebenslanger Arbeitsverhältnisse, Schaffung von Flexibilität der Arbeitskräfte und eines größeren Spielraums der Unternehmensführung bei Personalentscheidungen. Gleichzeitig sollten aber die Arbeitsvertragsverhältnisse verrechtlicht und die Möglichkeiten zur Ausbeutung der Arbeitnehmer durch Gewährleistung bestimmter Basisrechte verringert werden[94]. Neben der Verringerung der Unterschiede zwischen staatlichen und privaten Unternehmen, trat das AG auch der rechtlichen Differenzierung zwischen festen, vertraglichen, Saison- und Wanderarbeitern sowie zwischen in- und ausländischen Arbeitnehmern entgegen[95]. Es ist allerdings lediglich ein vage und weit formuliertes Rahmengesetz, welches durch detailliertere Regelungen und Gesetze konkretisiert und ergänzt werden sollte. Die Verabschiedung vieler dafür notwendiger Rechtsvorschriften wurde lange Zeit noch innerhalb des Planungs- oder Entwurfstadiums durch regierungsinterne Uneinigkeiten über die erforderliche Balance zwischen Unternehmensautonomie und Arbeitnehmerschutz behindert[96].

---

90 Vgl. u. a. Burell, The Rule-Governed State, S. 92, und Chen, People's Republic of China, S. 34.

91 Detailliert zum Entwurfsverfahren siehe Kinglu, Guest Editor, S. 3–21.

92 Vgl. auch Burell, The Rule-Governed State, S. 92.

93 Vgl. Josephs, Labor Law in China, S. 43.

94 Vgl. Shen, Labour Disputes, S. 80. Siehe Rolf Geffken, Der Preis des Wachstums, S. 57, der betont, dass das AG keinen Bestandsschutz am Arbeitsplatz bezweckt.

95 Vgl. Gallagher, Contagious Capitalism, S. 110, 112.

96 Vgl. Gallagher, Contagious Capitalism, S. 113, 198 Rn. 62, 65. Gallagher ist sogar der Ansicht, dass dies ein Zeichen dafür ist, dass Uneinigkeit darüber besteht, wie oder ob überhaupt die Grundsätze des AG umgesetzt werden sollen.

Der gesetzgeberischen Vorstellung vom Regelarbeitsverhältnis lag sowohl beim Entwurf der Arbeitsvertragsbest. 1986, als auch des AG ein befristeter Arbeitsvertrag zu Grunde[97]. Hintergrund war der Ansatz der Flexibilisierung der Arbeitsverhältnisse zur Erhöhung der Produktivität. Das AG sah dennoch erstmals Verträge unbestimmter Dauer vor[98]. Gegenüber der alten Rechtslage erweiterte das AG zudem die Auflösungsmöglichkeiten für beide Parteien. Der Arbeitnehmer konnte den Arbeitsvertrag nunmehr ohne Vorliegen eines bestimmten Grundes auflösen und die Auflösungsgründe des Arbeitgebers erweiterten sich um einen dem Wegfall der Geschäftsgrundlage ähnlichen Tatbestand[99], der die betriebsbedingten Auflösungen umfasste, sowie um den Tatbestand der Schlechterfüllung des Arbeitsvertrages durch den Arbeitnehmer[100]. Auch konnten die Parteien einvernehmlich die Auflösung des Vertrages vereinbaren[101].

Bemerkenswert ist, dass das AG in verstärktem Maße zivilrechtliche Verantwortlichkeiten an Stelle verwaltungsrechtlicher Sanktionen für Vertragsverletzungen festlegte. Dadurch wurde der neue Status insbesondere der Staatsunternehmen als Personen mit eigener Rechtspersönlichkeit unterstrichen. Gleichzeitig änderte sich das Verhältnis zwischen Staat und Arbeitnehmer, da disziplinierende bzw. belohnende Maßnahmen entfielen und Disziplinverletzungen als Vertragsbruch und nicht mehr als Verstoß gegen Verwaltungsvorschriften angesehen wurden. Weiter konnte der Arbeitgeber einen Wechsel des Arbeitnehmers nicht mehr durch Verweigerung der Zustimmung verhindern sondern gegebenenfalls Schadensersatz wegen gesetzes- oder vertragswidriger Beendigung verlangen[102].

Mit der Verabschiedung des AG wurde versucht, den Auswirkungen der Einführung der Marktwirtschaft entgegenzutreten und einen Ausgleich zwischen den Interessen der Arbeitnehmer am Erhalt von Arbeitsplatz und sozialen Leistungen und den Interessen der Unternehmen an der Wirtschaftlichkeit ihrer Tätigkeit herzustellen[103]. Damit verbunden war die Anerkenntnis des Staates, dass ein grundsätzliches Verhandlungsungleichgewicht zwischen den Arbeitsvertragsparteien bestand, weshalb der Arbeitnehmer durch Kündi-

97 Vgl. zu den Folgen auf die Dauer von Arbeitsverträgen in der Praxis Li Jing, Labor Contract Law, S. 1113 f.

98 Vgl. § 20 Abs. 1 AG.

99 Vgl. § 26 Nr. 3 AG.

100 Vgl. § 26 Nr. 2 AG.

101 Vgl. § 24 AG.

102 Vgl. Josephs, Labor Law in China, S. 46 f.

103 Der Meinung sind Josephs, Labor Law in China, S. 42, und auch Shen, Labour Disputes, S. 43.

gungsschutz und gerichtliche Geltendmachung von Rechten[104] in besonderer Weise geschützt werden mussten[105]. Die arbeitsgesetzliche Einführung eines Kollektivvertragssystems diente dem Ziel der Festlegung der Arbeitsbedingungen am Arbeitsplatz. Das Gesetz wurde deshalb als „Meilenstein" des Schutzes der Arbeitnehmer vor der Ausbeutung durch die Arbeitgeber angesehen. Seine mangelhafte Implementierung führte allerdings zu einer stetigen Zunahme von Verstößen gegen Arbeitnehmerinteressen und –rechten[106]. Daran änderten auch die Bestrebungen der Regierung zur Regelung des Verfahrens in Arbeitsstreitigkeiten zuerst in den Arbeitskonfliktbest. 1987 und dann in den am 6.7.1993 verabschiedeten „Bestimmungen zur Beilegung von Arbeitstreitigkeiten in Unternehmen" („BBAU") – die erstmalig Verfahrensregeln auch für die Beilegung von Arbeitsstreitigkeiten mit privaten Arbeitgebern enthielten – nichts. Die Bestimmungen führten lediglich zu einer rechtlichen Kanalisierung der Arbeitsstreitigkeiten.

4. Gesellschaftliche Veränderungen und soziale Probleme aufgrund der Wirtschaftsreformen und ihre Auswirkungen auf die weitere Entwicklung des Arbeitsrechtes

§ 1 Wirtschaftliche und gesellschaftliche Veränderungen im Zuge der Reformpolitik

Die Beschäftigungsstruktur in China hat sich seit Einführung des Arbeitsvertragssystems grundlegend verändert. Während 1978 ca. 99,8% der städtischen Beschäftigten in staatlichen Unternehmen arbeiteten, waren es 2004 gerade noch 45,8%. Privatunternehmen in den Städten und Individuen trugen im selben Zeitraum zu 46,5% der Neueinstellungen bei[107]. Die Abnahme der Beschäftigung auf dem Land und der Zustrom ländlicher Arbeiter, sowie die neuen Arten flexibler Beschäftigung haben die gesellschaftlichen Strukturen in starkem Maße beeinflusst. Die durchschnittliche Qualifizierung der arbeitenden Bevölkerung ist nach wie vor gering[108].

Seit Beginn des Reformkurses 1978 steigt sowohl die Anzahl der Verletzungen der Rechte und Interessen der Arbeitnehmer, als auch die der Arbeitsstreitigkei-

104 Vgl. die „Vorläufige Bestimmungen über die Regelung von Arbeitskonflikten in staatlich betriebenen Unternehmen", die 1993 durch die BBAU ersetzt wurden.

105 Vgl. Gallagher, Contagious Capitalism, S. 113.

106 Vgl. Shen, Labour Disputes, S. 5.

107 National Bureau of Statistics of China, China Statistical Yearbook 2005, Peking, 2005.

108 Vgl. Shen, Labour Disputes, S. 4.

ten stetig an[109]. Auch die Arbeitslosigkeit ist seit den 90er Jahren, befördert noch durch die (Teil-) Privatisierung großer staatlicher und kollektiver Unternehmen seit 1997, kontinuierlich angestiegen[110]. Angesichts dieser Entwicklungen kann man eindeutig sagen, dass mit der Einführung des Arbeitsvertragssystems die Ära der zentralen Beschäftigungsplanung und der „Eisernen Reisschüssel" zu Ende gegangen ist[111].

Von 1978 bis 1992 verlief die arbeitsrechtliche Entwicklung in den staatlichen Unternehmen aufgrund einer unterschiedlichen Gesetzgebung noch getrennt von den Privatunternehmen[112]. Danach verschwanden die arbeitsrechtlichen Unterschiede zwischen den staatlichen und privaten Unternehmen angesichts einer zunehmenden wirtschaftlichen Deregulierung, steigender nationaler Konkurrenz und einer fortschreitenden wirtschaftlichen globalen Integration jedoch stetig. Dadurch verlor das Volkseigentum als Charakteristikum des Sozialismus an Bedeutung für chinesische Arbeitsverhältnisse, obwohl der Reformprozess weiterhin durch eine kommunistische Regierung geleitet wurde[113]. Durch den Verlust des (zumindest theoretischen) Herrenstatus der Arbeiter in den Unternehmen verlor die Kommunistische Partei Chinas („KP") gleichzeitig ihren traditionellen Rückhalt in der Arbeiterschaft[114].

Während sich die Reformen des Arbeitsrechts seit der Anfang/Mitte der achtziger Jahre vorrangig auf die Regelung der Begründung und Beendigung von Arbeitsverhältnissen zur Schaffung von Rahmenbedingungen für die Wirtschaftsreformen konzentrierte[115], fand später eine Veränderung in der

---

109 Vgl. Shen, Labour Disputes, S. 1, und Wolff, Wirtschaftsrecht, S. 214. Siehe zu dieser Entwicklung China Labour Bulletin, Speaking Out: The Workers' Movement in China, Dezember 2007, [http://www.clb.org.hk/en/node/100013], 19. Februar 2012, und auch China Labour Bulletin, Going it Alone: The Workers' Movement in China, Juli 2009, [http://www.clb.org.hk/en/node/100013], 19. Februar 2012.

110 Vgl. Shen, Labour Disputes, S. 19. Zu den tatsächlichen Umständen der Privatisierung vgl. den Bericht von China Labour Bulletin, No Way Out: Worker Activism in China's State-Owned Enterprise Reforms, September 2008, [http://www.clb.org.hk/en/node/100013], 19. Februar 2012.

111 Vgl. Shen, Labour Disputes, S. 79. Zur Entwicklung des Arbeitsmarktes bis 2006 vgl. Shen, Labour Disputes, S. 30 ff.

112 Vgl. Gallagher, Contagious Capitalism, S. 72.

113 Vgl. Gallagher, Contagious Capitalism, S. 62. Oakley, Labor Relations, S. 29, meint dazu: "The replacement of the unlimited diffuse responsibility of the existing social contract in China with the limited, specific obligations of the new labor contracts made it clear that the two parties were, first and foremost, a buyer and a seller of labor. This provided the conditions for growing distrust between the two interest groups".

114 Vgl. unter anderen Gallagher, Contagious Capitalism, S. 71.

115 Von Bedeutung ist an dieser Stelle auch das Unternehmensinsolvenzgesetz, mit dem die Arbeitsverhältnisse der weiterhin privilegierten festen Arbeiter in großem Umfang bedroht wurden.

Arbeitspolitik statt, bei der sich der Fokus der Regierung in erster Linie auf Arbeitsschutz und Sozialrechtssystem richtete, um einer sozialen Instabilität entgegenzuwirken[116]. Im Gegenzug macht sich ein vorläufig intensivierender, globaler Wettbewerb der verschiedenen Staaten um Arbeitsplätze, die Investitionen mit sich ziehen, bemerkbar, der sich zwangsläufig negativ auf Versuche zum Schutz von Arbeitsrechten und Arbeitssicherheit auswirkt. Bis die nationalen Unterschiede irgendwann abnehmen, geht die globale Tendenz deshalb weiter zu einer Anpassung der Arbeitspolitik zu Gunsten des Kapitals[117]. In China ist dies nach Ansicht von Gallagher in der Vergangenheit in erdrückender Art und Weise zum Vorteil der Unternehmensautonomie[118], Flexibilität und Unternehmenskontrolle über Arbeitnehmerorganisationen geschehen.

§ 2 Soziale Probleme im Zuge der Wirtschafts- und Arbeitsreformen

Auch in der chinesischen Arbeitsrealität hat sich gezeigt, dass die neu gewonnene Vertragsfreiheit nur wenigen, qualifizierten Arbeitnehmern und den Arbeitgebern von Nutzen ist, während sie für die große Anzahl der Arbeitnehmer eine extreme Beschäftigungsunsicherheit bedeutet. Die zum Schutz der Arbeitnehmer eingeführten Institutionen der staatlichen Aufsicht bzw. Überwachung und die Beschränkung der Vertragsfreiheit durch die Verrechtlichung der Arbeitsbeziehungen konnten dem nicht entgegenwirken. Die lokale Rechtsimplementierung war in der Vergangenheit sehr schwach und durch die Notwendigkeit der Attraktion und des Erhalts von Investitionen und lokalem Wirtschaftswachstum, die guten Beziehungen zwischen Regierung und Wirtschaft sowie die tief sitzende Korruption stets gefährdet[119]. Deshalb gibt es auch große Unterschiede zwischen den verschiedenen Regionen und Provinzen bezüglich der Arbeitsstandards. Lokale Arbeitsbehörden sind unterbesetzt und finanziell

---

116 Vgl. Shen, Labour Disputes, S. 1, und Wolff, Wirtschaftsrecht, S. 214. Siehe auch Matthias Burell, der die Entwicklung der Normsetzungsintensität von Mitte der 70er bis Ende der 90er Jahre in verschiedenen arbeitsrechtlichen Bereichen analysiert, Burell, The Rule-Governed State, S. 91.

117 Instruktiv auch der Aufsatz von Dr. Kai Chang, Globalisation, Labour Standards and Protection of Labour Rights, in: ZChinR (2005), S. 23–29, hier S. 23 ff., der darin u. a. den Einfluss der internationalen Handelsbeziehungen auf das Arbeitsrecht in China analysiert.

118 Gleichzeitig wurde der staatliche Einfluss auf die Arbeitsverhältnisse zurückgedrängt, vgl. Gallagher, Contagious Capitalism, S. 70.

119 Bei Gallagher heißt es bspw., dass das US China Business Council 2002 feststellte, „in vying for investment, localities are looking for ways to minimize business costs for potential investors. Shanghai and Shenzhen have been particualar aggressive on this front“, Gallagher, Contagious Capitalism, S. 181 f. Rn. 9. Ähnlich sieht dies auch Li Jing, Labor Contract Law, S. 1102.

schlecht ausgestattet. Verstärkt wird dieser allgemeine Trend im Arbeitsrecht noch durch die Verhältnisse der ländlichen Wanderarbeiter. Sie werden in der Praxis diskriminiert, weil sich die lokalen Behörden für sie nicht für zuständig halten oder weil sie durch lokale Rechtsvorschriften als Dienstleistungsarbeitnehmer (劳务工) deklassiert und dadurch gänzlich vom Arbeitsrecht ausgeschlossen werden[120].

Selbst unter Beachtung des nationalen Rechts waren Arbeitsverträge unter dem AG regelmäßig sehr kurz befristet und vorzeitig auflösbar[121]. Versuche, längerfristige oder unbefristete Arbeitsverträge zu fördern oder überhaupt den Abschluss schriftlicher Arbeitsverträge bei der Beschäftigung von Arbeitnehmern durchzusetzen, waren kaum von Erfolg gekrönt. Selbst in staatlichen Unternehmen wurden kurzfristige Arbeitsverträge benutzt, um beispielsweise politisch zweifelhafte Arbeitnehmer durch die drohende Arbeitslosigkeit gefügig zu machen[122]. Nicht selten wurden Arbeitnehmer vertraglich zur Zahlung einer Kaution im Gegenzug für die Aufnahme der Tätigkeit verpflichtet, sie wurden auf dem Betriebsgelände eingeschlossen oder ihre Personalausweise wurden einbehalten. Darüber hinaus soll es zu Zusammenschlüssen und Lohnabsprachen von Arbeitgebern gekommen sein, um den Wettbewerb auf dem Arbeitsmarkt zu beschränken. Auch wird gemeinsam Lobbyarbeit gegenüber den lokalen Regierungen betrieben, um Einfluss auf die Arbeitsgesetzgebung zu nehmen[123].

Obwohl die neu geschaffenen rechtlichen Institutionen schwach sind und man angesichts der allumfassenden Macht der an keinerlei Recht gebundenen kommunistischen Partei nur schwer von einer Herrschaft des Rechts sprechen kann, ist seit Einführung des institutionalisierten Arbeitsstreitbeilegungs- und -gerichtsverfahrens ein steter Anstieg der Verfahren zu verzeichnen[124]. Während Arbeitsstreitigkeiten anfänglich in überwiegender Zahl in den privaten Unternehmen auftraten, kam es spätestens in Folge der Restrukturierungen und Eigentums-

120 Vgl. Gallagher, Contagious Capitalism, S. 77 und S. 186 Rn. 48, oder auch John Chen, China, in: Asia Pacific Labour Law Review, hrsg. v. Asia Monitor Resource Center, Hongkong, 2003, S. 105–122, hier S. 112. Bereits im Gesetzgebungsverfahren zum AG war die Einbeziehung der ländlichen Arbeitsbevölkerung in den Arbeitnehmerbegriff umstritten. Insbesondere die örtlichen und ländlichen Regierungen sprachen sich gegen eine Einbeziehung derselben in den Schutzbereich des AG aus. Letztlich setzte sich jedoch die anderweitige Ansicht der ACFTU durch, vgl. Chan, Emerging Patterns, S. 54.

121 Vgl. Gallagher, Contagious Capitalism, S. 63 ff.

122 Vgl. Gallagher, Contagious Capitalism, S. 78 f.

123 Vgl. Gallagher, Contagious Capitalism, S. 81.

124 Vgl. Gallagher, Contagious Capitalism, S. 98 f., 101. Insofern kann man sagen, dass die Hinwendung des Staates zur Herrschaft des Rechts rein zweckgebunden war, vgl. Gallagher, Contagious Capitalism, S. 102, 104.

reformen Ende der 90er Jahre auch in den staatlichen und kollektiven Unternehmen zu zunehmenden Arbeitskonflikten zwischen Arbeitnehmern und der Unternehmensführung[125]. Das wachsende Rechtsbewusstsein der Arbeitnehmer verstärkt den Trend hin zu steigenden Verfahrenszahlen vor Schieds- und Volksgerichten[126].

Auch wenn das Arbeitsvertragsrecht zunehmend verrechtlicht und dabei in großem Umfang auf zivilrechtliche Füße gestellt wurde darf nicht übersehen werden, dass das Arbeitsrecht sowohl auf nationaler wie lokaler Ebene den Regierungen zur Verfolgung bestimmter Ziele dient[127]. Dennoch ist die Überlegung von Josephs richtig, dass, obwohl sich das Arbeitsvertragsrecht verfassungsrechtlich nicht verorten lässt und auch sonst keine gesetzliche Begrenzung der chinesischen Regierung bei der Gesetzesschaffung besteht, dennoch Zwänge bestehen, die den Handlungsspielraum der Regierung beschränken und es letztlich keinen Unterschied macht, worauf diese Zwänge basieren[128]. Zwänge beruhen zum Beispiel auf dem Interesse der kommunistischen Partei am eigenen Machterhalt, der nur über soziale Stabilität und Gerechtigkeit gesichert werden kann. Wie sensibel die chinesische Regierung in Bezug auf diese Thema ist, lässt sich sehr gut am Massaker auf dem Platz des Himmlischen Friedens (Tiananmen) in Peking vom 6. Juni 1989 verfolgen. Den vorangegangenen von Studenten und Arbeitern in Peking und anderen Städten Chinas initiierten Demonstrationen lagen nicht nur ein gestiegenes Bewusstsein für Freiheit und Demokratie sondern auch die negativen sozialen Folgen der Wirtschafts- und Arbeitsreformen der vergangen Jahre zu Grunde. Gleichzeitig ist die Entwicklung der Arbeitsbeziehungen in China von den Zwängen der Globalisierung bestimmt, zumal die bisherige wirtschaftliche Entwicklung vornehmlich auf einer Exportorientierung im Billiglohnsektor beruht. Dazu kommt jedoch eine Kombination von Konfuzianismus und Sozialismus, die auch gegen die marktwirtschaftliche Umgebung erhalten bleibt[129].

Chinas Regierung hat angesichts der weit verbreiteten arbeitsrechtlichen Missstände resultierend in zunehmenden Arbeiterprotesten erkannt, dass der weitere wirtschaftliche Aufschwung einer stabilen sozialen Grundlage bedarf.

---

125 Vgl. Gallagher, Contagious Capitalism, S. 100. Siehe auch Chan, Emerging Patterns, S. 36 ff., die den Anfang der sich zwischen Arbeitnehmer und Staatsbetrieben zuspitzenden Spannungen bereits im Beginn der Wirtschaftsreformen sieht, S. 41.

126 Vgl. Oakley, Labor Relations, S. 178.

127 Vgl. Josephs, Labor Law in China, S. 52.

128 Vgl. Josephs, Labor Law in China, S. 53.

129 Vgl. Oakley, Labor Relations, S. 2. Oakley, Labor Relations, S. 62, kommt allerdings zu dem Ergebnis, dass maoistische und konfuzianische Elemente sehr wohl in den vorhandenen Arbeitsverhältnissen erkennbar, aber von begrenztem Einfluss darauf sind.

Diese kann nur durch eine stärkere Verrechtlichung der Arbeitsbeziehungen und eine tatsächliche Stärkung der Rechte der bis dato benachteiligten Arbeitnehmergruppen gewährleistet werden[130], zu denen insbesondere die Wanderarbeiter gehören[131]. Das Beschäftigungsumfeld soll nun im Einklang mit Chinas grundlegenden nationalen Bedingungen und den Bedürfnissen der sozialistischen Marktwirtschaft auf der Basis der Reformen der vergangenen zwanzig Jahre stabilisiert werden. Das beinhaltet eine Ausweitung der Beschäftigungsmöglichkeiten, Förderung der Wiederbeschäftigung durch volle Ausschöpfung der Arbeitsressourcen[132], umfassende Berücksichtigung städtischer und ländlicher Arbeit sowie die Politik der Eigeninitiative bei der Arbeitssuche, die eine Entlastung der Regierung mit sich bringt[133]. Im Kern geht es dabei um die Umverteilung der verschiedenen Mittel zur Ausbeutung überschüssiger Arbeit, die Nutzung von Möglichkeiten zur wirtschaftlichen Entwicklung, die Angleichung der wirtschaftlichen und Eigentumsstrukturen, die Optimierung der Marktmechanismen zur Beschäftigung und die Schaffung neuer Beschäftigungsmöglichkeiten, um die Beschäftigung für die Mehrheit der Arbeitskräfte voranzutreiben, wodurch letztlich die wirtschaftliche Entwicklung gefördert wird und gleichzeitig dem verfassungsrechtlichen Recht auf Arbeit und Freiheit zur Arbeitssuche Rechnung getragen wird. Anerkannt wird dabei, dass zwar der Regierung eine bedeutsame Rolle bei der Beschäftigungsförderung zukommt, der Markt allerdings ausschlaggebend dafür ist. Vorrangig geht es in der Politik deshalb um die Aufstellung von Beschäftigungsplänen, Anleitung und Anpassung des Arbeitsangebots und –bedarfs, Ausführung der Arbeitspolitik, Unterstützung ungeschützter Gruppen, Verbesserung des Arbeitsmarktsystems, Regulierung des Arbeitsmarktes im Rahmen der Gesetze, Zurverfügungstellung von Arbeitsvermittlung und Verbesserung des Sozialsicherungssystems[134].

Verstärkt wurde der Trend zu einer „sozialeren" Wirtschafts- und Arbeitspolitik durch den Regierungswechsel 2003. Die Regierung unter Wen Jiabao und Hu Jintao wird auch als volksnahe (亲民) Regierung bezeichnet, weil sie sich in besonderer Weise um die Bedürfnisse der einfachen Leute sorgt[135]. In

130 Vgl. Schucher, Beruhigungspille, S. 62.

131 Vgl. zu den Wanderarbeitern Li Jing, Labor Contract Law, S. 1090 ff.

132 Vgl. „Rundschreiben über intensive Anstrengungen bei der Sicherung der Grundlebensbedürfnisse und der Wiederbeschäftigung entlassener Arbeiter in Staatsunternehmen".

133 Vgl. hierzu Wolff, Arbeitsvertrag, S. 40.

134 Vgl. ausführlich hierzu GtZ/MoLSS, Commentaries, S. 390 ff., 42 1 ff., und Shen, Labour Disputes, S. 22.

135 So Li Jing, Labor Contract Law, S. 1092 f. Zur Politikwende unter Wen Jiabao/Hu Jintao vgl. Victorien Wu, Labor Relations in Focus – The PRC government's efforts to better protect

Chinas 11. Fünfjahresplan für den Zeitraum 2006–2010 wurde das Ziel der Entwicklung einer harmonischen Gesellschaft aufgestellt. Das „Rundschreiben des Staatsrats zur weiteren Intensivierung der Arbeit zur Beschäftigung und Wiederbeschäftigung" vom 4.11.2005 macht ebenfalls deutlich, dass ein Politikwechsel stattgefunden hat, nach dem nun die Beschäftigungsförderung insbesondere der im Rahmen des Systemwechsel in den Staatsbetrieben oder aus wirtschaftlichen Gründen in der Privatwirtschaft Entlassenen im Fokus steht und insgesamt die Rechte und Interessen der Arbeitnehmer besser gewährleistet werden sollen. Auch sollen Graduierte, ländliche Wanderarbeiter und Bauern, deren Land requiriert wurde besonders gefördert werden. Die Beschäftigungsförderung der Arbeitslosen soll im Einklang mit der wirtschaftlichen Entwicklung stehen, so dass ein vernünftiges Zusammenspiel zwischen Ankurbelung der Beschäftigung und Wirtschaftswachstum entsteht. Anerkannt wird weiter die wichtige Bedeutung der Beschäftigung für die Lebensgrundlage der Menschen und die Schaffung einer harmonischen, sozialistischen Gesellschaft. Die gesellschaftliche Stabilität wird immer wieder betont, wenn auch zugegeben wird, dass die grundsätzliche Struktur eines Überangebots an Arbeitskräften nicht für einen längeren Zeitraum geändert werden kann. Befolgt werden sollen die Richtlinien von „Arbeiter wählen ihre eigenen Jobs, der Markt reguliert die Beschäftigung und die Regierung fördert die Beschäftigung". Als Mittel dafür soll die berufliche Qualität der Arbeitnehmer erhöht und die Initiative zur Gründung eigener Unternehmen unterstützt werden[136]. Zur Erreichung eines besseren Schutzes der Arbeitnehmerrechte wurde in den vergangenen Jahren von Regierungsseite insbesondere der Versuch unternommen, verstärkt für den Abschluss von Arbeitsverträgen zu sorgen, die Wanderarbeiter besser zu schützen, den Verzögerungen bei den Gehaltszahlungen entgegenzutreten und die Präsenz der Gewerkschaften in den Unternehmen zu verstärken. Auch wurden Bestrebungen unternommen, die behördliche Überwachung der Durchsetzung des Arbeitsrechts in den Provinzen zu verstärken[137].

Die zahlreichen Missstände aufgrund der mangelhaften Implementierung der arbeitnehmerschützenden Rechtsvorschriften auch nach Inkrafttreten des AG und den folgenden untergesetzlichen Rechtsvorschriften, gaben zuletzt den Anstoß für eine grundlegende Reform, weshalb 2004 mit einer Überarbeitung

workers' rights spring from worries about China's social stability, in: China Business Review (2007) [http://www.chinabusinessreview.com/public/0611/wu.html], 4. April 2012.

136 Vgl. zur Stellung des Arbeitsvertragsgesetzes innerhalb dieses Politikwechsels u. a. US-China Business Council Staff, The new Labor Contract Law, in: China Business Review (2007), Ausgabe November + Dezember, S. 42–49, hier S. 42 f.

137 Vgl. Wu, Labor relations.

des Arbeitsvertragsrechts begonnen wurde[138]. Auch die starke Zersplitterung des Arbeitsrechts in den verschiedenen Provinzen mag Anlass hierfür gewesen sein[139]. Das von Anfang an als bloßes Rahmengesetz gedachte AG sollte eigentlich bereits 1999/2000 durch eine Reihe weiterer Gesetze in den Bereichen Arbeitsvertrag, Arbeitslohn, Arbeitsförderung, Arbeitssicherheit und –gesundheit, Kollektivvertrag und Arbeitsstreitigkeiten ergänzt bzw. konkretisiert werden. Die Realisierung dieses Vorhabens kommt allerdings nur schleppend voran. Die fortdauernde Ausbeutung von Arbeitnehmern durch Arbeitgeber und die damit verbundene Zunahme sozialer Unruhen veranlassten den Nationalen Volkskongress letztlich am 29.06.2007 zur Verabschiedung des Arbeitsvertragsgesetzes („AVG“), das zum 1.1.2008 in Kraft trat. In kurzer Folge traten auch das Gesetz zur Schlichtung und den Schiedsgerichten in Arbeitsstreitigkeiten („SSAG“) und das Arbeitsförderungsgesetz („AFG“) in Kraft.

138 Vgl. Waas/Wu, Arbeitsvertragsgesetz, S. 236 f. Dabei befand sich das Arbeitsvertragsgesetz bereits 1998 im Planungsstadium und sollte 1999 verabschiedet werden, vgl. Gallagher, Contagious Capitalism, S. 113.

139 Vgl. bspw. Geffken, Der Preis des Wachstums, S. 72 f.

B. Rechtlicher Rahmen des Arbeitsrechts in der Volksrepublik China

Ähnlich dem deutschen Recht gibt es auch in China eine Reihe verschiedenster Rechtsnormen, die auf die rechtliche Ausgestaltung des Arbeitsverhältnisses Anwendung finden. Geregelt sind diese in der Verfassung und im Gesetzgebungsgesetz. In der Zeit von 1949 bis 1983 wurden keine arbeitsrechtlichen Vorschriften durch den Nationalen Volkskongress („NVK“) erlassen[140]. Es gab lediglich einige vom Staatsrat[141] verkündete Rechtsnormen, die vom NVK grundsätzlich gebilligt worden waren, ohne dass tatsächlich darüber beraten worden wäre. Seit den 80er und 90er Jahren hat die Zahl der durch den NVK erlassenen Normen zugenommen, dennoch beruhen auch weiterhin zahlreiche Vorschriften auf dem Handeln der Exekutivorgane[142].

Höchste Rechtsnorm in China stellt die Verfassung dar. Sie kann nur vom NVK mit Zweidrittelmehrheit geändert werden. Der NVK ist zudem für den Erlass der obersten Rechtsnormen, der Gesetze (法律), zuständig, die Vorrang vor allen anderen Bestimmungen und Regeln haben[143]. Der SR erlässt demgegenüber Verwaltungsvorschriften (行政法规[144]), die der Durchführung der Gesetze des NVK dienen und Quasi-Gesetzesstatus haben. Unter Umständen kann der NVK auch die Befugnis zum versuchsweisen Erlass vorläufiger Verwaltungsbestimmungen an den SR delegieren, denen dann erst später Gesetzentwurf und -verabschiedung folgen[145]. Sowohl NVK als auch SR geben zusätzlich Vorschriften (条例-tiáolì) und Bestimmungen (规定) heraus[146].

Ministerielle Regeln (部门规章), Bestimmungen (规定), Regeln (规则), detaillierte Durchführungsregeln (实行) und Maßnahmen (办法) können von den Ministerien erlassen werden. Im Rang darunter stehen andere Gesetzesdokumente (其他规范性文件[147]) die von den Büros oder Abteilungen der Minis-

140 Der NVK ist das nationale Gesetzgebungsorgan der VRC.

141 Der Staatsrat, auch als Zentrale Volksregierung bezeichnet, ist das zentrale Verwaltungsorgan der VRC.

142 Vgl. Burell, The Rule-Governed State, S. 94.

143 Vgl. § 8 Gesetzgebungsgesetz.

144 Dazu gehören Vorschriften (条例-tiáolì), Bestimmungen (规定-guīdìng) und Maßnahmen (办法-bànfǎ).

145 Vgl. § 56 Gesetzgebungsgesetz. So Burell, The Rule-Governed State, S. 96.

146 Vgl. Burell, The Rule-Governed State, S. 98.

147 Darunter fallen Mitteilungen oder Rundschreiben (通知-tōngzhī – vgl. detaillierte Informationen zu dieser Art von Rechtsnorm bei Burell, The Rule-Governed State, S. 100 f.), Mei-

terien erlassen werden, darüber hinaus aber auch von Kommissionen innerhalb des Staatsrats. Sie stehen unterhalb der Gesetze und Verwaltungsvorschriften aber oberhalb der detaillierten Durchführungsregeln und beschäftigen sich mit spezielleren Fragen innerhalb der Reichweite der Gesetze oder Verwaltungsvorschriften[148]. Auch wenn die rechtliche Bindung der Gerichte an ministerielle Regeln unklar ist, werden sie grundsätzlich von selbigen angewandt[149].

Auf regionaler Ebene gibt es die – häufig genutzte – Möglichkeit, dass Körperschaften im eigenen Zuständigkeitsbereich Bestimmungen (地方政府规章) erlassen, die allerdings im Einklang mit den nationalen Gesetzen und Bestimmungen stehen müssen[150]. Vertreten wird, dass die regionalen Bestimmungen gegenüber den nationalen Gesetzen strengere Erfordernisse aufstellen dürfen[151]. Ob sich das so allgemein behaupten lässt, kann bezweifelt werden. Gerade, wenn der nationale Gesetzgeber den Parteien eines Zivilvertrages Vertragsfreiheit einräumen möchte, könnte die Beschränkung der Privatautonomie dem nationalen gesetzgeberischen Willen zuwiderlaufen. Im Arbeitsrecht, das ein Arbeitnehmerschutzrecht ist, wird man strengere lokale Regeln jedenfalls nur dann problemlos zu Lasten der Arbeitnehmer für zulässig erklären können, wenn diese nicht das Machtverhältnis zu Gunsten der Arbeitgeber verschieben, sondern lediglich das Verhältnis Arbeitnehmer-Behörde betreffen. Ein Spielraum besteht für den regionalen Normgeber aber jedenfalls in den Bereichen, die vom nationalen Gesetzgeber nicht klar angesprochen wurden[152].

Auch die Interpretationen (解释), Bestimmungen (规定), Antworten (批复) und Ansichten (意见) des Obersten Volksgerichts sowie einiger Oberer Volksgerichte auf Provinzebene oder in Städten direkt unterhalb der Zentralregierung binden zumindest die mittleren und unteren Gerichte. Diese Interpretationen usw. befassen sich mit der Konkretisierung von Gesetzen[153]. Auch wenn ihre rechtliche Bindungswirkung teilweise als problematisch erachtet wird, werden sie in der Praxis von den Gerichten befolgt[154].

---

nungen (意见-yìjiàn), Antworten (批复-pīfù) sowie einfache Schreiben.

148 Vgl. § 71 Gesetzgebungsgesetz. Siehe auch Burell, The Rule-Governed State, S. 96.

149 Vgl. Bing Ling, Contract Law in China, Hongkong, 2002, S. 29, Lauffs, Employment Law, S. 4, Wang Guiguo/John Mo, Chinese Law, London, 1999, S. 11.

150 Vgl. u. a. Burell, The Rule-Governed State, S. 96.

151 So Lauffs, Employment Law, S. 4, der beispielhaft einen größeren Schutz der Arbeitnehmerrechte nennt.

152 Vgl. Lauffs, Employment Law, S. 4.

153 Vgl. unter anderen Lauffs, Employment Law, S. 4. Zur gesamten Thematik vgl. auch Chen, People's Republic of China, S. 4 1 ff.

154 Vgl. am Beispiel der „Anleitende Ansichten des Guangdonger Oberen Volksgerichts und des Guangdonger Arbeitsschiedsgerichtskomitee zur Anwendung des Arbeitsvertragsgesetzes so wie des Gesetzes über die Schlichtung und Schiedsgerichte in Arbeitsstreitigkeiten in der

C. Der persönliche und örtliche Anwendungsbereich von Arbeitsgesetz und Arbeitsvertragsgesetz

I. Einleitung

Die grundlegenden Normen des chinesischen Arbeitsrechtes zum Arbeitsverhältnis und Arbeitsvertrag sind im AG und AVG enthalten. Wann der Anwendungsbereich dieser Normen eröffnet ist, wird in § 2 AG bzw. § 2 AVG bestimmt.

§ 2 AG
(1) Auf die Unternehmen im Gebiet der VRC und auf die wirtschaftlichen Organisationen einzelner im Gebiet der VRC (im Folgenden kurz: Arbeitgeber) und auf die Arbeitnehmer[155]*, die mit ihnen Arbeitsverhältnisse bilden, wird dieses Gesetz angewandt.*
(2) Gegenüber Behörden, institutionellen Einheiten und gesellschaftlichen Körperschaften und denjenigen Arbeitnehmern, die mit ihnen Arbeitsvertragsbeziehungen errichten, wird dieses Gesetz entsprechend angewandt.

§ 2 AVG
(1) Dieses Gesetz gilt für die Errichtung von Arbeitsverhältnissen und den Abschluss, die Erfüllung, die Änderung, die Auflösung und die Beendigung von Arbeitsverträgen zwischen den Unternehmen, wirtschaftliche Organisationen einzelner und private Nichtunternehmenseinheiten umfassenden Organisationen[156] *(im Folgenden kurz: Arbeitgeber*[157]*) im Territorium der VRC einerseits und Arbeitnehmern andererseits.*

Provinz Guangdong" bei Joanna Law, State Council delays, as Guangdong makes it better, in: China Law & Practice (2008), Heft September, S. 35–37, hier S. 37. Zum chinesischen Rechtsordnungssystem vgl. auch Wang/Mo, Chinese law, S. 6–11, 19–21, 447–449. Dass die Gesetze von den Gerichten mit Interpretationen usw. konkretisiert werden, gehört nicht zu ihren verfassungsgemäßen Aufgaben. Nur für die Interpretationen usw. des Obersten Volksgerichtes gibt es gesetzliche Grundlagen. Seinen Interpretationen kommt Gesetzeswirkung zu, vgl. Frank Münzel, Chinas Recht, Kommentierte Übersetzungen aus dem Recht der Volksrepublik China, [http://lehrstuhl.jura.uni-goettingen.de/chinarecht/inhalt.htm], 7. April 2012, Anm. 29 zum Gesetzgebungsgesetz..

155 „劳动者" heißt sowohl „Arbeiter" als auch „Arbeitnehmer". Hier wird einheitlich mit „Arbeitnehmer" übersetzt. Vgl. dazu aber auch die gegenteilige Auffassung bei Münzel, Chinas Recht, Anm. 1 zum Arbeitsvertragsgesetz.

156 In vielen Übersetzungen des AVG ist zusätzlich die Rede von „anderen Organisationen". Dabei handelt es sich um eine fehlerhafte Übersetzung die den Anschein erweckt, als sei die Auflistung der Organisationen nicht abschließend.

157 Auch heute benutzt der Gesetzgeber noch den alten Begriff von der „Arbeitgebereinheit: 用人单位 -yòngrén dānwèi". Aus Vereinfachungsgründen wird hier konsequent mit Arbeitgeber übersetzt. Als besonderes Problem bei der Übersetzung muss erwähnt werden, dass chinesische Rechtsgelehrte bei Arbeitgebern nie von einer natürlichen Person sprechen, da eine Einheit sprachlich keine Person sein kann. Dementsprechend wird manchmal von Einheiten

(2) Bei den Arbeitsverhältnissen, die zwischen Staatsbehörden, öffentlichen Institutionseinheiten und gesellschaftlichen Körperschaften einerseits und Arbeitnehmern andererseits errichtet werden, wird auf den Abschluss, die Erfüllung, die Änderung, die Auflösung und die Beendigung des Arbeitsvertrags dieses Gesetz entsprechend angewandt.

1. Konkurrenzverhältnis zwischen AG und AVG

Die Regelungen des AVG gelten danach für die Errichtung von Arbeitsverhältnissen und den Abschluss, die Erfüllung, Änderung, Auflösung und Beendigung von Arbeitsverträgen. Das AG regelt gleichfalls Arbeitsverhältnis und Arbeitsvertrag, so dass es zu Überschneidungen kommt. Das AG wurde nicht aufgehoben sondern bleibt grundsätzlich weiterhin in Kraft. Insofern stellen viele Bestimmungen des AVG eine Aktualisierung von im AG geregelten Materien dar, mit der Folge der Nichtanwendbarkeit des AG in den sich überschneidenden Bereichen[158].

Der persönliche Anwendungsbereich des § 2 AVG wurde gegenüber dem von § 2 AG erweitert[159]. Auch die Regelung des Anwendungsbereiches des AVG ist eine Aktualisierung, da der Wortlaut des AG mit Erweiterung wiederholt wird. Fraglich ist, ob dieser weitergehende persönliche Anwendungsbereich des AVG auch auf das AG anwendbar ist. Dagegen spricht der Wortlaut von § 2 AVG, wonach sich der dortige Anwendungsbereich auf „dieses Gesetz“ (本法), also das AVG bezieht. Allerdings führte eine unterschiedliche Anwendung der Gesetze zur Nichtanwendung solcher arbeitsgesetzlicher Normen, die nicht durch das AVG verdrängt werden[160], auf den von § 2 AVG erweiterten Personenkreis. Das hätte bei der Anwendung des Arbeitsrechtes eine Differenzierung nach der Person des Arbeitgebers zur Folge, für die keine Gründe erkennbar sind und die vom Gesetzgeber nicht gewollt sein kann. Folglich ist davon auszugehen, dass auf den in § 2 AVG genannten, erweiterten Personenkreis sowohl das AVG als auch das AG Anwendung finden[161].

---

ohne eigene Rechtspersönlichkeit gesprochen. Die rechtliche Haftung trägt in diesen Fällen allerdings immer die natürliche Person, welche dahinter steht.

158 Dass die zuletzt erlassenen Bestimmungen im Widerspruch zu ihnen stehende ältere Bestimmungen überlagern, ergibt sich aus den §§ 83, 85 Gesetzgebungsgesetz.

159 Dazu näher weiter unten.

160 Z. B. zu Beschäftigungsförderung (§§ 10–15 AG), Arbeitszeit, Ruhezeiten, Urlaub (§§ 36–45 AG), Lohn (§§ 46–51 AG), Arbeitssicherheit und Gesundheit (§§ 52–57 AG), Besonderer Schutz weiblicher Beschäftigter und minderjähriger Arbeitnehmer (§§ 58–65 AG), Berufsausbildung (§§ 66–69 AG), Sozialversicherung und Sozialleistungen (§§ 70–76 AG), Arbeitsstreitigkeiten (§§ 77–84 AG). Allerdings wurden einige dieser Regelungen selbst bereits in anderen Gesetzen neu geregelt.

161 Münzel, Chinas Recht, Anm. 2 zum Arbeitsvertragsgesetz, geht diesen Schritt jedoch nicht mit sondern differenziert im Einklang mit dem Gesetzeswortlaut zwischen beiden Anwendungsbereichen.

2. Bedeutung des Arbeitsverhältnisses für den Anwendungsbereich

Im Unterschied zur Regelung des § 2 AG wird bereits aus dem Wortlaut von § 2 AVG eine Differenzierung zwischen Arbeitsverhältnis und Arbeitsvertrag ersichtlich. Das AVG gilt für Arbeitgeber und Arbeitnehmer sowie genau bestimmte Rechtsakte in Verbindung mit Arbeitsverhältnis oder Arbeitsvertrag.

Der Arbeitgeberbegriff ist durch die Nennung bestimmter Organisationen und Rechtsformen konkretisiert. Das AVG beinhaltet daneben eine territoriale Komponente, die den Anwendungsbereich auf das Gebiet der VRC beschränkt. Folglich hängt die Anwendung des AVG vom Vorliegen persönlicher Eigenschaften von Arbeitgeber und Arbeitnehmer, sowie einer räumlichen Komponente ab.

Das AG baut seinen Anwendungsbereich zwar auch auf einem genau eingegrenzten Arbeitgeberkreis auf und ist territorial auf das Gebiet der VRC beschränkt. Es gilt aber nur für solche Arbeitnehmer, die mit einem der genau bestimmten Arbeitgeber auch ein Arbeitsverhältnis[162] bilden. Im Unterschied zum AG sind im AVG Arbeitsverhältnis und Arbeitsvertrag dagegen grundsätzlich voneinander getrennt, worauf an späterer Stelle noch eingegangen wird. Das hat zur Folge, dass für die Anwendung des AVG nicht zwingend ein Arbeitsverhältnis erforderlich ist und umgekehrt. Sofern der persönliche und der örtliche Anwendungsbereich eröffnet sind, genügt auch das Vorliegen eines Arbeitsvertrages und umgekehrt. Die Differenzierung zwischen Arbeitsvertrag und Arbeitsverhältnis zieht sich durch das gesamte neue Arbeitsvertragsrecht und überlagert die entsprechenden Regelungen zum Arbeitsvertrag und Arbeitsverhältnis im AG. Wie oben ausgeführt, gilt § 2 AVG nunmehr auch für die Eröffnung des Anwendungsbereiches des AG.

Jeweils in Absatz 2 erstrecken beide Normen den Anwendungsbereich der Gesetze auf bestimmte öffentliche Arbeitgeber. Diesen kommt in vieler Hinsicht eine Sonderstellung zu, wie an späterer Stelle noch ausgeführt wird.

3. Öffentliche Arbeitgeber

Ist der Anwendungsbereich der Arbeitsgesetze nicht eröffnet, regelt sich das Vertragsverhältnis nach den allgemeinen zivil- und vertragsrechtlichen oder – im Falle öffentlicher Arbeitgeber – verwaltungsrechtlichen Bestimmungen.

162 Der Begriff des Arbeitsverhältnisses ist im Arbeitsgesetz allerdings nicht definiert.

II. Anwendungsbereich der Arbeitsgesetze im Privat- und Unternehmenssektor

Der Anwendungsbereich von AG und AVG erstreckt sich gemäß § 2 Abs. 1 AVG auf Organisationen einerseits, zu denen Unternehmen, wirtschaftliche Organisationen einzelner und private Nichtunternehmenseinheiten zählen (Arbeitgeber) sowie Arbeitnehmer andererseits im Territorium der VRC.

1. Der persönliche Anwendungsbereich

Die Anwendung der Arbeitsgesetze setzt voraus, dass sein persönlicher Anwendungsbereich eröffnet ist. Das ist der Fall, wenn die beteiligten Parteien Arbeitgeber bzw. Arbeitnehmer sind.

§ 1 Dual Qualification

Unter der Geltung des AG galt das Erfordernis der „Dual Qualification", d. h. ein Arbeitsverhältnis im Sinne des AG wurde nur dann begründet, wenn sowohl Arbeitgeber als auch Arbeitnehmer qualifizierte Rechtssubjekte waren[163]. Davon getrennt wurde die Frage nach der Wirksamkeit des Arbeitsvertrages, zum Beispiel ob die Parteien mangels Rechts- bzw. Geschäftsfähigkeit rechtlich überhaupt in der Lage waren, Arbeitsverträge zu schließen. Die Unterscheidung besaß durchaus praktische Relevanz, wie am Fall des faktischen Arbeitsverhältnisses erkennbar wird. Nach dem AG wurde das Arbeitsverhältnis zwar nur durch den Arbeitsvertrag begründet, allerdings war auch das Bestehen faktischer Arbeitsverhältnisses anerkannt. Dass das Erfordernis der „Dual Qualification" nicht nur für ein nach § 16 AG durch den Arbeitsvertrag begründetes Arbeitsverhältnis sondern auch für ein „faktisches Arbeitsverhältnis" galt, wurde denn auch im „Rundschreiben zur Feststellung von Arbeitsverhältnissen" vom 25.05.2005 klargestellt:

> *1. Hat ein Arbeitgeber einen Arbeitnehmer angeworben aber keinen schriftlichen Arbeitsvertrag mit ihm geschlossen, soll gleichwohl ein Arbeitsverhältnis entstehen, wenn:*
> *(1) der Arbeitgeber und der Arbeitnehmer die in Gesetzen und Vorschriften bestimmten Anforderungen an eine Partei erfüllen; ...*

Der Gesetzgeber möchte diese Trennung zwischen Anwendungs- und Wirksamkeitsvoraussetzung im AVG weiterhin aufrechterhalten. Zwar hatte man in § 18

163 Vgl. Dong Runqing, in Dong Baohua/Dong Runqing, Case Analysis on Latest PRC Labor Contract Law, Peking, 2007, S. 304.

Abs. 1 Nr. 3 des 1. Entwurfes AVG mit dem Gedanken gespielt, die fehlende gesetzliche Qualifikation einer oder beider Parteien als Tatbestand der Unwirksamkeit des Arbeitsvertrages einzuordnen. Dieser Gedanke wurde jedoch bereits im 2. Entwurf fallen gelassen und taucht letztlich auch nicht im AVG auf. Nunmehr gilt, dass die persönliche Qualifikation der Parteien Voraussetzung für das Vorliegen eines Arbeitsverhältnisses als auch eines Arbeitsvertrages ist[164].

§ 2 Arbeitgeber

a. Qualifikation als Arbeitgebersubjekt

aa. Rechtslage unter dem AG

Das Erfordernis der „Dual Qualification" setzt voraus, dass der Arbeitgeber zu den in § 2 AG aufgezählten Subjekten gehört[165]. Arbeitgeber außerhalb der Auflistung in § 2 AG werden als illegal operierende und beschäftigende Subjekte qualifiziert.

Unqualifiziert sind demnach zum einen jene Beschäftigungseinheiten, die illegal errichtet werden einschließlich solcher, die nicht wie vom Gesetz vorgeschrieben registriert sind bzw. keinen Gewerbeschein besitzen[166]. Registriert werden müssen beispielsweise alle Unternehmen, die die Voraussetzungen einer juristischen Person[167] erfüllen und sich nach § 2 „Verwaltungsbestimmungen zur

164 Im Einklang damit sprechen die „Anleitende Ansichten des Guangdonger Oberen Volksgerichts und des Guangdonger Arbeitsschiedsgerichtskomitee zur Anwendung des Arbeitsvertragsgesetzes so wie des Gesetzes über die Schlichtung und Schiedsgerichte in Arbeitsstreitigkeiten in der Guangdong Provinz" in § 5 von einem Beschäftigungsverhältnis (用人关系) und nicht von einem Arbeitsverhältnis (劳动关系), wenn das anstellende Unternehmen keine Gewerbeerlaubnis besitzt, was es als Arbeitgeber im Sinne des chinesischen Arbeitsrechtes disqualifiziert (s. u.).

165 Nach § 9 Abs. 1 Pekinger Arbeitsvertragsbestimmungen („Pekinger AVG") sollte der Arbeitgeber gemäß dem Gesetz errichtet, fähig zur Zahlung der Löhne und Sozialversicherungsbeiträge gemäß dem Gesetz sein, Arbeitsschutzbedingungen bereitstellen und die entsprechende zivile Haftung tragen. Bei der Errichtung nach dem Gesetz handelt es sich zweifelsohne um rechtliche Anforderungen an seine Arbeitgebereigenschaft, bei den anderen Punkten kann man nicht direkt davon ausgehen. Vielmehr wird dem Arbeitgeber bei Fehlen dieser Voraussetzungen der Gewerbeschein durch die zuständige Behörde entzogen, wodurch er dann seine Arbeitgebereigenschaft verliert.

166 Siehe auch Dong Baohua, Case Analysis, S. 470, Dong Runqing, Case Analysis, S. 305, und Münzel, Chinas Recht, Anm. 36 zum Arbeitsvertragsgesetz. Vgl. auch die in der CEILAW Datenbank veröffentlichte Volksgerichtsentscheidung Chen./.Lai, Fall 113312200012. In englischer Übersetzung bei Josephs, Labor Law in China, S. 173 ff. [177]. So auch ein Umkehrschluss aus § 44 Nr. 5 AVG.

167 Vgl. hierzu §§ 36, 37 AGZR.

Regelung der Registrierung juristischer Korporationen" oder anderen Rechtsvorschriften[168] als Unternehmenspersonen registrieren lassen müssen[169].

Für die rechtliche Qualifikation als Arbeitgeber im Sinne der Arbeitsgesetze bedarf es darüber hinaus auch einer Genehmigung zur Beschäftigung von Arbeitnehmern[170]. Mit der Registrierung wird deshalb regelmäßig ein Gewerbeschein oder Registrierungsnachweis ausgestellt, der zur Beschäftigung von Arbeitnehmern berechtigt. Damit ist gewährleistet, dass die juristische Person sowohl rechts- als auch geschäftsfähig ist.

Unqualifiziert sind darüber hinaus solche Unternehmen, die zwar legal errichtet werden deren Rechtsform aber noch nicht in § 2 AG aufgelistet ist.

bb. Reform des Arbeitgeberbegriffs im AVG

Da unqualifizierte Subjekte als illegal operierend und beschäftigend aus dem Anwendungsbereich des AG herausfielen, kam es unter dem AG zu Lücken im Arbeitnehmerschutz. Mit Einführung des AVG wurde versucht, diese Lücken zu schließen. Zwar wurde in § 2 AVG wieder eine Kategorisierung möglicher Arbeitgeberpersonen vorgenommen, weshalb theoretisch auch jetzt noch potentielle Arbeitgeber vom Anwendungsbereich ausgeschlossen sein können. Allerdings wurde der Arbeitgeberbegriff um die Nichtunternehmenseinheiten (民办非企业单位) erweitert. Dadurch sind nur noch schwer Fälle vorstellbar, die von vorneherein potentielle Arbeitgeber vom Anwendungsbereich des Arbeitsrecht ausschließen. Die Beschränkung der Arbeitgebersubjekte findet damit in der Praxis nur noch über die Frage der Registrierung und des Vorliegens einer Gewerbeerlaubnis statt, da alle in § 2 Abs. 1 AVG aufgeführten Arbeitgebersubjekte bei der zuständigen Behörde registriert werden müssen und Unternehmen und wirtschaftliche Organisationen einzelner einer Gewerbeerlaubnis bedürfen.

b. Deutsches Recht

Das Erfordernis der rechtlichen Qualifikation des Arbeitgebers als Voraussetzung für die Anwendung arbeitsrechtlicher Vorschriften kennt das deutsche

---

168 Vgl. § 2 Nr. 6 der Verwaltungsbestimmungen zur Regelung der Registrierung juristischer Korporationen. Registrierungsvorschriften sind beispielsweise enthalten im: Gesellschaftsgesetz; Gesellschaftsregisterverwaltungsvorschriften; Vorläufige Registrierungsvorschriften für Unternehmensgruppen; Registrierungsvorschriften für Zweigstellen von Luftfahrtgesellschaften; Vorschriften über die Registrierung der gesetzlichen Repräsentanten; oder Vorschriften für die Unternehmensbezeichnungen.

169 Vgl. auch § 41 AGZR.

170 Vgl. bei Wolff, Arbeitsvertrag, S. 26.

Recht nicht. Nach letzterem sind arbeitsrechtliche Normen vielmehr anwendbar, sobald ein Arbeitsverhältnis vorliegt. Wann dies der Fall ist, hängt vom Vorliegen der Arbeitnehmereigenschaft ab, die vom Gesetzgeber nicht geregelt wurde und deshalb der Interpretation durch Rechtsprechung und Wissenschaft überlassen bleibt[171]. Von der Arbeitnehmereigenschaft getrennt behandelt wird die Frage nach der Rechts- und Geschäftsfähigkeit der Parteien, die Einfluss auf die Wirksamkeit des Arbeitsvertrages haben. Mängel der Wirksamkeit des Arbeitsvertrages lösen das BAG und die h. L. bei bereits vollzogenen Verträgen je nach dem Unwirksamkeitsgrund im Wege der Rechtsfortbildung über den Ausschluss der Nichtigkeitswirkung für die Vergangenheit. Es wird in diesen Fällen auch von einem faktischen Arbeitsverhältnis gesprochen[172]. Der Arbeitsgerichtsweg ist bei Vorliegen eines Arbeitsverhältnisses eröffnet. Bei fehlender rechtlicher Qualifikation des Arbeitgebers wird aber letztlich über § 93 AVG weitestgehend eine dem deutschen Recht vergleichbare Lösung herbeigeführt.

c. Die einzelnen Arbeitgebersubjekte

Die Arbeitgebersubjekte in § 2 Abs. 1 AVG definieren sich wie folgt: Unternehmen (企业) sind Organisationen mit dem Ziel der Gewinnerzielung[173], wirtschaftliche Organisationen Einzelner sind Einzelgewerbetreibende (个体工商户) mit im Allgemeinen nicht mehr als sieben Arbeitnehmern[174]. Daneben gibt es die privaten Nichtunternehmenseinheiten[175] und die Ausführungsbestimmungen zum AVG erweitern den Arbeitgeberbegriff des AVG[176] noch um rechtmäßig gegrün-

171 Lediglich das Sozialrecht enthält in § 7 Abs. 1 S. 2 SGB IV Anhaltspunkte für die Bestimmung des sozialrechtlichen Arbeitnehmerbegriffs, die für den arbeitsrechtlichen Begriff herangezogen werden können und sich auch in der arbeitsrechtlichen Rechtsprechung wiederfinden, vgl. Ulrich Preis, Arbeitsrecht – Individualarbeitsrecht: Lehrbuch für Studium und Praxis, 3. Auflage, Köln, 2009, S. 50. Vgl. auch zum Arbeitnehmerbegriff des KSchG: Berkowsky, Wilfried, in: Richardi, Reinhard/Wlotzke, Otfried/Wißmann, Hellmut/Oetker, Hartmut (Hrsg.), Münchener Handbuch zum Arbeitsrecht Band 1, 3. Auflage, München, 2009, hier: S. 1799.

172 Vgl. Burkhard Boemke, Schuldvertrag und Arbeitsverhältnis, München, 1999, S. 478 f., und Wolfgang Däubler, Das Arbeitsrecht 2 – Das Arbeitsverhältnis: Rechte und Pflichten, Kündigungsschutz, 12. Auflage, Reinbek, 2009, S. 154 f.

173 Vgl. Dong Runqing, Case Analysis, S. 497.

174 Vgl. Art. 1 Nr. 1 „Ansichten zu einigen Problemen bei der Durchführung des Arbeitsgesetzes". Damit sollen die Kleingewerbetreibenden erfasst werden, die kein selbständiges Unternehmen gründen, bspw. kleine Läden oder Restaurants. Geregelt sind diese neuerdings in den ‚Bestimmungen für Einzelgewerbetreibende".

175 Nach Münzel, Chinas Recht, Anm. 2 zum Arbeitsvertragsgesetz, fallen darunter bspw. Schulen, Krankenhäuser und Forschungsinstitute.

176 Vgl. auch den ähnlichen Arbeitgeberbegriff des § 2 Abs. 2 der „Bestimmungen über Arbeitsvermittlung und Beschäftigungsverwaltung".

dete Wirtschaftsprüfergesellschaften, Rechtsanwaltskanzleien, andere Partnerschaften und Stiftungen[177].

Wirtschaftliche Organisationen Einzelner sind keine Juristischen Personen sondern der Einzelgewerbetreibende haftet persönlich für die wirtschaftliche Organisation. Unternehmen und private Nichtunternehmenseinheiten können dagegen Juristische Personen[178] als auch „andere Organisationen" sein. Juristische Personen sind solche, denen kraft Gesetzes eine eigene Rechtspersönlichkeit zukommt. „Andere Organisationen" werden in einer „Ansichten des Obersten Volksgerichts zu einigen Angelegenheiten betreffend der Anwendung des Zivilprozessgesetzes"[179] definiert. Danach handelt es sich um rechtmäßig errichtete Organisationen, die bestimmte Organe und Vermögen haben, aber keine Rechtspersönlichkeit besitzen[180]. Dies sind eingetragene Organisationen die Verträge abschließen können und auch vor Gericht auftreten dürfen[181], aber im Gegensatz zu Juristischen Personen nicht unabhängig rechtlich verantwortlich für die Verträge sind. Letztendlich haftet die hinter der von ihr errichteten Organisation stehende Rechtsperson (Natürliche oder Juristische Person) für alle Handlungen derselben[182].

§ 3 Arbeitnehmer

a. Einleitung

Der Begriff des Arbeitnehmers ist aufgrund der Geschichte der VRC stark ideologisch belegt. Im Entwurfsverfahren zum AG in den 80er Jahren ging man dementsprechend noch von der denkbar weitesten Definition aus. Das AG sollte alle arbeitsfähigen Arbeitnehmer erfassen. Der AG-Entwurf von 1983 definierte in § 3 den Arbeitnehmerbegriff mit Bürgern, die arbeitsfähig sind und von ihrem

---

177 § 3 der „Ausführungsbestimmungen zum Arbeitsvertragsgesetz".

178 Unternehmen mit eigener Rechtspersönlichkeit sind bspw. die Gesellschaften (公司), geregelt im Gesellschaftsgesetz.

179 Vgl. „Ansichten des Obersten Volksgerichts zu einigen Angelegenheiten betreffend der Anwendung des Zivilprozessgesetzes"

180 So auch Jörg Binding/Kai Thum, Aktuelle Entwicklungen im Arbeitsrecht der VRC, in; RdA (2008), S. 347–357, hier S. 348. Eingehend beschäftigt sich Ling Bing mit diesen Organisationen, Ling, Contract Law, S. 139 ff.

181 Neben Bürgern und juristischen Personen, siehe § 49 Zivilprozessgesetz .

182 Vgl. Ling, Contract Law, S. 2. Damit ähneln die „anderen Organisationen" dem Institut der Gesellschaft des bürgerlichen Rechts (GbR) nach deutschem Zivilrecht. Beispiele für „andere Organisationen" die gleichzeitig Unternehmen sind, sind die kleinen chinesischen Ladengeschäfte oder Gastronomien am Straßenrand. Münzel, Chinas Recht, Anm. 2 zum Arbeitsvertragsgesetz, subsumiert beispielsweise die Anwalts- und Buchführungsbüros unter die „anderen Organisationen", die zu den freien Berufe, nicht aber zu den Unternehmen zählen sollen.

Einkommen aufgrund körperlicher oder geistiger Tätigkeit leben. Der Arbeitnehmerbegriff umfasste Arbeiter, Angestellte, öffentliche Funktionäre, die Landbevölkerung sowie individuelle Arbeitnehmer in städtischen und ländlichen Gegenden. Allerdings waren die Arbeitnehmer in den ausländisch investierten Unternehmen nicht von der Definition erfasst, für diese sollten nach der damaligen Planung eigenständige Regelungen gelten. Da die Privatwirtschaft ursprünglich außerhalb von ausländisch investierten Unternehmen verboten war, gab es noch keine Regelungen für privatwirtschaftlich tätige Arbeitnehmer. Mit dem AG sollte deshalb erstmalig ein einheitliches Arbeitsrecht für alle inländischen Unternehmensformen geschaffen werden[183].

Der 1991er Entwurf berücksichtigte bereits die Zulässigkeit der Privatwirtschaft, beschränkte den Anwendungsbereich des AG allerdings insofern, als spezielle Gesetze die besonderen Aspekte der Arbeitsverhältnisse von Belegschaften in Parteistaatsorganen, in öffentlichen Organisationen und Einrichtungen, von ländlichen Arbeitnehmern und solchen in den Sonderwirtschaftszonen erfassen sollten[184].

Der 1994er Entwurf des AG beschränkte sich auf die Arbeitnehmer, die auf der Grundlage eines Arbeitsvertrages bei einem Arbeitgeber beschäftigt wurden. Da zwar keine Unterscheidung mehr zwischen privaten und staatlichen Arbeitgebern getroffen, allerdings der Arbeitgeberbegriff an anderer Stelle durch die enumerative Auflistung bestimmter Arbeitgeber beschränkt wurde, blieb der Anwendungsbereich des AG weiterhin begrenzt. Gegenüber den Vorentwürfen wurden öffentliche Funktionäre, Belegschaften in sozialen Organisationen, Kader in Parteiorganisationen und Bauern vom Anwendungsbereich wieder ausgeschlossen. Immerhin wurde zumindest in den Unternehmen die jahrzehntelange Unterscheidung zwischen einfachen Arbeitnehmern (工人) [185] und Kadern (干部) aufgehoben[186].

Auch heute gibt es noch keine im Arbeitsrecht einheitlich geltende Definition des Arbeitnehmers. Lediglich das Gewerkschaftengesetz grenzt den Arbeitnehmerbegriff etwas ein.

§ 3 GewerkschG
Alle Arbeitnehmer, die körperliche oder geistige Arbeit in Unternehmen, öffentlichen Institutionen und Regierungsorganen innerhalb des chinesischen Territoriums leisten und ihren Lebensunterhalt in erster Linie durch einen Arbeitslohn sichern, haben das Recht, gemäß den Gesetzen Gewerkschaftsorganisationen beizutreten und sie zu gründen, ohne Rücksicht auf Nationalität, Rasse, Geschlecht, Beruf, religiöse Überzeugung oder Ausbildungsniveau.

183 Vgl. Kinglu, Guest Editor, S. 8.
184 Vgl. Kinglu, Guest Editor, S. 8 f.
185 Lässt sich mit „Arbeiter“ und „Arbeitnehmer“ übersetzen.
186 Vgl. Kinglu, Guest Editor, S. 9.

Inwieweit daraus auf einen allgemeinen Arbeitnehmerbegriff des Arbeitsrechtes geschlossen werden kann, ist unklar. Lauffs sieht hierin jedenfalls eine indirekte Definition des Arbeitnehmerbegriffs[187]. Jedenfalls ist der Arbeitnehmerbegriff anerkanntermaßen denkbar weit zu verstehen. Arbeitnehmer im Sinne des Arbeitsrechts sind deshalb alle Beschäftigten eines Arbeitgebers, vom gesetzlichen Vertreter über den leitenden Angestellten bis zum einfachen Arbeiter oder Angestellten[188]. In Artikel 1 und 2 der „Lösungen für arbeitsvertragliche Probleme im Zusammenhang mit der Implementierung des Arbeitsgesetzes" ist beispielsweise bestimmt, dass Parteisekretäre, Kader, Gewerkschaftsvorsitzende oder andere Personen mit ähnlichen Funktionen, die für Partei- oder Gewerkschaftsangelegenheiten tätig werden, Arbeitnehmer sind und Arbeitsverträge schließen sollen. Das Gleiche gilt für Fabrikdirektoren, Manager und leitende Angestellte.

Der Versuch einer Einschränkung des Arbeitnehmerbegriffs im Rahmen des Gesetzgebungsverfahrens zum AVG blieb erfolglos. In § 3 des 1. Entwurfs zum AVG vom 20. März 2006 war vorgesehen, dass eine Arbeitsbeziehung im Sinne des Gesetzes die Rechte- und Pflichtenbeziehung ist, die mit der Anstellung des Arbeitnehmers durch die Arbeitgeberinstitution als deren Mitglied entsteht und bei der der Arbeitnehmer unter der Organisation der Arbeitgeberinstitution bezahlte Arbeit leistet. Dieser Ansatz taucht bereits im 2. Entwurf nicht mehr auf, so dass es bei der alten Regelung bleibt, die keinerlei Einschränkungen des Arbeitnehmerbegriffs bietet.

Auch war man sich im Gesetzgebungsverfahren ursprünglich darüber einig, dass die Rechtsverhältnisse der gesetzlichen Vertreter der Unternehmen im Partnerschafts-, Gesellschafts-, Zivil- und Handelsgesetz, nicht aber im AVG geregelt werden sollten[189]. Auch hierzu ist es nicht gekommen. Als Folge bleibt es bei Konstellationen, in denen zum Beispiel die Partner einer Rechnungsprüfungsfirma wegen ihrer gesetzlichen Pflicht zur Ausübung ihres Berufes den Arbeit-

---

187 Vgl. Lauffs, Employment Law, S. 60.

188 Vgl. Dong Runqing, Case Analysis, S. 298, 302 und Dong Baohua, Case Analysis, S. 317. Vgl. Brandon Kirk, Putting China's Labour Contract Law into Practice, in: China Law & Practice 2008, Heft März, S. 15–18, hier S. 15, und Lauffs, Employment Law, S. 60. Auch Iris Duchetsmann, Arbeitnehmerschutz in China, in: AuA – Personal Profi (2009), S. 88–91, hier S. 88, meint: „alle Anstellungsverhältnisse...unterliegen dem Arbeitsvertragsgesetz".

189 Vgl. hierzu Dong Baohua, Case Analysis, S. 317. Zur Kritik an der Erstreckung des Arbeitnehmerbegriffs insbesondere auf Organmitglieder und andere leitende Angestellte, die den Arbeitgeber gegenüber den Arbeitnehmern vertreten, vgl. Dong Baohua, Case Analysis, S. 300–302. Nach Zhou Cui, Das neue Arbeitsvertragsgesetz der VRC, in: ZIAS (2007), S. 225–237, hier S. 228, hat der Gesetzgeber bei der Frage, ob auch leitendes Personal (Geschäftführer und hochrangige Manager, die unmittelbar dem Unternehmer unterstehen und Führungsfunktionen ausüben) die herrschende Meinung in der Literatur ignoriert.

nehmerstatus haben, so dass einerseits das Partnerschaftsgesetz und andererseits die Arbeitsgesetze auf sie Anwendung finden[190]. Damit ist ein Partner unter anderem veranlasst, einen Arbeitsvertrag mit sich selbst zu schließen.

b. Qualifikation als Arbeitnehmer

aa. Minderjähige

Um vom Gesetz als Arbeitnehmer anerkannt zu sein, muss das sechzehnte Lebensalter erreicht sein. Erst ab diesem Alter ist eine Person im Sinne des chinesischen Arbeitsrechts rechts- und handlungsfähig. Die arbeitsrechtliche Rechts- und Handlungsfähigkeit sind untrennbar miteinander verknüpft[191]. Dies ist ein deutlicher Unterschied zur zivilrechtlichen Rechts- und Handlungsfähigkeit. Die zivilrechtliche Rechtsfähigkeit wird wie im deutschen Recht mit der Geburt erlangt, die volle Handlungs- oder Geschäftsfähigkeit grundsätzlich mit dem achtzehnten Lebensjahr[192].

An § 63 Arbeitsunfallversicherungsregeln („AUV") wird deutlich, dass es sich bei der Altersgrenze von sechzehn Jahren nicht nur um eine Wirksamkeitsvoraussetzung, sondern um eine Voraussetzung für die Erfüllung der Arbeitnehmereigenschaft und damit die Anwendbarkeit arbeitsrechtlicher Normen handelt. Nach § 2 Absatz 2 i. V. m. § 18 Absatz 1 Nr. 2 AUV unterliegen alle Beschäftigten dem Arbeitsunfallversicherungsschutz im Sinne dieser Rechtsvorschrift. Dies erstrickt sich ausdrücklich auch auf solche Beschäftigte mit „faktischen" Arbeitsverhältnissen.

§ 66 der AUV legt des weiteren eine einmalige Entschädigungszahlung für solche Fälle fest, in denen der Beschäftigte, der von einer Einheit, die keinen Gewerbeschein besitzt oder nicht registriert ist, bei einem Unfall verletzt wird oder umkommt. Dies soll auch für den Fall gelten, dass eine Einheit ein Kind, d. h. einen Minderjährigen unter sechzehn Jahren[193], beschäftigt. Wie bereits erläutert, ist eine Einheit ohne Gewerbeschein rechtlich nicht zur Beschäftigung von Arbeitnehmern qualifiziert. Der systematische Zusammenhang hiermit legt nahe, dass es sich auch bei der Minderjährigkeit um ein Hindernis für die rechtliche Qualifikation handelt. Das gilt umso mehr, als Minderjährige unter sech-

---

190 Vgl. Ye Hongjun, The relationship between Xiao Ye and the firm is not a labor relationship, in: Dong Baohua/Dong Runqing (Hrsg.), Case Analysis on latest PRC Labor Contract Law, Peking, 2007, S. 314, und Dong Baohua, Case Analysis, S. 316 f.

191 Vgl. detailliert bei Wolff, Arbeitsvertrag, S. 23 ff. So auch Chen, People's Republic of China, S. 52, und auch Ye, China contracts, S. 159.

192 Vgl. §§ 9, 11 AGZR.

193 Vgl. § 2 der „Vorschriften zum Verbot der Nutzung von Kinderabeit".

zehn Jahren bzw. Einheiten ohne Gewerbeschein nach den AUV offensichtlich kein Arbeitsverhältnis begründen können. Stünden sie zumindest in einem „faktischen Arbeitsverhältnis", zum Beispiel weil es sich bei der Minderjährigkeit lediglich um Wirksamkeitsvoraussetzungen handelte, wäre § 63 AUV wegen der persönlichen Einbeziehung durch § 61 AUV überflüssig.

Das AVG hat keine entgegenlautenden Regelungen getroffen. Dementsprechend gilt auch weiterhin, dass das Arbeitsrecht grundsätzlich keine Anwendung auf Minderjährige unter sechzehn Jahre findet[194]. Unter chinesischen Rechtsgelehrten wird aber vertreten, dass bestimmte arbeitsrechtliche Normen zumindest analog auch auf Untersechzehnjährige Anwendung finden[195].

Der chinesische Gesetzgeber geht offensichtlich davon aus, dass die arbeitsrechtliche Rechts- und Handlungsfähigkeit an eine bestimmte körperliche und geistige Reife geknüpft ist, die erst mit dem sechzehnten Lebensalter erreicht wird. Deshalb könnte man auch sagen, dass der chinesische Gesetzgeber annimmt, dass eine Person erst ab dem sechzehnten Lebensjahr die tatsächlichen Voraussetzungen zur Erfüllung der Aufgaben eines Arbeitnehmers erfüllt und damit grundsätzlich zur Arbeiterschaft gezählt werden kann. Das bedeutet aber nicht im Umkehrschluss, dass der Wegfall der Arbeitsfähigkeit zum Entfallen der Arbeitnehmereigenschaft führt. Dies lässt sich aus verschiedenen Vorschriften ablesen, beispielsweise gewährt § 40 Nr. 1 AVG dem Arbeitgeber ein Vertragsauflösungsrecht, wenn der Arbeitnehmer zur Erfüllung der ursprünglichen oder einer anderen, ihm vom Arbeitgeber zugewiesenen Arbeit aufgrund Krankheit oder Verletzung nicht in der Lage ist. Dies schließt auch eine vollständige Arbeitsunfähigkeit ein. Falls die Arbeitsfähigkeit eine Voraussetzung für das Vorliegen der Arbeitnehmereigenschaft wäre, könnte dem Arbeitgeber nicht diese Entscheidung über die Auflösung des Arbeitsvertrages überlassen bleiben. Der Arbeitsvertrag müsste in den Fällen kraft Gesetzes enden, wie es nach § 44 Nr. 5 AVG der Fall ist.

Entsprechendes ergibt sich auch aus § 42 Nr. 2 AVG. Darin heißt es, dass ein Arbeitsvertrag nicht nach den §§ 40, 41 AVG aufgelöst werden darf[196], wenn der Arbeitnehmer infolge einer Berufskrankheit oder eines Arbeitsunfalls ganz oder teilweise arbeitsunfähig wird. Würde bei einer vollständigen Arbeitsunfähigkeit die Arbeitnehmereigenschaft entfallen, lägen die Voraussetzungen für ein Arbeitsverhältnis nicht mehr vor und dementsprechend müsste auch der Arbeitsvertrag enden. Weiter heißt es auch in den AUV, dass bei einer gutachterlich bestätigten Arbeitsunfähigkeit 1. bis 4. Grades das Arbeitsverhältnis bestehen

194 A. A. GtZ/MoLSS, Commentaries, S. 481.

195 So Dr. Wu Wenfang im Interview.

196 Die außerordentliche Auflösung nach § 39 AVG bleibt dagegen möglich.

bleibt, der Beschäftigte verlässt aber seinen Arbeitsplatz und erhält bestimmte Leistungen aus dem Arbeitsunfallversicherungsfond, wozu insbesondere eine einmalige Versehrtenbeihilfe und ein monatliches Versehrtengeld gehört, das sich in der Höhe anteilig am Monatslohn des Beschäftigten orientiert und bis zum Erreichen des Rentenalters gezahlt wird[197]. Bei den leichteren Behinderungen 5. und 6. Grades erhält der Beschäftigte wiederum eine einmalige Versehrtenbeihilfe aus dem Arbeitsunfallsversicherungsfond, das Arbeitsverhältnis bleibt bestehen und der Arbeitgeber soll dem Arbeitnehmer eine passende Arbeit zuweisen. Ist eine Zuweisung nur schwer möglich, so zahlt der Arbeitgeber ein monatliches Versehrtengeld, das sich anteilig am Monatslohn des Beschäftigten bemisst, und die Sozialversicherungsbeiträge. Auf Vorschlag des Beschäftigten darf das Arbeitsverhältnis aufgelöst oder beendet werden[198]. Liegt eine Behinderung zwischen dem 7. und 10. Grad vor, endet der Arbeitsvertrag mit Ablauf der Vertragsdauer oder er darf auf Vorschlag des Beschäftigten aufgelöst werden[199]. Alle diese Regelungen zeigen, dass der Gesetzgeber weiterhin vom Vorliegen der Arbeitnehmereigenschaft ausgehen, auch wenn der Arbeitnehmer nicht mehr ganz oder teilweise arbeitsfähig ist.

Auch wenn die mit Erreichen des sechzehnten Lebensjahres gesetzlich indizierte Arbeitsfähigkeit maßgeblicher Hintergrund für die Einführung einer Mindestaltersgrenze für den Arbeitnehmerbegriff ist, spielt sie nach Erreichen dieser Grenze keine Rolle mehr bei der Bestimmung der Arbeitnehmereigenschaften.

bb. Ausländische Arbeitnehmer und Expatriates

Seit dem 1. April 2011 ist § 43 des am 28. Oktober 2010 vom Ständigen Ausschuss des NVK verabschiedeten „Gesetzes über die Gesetzesanwendung bei ausländischen Zivilrechtsverhältnissen" zu beachten. Danach findet das Recht des Ortes an dem der Arbeitnehmer tatsächlich seine Arbeit erbringt auf den Arbeitsvertrag Anwendung und, falls der Arbeitsort nicht festgestellt werden kann, das Recht am Hauptsitz des Arbeitgebers.

Von der grundsätzlichen Anwendung chinesischen Arbeitsrechts auf im Inland tätige Ausländer muss die Frage unterschieden werden, ob auch Arbeitnehmer, die einen Arbeitsvertrag mit einer ausländischen Muttergesellschaft besitzen und nur vorübergehend an die in China sitzende Tochtergesellschaft versendet werden, vom chinesischen Arbeitsrecht erfasst werden. Es wurde früher teilweise vertreten, dass in diesen Fällen ausschließlich ein Arbeitsverhältnis mit der aus-

---

197 Vgl. § 33 AUV.

198 Vgl. § 34 AUV. Siehe auch § 23 Ausführungsbestimmungen zum AVG.

199 Vgl. § 35 AUV. Vgl. zur Problematik Oakley, Labor Relations, S. 156.

ländischen Muttergesellschaft besteht, das nicht dem chinesischen Arbeitsrecht unterliegt, da die Erbringung der Arbeitsleistung auf Anweisung der Muttergesellschaft kein Arbeitsverhältnis mit der Tochtergesellschaft begründen könne[200]. Zwingend erscheint diese Annahme jedoch nicht. Es kann durchaus vorkommen, dass ein Arbeitsvertrag mit einem Arbeitgeber und das faktische Arbeitsverhältnis mit einem anderen Arbeitgeber bestehen. In der Praxis kommt es nicht selten vor, dass Expatriates zwei Arbeitsverträge haben; einen mit der ausländischen Mutter und den anderen mit der chinesischen Tochter, mit dem in erster Linie die rechtlichen Voraussetzungen für den Erhalt der chinesischen Arbeitserlaubnis erfüllt und bestimmte unternehmenssteuerrechtliche Nachteile infolge der Begründung einer Betriebsstätte verhindert werden sollen. In diesen Fällen wird der Beweis, dass kein Arbeitsverhältnis mit der chinesischen Tochtergesellschaft besteht, vor chinesischen Gerichten in der Regel keine Aussicht auf Erfolg haben, da chinesische Gerichte schriftlichen Verträgen und anderen schriftlichen Beweisen in der Regel einen höheren Stellenwert zuweisen, als faktischen Umständen[201]. Für die Fälle der grenzüberschreitenden Entsendung (派遣) eines Arbeitnehmers sieht § 43 des „Gesetzes über die Gesetzesanwendung bei ausländischen Zivilrechtsverhältnissen“ neuerdings vor, dass auch das am Ort des Entsenders geltende Recht auf den Arbeitsvertrag Anwendung finden kann.

Für die Anwendung des AVG spielt die Staatsangehörigkeit des Arbeitnehmers demnach grundsätzliche keine Rolle[202]. Dies lässt sich auch den „Vorschriften zur Beschäftigung von Ausländern“[203] entnehmen. In § 3 heißt es dort, dass die „Vorschriften zur Beschäftigung von Ausländern in China“ auf ausländische Arbeitnehmer Anwendung finden, die in der VRC beschäftigt werden und auf Arbeitgeber in der VRC, die Ausländer beschäftigen. Gemäß § 26 der „Vorschriften zur Beschäftigung von Ausländern in China“ finden bei arbeitsrechtlichen Auseinandersetzungen zwischen dem Arbeitgeber und dem

200 Vgl. Dong Runqing, Case Analysis, S. 590, der zusätzlich davon ausgeht, dass mit der verbundenen Gesellschaft in China ein Dienstvertrag geschlossen wird. Ähnlich auch Lu Yin, Providing labor is not equivalent to forming a labor relationship, in Dong Baohua/Dong Runqing (Hrsg.), Case Analysis on latest PRC Labor Contract Law, Peking, 2007, S. 591 und Dong Baohua noch zur Rechtslage unter dem Arbeitsgesetz, die in diesen Fällen ebenfalls von einem Arbeitsverhältnis mit der ausländischen Mutter ausgehen, Case Analysis, S. 592f. So auch Glück/Tänzler, Arbeitsvertragsgesetz, S. 344, die allerdings nicht zwischen Arbeitsvertrag und Arbeitsverhältnis unterscheiden.

201 Siehe bspw. Martin G. Hu, Labor Issues in Group Restructurings, in: China Law & Practice (2004), Heft Juli/August, S. 84.

202 Vgl. Ulrike Glück/Julia Tänzler, Das neue Arbeitsvertragsgesetz der VRC, in: RIW (2008), S. 343–351, hier S. 344.

203 Siehe auch die Darstellung ihrer Beschäftigungsverhältnisse, auf die im Rahmen dieser Arbeit nicht näher eingegangen werden kann, bei Lauffs, Employment Law, S. 36ff.

ausländischen Arbeitnehmer die Vorschriften des AG und des SSAG Anwendung. Interessant ist, dass § 26 der „Vorschriften zur Beschäftigung von Ausländern in China“ nicht auch auf das AVG verweist, obwohl dieses im Zeitpunkt des Erlasses der „Vorschriften zur Beschäftigung von Ausländern in China“ bereits seit nahezu drei Jahren in Kraft war. Dabei kann es sich um ein, bei chinesischen Rechtsvorschriften nicht seltenes, Redaktionsversehen handeln oder ausländischen Arbeitnehmern soll ausdrücklich der gegenüber dem AG erweiterte Schutz des AVG enthalten werden, was beispielsweise den erweiterten Anspruch auf einen unbefristeten Arbeitsvertrag, Abfindungszahlungen bei Beendigung des Arbeitsvertrages sowie Ansprüche auf doppelte Gehaltszahlung bei Beschäftigung ohne schriftlichen Arbeitsvertrag betreffen würde. Für die letztgenannte Ansicht spricht, dass die „Vorschriften zur Beschäftigung von Ausländern“ bereits auf das SSAG verweist und nicht mehr auf die BBAU, wie noch die Vorgängervorschrift[204], die ansonsten inhaltsgleiche Norm in der Vorgängervorschrift demnach nicht ohne Prüfung schlichtweg kopiert wurde. Ausdrücklich legen die „Vorschriften zur Beschäftigung von Ausländern in China“ in den §§ 22, 23 jedenfalls nur für die chinesischen Regelungen über örtliche Mindestlöhne, Arbeitszeiten, Ruhezeiten und Urlaub, Arbeitshygiene und –Sicherheit sowie zur Sozialversicherung eine Anwendung auf ausländische Arbeitnehmer fest. Diese Bereiche wurden nicht durch das AVG geändert. Das bedeutet zudem, dass in allen anderen Fällen[205] Abweichungen vom chinesischen Arbeitnehmerschutzrecht möglich sind.

In Shanghai wurde von dieser Abweichungsmöglichkeit ausdrücklich Gebrauch gemacht. In Punkt 16 der „Ansichten der Shanghaier Arbeitsbehörde zur Einführung der Vorschriften zur Verwaltung der Beschäftigung von Ausländern in China“ wurde festgelegt, dass die Arbeitsvertragsparteien Vertragsdauer, Arbeitsplatz, Gehalt, Versicherung, Arbeitszeiten (!), Auflösung des Arbeitsverhältnisses und Haftung für Vertragsbruch und weitere beidseitige Rechte und Pflichten selbständig vereinbaren können. In Punkt 26 des „Rundschreiben I betreffend bestimmte Fragen über die Einführung der Arbeitsvertragsbestimmungen der Stadt Shanghai“ wurde 2002 klargestellt, dass die Rechte und Pflichten von Ausländern vom Vorstand oder Management des Arbeitgebers festgelegt und in den Arbeitsvertrag aufgenommen werden sollen. Ob diese rechtliche Ungleichbehandlung von Ausländern tatsächlich in dem Umfang mit den nationalen Bestimmungen vereinbar ist, ist fraglich. In der Praxis finden die

204 Vgl. die „Vorschriften zur Verwaltung der Beschäftigung von Ausländern in China“.

205 Beispielsweise in Bezug auf Voraussetzungen für die Vertragsauflösung, Vertragsdauer, Versicherung, Haftung für Vertragsbruch, Position und Gehalt.

Bestimmungen in Shanghai allerdings Anwendung und werden auch Gerichtsurteilen zu Grunde gelegt[206].

Auch in anderen Bereichen gibt es Sondervorschriften für die Beschäftigung von Ausländer[207]. Zu beachten ist insbesondere, dass ausländische Arbeitnehmer eine Arbeitserlaubnis benötigen, um in China arbeiten zu dürfen. Ohne entsprechende Arbeitserlaubnis mangelt es diesen Arbeitnehmern an der erforderlichen rechtlichen Qualifikation. Dementsprechend werden Streitigkeiten zwischen ausländischen Arbeitnehmern ohne Arbeitserlaubnis und ihren Arbeitgebern in China lediglich als Zivilstreitigkeiten anerkannt und Arbeitsrecht findet grundsätzlich keine Anwendung[208].

cc. Studenten und Praktikanten

Studenten, die in ihrer Freizeit zur Unterstützung des Studiums arbeiten, sind keine Arbeitnehmer im Sinne des AG, so dass mit ihnen kein Arbeitsverhältnis begründet wird und kein Arbeitsvertrag geschlossen werden muss. Ausdrücklich wird in Artikel 2 Nr. 12 von „Einige Ansichten zu bestimmten Problemen bei der Durchführung des AG“ des Arbeitsministeriums vom 04.08.1995, laobufa 1995, 309 geregelt, dass bei ihrer Beschäftigung kein Arbeitsverhältnis entsteht und keine Arbeitsverträge geschlossen werden müssen. Begründet wird das mit der Aufgabe der Studenten zu studieren und nicht zu arbeiten[209]. In § 23 Tianjin ABVB ist sogar ein grundsätzliches Verbot der Rekrutierung von Studenten für Praktika statuiert. Auch die Arbeitsvertragsbestimmungen der Stadt Shanghai

206 Zur Kritik an dieser Rechtslage vgl. Wan Jing, Probleme, denen sich Ausländer die in China arbeiten ausgesetzt sehen (外国人在华就业遭遇劳动合同法难题), in Legal Daily vom 09.06.2008 [www.legaldaily.com.cn/0801/2009-01/17/content_1021980.htm], 4. April 2012.

207 Vgl. Dong Runqing, Case Analysis, S. 590, und Chen, People's Republic of China, S. 50. Siehe auch §§ 22, 23 der „Bestimmungen über Arbeitsvermittlung und Beschäftigungsverwaltung“, die eine Arbeitslizenz für die legale Beschäftigung von Ausländern vorsehen.

208 In Guangdong gilt konsequenterweise, dass auch der Arbeitsvertrag eines Arbeitnehmers ohne Arbeitserlaubnis unwirksam ist. Bezüglich bereits geleisteter Arbeit darf sich der Arbeitnehmer allerdings auf den arbeitsvertraglich vereinbarten Lohn berufen, vgl. § 18 der „Anleitende Ansichten des Guangdonger Oberen Volksgerichts und des Guangdonger Arbeitsschiedsgerichtskomitee zur Anwendung des Arbeitsvertragsgesetzes so wie des Gesetzes über die Schlichtung und Schiedsgerichte in Arbeitsstreitigkeiten in der Guangdong Provinz“.

209 Vgl. Lu Yin, Students, whose main task is study, are not laborers, in: Dong Baohua/Dong Runqing (Hrsg.), Case Analysis on latest PRC Labor Contract Law, Peking, 2007, S. 634 f., und Dong Baohua, Case Analysis, S. 634 ff. Dong Yueying vertritt dagegen die Ansicht, dass Studenten sehr wohl Arbeitnehmer im Sinne des Arbeitsgesetzes sind, Students belong to the category of laborers and the unit's actions are illegal, in: Dong Baohua/Dong Runqing (Hrsg.), Case Analysis on latest PRC Labor Contract Law, Peking, 2007, S. 633 f. Siehe auch Lauffs, Employment Law, S. 307.

sind nicht anwendbar auf Vollzeitstudenten, die bezahlte Arbeit ausüben[210]. Dass der Gesetzgeber diese Rechtslage ändern wollte, ist nicht ersichtlich. Deshalb gilt sie auch unter dem AVG[211]. Allerdings kommt es mittlerweile vermehrt vor, dass Gerichte entgegen der oben genannten Rechtsvorschrift aus dem Jahr 1995 auf Bestehen von Arbeitsverhältnissen zwischen Studenten und Arbeitgebern entscheiden[212].

Für eine Praktikantin wurde im April 2008 entschieden, dass zwischen ihr und dem Unternehmen, bei dem das Praktikum absolviert wurde, kein Arbeitsverhältnis besteht, da es sich um eine Vorbereitung auf einen erst zukünftigen Job handele[213]. Ein Ausbildungsverhältnis soll demgegenüber ein Arbeitsverhältnis sein[214].

dd. Wanderarbeiter

Vom Land kommende Wanderarbeiter, die in den Städten nach Arbeit suchen, wurden in der Vergangenheit erheblich diskriminiert, weil sich die lokalen Behörden für nicht zuständig erklärten oder sie durch lokale Rechtsvorschriften als Dienstleistungsarbeitnehmer (劳务工) deklariert und dadurch grundsätzlich vom Anwendungsbereich des Arbeitsrechts ausgeschlossen wurden[215]. Zwar

210 Vgl. Punkt 2 des „Rundschreiben I betreffend bestimmte Fragen über die Einführung der Arbeitsvertragsbestimmungen der Stadt Shanghai". Das galt auch für Minderjährige, Haushaltsgehilfen, professionelle Versicherungsvertreter und Leiharbeitnehmer.

211 So auch Lauffs, Employment Law, S. 45.

212 Vgl. Baker & McKenzie, Beijing Court Finds Working College Student Protected By Employment Laws, in: China Employment Law Update (2009), Ausgabe Oktober [http://www.bakermckenzie.com/NLChinaEmploymentLawUpdateOct09/], 4. April 2012, S. 5 f.

213 Als Beweis für das Nichtvorliegen eines Arbeitsverhältnisses stellte das Gericht darauf ab, dass die Praktikantin „Zuschüsse" und kein „Gehalt" erhielt und dass die ID-Card nicht vom Unternehmen, sondern von der örtlichen Regierungsbehörde ausgestellt war, vgl. Baker & McKenzie, ebenda. In GtZ/MoLSS, Commentaries, S. 479, wird demgegenüber vertreten, dass auch ein Praktikum ein Arbeitsverhältnis begründet.

214 Vgl. GtZ/MoLSS, Commentaries, S. 479. Siehe aber auch Gallagher, Contagious Capitalism, S. 79, wonach Auszubildende zumindest in der Praxis einen geringeren Sozialversicherungsschutz genießen, keinen Arbeitsvertrag und Lohn sondern niedrigere Unterhaltsbezüge erhalten.

215 Vgl. Gallagher, Contagious Capitalism, S. 77 und S. 186 Rn. 48. Siehe auch Geffken, Der Preis des Wachstums, S. 76, wonach für ländliche Arbeitskräfte die zivilrechtlichen Bestimmungen über Dienstverträge gelten sollen. Gerade Ende der 90er Jahre verstärkte sich diese Diskriminierung, da in erster Linie die lokalen Regierungen die im Zuge der massenhaften Entlassungen in den Staatsbetrieben arbeitslos gewordenen städtischen Arbeitnehmer zu schützen versuchten. Siehe auch die generelle Analyse zur Lage der Wanderarbeiter und die spezielle Berücksichtigung derer Rechtsverhältnisse im Arbeitsvertragsgesetz bei Li Jing, Labor Contract Law, S. 3 ff., 1089.

wurde die Frage bereits 1995 vom Arbeitsministerium geklärt, da sich aber das AG darüber enthielt, ob Wanderarbeiter grundsätzlich unter den Arbeitnehmerbegriff des Gesetzes fielen, wurde dies von lokalen Regierungen offenbar als Rechtfertigung für ihre diskriminierende Politik genutzt[216].

Selbst wenn die Arbeitnehmereigenschaft von Wanderarbeitern im Grundsatz unstreitig war, konnten sich aus anderen Bestimmungen Beschränkungen ergeben. Der Ansatzpunkt für diese Verneinung der Arbeitnehmerstellung ist die örtliche Registrierung (Hukou), eine der Stadtbürgerschaft vergleichbare Institution, die seine Inhaber in besonderer Weise für örtliche Sozialleistungen, Schulzugang usw. privilegiert[217]. Für den jeweiligen Hukou ist eine behördliche Registrierung erforderlich. Ohne Hukou war zumindest früher ein umfangreiches Genehmigungsverfahren zur legalen Beschäftigungssuche in Städten nötig[218]. Das nationale Recht differenziert beispielsweise in § 4 HS. 2 Anstellungsbest. 1986 zwischen Arbeiternehmern vom Dorf und solchen aus der Stadt. Erstere dürfen sich nur dann auf eine ausgeschriebene Stelle bewerben, wenn es die staatlichen Bestimmungen gestatten. Auch die „Shanghaier Bestimmungen zur Verwaltung von Arbeit und Personal in ausländisch investierten Unternehmen", sehen eine Rekrutierung durch ausländisch investierte Unternehmen grundsätzlich nur für städtische Arbeitnehmer vor, die ihren festen Wohnsitz in Shanghai haben. Leute aus anderen Provinzen oder Städten sollen gemäß den Shanghaier Bestimmungen angeworben werden[219]. Nach den „Bestimmungen zur Arbeitsverwaltung in ausländisch investierten Unternehmen" dürfen Arbeitnehmer aus anderen Regionen als der, in der sich das Unternehmen befindet, nur mit Erlaubnis der Arbeitsverwaltungsbehörde angestellt werden[220]. Die „Vorläufigen Bestimmungen zur Regelung provinzüberschreitender Wanderbeschäftigung ländlicher Arbeitskräfte" legt für ganz China fest, dass ländliche Arbeitnehmer, deren fester Wohnsitz nicht in den örtlichen Provinzen, autonomen Regionen oder Städten direkt unter der Zentralregierung registriert ist, nur unter bestimmten Voraussetzung und mit einem so genannten Wanderbeschäftigungszertifikat angestellt werden dürfen. Das Wanderbeschäftigungszertifikat wird von der örtlichen Arbeitsverwaltungsbehörde des Ortes, an dem sie Arbeit suchen, ausge-

216 Vgl. Li Jing, Labor Contract Law, S. 1097 ff.

217 Vgl. die Erläuterungen bei Li Jing, Labor Contract Law, S. 1086 ff., sowie bei EL Consulting, Hukou, in Andreas Lauffs (Hrsg.), China Staff Employment Manual, 3. Auflage, Hong Kong, 1997, S. 115–117, hier S. 116 f.

218 Vgl. Geffken, Der Preis des Wachstums, S. 50 f., Lauffs, Employment Law, S. 40.

219 Vgl. § 5 Abs. 1 und 2 „Shanghaier Bestimmungen zur Verwaltung von Arbeit und Personal in ausländisch investierten Unternehmen".

220 Vgl. § 5 Abs. 2 der am 30.10.2007 aufgehobenen Bestimmungen.

stellt[221]. Ohne diese behördlichen Genehmigungen waren Wanderarbeiter folglich nicht zur Arbeitsaufnahme berechtigt, was einen Mangel ihrer rechtlichen Qualifikation als Arbeitnehmer mit sich brachte.

Spätestens seit Inkrafttreten des AFG sollen diese Differenzierungen zwischen der städtischen und der ländlichen Bevölkerung nicht mehr gelten, soweit sie diskriminierenden Charakter haben. In § 31 AFG heißt es:

> *Landarbeiter, die zur Arbeitssuche in städtische Gegenden ziehen, sollen die gleichen Arbeitsrechte genießen wie städtische Arbeitnehmer und sollen keinen diskriminierenden Beschränkungen unterliegen.*

Begleitend dazu wurden die „Bestimmungen über Arbeitsvermittlung und Beschäftigungsverwaltung" erlassen. Darin heißt es:

> *Ländliche Arbeitnehmer, die zur Arbeit in die Städte kommen, sollen die gleichen Arbeitsrechte genießen, wie ihre Gegenstücke in den Kleinstädten und Städten, und keine diskriminierenden Beschränkungen dürfen gegenüber ländlichen Arbeitnehmern, die zur Arbeit in die Städte kommen, aufgestellt werden.*

Im Anblick dieser Regelungen, lässt sich jedenfalls ein grundsätzlicher Ausschluss der Wanderarbeiter vom Anwendungsbereich des Arbeitsrechts nicht mehr begründen.

ee. Hausangestellte und in der Landwirtschaft angestellte Personen

Das AVG gilt weiter nicht für Hausangestellte, für die es besondere Vorschriften gibt[222], und in der Landwirtschaft angestellte Personen[223].

ff. Rentner

Während Rentner ursprünglich ebenfalls aus dem Anwendungsbereich des Arbeitsrechtes herausfielen, hat sich die Rechtslage nach dem Inkrafttreten des AVG im Jahr 2008 teilweise geändert. Insbesondere regionale Rechtsvorschriften nehmen bestimmte Rentnergruppen in den Anwendungsbereich des Arbeitsrechtes auf. Erkennbar wird daran die Tendenz, mehr ältere Menschen am Arbeitsleben zu beteiligen; eine Maßnahme, um die negativen Auswirkungen der Alterung

---

221 Vgl. §§ 2, 3, 5, 9, 12, 14, 25.

222 Vgl. die „Pekinger Bestimmungen zur Verwaltung der Beschäftigung chinesischer Bürger durch ansässige Repräsentanzbüros ausländischer Unternehmen".

223 Vgl. Artikel 1 Nr. 4 der „Ansichten zu einigen Problemen bei der Durchführung des Arbeitsgesetzes" sowie Münzel, Chinas Recht, Anm. 2 zum Arbeitsvertragsgesetz, und Chen, People's Republic of China, S. 50.

der chinesischen Gesellschaft auf die Wirtschaft und das Rentenversicherungssystem auszugleichen.

Gemäß § 17 Abs. 1 der „Anleitende Ansichten des Guangdonger Oberen Volksgerichts und des Guangdonger Arbeitsschiedsgerichtskomitee zur Anwendung des Arbeitsvertragsgesetzes so wie des Gesetzes über die Schlichtung und Schiedsgerichte in Arbeitsstreitigkeiten in der Guangdong Provinz“ gilt beispielsweise, dass das Beschäftigungsverhältnis mit Arbeitnehmern, die zwar das gesetzliche Renteneintrittsalter erreicht haben, aber noch keine Rentenleistungen beziehen, wie ein Arbeitsverhältnis behandelt wird. Demgegenüber wird das Beschäftigungsverhältnis mit Arbeitern, die bereits Rentenleistungen oder Pensionen beziehen als Anstellungsverhältnis (雇佣关系) angesehen, § 17 Abs. 2.

Auch Shanghai ist dieser Tendenz gefolgt[224] und gewährt bestimmten Arbeitnehmergruppen mit hoher fachlicher Qualifikation auch noch nach Eintritt in das Rentenalter[225] für fünf weitere Jahre den Schutz arbeitsrechtlicher Vorschriften, sofern diese noch keine Rentenleistungen in Anspruch nehmen und der Arbeitgeber dem zustimmt. Nichtsdestotrotz soll der Arbeitsvertrag automatisch mit Erreichen des Renteneintrittalters enden und eine Arbeitsvereinbarung (工作协议) wird geschlossen, die nur partiell arbeits- und sozialversicherungsrechtlichen Schutz erhält.

Auf nationaler Ebene hat das Oberste Volksgericht in § 7 der „Interpretation III des Obersten Volksgerichts betreffend verschiedenen Fragen bei der Anwendung des Gesetzes in Arbeitsstreitigkeiten“ die alte Rechtslage insofern bestätigt, als Streitigkeiten zwischen Arbeitgebern und Arbeitern, welche bereits Rentenleistungen oder Pensionen erhalten, von den Gerichten als Dienstverhältnisse (劳务关系) angesehen werden sollen. Umgekehrt könnte dies bedeutet, dass die Rechtsverhältnisse zwischen Arbeitgebern und Arbeitnehmern, die noch keine der genannten Leistungen erhalten, aber bereits das gesetzliche Renteneintrittsalter erreicht haben, als Arbeitsverhältnisse angesehen werden.

Indirekt könnte dies von § 44 Nr. 2 AVG bestätigt werden. Die Bestimmung normiert als gesetzlichen Beendigungstatbestand für den Arbeitsvertrag den Zeitpunkt, ab dem der Arbeitende nach dem Recht beginnt Basisaltersrente zu erhalten. Dieser Zeitpunkt entspricht nicht generell dem Erreichen des Renteneintrittalters, wie sich auch an § 16 Abs. 2 Sozialversicherungsgesetz vom 28. Oktober 2010 zeigt. Allerdings ist die Rechtslage nicht ganz eindeutig. Der Staatsrat hat nämlich in den Ausführungsbestimmungen zum AVG bestimmt, dass der Arbeitsvertrag mit dem Erreichen des Renteneintrittalters endet, ohne

224 In den „Versuchsweisen Ansichten zur Verlängerung des Verfahrens zur Beantragung der Basisrente für Fachpersonal in Shanghai“.

225 Das gesetzliche Renteneintrittsalter ist für Männer 60 Jahre und für Frauen 55 Jahre.

auf den Erhalt von Rentenleistungen abzustellen. Problematisch ist weiter, dass § 44 Nr. 2 AVG die automatische Arbeitsvertragsbeendigung regelt und nicht den Anwendungsbereich des AVG beschreibt, so dass § 44 Nr. 2 AVG nur schwerlich als Argument in der Diskussion herhalten kann, ob Rentner mit oder ohne Rentenbezug in den Anwendungsbereich des AVG fallen.

c. Eingeschränkter arbeitsrechtlicher Anwendungsbereich

Die Ausführungsbestimmungen zum AVG schließen in § 12 im Allgemeininteresse die Anwendung der Vorschriften des AVG betreffend unbefristeter Arbeitsverträge und wirtschaftlichen Ausgleichs auf Arbeitsverträge schwer vermittelbarer Personen aus, bei denen staatliche Zuschüsse zu Arbeitsplatz und Sozialversicherung gewährt werden. Dergestalt ist der Anwendungsbereich des Arbeitsrechtes für bestimmte Arbeitnehmergruppen beschränkt.

d. Deutsches Recht

Die Anforderungen an die rechtliche Qualifikation nach § 2 AVG bedeuten einen großen Unterschied zum deutschen Arbeitsrecht. Wie bereits beim Arbeitgeberbegriff erläutert, kennt das deutsche Recht kein Erfordernis einer rechtlichen Qualifikation der Rechtssubjekte als Voraussetzung der Anwendung arbeitsrechtlicher Vorschriften. Über § 93 AVG lässt sich jedoch eine dem deutschen Recht vergleichbare Lösung finden. Anders sieht dies bei fehlender rechtlicher Qualifikation des Arbeitnehmers aus. Ist der Arbeitnehmer beispielsweise aufgrund seiner Minderjährigkeit unter sechzehn Jahren kein Arbeitnehmer im Sinne von § 2 AVG, finden die arbeitsrechtlichen Vorschriften weder unmittelbar noch mittelbar über § 93 AVG Anwendung. Zwar geht man in der Literatur dazu über, bestimmte Vorschriften des Arbeitsrechtes analog anzuwenden. Weil der Gesetzgeber aber keine dem § 93 AVG entsprechende Vorschrift geschaffen hat ist fraglich, ob er einer analogen Anwendung des Arbeitsrechtes auf Minderjährige nicht entgegentreten wollte.

Nach deutschem Recht kommt dagegen auch in diesem Fall das Vorliegen eines faktischen Arbeitsverhältnisses in Betracht. Hier besteht im Vergleich zum deutschen Recht auch weiterhin eine Lücke im gesetzlichen Rechtsschutz für Arbeitnehmer.

Berufsauszubildende befinden sich nach § 10 Abs. 2 BBiG in einem „durch den Ausbildungszweck modifizierten Arbeitsverhältnis“[226]. Gleiches gilt nach § 26

226 Vgl. Däubler, Das Arbeitsrecht 2, S. 1050.

S. 1 BBiG in der Regel auch für Trainees, Volontäre und Praktikanten, sofern letztere nicht lediglich der schulischen oder universitären Ausbildung dienen[227].

2. Der örtliche Anwendungsbereich

Auch der örtliche Anwendungsbereich der Arbeitsgesetze muss eröffnet sein. Dieser ist beschränkt auf das Territorium der VRC. Wie bereits bei der ähnlichen Formulierung in § 2 AG, bezieht sich der Originalwortlaut von § 2 AVG betreffend der örtlichen Beschränkung auf das Gebiet der VRC nur auf die Arbeitgeber und lässt damit offen, was für die Arbeitnehmer gilt[228]. Die offizielle Übersetzung der Legislative Affairs Commission (LAC) bezieht die örtliche Beschränkung nur auf die Arbeitgeber. Auch nach § 1 der „ Ansichten zu einigen Problemen bei der Durchführung des Arbeitsgesetzes" ist der Anwendungsbereich des AG davon abhängig, dass sich der Sitz des Arbeitgebers in China befindet. Da § 2 Abs. 1 AVG insoweit wortlautgleich mit § 2 AG ist, wird sich hieran nichts geändert haben[229]. Ausgeschlossen sind damit jedenfalls grundsätzlich die Repräsentanzbüros[230], da sie lediglich ein rechtlich unselbständiger Teil von Unternehmen mit Sitz im Ausland sind.

Verschiedene Übersetzungen erstrecken zum Teil die örtliche Beschränkung auch auf die Arbeitnehmer[231], zum Teil fehlt die Bezugnahme auf das

227 Vgl. Däubler, Das Arbeitsrecht 2, S. 1059 f.

228 Münzel, Chinas Recht, Anm. 3 zum Arbeitsgesetz, meint ebenfalls, dass der Wortlaut offen lässt, ob sich die territoriale Beschränkung auch auf die Arbeitnehmer bezieht, die in diesem Punkt mit der des AVG vergleichbar ist.

229 Vgl. Lauffs, Employment Law, S. 60, Binding/Thum, Aktuelle Entwicklungen, S. 347, Glück/Tänzler, Arbeitsvertragsgesetz, S. 343, und Li, Guang/Frik, Roman, Das neue Arbeitsvertragsgesetz Chinas, in: NZA (2008), S. 86–91, hier S. 86, Wolfgang Däubler/Qian Wang, Bestandsschutz des Arbeitsverhältnisses in der VRC, in: RdA (2008), Heft 3, S. 141–146, hier S. 142, Volker Schneider, Das neue Arbeitsgesetz der VRC, in: AuR (1998), S. 429–430, hier S. 430.

230 Zu den regionalen Ausnahmen vgl. die „Anleitende Ansichten des Guangdonger Oberen Volksgerichts und des Guangdonger Arbeitsschiedsgerichtskomitee zur Anwendung des Arbeitsvertragsgesetzes so wie des Gesetzes über die Schlichtung und Schiedsgerichte in Arbeitsstreitigkeiten in der Guangdong Provinz".

231 So z. B. bei den Übersetzungen von Baker & McKenzie, Law of the People's Republic of China on Employment Contracts [http://www.bakermckenzie.com/files/webinars/eyeonchina1jun11/Employment_Contract_Law.PDF], 7. April 2012, und Beiten Burkhardt, Arbeitsvertragsgesetz der Volksrepublik China, [http://www.bblaw.com/uploads/media/China_Juli_deutsch_2007_01.pdf], 7. April 2012.

Gebiet der VRC komplett[232]. Die Übersetzungen des AVG von Münzel[233] und Dong/Dong[234] erstrecken die örtliche Beschränkung ebenfalls auf beide Parteien. Zur Begründung dafür wird mitunter auf § 3 Gewerkschaftengesetz abgestellt[235]. Darin wird Arbeitnehmern, die im Staatsgebiet der VRC arbeiten, das Recht zugesprochen, Mitglied in Gewerkschaften zu sein bzw. Gewerkschaftsorganisationen zu gründen. Dabei handelt es sich aber um eine Norm mit im Vergleich zu § 2 AVG völlig verschiedenem Regelungsinhalt. Sofern es um Gewerkschaftstätigkeiten geht macht es durchaus Sinn, eine Beschäftigung des Arbeitnehmers in China zu fordern, was aber nicht für die prinzipielle Anwendung arbeitsrechtlicher Normen auf Arbeitsbeziehungen gilt. Unter Berücksichtigung des nationalen Rechts ist deshalb nur eindeutig, dass AG und AVG für ihren räumlichen Geltungsbereich an den Sitz des Arbeitgebers anknüpfen. Die Vorschriften lassen dagegen offen, ob AG und AVG auch für Arbeitsverhältnisse und Arbeitsverträge zwischen Arbeitgebern mit Sitz in der VRC und Arbeitnehmer außerhalb Chinas gilt.

Geklärt wurde die Rechtslage mittlerweile durch § 43 Satz 1 Gesetz der VRC über die Rechtsanwendung bei ausländischen Zivilrechtsverhältnissen, wonach das Recht am Arbeitsort des Arbeitnehmers auf den Arbeitsvertrag Anwendung finden soll. Ist der Arbeitsort nur schwer zu bestimmen, gilt das Recht am Hauptgeschäftssitz des Arbeitgebers. Dementsprechend gilt, dass zumindest wenn der dauerhafte Arbeitsort des Arbeitnehmers außerhalb der VRC liegt, chinesisches Arbeitsrecht grundsätzlich keine Anwendung finden soll.

Die Anwendung deutschen Arbeitsrechts hängt demgegenüber davon ab, dass der Arbeitnehmer seine Arbeit gewöhnlich in Deutschland verrichtet. Darüber kann das auf das Arbeitsverhältnis anwendbare Recht durch vertragliche Rechtswahl bestimmt werden, eine Möglichkeit, die das chinesische Arbeitsrecht nicht kennt[236].

---

232 So z. B. bei den Übersetzungen von China Law & Practice, PRC Employment Contract Law (Full text translation), in: China Law and Practice (2007), Ausgabe Juli/August, und ChinaLawInfo, Labor Contract Law of the People's Republic of China, [http://www.lawinfochina.com/], 7. April 2012.

233 Im Unterschied zu seiner Übersetzung des Arbeitsgesetzes hat sich Münzel, Chinas Recht, Arbeitsvertragsgesetz, für das Arbeitsvertragsgesetz offenbar für die Erstreckung des räumlichen Anwendungsbereiches auf beide Parteien entschieden.

234 Dong/Dong, Case Analysis, S. 311, 699.

235 Vgl. Lauffs, Employment Law, S. 60.

236 Vgl. zur Rechtslage in Deutschland und der EU: Art. 8 der Rom-I-Verordnung.

III. Anwendungsbereich der Arbeitsgesetze im staatlichen Nichtunternehmenssektor

Nach § 2 Abs. 2 AVG sollen nur die Regeln des AVG über den Abschluss, die Erfüllung, Änderung, Auflösung und Beendigung des Arbeitsvertrags[237] auf Staatsbehörden, öffentliche[238] Institutionseinheiten[239] und gesellschaftliche Körperschaften Anwendung finden. Ausgeschlossen wird damit gleichzeitig die Anwendung des AVG zum Arbeitsverhältnis. Beachtet werden muss auch § 96 AVG, der klarstellt, dass für den Abschluss, die Erfüllung, Änderung, Auflösung und Beendigung der Arbeitsverträge[240] der öffentlichen Institutionseinheiten (事业 单位)[241] mit nach dem „Anstellungs(聘用-pìnyòng)"-System angestellten Beschäftigten spezielle Regelungen des Staatsrates, in Gesetzen oder Verwaltungsrechtsnormen gelten und das AVG nur dann Anwendung findet, wenn diese keine Aussage treffen[242].

237 Nicht aber die über das Arbeitsverhältnis.

238 So auch die Übersetzung von Chinalawinfo, Labor Contract Law of the People's Republic of China, die damit den Charakter der Institutionseinheit betont (siehe auch Barbara Darimont, Die Verabschiedung des Arbeitsvertragsgesetzes vor dem Hintergrund moderner Sklavenhaltung in der VRC, in: China Aktuell (2007), Heft 5, S. 96–114, hier S. 100), wohingegen Münzel, Chinas Recht, Arbeitsvertragsgesetz, die rein wörtliche Übersetzung wählt und das „öffentliche" weglässt.

239 Es handelt sich dabei um Organisationen im öffentlichen Interesse, die durch nationale Organisationen fremdfinanziert bzw. durch staatliches Vermögen unterstützt werden. Diese Einheiten sind bspw. in den Bereichen Ausbildung, Technologie, Kultur und Gesundheitspflege tätig (im Gegensatz dazu sind Unternehmenseinheiten profitorientierte Organisationen), vgl. Dong Runqing, Case Analysis, S. 497. Darunter fallen bspw. Schulen, Krankenhäuser, Gewerkschaften und Kirchen. Siehe auch die §§ 2, 3 der „Ausführungsbestimmungen zu den Verwaltungsbestimmungen zur Regelung der Registrierung juristischer Korporationen".

240 Nicht aber für die Errichtung des Arbeitsverhältnisses.

241 Die Norm bezieht sich nicht auch auf Staatsbehörden (国家机关) und gesellschaftliche Körperschaften (社会团体). Auch die entsprechenden Normen der Gesetzentwürfe, die noch ausdrücklich auf § 2 AVG Bezug nahmen, stellten einschränkend auf die öffentlichen Institutionseinheiten ab, so dass man davon ausgehen kann, dass es sich um kein redaktionelles Versehen handelt.

242 Darimont, Verabschiedung Arbeitsvertragsgesetzes, S. 100, ist anscheinend entgegen dem ausdrücklichen Gesetzeswortlaut der Ansicht, dass § 96 AVG auch für Staatsbehörden und gesellschaftliche Körperschaften gilt und trennt für den Anwendungsbereich nicht zwischen Arbeitsverhältnis und Arbeitsvertrag. Binding und Thum gehen sogar davon aus, dass § 96 AVG eine generelle kollisionsrechtliche Vorschrift für die Vorschriften des Arbeitsvertragsgesetzes darstellt. Dies wohl vor dem Hintergrund, dass die Bedeutung der „nach dem Arbeitsvertragssystem" als nach dem sog. „Pinyong-Vertrag" „angestellten Mitarbeiter" verkannt wurde, Jörg Binding/Kai Thum, Aktuelle Entwicklungen, S. 347. Auch die Übersetzung des § 96 AVG bei Münzel, Chinas Recht, Arbeitsvertragsgesetz, lässt hier an Genauigkeit vermissen. Erst in Münzel, Chinas Recht, Anm. 38 zum Arbeitsvertragsgesetz, stellt er die

Da es umfassende Regelungen zum „Pinyong"-System gibt[243], kommt dem AVG nur in Ausnahmefällen Bedeutung für diese Vertragsverhältnisse zu. Demgemäß muss bei öffentlichen Institutionen als Arbeitgeber weiterhin stets zwischen der Belegschaft mit einem „Pinyong"-Vertrag und der mit einem formalen Arbeitsvertrag unterschieden werden. Der „Pinyong"(Anstellungs)-Vertrag ist ein Vertrag zwischen dem Fachpersonal (den „Kadern")[244] einer öffentlichen Institution und der Letzteren. Er dient als Äquivalent für den Arbeitsvertrag, unterscheidet sich von diesem aber als Institution. Unter der Geltung des AG konnte demgemäß auch nur eine Arbeitsvertrag, nicht aber ein „Pinyong"-Vertrag ein Arbeitsverhältnis im Sinne des AG begründen. Die Regelung in § 96 AVG kann durchaus so verstanden werden, dass nunmehr auch „Pinyong"-Verträge Arbeitsverträge im Sinne des AVG sind, da die Vorschrift von „Arbeitsverträgen" spricht und die grundsätzliche Anwendung des AVG erklärt. Früher war die rechtliche Einordnung umstritten, es wurde auch vertreten, dass es sich um Verträge sui generis handelt[245]. Die rechtliche Trennung zwischen Arbeits- und „Pinyong"-Vertrag ist insbesondere auf die unterschiedlichen ministeriellen Zuständigkeiten zurückzuführen – das Arbeitsministerium auf der einen Seite und das Personalministerium auf der anderen -. Die Unterschiede verschwinden aber zunehmend[246].

Dass für den öffentlichen Dienst gesetzliche Sonderregelungen gelten, ist auch aus dem deutschen Arbeitsrecht bekannt, so dass hierin kein besonderer Unterschied zu sehen ist. Die Anerkennung der „Pinyong"-Verträge als Arbeitsverträge stellt eine begrüßenswerte dogmatische Anpassung an das Arbeitsvertragssystem dar. Eine Besonderheit im öffentlichen Dienst ist, dass keine faktischen Arbeitsverhältnisse anerkannt werden. Eine Folge dessen ist, dass mangels schriftlichen Arbeitsvertrages entstehende Streitigkeiten über das Bestehen oder Nichtbestehen einer arbeitsrechtlichen Beziehung vermieden werden. Da öffentliche Einrichtungen ein größeres Vertrauen bei der Einhaltung geltender Gesetze genießen, hat die Förderung des Vertragsabschlusses auch nicht den gleichen Stellenwert wie bei privaten Arbeitgebern.

---

wahre Bedeutung der Regelung heraus. Besser insofern, im Übrigen aber fehlerhaft, die Übersetzung bei Dong/Dong, Case Analysis, S. 715.

243 Z. B. Kapitel 16 Beamtengesetz oder die „Bestimmungen zur Beilegung von Personalstreitigkeiten".

244 Vgl. dazu EL Consulting, Cadres, in Andreas Lauffs (Hrsg.), China Staff Employment Manual, 3. Auflage, Hong Kong, 1997, S. 33–35 ff.

245 Vgl. Münzel, Chinas Recht, Anm. 38 zum Arbeitsvertragsgesetz.

246 Vgl. auch die Ausführungen von Dong Runqing, Case Analysis, S. 321, 325, 328 f., sowie von Dong Baohua, Case Analysis, S. 331 f.

IV. Folgen einer Nichteröffnung des Anwendungsbereiches arbeitsrechtlicher Normen

1. Begründung eines Anstellungsverhältnisses

Werden Arbeitnehmer von einer Einheit ohne Qualifikation als Arbeitgebersubjekt beschäftigt, zum Beispiel weil ihr der Gewerbeschein oder Registrierungsnachweis fehlt[247], entsteht ein sogenanntes Anstellungsverhältnis (雇佣关系), das über § 93 AVG zur Anwendung der Regelungen des AVG[248] zu Arbeitsentgelt, wirtschaftlichem Ausgleich und Entschädigung führt[249]. Daneben finden die allgemeinen zivilrechtlichen Bestimmungen Anwendung. Die Einheit muss zudem mit erheblichen verwaltungs- und u. U. auch strafrechtlichen Folgen rechnen.

Nebenbei wäre § 93 überflüssig, wenn die rechtliche Qualifikation des Arbeitgebers nicht weiterhin Voraussetzungen für die Gesetzesanwendung ist. Das unterstreicht, dass das Gesetz weiterhin zwischen Gesetzesanwendungs- und Vertragswirksamkeitsvoraussetzungen bzw. neuerdings den Voraussetzungen an die Wirksamkeit des Arbeitsverhältnisses trennt. Das zeigt sich auch an § 44 Nr. 5 AVG wonach der Arbeitsvertrag endet, wenn dem Arbeitgeber nachträglich der Gewerbeschein entzogen, er zur Schließung angewiesen wird usw. Handelte es sich bei dem Vorliegen eines Gewerbescheins lediglich um eine Wirksamkeitsvoraussetzung, wäre die Bestimmung nicht erforderlich. Der Anwendungsbereich des AVG wäre in diesem Fall bereits eröffnet und da der Vertrag dann nach § 26 Abs. 1 Nr. 3 AVG unwirksam würde, ergäben sich die Ansprüche des Arbeitnehmers unmittelbar, d. h. ohne Umweg über § 93 AVG, aus § 28 AVG.

---

247 In den Entwürfen zum AVG war in den Vorgängervorschriften zu § 93 AVG noch die Rede vom Unternehmen ohne Gewerbeschein oder ohne Registrierung gemäß dem Gesetz, § 61 des 1. Entwurfes, § 92 des 2. Entwurfes, § 94 des 3. Entwurfes. Vgl. auch Münzel, Chinas Recht, Anm. 36 zum Arbeitsvertragsgesetz, und Li Jing, Labor Contract Law, S. 1116.

248 Weder das AVG noch das SSAG, geben Aufschluss darüber, ob im Falle von § 93 AVG auch der Anwendungsbereich des SSAG eröffnet ist. Damit könnte der Weg zu den arbeitsrechtlichen Konfliktlösungsstellen beschritten werden, im Gegensatz zu normalen Zivilstreitigkeiten obläge dem Arbeitnehmer eine geringere Beweislast und er hätte zahlreiche andere prozessuale und finanzielle Erleichterungen (vgl. hierzu Nils Seibert, Die außergerichtliche Beilegung individual-arbeitsrechtlicher Streitigkeiten in China – ein Überblick –, in: ZIAS (2008), Ausgabe 4, S. 310–337). Bei Anwendung des AVG liegt es zumindest nahe, auch das SSAG für einschlägig zu halten.

249 Siehe beispielsweise § 19 der „Anleitende Ansichten des Guangdonger Oberen Volksgerichts und des Guangdonger Arbeitsschiedsgerichtskomitee zur Anwendung des Arbeitsvertragsgesetzes so wie des Gesetzes über die Schlichtung und Schiedsgerichte in Arbeitsstreitigkeiten in der Guangdong Provinz“ zum Rechtsverhältnis zwischen einem Repräsentanzbüro und einem unmittelbar beschäftigten Arbeitnehmer.

2. Leiharbeit

Ist eine Organisation oder Einheit kein Arbeitgebersubjekt im Sinne des Arbeitsrechts, bleibt u. U. die Möglichkeit der Beschäftigung von Arbeitnehmern über ein Leiharbeitunternehmen[250]. Das gilt in erster Linie für Repräsentanzbüros ausländischer Unternehmen. Dabei ist der Verleiher gemäß § 58 AVG Arbeitgeber, der mit dem Arbeitnehmer einen Arbeitsvertrag schließen muss. Zwischen Ver- und Entleiher wird ein zweiseitiger Arbeitsüberlassungsvertrag geschlossen[251]. Sowohl die fehlende rechtliche Qualifikation des Repräsentanzbüro als auch die gesetzliche Festlegung des Verleihers als Arbeitgeber verhindern das Bestehen eines Arbeitsverhältnisses oder Arbeitsvertrages im Sinne des AVG zwischen Arbeitnehmer und Repräsentanzbüro.

Problematisch bei der Nutzung von Leiharbeit ist die Regelung des § 66 AVG, wonach Leiharbeit vorübergehend, hilfs- oder vertretungsweise genutzt werden soll. Die Vorschrift geht jedoch lediglich von einer Regelvermutung („normalerweise" 一般) der Anwendung von Leiharbeit aus[252]. Ausnahmen sind demnach möglich. Ist beispielsweise das Unternehmen oder die Organisation zur selbständigen Beschäftigung von Arbeitnehmern nicht befugt, wie dies bei Repräsentanzbüros[253] der Fall ist, bleibt als einzige Möglichkeit die Beschäftigung von Arbeitnehmern über Leiharbeitsfirmen[254]. Bei diesen Unternehmen und Organi-

---

250 Geregelt im 5. Kapitel, 2. Abschnitt, §§ 57–67 AVG. Vgl. Binding/Thum, Aktuelle Entwicklungen, S. 348. Vor Inkrafttreten des Arbeitsvertragsgesetzes war die Leiharbeit nicht gesetzlich geregelt. Vgl. zur alten Rechtslage bis 1997 Kay, David Ben/Bunnell, Beth, Secondment, in Andreas Lauffs (Hrsg.), China Staff Employment Manual, 3. Auflage, Hong Kong, 1997, S. 271–2761 ff.

251 Vgl. § 59 AVG.

252 So auch Zhou, Arbeitsvertragsgesetz, S. 235. Li/Frik, Arbeitsvertragsgesetz, S. 90, gehen ebenfalls davon aus, dass Teilzeitarbeit regelmäßig lediglich für die genannten Tätigkeiten abgeschlossen werden soll, sprechen aber von der Schaffung einer „sachgrundbezogenen Arbeitnehmerüberlassung". Ob sie damit meinen, dass andere Gründe immer oder normalerweise unzulässig sind, ist unklar. Jörg Binding und Kai Thum sind der Ansicht, dass die Arbeitsüberlassung „allein" für die aufgezählten Beschäftigungsformen vorgesehen ist, Binding/Thum, Aktuelle Entwicklungen, S. 348. Konsequenter Weise müssen sie dann auch annehmen, dass nicht-rechtsfähige Arbeitgeber nur unter den genannten Voraussetzungen Beschäftigung schaffen dürfen. Auch Qian Wang ist der Ansicht, dass Leiharbeit nur in den gesetzlich genannten Fällen zulässig ist, Teilzeitbeschäftigung nach dem Arbeitsvertragsgesetz der VRC – Wirksames Mittel zur Flexibilisierung des Arbeitsmarktes?, in: China Aktuell (2008), S. 162–180, hier S. 175.

253 Zu deren Bedeutung und der anwendbaren Rechtsvorschriften vgl. ausführlich Lauffs, Employment Law, S. 9 ff., der die Anwendbarkeit dieser Vorschriften auf Repräsentanzbüros für zweifelhaft hält.

254 Geregelt bspw. in den „Pekinger Bestimmungen zur Verwaltung der Beschäftigung chinesischer Bürger durch ansässige Repräsentanzbüros ausländischer Unternehmen". Zur Problematik vgl. auch Duchetsmann, Arbeitnehmerschutz, S. 91.

sationen wird Leiharbeit somit ausnahmsweise auch als Dauerzustand zulässig sein, da nicht anzunehmen, dass der Gesetzgeber mit der Kreierung von § 66 AVG die Praxis der Vermittlung von Leiharbeitskräften an Repräsentanzbüros beenden wollte.

V. Schlussfolgerungen

Insbesondere das Tatbestandsmerkmal des persönlichen Anwendungsbereiches durch das Erfordernis der „Dual Qualification" ist eine Besonderheit, die das deutsche Arbeitsrecht nicht kennt. Historisch lässt sich die Beschränkung der zulässigen Arbeitgeberpersonen mit der Umwandlung des Systems der Arbeitsbeziehungen in ein Arbeitsvertragssystem begründen. Sie ist auf die schrittweise Ausdehnung des Arbeitsvertragssystems erst in den Sonderwirtschaftszonen, in der Privatindustrie und zu letzt in den Staatsbetrieben zurückzuführen. Der zentralstaatliche, planerische Charakter des Arbeitsvertragsrechts wird hierin deutlich. Im Unterschied dazu hat das deutsche Arbeitsvertragsrecht seinen Ursprung im Zivilvertrag des Bürgerlichen Gesetzbuches, dem die Prämissen von Privatautonomie und Vertragsfreiheit zugrunde liegen. Dementsprechend offen ist das deutsche Arbeitsrecht für alle natürlichen und juristischen Personen. Eine Differenzierung findet im deutschen Recht allein über den Begriff des Arbeitsverhältnisses statt. Es beschränkt dementsprechend weniger den Kreis der Zugehörigen, als die Vertragsfreiheit im Interesse des Arbeitnehmerschutzes. Eine gewisse Beschränkung des Personenkreises findet sich allenfalls über die Wirksamkeitsvoraussetzungen des Arbeitsvertrages. Hier wird aber zumindest über das Institut des faktischen Arbeitsverhältnisses noch versucht, die Anwendung des allgemeinen Vertragsrechts den speziellen Erfordernissen eines Arbeitsverhältnisses anzupassen. Das „Dual Qualification"-Erfordernis zeigt demgegenüber die Sonderstellung des chinesischen Arbeitsrechtes außerhalb des Zivilvertragsrechtes. Das chinesische Arbeitsrecht war vor Beginn der Wirtschaftsreformen reines Verwaltungsrecht und ist dies trotz Einführung des Arbeitsvertragssystems noch in weitem Umfang geblieben. So wurde die verwaltungsrechtliche und letztlich behördliche Kontrolle über den zulässigen Arbeitgeberkreis im AVG beibehalten, zugunsten des Arbeitnehmerschutzes wurde aber zumindest mittels § 93 AVG ein angemessener Ausgleich geschaffen. Im Hinblick auf den Arbeitnehmerschutz wiegt deshalb die Beschränkung des Anwendungsbereiches für den Kreis der Arbeitnehmer ungleich schwerer. Denn auch im chinesischen Recht bieten die zivilrechtlichen Bereicherungsregelungen des § 58 VG keinen ausreichenden Schutz für den die Arbeitsleistung Erbringenden.

Der Unterschied im gesetzlichen Arbeitnehmerschutz bei der Beschränkung des Arbeitgeber- bzw. Arbeitnehmerpersonenkreises liegt im Adressatenkreis. Die Erfüllung der rechtlichen Qualifikationen für die Arbeitgebereigenschaft liegt in der Sphäre des Arbeitgebers und ist für den Arbeitnehmer häufig sehr schwer zu beurteilen. Um den Arbeitgeber für ein Verschulden in seiner Risikosphäre nicht auch noch durch Ausschaltung des Arbeitnehmerschutzes zu begünstigen, wurde die Regelung des § 93 AVG geschaffen. Das Vorliegen der rechtlichen Qualifikationen des Arbeitnehmers ist dagegen auch für den Arbeitnehmer evident. Zur Ahndung des Arbeitgeberverhaltens dienen hier alleine straf- und verwaltungsrechtliche Vorschriften. Der Arbeitnehmer soll wegen des eigenen Verstoßes gegen die Gesetze keinen besonderen Arbeitnehmerschutz genießen. So gilt die Beschäftigung Minderjähriger ausschließlich als straf- und verwaltungsrechtliche Angelegenheit. In anderen Fällen ist die Arbeitstätigkeit bestimmter Personengruppen zwar nicht verboten, sie sind aber aufgrund politischer Erwägungen und gesellschaftlicher Überzeugungen vom Arbeitsrecht ausgeschlossen. Das gilt beispielhaft für die Gruppe der Studenten. Sie genießen in vielerlei Hinsicht einen gesellschaftlichen Sonderstatus. Der Fokus liegt dabei komplett auf dem von Familie, Gesellschaft und Politik gewünschten Studienerfolg. Das spiegelt sich nicht nur in dem sehr verschulten und wenig zeitliche Freiräume bietenden Universitätsalltag und dem verpflichtenden Leben auf dem Campus sondern auch in Vorschriften wider, wonach beispielsweise verheiratete Chinesen früher nicht studieren durften[255].

255 Diese Vorschrift wurde vor einigen Jahren aufgehoben.

D. Entstehung und Beendigung von Arbeitsverhältnissen im chinesischen Arbeitsrecht

I. Einleitung

Gemäß § 2 Abs. 1 AVG gilt das Gesetz für die Errichtung von Arbeitsverhältnissen (劳动关系). Das Arbeitsverhältnis wurde im Rahmen des AVG vollständig neu entworfen und hat damit das frühere, auf dem AG basierende Verständnis abgelöst. Speziell das Arbeitsverhältnis betreffende Umstände werden in den §§ 7–11, 14 Abs. 3, 28, 82 Abs. 1, 97 Abs. 2 AVG geregelt. Die Voraussetzungen, unter denen ein Arbeitsverhältnis errichtet wird, ergeben sich aus den §§ 7 und 10 AVG. Bestimmungen, die eine Beendigung des Arbeitsverhältnisses zum Gegenstand haben, gibt es im AVG nicht.

Die Vorschriften des AVG zum Arbeitsverhältnis gelten gemäß § 2 Abs. 2 AVG nicht für die Arbeitsbeziehungen von Arbeitnehmern mit Staatsbehörden, Institutionseinheiten und gesellschaftlichen Körperschaften. Diese Arbeitsbeziehungen sind nicht Bestandteil der vorliegenden Arbeit.

II. Die Entwicklung des Arbeitsverhältnisses

Die Entwicklung des Begriffs des Arbeitsverhältnisses[256] ist symptomatisch für die Verrechtlichung der Arbeitsbeziehungen in China. Vor der Einführung des Arbeitsvertragssystems waren die Arbeitenden in Staatsbetrieben beschäftigt, die sich um alle Lebensbereiche vom Kindergarten über die Schule, Wohnung, Veranstaltungen, Freizeittätigkeiten usw. kümmerten. Basierend auf dem sozialistischen Verständnis sah man im Arbeitsverhältnis die Beziehung zwischen den Werktätigen, die keine Ausbeutung erleiden, kameradschaftlich zusammenarbeiten und sich in sozialistischer Weise gegenseitig helfen. Dieser Ansatz ging erklärungstheoretisch weit über reine Rechtsbeziehungen hinaus. Er wurde unbrauchbar, als sich mit den Wirtschaftsreformen auch der Inhalt der Arbeitsbeziehung änderte. Das galt umso mehr, als je nach Rechtsform des Unternehmens (z. B. Staatsunternehmen, ausländisch investierte Unternehmen,

256 Häufig wird der Begriff der Arbeitsbeziehung für „劳动关系“ verwendet. „关系“ bedeutet aber sowohl „Beziehung“ als auch „Verhältnis“, weshalb hier der dem deutschen Sprachgebrauch üblichere Begriff des „Arbeitsverhältnisses“ verwendet wird, sofern sich nicht auf andere Ansichten berufen wird.

Privatunternehmen usw.) unterschiedliche Rechtsvorschriften erlassen und angewendet wurden[257]. Ausgehend von dem im alten System geltenden, umfassenden Begriff der festen Arbeitsbeziehungen, wurde in der chinesischen Literatur eine Abgrenzung der Arbeitsrechtsbeziehungen aus den Arbeitsbeziehungen vorgenommen. Diese Arbeitsrechtsbeziehungen waren Ausdruck des durch die arbeitsrechtlichen Gesetze entstehenden Rechte- und Pflichtenverhältnisses zwischen Arbeitgeber und Arbeitnehmer. Es wurden unterschiedliche Meinungen zur Art der Entstehung dieser Arbeitsrechtsbeziehungen vertreten. Manche nahmen als Entstehungstatbestand die Teilnahme am Arbeitsprozess an, andere den Arbeitsvertragsschluss, Dritte die staatliche Zuteilung oder Anmeldung des Arbeitenden zum Antritt seiner Arbeitsstelle[258]. Wolff vertrat die Ansicht, dass alleine die Eingliederung in den Betrieb bzw. die Aufnahme der Arbeit und nicht der Vertrag die Arbeitsrechtsbeziehungen begründete, da die Arbeitsrechtsbeziehungen ein Teil der Arbeitsbeziehungen sind, welche nur durch Eingliederung des Arbeitenden in den Produktionsprozess, das heißt durch Anstellung entstehen konnten[259]. In der chinesischen Literatur wurde daneben versucht, auch die Begründung der alten Arbeitsrechtsbeziehungen mit den neuen Begriffen von Rechtstatsache und Vertrag zu erklären; ein schwieriges Unterfangen, da sie auf staatlicher Zuweisung beruhten. Darüber hinaus war anerkannt, dass selbst fehlerhafte Verträge bei erfolgter Arbeitsleistung Arbeitsbeziehungen zur Entstehung brachten, was sich jedoch nur schwer mit den neuen Begriffen von Vertrag und Rechtstatsache erklären ließ[260].

Diese Schwierigkeit spiegelt sich ebenfalls im AG wider, wo ausschließlich der Arbeitsvertrag als Begründungstatbestand des Arbeitsverhältnisses vorgesehen ist, weshalb nachträglich Sonderbestimmungen zum „faktischen" Arbeitsverhältnis getroffen werden mussten. Dadurch entstand ein dogmatisch unsauberes Provisorium, welches zum einen das durch den schriftlichen Arbeitsvertrag begründete und zum anderen das ohne Arbeitsvertrag, alleine aufgrund faktischer Umstände begründete Arbeitsverhältnis anerkannte[261].

Das AVG macht nun Schluss mit dieser Alternativlösung, indem es strikt zwischen Arbeitsvertrag und Arbeitsverhältnis trennt, was im Folgenden erörtert wird.

---

257 Vgl. Wolff, Arbeitsvertrag, S. 18 f. Zur Kritik daran: vgl. Wolff, Arbeitsvertrag, S. 160, Anm. 66 zu Kapitel 1.

258 Vgl. Wolff, Arbeitsvertrag, S. 19 ff.

259 Vgl. Wolff, Arbeitsvertrag, S. 21 f., 45 f., 63 ff.

260 Im Einzelnen zum Begriff der Arbeitsrechtsbeziehungen vgl. Wolff, Arbeitsvertrag, S. 19 ff.

261 Vor allem in der Praxis hat dies weit reichende Folgen. Zum Beispiel müssen Arbeitnehmer mit einem Arbeitsvertrag dem örtlichen Büro für Arbeit und Soziale Sicherheit gemeldet werden. Ohne Arbeitsvertrag geschieht dies nicht, weshalb das Arbeitsverhältnis nicht in das Sozialversicherungssystem einbezogen wird, vgl. Shen, Labour Disputes, S. 82, Lauffs, Employment Law, S. 29.

Leider mangelt es an detaillierten Erläuterungen zu den Entstehungsvoraussetzungen des Arbeitsverhältnisses[262]. Wie das Verhältnis zwischen dem Arbeitsvertrag und dem Arbeitsverhältnis neuerdings ist und wie sich die jeweils begründeten Rechtsverhältnisse voneinander unterscheiden, wird nunmehr untersucht.

III. Die Natur des Arbeitsverhältnisses

Auch nach Inkrafttreten des AVG gilt, dass das Arbeitsverhältnis kein zivilrechtliches Verhältnis ist. Dong Runqing beschreibt die Natur des Arbeitsverhältnisses als eine soziale Beziehung (社会 关系)[263], die Gleichberechtigung (平等), Unterordnung (隶属)[264], Eigentum (财产) und personenbezogene (人身) Eigenschaften zum Inhalt habe. Das Wesen von Gleichberechtigung und Eigentum zeige sich, wenn zwei Parteien einen gesetzmäßigen Arbeitsvertrag unterzeichnen, da die Vertragsunterzeichnung auf gleichberechtigten Beratungen fuße. Nach der Unterzeichnung des Arbeitsvertrages entstehe ein persönliches Unterordnungsverhältnis zwischen Arbeitnehmer und Arbeitgeber und die erbrachte Arbeit sei Teil des Geschäftsbereichs des Arbeitgebers. Dies unterscheide den Arbeitsvertrag auch von einem zivilrechtlichen Vertrag, der sich entweder durch Gleichberechtigung und einen Vermögensbezug oder Gleichberechtigung und eigene Besonderheiten auszeichne[265], jedenfalls aber keine personenbezogene Natur habe[266].

Ähnlich argumentiert Ke Chen, der die wirtschaftliche, persönliche und rechtliche Unterordnung des Arbeitnehmers unter den Arbeitgeber für ausschlaggebend zur Charakterisierung des Arbeitsverhältnisses hält[267]. Im Gegensatz zur Unterordnung des Arbeitnehmers, haben die Parteien eines Zivilrechtsverhältnisses einen gleichen und unabhängigen Status[268]. Nach Ke Chen hat in der Rechtsprechung die Auffassung den Vorrang, die besagt, dass das Arbeitsrecht – in Abgrenzung zum Verwaltungsrecht – weder zwingende Überwachungsmaßnahmen, noch – in Abgrenzung zum Zivilrecht – die Grundsätze von Gleichheit und freien Willen zwischen den Parteien und auch nicht – in Abgrenzung zum Sozialversicherungsrecht – die Methode der staatlichen Vorgabe per Gesetz (als ein-

262 Vgl. Jörg Binding/Kai Thum, Contracts, Disputes and new Jobs – An Overview of China's new Labor Laws, in: China Law & Practice (2008) Mai, S. 75–77, hier S. 75.

263 So auch Dong Baohua, Case Analysis, S. 651.

264 Dem dürfte der Begriff des "managerial relationship" entsprechen, vgl. Dong Runqing, Case Analysis, S. 510.

265 Vgl. Dong Runqing, Case Analysis, S. 397.

266 Vgl. Dong Runqing, Case Analysis, S. 413 und Dong Baohua, Case Analysis, S. 417. So auch GtZ/MoLSS, Commentaries, S. 475.

267 Chen, People's Republic of China, S. 24.

268 Chen, People's Republic of China, S. 26.

ziges Mittel) verfolgt. Vielmehr bestehe eine Kombination aus Individualarbeitsverträgen, Kollektivverträgen und gesetzlichen Regulierungen[269].

Dong Baohua charakterisiert das Zivilrecht mit dem Fokus auf die Freiheit des Willens und den gleichen rechtlichen Schutz für beide Parteien. Unter der Freiheit des Willens versteht er das Recht der Parteien, ein zivilrechtliches Verhältnis durch Konsens zu begründen, ändern oder beenden, solange dies nicht gegen Verbotsnormen verstößt. Im Zentrum des Arbeitsrechtes sieht er dagegen die Grundsätze des Vorrangs des Gesetzes und gesetzlichen Arbeitnehmerschutzes. Mit dem Vorrang des Gesetzes meint er die vorrangige Geltung der Vorschriften in Gesetzen und Verordnungen gegenüber dem von den Parteien erzielten Konsens, sofern ein Widerstreit besteht[270].

Von dem „direkten", zwischen Arbeitnehmer und Arbeitgeber existierenden Arbeitsverhältnis wird das „indirekte" Arbeitsverhältnis unterschieden. Damit sind die sozialen Beziehungen gemeint, die unmittelbar mit dem „direkten" Arbeitsverhältnis verbunden sind. Darunter fallen die Zurverfügungstellung von Dienstleistungen für die „direkten" Arbeitsverhältnisse sowie die Verwaltung, Regulierung und Überwachung derselben. Dazu zählt man die Arbeitslosenvermittlung, die Verwaltung der Sozialversicherung, Beilegung von Arbeitsstreitigkeiten, Arbeitsüberwachung usw.[271]. Als Überbleibsel der Planwirtschaft gibt es auch weiterhin Überschneidungen zwischen dem Wirtschaftsrecht und den „indirekten" Arbeitsverhältnissen, die jedoch immer mehr an Bedeutung verlieren[272].

IV. Die Begründung des Arbeitsverhältnisses

§ 7 AVG
Der Arbeitgeber hat mit dem Arbeitnehmer mit dem Tag ein Arbeitsverhältnis errichtet, von dem an er [dessen] Arbeit nutzt[273]. *...*

Das Arbeitsverhältnis entsteht mit dem Tag des Arbeitsbeginns. Das ist nach der Legaldefinition des AVG der Zeitpunkt, in dem der Arbeitgeber die Arbeitsleistung des Arbeitnehmers nutzt, d. h. in Anspruch nimmt[274]. Weitere Voraussetzungen für die Begründung des Arbeitsverhältnisses nennt das Gesetz nicht.

269 Chen, People's Republic of China, S. 27.
270 Vgl. Dong Baohua, Case Analysis, S. 316.
271 Chen, People's Republic of China, S. 24.
272 Chen, People's Republic of China, S. 26.
273 Bei Däubler/Wang wird die Stelle mit „mit Antritt der Arbeit" übersetzt, Bestandsschutz, S. 144.
274 Vgl. § 7 S. 1 AVG. Damit besteht eine der früher im deutschen Arbeitsrecht vertretenen „Eingliederungstheorie" vergleichbare Rechtslage.

1. Der Arbeitsvertrag als Voraussetzung für die Begründung des Arbeitsverhältnisses

Nach § 16 Abs. 1 AG ist der Arbeitsvertrag die Vereinbarung, welche das Arbeitsverhältnis zwischen den Arbeitsvertragsparteien begründet[275]. Diese Formulierung wurde nicht in das AVG übernommen. Da das AG weiterhin Geltung neben dem AVG beansprucht, könnte die Regelung in § 16 Abs. 1 AG dennoch auch in Zukunft von Bedeutung sein. Dagegen könnte sprechen, dass sowohl Arbeitsvertrag als auch Arbeitsverhältnis umfassend neu im AVG geregelt wurden, weshalb die Bestimmung des § 16 Abs. 1 AG nicht mehr anwendbar wäre, sofern sie im Widerspruch zum AVG stünde[276].

Problematisch daran, den Arbeitsvertrag zur Grundlage des Arbeitsverhältnisses zu machen, ist, dass der Arbeitsvertrag nach chinesischem Recht zwingend schriftlich abgeschlossen werden muss[277]. Das hat zur Folge, dass jegliche Rechtsverhältnisse ohne schriftlichen Arbeitsvertrag alleine dem Zivilrecht und nicht dem den Arbeitnehmer schützenden Arbeitsrecht unterlägen. Bereits unter dem AG wurde deshalb nachträglich klargestellt, dass auch ohne schriftlichen Arbeitsvertrag unter bestimmten Voraussetzungen ein „faktisches" Arbeitsverhältnis entstehen kann, das zur grundsätzlichen Anwendung des Arbeitsrechts führt. Faktisches und durch Arbeitsvertrag begründetes Arbeitsverhältnis standen allerdings in Bezug auf die jeweiligen Rechtsfolgen in der Regel nicht gleichrangig nebeneinander. Ziel der Einführung des Konstrukts des „faktischen Arbeitsverhältnisses" war es vielmehr, dem Arbeitnehmer bestimmte Mindestarbeitsbedingungen zu sichern, insbeson-

275 Vgl. Cheng Yanyuan/Barbara Darimont, Die Debatten über die Entwürfe des Arbeitsvertragsgesetzes, in: ZChinR (2007), Heft 2, S. 172–181, hier S. 174.

276 Vgl. K. Leslie Ligorner/Monica Lynn Debiak, Navigating the New Employment Contract Law, in: China Law & Practice (2007), Heft Juli/August, S. 26–29, hier S. 26. Zhou, Arbeitsvertragsgesetz, S. 236, spricht von einer „ergänzenden Rolle [des AVG] gegenüber dem AG, was allerdings zu kurz greift. Auch bei Lauffs, Employment Law, Einführung S. X, heißt es, dass das AVG das alte Recht nicht ersetzt, sondern eher ergänzt. Gleichzeitig meint er allerdings, dass das AVG bedeutsame Änderungen des bestehenden rechtlichen Rahmens beinhaltet, S. 2. Cheng/Darimont sprechen von der „inhaltlichen Konkretisierung des AG" durch das AVG, Die Debatten, S. 175. Diese Aussage erging noch zum 1. Entwurf des Gesetzes in dessen § 1 es hieß, dass das Gesetz „gemäß dem AG der VRC festgelegt wird". Das passt nicht mehr auf das endgültige Gesetzeswerk, da viele Teile des AG komplett vom AVG überlagert werden oder eine neue Systematik entstanden ist bzw. neue Regelungsinhalte – zum Beispiel Leiharbeitsverhältnisse und Teilzeitbeschäftigung – geschaffen wurden. Von einer Konkretisierung kann deshalb nicht mehr gesprochen werden. Man kann davon ausgehen, dass im Kollisionsfall das neuere Gesetz Vorrang hat, vgl. Binding/Thum, Aktuelle Entwicklungen, S. 347.

277 Vgl. dazu § 19 Abs. 1 AG und § 10 Abs. 1 AVG. Bei der Erörterung des Arbeitsvertrages wird ausführlich darauf eingegangen, dass ein Arbeitsvertrag gemäß § 16 Abs. 1 AVG nur schriftlich errichtet werden kann und auf die Gründe hierfür.

dere den Arbeitslohn für die bereits erbrachte Arbeit, um ihn bei Nichtvorliegen eines Arbeitsvertrages nicht gänzlich schutzlos zu stellen[278].

2. Das „faktische" Arbeitsverhältnis unter dem Arbeitsgesetz

§ 1 Einleitung

Unter dem AG war das Bestehen eines „faktischen Arbeitsverhältnisses" allgemein anerkannt[279]. Schon in Punkt 2 Nr. 17 der „Ansichten zu einigen Problemen bei der Durchführung des Arbeitsgesetzes" wurde das Bestehen faktischer Arbeitsverhältnisse bestätigt. Die herrschende Meinung in der chinesischen Rechtswissenschaft ging davon aus, dass auch dem „faktischen" Arbeitsverhältnis stets ein konkludent oder mündlich geschlossener Arbeitsvertrag zu Grunde lag[280]. In den einschlägigen Rechtsvorschriften wurde die Frage, ob das „faktische Arbeitsverhältnis" die „faktische Erfüllung" eines unschriftlichen Arbeitsvertrages darstellte und damit im Ergebnis doch auf einem Arbeitsvertrag beruhte[281] oder ob ein rein tatsächliches Verhalten ein gesetzliches Rechtsverhältnis mit bestimmten Mindestrechten zur Entstehung brachte, allerdings uneinheitlich und mehrdeutig geregelt. Auf Rechtsfolgenseite hat diese Unterscheidung durchaus weit reichende Konsequenzen.

§ 2 Rechtslage in der Provinz Guangdong vor 2008

Die „Arbeitsvertragsverwaltungsbestimmungen der Provinz Guangdong" („Guangd. AVB"), bestätigen das Verständnis des AG von der Beziehung zwischen Arbeitsvertrag und Arbeitsverhältnis[282]. Nach § 7 Guangd. AVB soll der schriftli-

---

278 Darimont, Verabschiedung Arbeitsvertragsgesetzes, S. 105, geht demgegenüber davon aus, dass ländliche Arbeitnehmer ohne Arbeitsvertrag überhaupt keinen Rechtsschutz hatten.

279 Z. B. in § 16 Abs. 1 S. 2 der „Interpretation I des Obersten Volksgerichts betreffend verschiedenen Fragen bei der Anwendung des Gesetzes in Arbeitsstreitigkeiten", in Verbindung mit der „Antwort des MOLSS auf die Frage, ob wirtschaftlicher Ausgleich gezahlt werden soll, wenn ein faktisches Arbeitsverhältnis beendet wird", ist die Rede von der Errichtung eines faktischen Arbeitsverhältnisses, wenn der Arbeitnehmer nach dem Ablauf des Arbeitsvertrages zu den Konditionen desselben beim ursprünglichen Arbeitgeber weiterarbeitet, dieser nicht widerspricht und kein neuer Arbeitsvertrag zu den Konditionen des alten Vertrages geschlossen wird. Das hier gemeinte faktische Arbeitsverhältnis entsteht demnach bei Fortführung der Arbeitsbeziehung, wenn gerade kein Arbeitsvertrag geschlossen wurde. Auch bei Dong Baohua heißt es, dass unter der alten Rechtslage die Unwirksamkeit des Arbeitsvertrages gerade zur Bejahung eines faktischen Arbeitsverhältnisses führte, Case Analysis, S. 416 f.

280 So Dr. Wu Wenfang und Dr. Fan Wei im Interview.

281 Ähnlich der herrschenden Vertragstheorie im deutschen Arbeitsrecht.

282 Vgl. § 3 Abs. 1 und 2 Guangd. AVB, die § 16 AG entsprechen.

che Arbeitsvertrag innerhalb von dreißig Tagen nach Aufnahme der Beschäftigung geschlossen werden. Die Aufnahme der Beschäftigung wird nicht mit der Begründung eines faktischen Arbeitsverhältnisses gleichgesetzt. Wird kein schriftlicher Arbeitsvertrag geschlossen, haftet der Arbeitgeber dem Arbeitnehmer für durch den Nichtabschluss entstandene Schäden. Darüber hinausgehende Rechtsfolgen bei einer Beschäftigungsaufnahme ohne schriftlichen Arbeitsvertragsschluss nennen die Guangd. AVB nicht. Der Vertragsschluss erfordert für seine Wirksamkeit die vorherige Vertragsunterzeichnung durch beide Parteien, nachdem ein Konsens durch Verhandlungen erreicht wurde[283]. Das lässt den Schluss zu, dass ein Arbeitsverhältnis ausschließlich durch den schriftlichen Arbeitsvertrag begründet wird, die Guangd. AVB das faktische Arbeitsverhältnis demzufolge nicht anerkennen. Den Arbeitgeber treffen gesetzliche Schadensersatzpflichten. Darüber hinaus wird kein Vertrags- oder sonstiges Rechtsverhältnis begründet.

§ 3 Rechtslage in Shenzhen vor 2008

Die „Arbeitsvertragsbestimmungen der Sonderwirtschaftszone Shenzhen" („Shenz. AVB"), haben ebenfalls das Arbeitsvertragsverständnis des AG übernommen[284]. Wird der schriftliche Arbeitsvertrag nicht innerhalb von dreißig Tagen geschlossen, soll die Arbeitsverwaltungsbehörde dem Arbeitgeber eine Frist zur ergänzenden Unterschrift (补签) setzen. Kommt er dem nicht nach, wird ihm eine Geldbuße auferlegt. Für Schäden, die dem Arbeitnehmer durch den Nichtabschluss des Arbeitsvertrages entstehen, haftet der Arbeitgeber[285]. Wenn Arbeitgeber und Arbeitnehmer sich über die Arbeitsvertragsklauseln geeinigt und unterzeichnet haben, ist der Arbeitsvertrag „zum Abschluss gebracht/vollendet" (告成)[286], was der vollständige Errichtung des Arbeitsvertrages gleichsteht. Ähnlich wie in § 16 Abs. 1 AVG wird hiermit ausdrücklich die Schriftform als Voraussetzung für die Errichtung des Arbeitsvertrages normiert. Einigen sich die Parteien darauf, das Arbeitsverhältnis nach Ablauf des Arbeitsvertrages fortzuführen, soll in den dreißig Tagen vor Vertragsablauf ein neuer Arbeitsvertrag geschlossen werden. Wird der Arbeitnehmer ohne neuen Vertrag weiterbeschäftigt oder weigert sich der Arbeitgeber, einen neuen Vertrag zu schließen nachdem der alte Vertrag ausgelaufen ist, soll er von der Arbeitsbehörde unter Fristsetzung zur Korrektur angewiesen werden. Kommt er dem nicht fristgemäß nach, wird er mit einer Geldbuße belegt[287]. Für den Fall eines fehlenden (schriftlichen) Arbeitsvertragsabschlusses ist auch hier lediglich

283 Vgl. § 8 Guangd. AVB.
284 § 2 Shenz. AVB entspricht § 16 Abs. 1 AG und 7 Abs. 1 Shenz. AVB entspricht § 16 Abs. 2 AG.
285 Vgl. § 7 Abs. 2 Shenz. AVB.
286 Vgl. § 8 Shenz. AVB.
287 Vgl. § 13 Shenz. AVB.

von behördlichen Sanktionen und Schadensersatzansprüchen des Arbeitnehmers die Rede[288].

§ 4 Rechtslage in Shanghai vor 2008

In den „Shanghaier Arbeitsvertragsbestimmungen" („Shangh. AVB"), wird ausdrücklich § 16 Abs. 1 AG bestätigt, wonach der Arbeitsvertrag die zwischen den Arbeitsvertragsparteien geschlossene Vereinbarung ist, die das Arbeitsverhältnis begründet und die Rechte und Pflichten der Parteien festlegt[289]. Gleichzeitig gilt ihr Anwendungsbereich für Arbeitsvertragsverhältnisse (劳动合同关系)[290]. Die Nennung des Vertrages lässt seine Relevanz für die Begründung des Arbeitsverhältnisses erkennen. Grundsätzlich soll dieser Arbeitsvertrag schriftlich abgeschlossen werden, mit Ausnahme expliziter Regelungen innerhalb der Bestimmungen[291]. Die Ausnahme ist in § 27 Shangh. AVB normiert. Hat danach der Arbeitnehmer keinen schriftlichen Arbeitsvertrag unterzeichnet, der eigentlich unterschrieben werden muss, jedoch wie vom Arbeitgeber verlangt seine Arbeitspflichten erfüllt, wird ein (faktisches) Arbeitsvertragsverhältnis[292] zwischen den Parteien begründet[293]. In diesen Fällen sollen Arbeitsentgelt und andere Arbeitsbedingungen, die über dem Niveau der Arbeitgeberregeln, Bestimmungen des Kollektivvertrages oder entsprechender Bestimmungen rechtlicher Arbeitsstandards liegen, anhand der faktischen Erfüllung ermittelt werden[294]. Liegt das Niveau darunter, sollen Arbeitsentgelt und andere Arbeitsbedingungen zu Gunsten des Arbeitnehmers ermittelt werden[295]. Damit garantieren die Shangh. AVB nicht nur ein gesetzliches Mindestniveau, son-

---

288 Vgl. § 7 Abs. 2 Shenz. AVB.

289 Vgl. § 3 Shangh. AVB.

290 Vgl. § 2 Shangh. AVB und die Erläuterungen zum Anwendungsbereich in Nr. 1 des „Rundschreiben I betreffend bestimmte Fragen über die Einführung der Arbeitsvertragsbestimmungen der Stadt Shanghai".

291 Vgl. § 4 Shangh. AVB.

292 Zweideutig im Hinblick auf die Begründung des faktischen Arbeitsverhältnisses infolge eines Vertragsschlusses ist aber das „Rundschreiben III betreffend bestimmte Fragen über die Einführung der Arbeitsvertragsbestimmungen der Stadt Shanghai". Die Überschrift zu Punkt 10 des Rundschreibens lautet: „Die Frage des Ausgleichs in Abwesenheit eines Arbeitsvertrages" und bezieht sich ebenfalls auf ohne schriftlichen Arbeitsvertrag begründete Arbeitsverhältnisse. Wahrscheinlich handelt es sich um ein Redaktionsversehen und es ist damit die Abwesenheit des „schriftlichen" Arbeitsvertrages gemeint.

293 Von einem Arbeitsvertragsverhältnis spricht der Shanghaier Gesetzgeber außer in den genannten Fällen noch in den §§ 21 (Registrierungserfordernis), 41 Abs. 1 (Nachweis der Beendigung oder Auflösung), 46 Abs. 2 (Teilzeitarbeitsverhältnisse) Shangh. AVB. Im Übrigen ist stets nur vom „Arbeitsverhältnis" die Rede.

294 Vgl. § 27 Nr. 1 Shangh. AVB.

295 Vgl. § 27 Nr. 2 Shangh. AVB.

dern betonen den Vorrang des Parteiwillens, auch wenn sich dieser in unschriftlicher Weise ausdrückt. Damit ähnelt der Inhalt des derart geschaffenen Arbeitsvertragsverhältnisses in gewissem Umfang (d. h. für Arbeitsentgelt und andere Arbeitsbedingungen) dem durch Arbeitsvertrag Errichteten. In einigen Bereichen weichen die Regelungen für das faktische Arbeitsvertragsverhältnis allerdings erheblich von denen des schriftlichen Arbeitsvertrages ab. Das betrifft insbesondere den Bestandsschutz des Arbeitsvertragsverhältnisses[296]. Dadurch wird der Charakter des faktischen Arbeitsvertragsverhältnisses als Konstrukt zur Abwicklung bereits erbrachter Arbeitsleistungen ohne schriftlichen Arbeitsvertrag und nicht als ein dem schriftlichen Arbeitsvertrag gleichgestelltes Rechtsverhältnis wahrnehmbar.

§ 5 Rechtslage in Peking vor 2008

Die „Pekinger Arbeitsvertragsbestimmungen" („Pekinger AVB"), statuieren, dass ein Arbeitsvertrag geschlossen werden soll, wenn Arbeitgeber und Arbeitnehmer ein Arbeitsverhältnis errichten[297]. Dies entspricht der Regelung in § 16 Abs. 2 AG bzw. § 10 Abs. 1 AVG und lässt das genaue Verhältnis zwischen Arbeitsvertrag und Arbeitsverhältnis offen. § 3 Pekinger AVB wiederholt die in § 16 Abs. 1 AG fixierte Definition des Arbeitsvertrages, wonach er eine Vereinbarung ist, die das Arbeitsverhältnis zwischen Arbeitgeber und Arbeitnehmer errichtet und die beiderseitigen Rechte und Pflichten klarstellt. Somit wird grundsätzlich daran festgehalten, dass der Arbeitsvertrag das Arbeitsverhältnis begründet. Nach § 11 Pekinger AVB soll der Arbeitsvertrag schriftlich geschlossen werden. Wortlautidentisch mit § 7 S. 1 AVG erklärt allerdings § 8 S. 1 Pekinger AVB, dass unmittelbar beginnend mit dem Tag der Nutzung der Arbeit ein (faktisches) Arbeitverhältnis zwischen Arbeitnehmer und Arbeitgeber errichtet wird[298]. Ergänzt wird dies durch eine Klarstellung in § 8 S. 2 Pekinger AVB, dass bei Errichtung eines Arbeitsverhältnisses ein Arbeitsvertrag geschlossen werden soll. § 8 S. 1 Pekinger AVB wiederholt insoweit wörtlich die Regelung des § 2 Abs. 1 Pekinger AVB und soll nur darauf aufmerksam machen, dass die Pflicht zum Vertragsschluss auch dann fortbesteht, wenn bereits ein faktisches Arbeitsverhältnis begründet wurde.

Dass der Pekinger Gesetzgeber vom nachträglich abzuschließenden Arbeitsvertrag spricht, ohne explizit die Schriftform zu erwähnen, macht deutlich, dass kein Arbeitsvertrag für die Begründung des faktischen Arbeitsverhältnisses vorausgesetzt wird. Nach den Pekinger AVB können infolgedessen sowohl der schriftliche Arbeitsvertrag, als auch die Nutzung der Arbeit das Arbeitsverhältnis begründen.

---

296 Vgl. insbesondere § 40 Shangh. AVB zur Beendigung des faktischen Arbeitsvertragsverhältnisses. Dazu unten bei der Beendigung des Arbeitsverhältnisses mehr.

297 Vgl. § 2 Abs. 1 Pekinger AVB.

298 Vgl. § 8 Pekinger AVB.

Dafür spricht auch ein Umkehrschluss aus § 2 Abs. 2 Pekinger AVB, wo lediglich im Zusammenhang mit staatlichen Arbeitgebern von einem Arbeitsvertragsverhältnis gesprochen wird, im Übrigen findet der Begriff des Arbeitsverhältnisses Anwendung, was den Unterschied im Begründungstatbestand verdeutlicht.

Auch in anderen Bestimmungen kommt das grundlegend andere Verständnis vom Verhältnis zwischen Arbeitsvertrag und Arbeitsverhältnis zum Ausdruck. § 23 Pekinger AVB beispielsweise gewährt dem sich in einem Arbeitsverhältnis befindlichen Arbeitnehmer einen gewissen Entlassungsschutz, wenn er vom Arbeitgeber den Abschluss des Arbeitsvertrages fordert. Die Regelung unterstreicht, dass dieses Arbeitsverhältnis gerade nicht auf einem Vertrag beruht.

Nur wenn Arbeitgeber und Arbeitnehmer in Verhandlungen zu einer Einigung kommen, darf das Arbeitsverhältnis aufgelöst werden, woraufhin dem Arbeitnehmer eine wirtschaftliche Ausgleichszahlung zu leisten ist. Das einseitige Verlangen des Arbeitnehmers, das Arbeitsverhältnis aufzulösen, steht seiner sofortigen Auflösung gleich. Der Arbeitgeber ist dann nicht zur Zahlung eines wirtschaftlichen Ausgleichs verpflichtet, § 45 Abs. 2 Pekinger AVB. Nach § 46 Abs. 1 Nr. 1 Pekinger AVB hat der Arbeitgeber dem Arbeitnehmer den Schaden zu ersetzen, der diesem dadurch entsteht, dass er entweder die Arbeitstätigkeit aufgenommen hat, ohne dass ein Arbeitsvertrag geschlossen wurde, oder nach Ablauf des Arbeitsvertrages weiterarbeitet, ohne dass der Arbeitsvertrag erneuert wurde. Die beiden Vorschriften lassen erkennen, dass das Arbeitsverhältnis ohne Arbeitsvertrag nicht den gleichen Inhalt hat, wie das mit Arbeitsvertrag. Das faktische Arbeitsverhältnis ist alleine darauf gerichtet, den Vertragsabschluss herbeizuführen. Durch das Beendigungsverbot des § 45 Abs. 2 Pekinger AVB wird der Arbeitgeber entsprechend motiviert, den Arbeitsvertragsschluss herbeizuführen. Gleichzeitig soll der Schadensersatzanspruch gemäß § 46 Abs. 1 Nr. 1 Pekinger AVB den Arbeitnehmer vor finanziellen Verlusten infolge des fehlenden Vertrages schützen. Eine Berücksichtigung mündlicher Absprachen oder der faktischen Erfüllung ist von den Bestimmungen nicht beabsichtigt.

§ 6 Rechtslage gemäß dem Rundschreiben zur Feststellung von Arbeitsverhältnissen

Das „Rundschreiben zur Feststellung von Arbeitsverhältnissen", betrifft gemäß seiner Präambel die praktischen Schwierigkeiten der Arbeitnehmer vor Gericht, aufgrund der häufig fehlenden Ausfertigung von Arbeitsverträgen durch die Arbeitgeber, das Bestehen eines Arbeitsverhältnisses nachzuweisen.

Dem Erlass des Rundschreibens war das Eintreten von Beamten der Arbeitsbehörden, Arbeitsschiedsrichtern und einigen Richtern zur staatlichen Anerkennung eines Arbeitsverhältnisses auch ohne schriftlichen Arbeitsvertrag vorangegangen, da das formalistische Festhalten an der Schriftform des Vertrages in der Rechtsprechungspraxis zu einem Ausschluss vertragsloser Arbeitnehmer vom Streitbeilegungsverfahren geführt hatte[299]. Um die Anstellung von Arbeitnehmern durch Arbeitgeber zu regeln, die gesetzlichen Rechte und Interessen der Arbeitnehmer zu schützen und soziale Stabilität zu fördern, stellte das MOLSS explizite Kriterien für die Errichtung eines Arbeitsverhältnisses für den Fall auf, dass kein schriftlicher Arbeitsvertrag abgeschlossen wurde.

> *1. Hat ein Arbeitgeber einen Arbeitnehmer angeworben, aber keinen schriftlichen Arbeitsvertrag mit ihm geschlossen, soll gleichwohl ein Arbeitsverhältnis entstehen, wenn:*
> *(1) der Arbeitgeber und der Arbeitnehmer die in Gesetzen und Vorschriften bestimmten Anforderungen an eine Partei erfüllen;*
> *(2) der Arbeitnehmer sich den vom Arbeitgeber im Einklang mit dem Gesetz formulierten Arbeitsregeln und –vorschriften sowie seiner Arbeitsleitung unterordnet und beschäftigt ist, um vom Arbeitgeber veranlasste Arbeit gegen Bezahlung auszuführen; und*
> *(3) die Arbeit, die vom Arbeitnehmer geleistet wird, Teil des Geschäfts des Arbeitgebers ist.*
>
> 2. …
>
> *3. Erfüllt die Anstellung eines Arbeitnehmers durch einen Arbeitgeber Punkt 1, soll der Arbeitgeber nachträglich einen Arbeitsvertrag mit dem Arbeitnehmer ausfertigen, dessen Laufzeit durch Verhandlungen zwischen den Parteien bestimmt werden soll. Wird keine Einigung durch Verhandlungen erlangt, darf jede Partei das Arbeitsverhältnis beenden. Erfüllt der Arbeitnehmer indessen die Bedingungen für einen unbefristeten Arbeitsvertrag und verlangt diesen Vertrag, soll der Arbeitgeber einen entsprechenden Vertrag mit dem Arbeitnehmer abschließen.*

Die Kriterien für die Begründung des Arbeitsverhältnisses setzen danach keinen wirksamen, mündlichen oder konkludenten Arbeitsvertragsschluss voraus, sondern erfordern alleine das Vorliegen der genannten tatsächlichen Umstände. Durch das Rundschreiben wurden erstmalig auf nationaler Ebene die Voraussetzungen an ein faktisches Arbeitsverhältnis aufgestellt. Wie bei den dargestellten regionalen Vorschriften auch, stellt das faktische Arbeitsverhältnis des Rundschreibens kein vertragliches Rechtsverhältnis dar. Es ist in seinem Inhalt auch nicht vergleichbar mit dem durch den schriftlichen Arbeitsvertrag begründeten. Sein Ziel ist alleine den Arbeitnehmer ohne schriftlichen Arbeitsvertrag nicht völlig schutzlos zu stellen und die rechtliche Abwicklung der bereits erbrachten Arbeitsleistung im Arbeitnehmerinteresse zu gewährleisten.

Beachtet werden muss allerdings § 82 Gesetzgebungsgesetz, wonach die Regeln der Abteilungen der Ministerien den gleichen Rang wie Regeln der regio-

299 Vgl. Gallagher, Contagious Capitalism, S. 187 Rn. 61.

nalen Regierungen haben. Demzufolge hat das Rundschreiben keine verdrängende Wirkung gegenüber den regionalen Bestimmungen[300].

3. Die Rechtslage nach den Entwürfen zum Arbeitsvertragsgesetz

Der letztlich verabschiedeten Version des AVG gingen drei Entwürfe voraus, die zur öffentlichen Diskussion freigegeben wurden. Bis zum endgültigen Gesetzeswerk änderten sich darin die Vorschriften, die das Verhältnis zwischen Arbeitsvertrag und Arbeitsverhältnis beschreiben. Um das Verhältnis zwischen Arbeitsverhältnis und Arbeitsvertrag besser zu verstehen ist es hilfreich, sich diese Entwicklung näher anzuschauen.

§ 1 Erster Entwurf

Bereits in der Erläuterung zum Anwendungsbereich wurde zwischen Arbeitsverhältnis und Arbeitsvertrag getrennt.

> *§ 1 AVG*
> *Dieses Gesetz wurde entsprechend den Bestimmungen des Arbeitsgesetzes der VRC formuliert, um den Abschluss, die Erfüllung von Arbeitsverträgen zwischen Arbeitgebern und Arbeitnehmern zu regeln, die berechtigten Rechte und Interessen der Arbeitnehmer zu schützen und die Harmonie und Stabilität von Arbeitsverhältnissen zu fördern.*
>
> *§ 2 AVG*
> *(1) Dieses Gesetz gilt für alle ...(Arbeitgeber), die ein Arbeitsverhältnis mit Arbeitnehmern errichten, welche einen Arbeitsvertrag abgeschlossen haben und erfüllen.*
> *(2) ...*

Dementsprechend wurden auch Arbeitsverhältnis und Arbeitsvertrag einzeln definiert.

> *§ 3 AVG*
> *(1) Das Arbeitsverhältnis in diesem Gesetz steht für das Rechte- und Pflichtenverhältnis das errichtet wird, wenn der Arbeitgeber den Arbeitnehmer als Mitglied anstellt und der Arbeitnehmer unter der Organisation des Arbeitgebers bezahlte Arbeit leistet.*
> *(2) Der Arbeitsvertrag in diesem Gesetz steht für die Vereinbarung, mit der der Arbeitnehmer und der Arbeitgeber ihr Arbeitsverhältnis errichten und die Rechte und Pflichten der beiden Parteien klargestellt werden.*
>
> *§ 8 AVG*
> *Wird zwischen Arbeitgeber und Arbeitnehmer ein Arbeitsverhältnis errichtet, ein Arbeitsvertrag geschlossen, ...*

300 So auch Zhao Deming, Draft implementation regulations for labour contract law issued, in: China Law & Practice (2008), Ausgabe Mai, S. 7.

§ 9 AVG

...

(3) Besteht ein Arbeitsverhältnis zwischen Arbeitgeber und Arbeitnehmer, ohne dass auch ein schriftlicher Arbeitsvertrag geschlossen wurde, gilt ein unbefristeter Arbeitsvertrag als geschlossen, sofern der Arbeitnehmer nichts anderes vorschlägt, und danach muss unverzüglich ergänzend das Verfahren für den schriftlichen Arbeitsvertrag durchgeführt werden.

(4) Sind sich Arbeitgeber und Arbeitnehmer über das Bestehen eines Arbeitsverhältnisses zwischen ihnen uneinig, soll die Meinung des Arbeitnehmers Vorrang haben, bis gegenteiliger Beweis geliefert wird.

Allerdings legt § 3 Abs. 2 i. V. m. § 9 Abs. 3 AVG jedem Arbeitsverhältnis einen Arbeitsvertrag zu Grunde, wodurch das Schriftformerfordernis erstmals ausdrücklich herabgewertet und gleichzeitig den tatsächlichen Umständen der Aufnahme der Arbeitstätigkeit mehr Beachtung geschenkt wird, wie sich an § 10 Abs. 4 AVG erkennen lässt.

§ 10 AVG

(3) Der Arbeitgeber ist für die Bereitstellung des Arbeitsvertrages verantwortlich.

(4) Der Arbeitsvertrag soll von Arbeitgeber und Arbeitnehmer einmütig durch Verhandlungen und die Unterzeichnung oder Stempelung durch beide Parteien auf der Arbeitsvertragsausfertigung errichtet werden.

(5) ...

(6) Hat der Arbeitgeber mit dem Arbeitnehmer keinen schriftlichen Arbeitsvertrag geschlossen, gilt ein Arbeitsverhältnis zwischen ihnen ab dem Tag als errichtet, an dem der Arbeitnehmer dem Arbeitgeber Arbeit leistet.

(7) Ein gesetzmäßig errichteter Arbeitsvertrag ist vom Tag der Errichtung an wirksam; ...

(8) ...

Im 1. Entwurf zum AVG wurde das Verhältnis zwischen Arbeitsvertrag und Arbeitsverhältnis auf der Basis der Vorstellung vom Arbeitsvertrag als Rechtsgrundlage des Arbeitsverhältnisses dargestellt. Damit wurde erstmalig eine Gleichstellung zwischen dem durch bloße Arbeitsaufnahme und dem durch schriftlichen Arbeitsvertrag begründeten Arbeitsverhältnis hergestellt. Die entscheidende Veränderung war dabei die Anerkennung des konkludenten Arbeitsvertrages[301]. Die Entwertung des Schriftformerfordernisses als vormalige Wirksamkeitsvoraussetzung für den Arbeitsvertrag wurde in formellrechtlicher Hinsicht durch die Verschiebung der Beweislast für das Vorliegen des Arbeitsverhältnisses begleitet. Entgegen den §§ 3 Abs. 2, 9 Abs. 3 des 1. Entwurfes zum AVG hat sich der Gesetzgeber aber gegen den Arbeitsvertrag als Rechtsgrundlage für die Errichtung des Arbeitsverhältnisses entschieden. Die in § 9 Abs. 4 des 1. Entwurfes zum AVG vorgesehene

301 Cheng/Darimont, Die Debatten, S. 177 f., sind bei § 9 Abs. 3 des 1. Entwurfes zum AVG von einem mündlichen Arbeitsvertrag zu den Konditionen des Kollektivvertrages als Grundlage eines Arbeitsverhältnisses ausgegangen, S. 7 f. Wie auch Ligorner/Debiak, Navigating, S. 26, sprechen Cheng/Darimont von einem „unbefristeten Arbeitsverhältnis".

Beweislastumkehr wurde insoweit ebenfalls nicht Gesetz, als der Arbeitgeber das Nichtvorliegen eines Arbeitsverhältnisses beweisen muss, wenn ein Arbeitnehmer selbiges behauptet. Damit bleibt die Unterscheidung zwischen faktischem und vertraglichem Arbeitsverhältnis weiterhin bestehen.

§ 2 Zweiter Entwurf

Die Kehrtwende wurde bereits im 2. Entwurf beschritten.

§ 1 AVG
Dieses Gesetz wurde entsprechend dem Arbeitsgesetz formuliert, um den Abschluss, die Erfüllung, Änderung und Beendigung von Arbeitsverträgen durch Arbeitgeber und Arbeitnehmer zu regeln, um harmonische und stabile Arbeitsverhältnisse zu errichten und entwickeln und um die berechtigten Rechte und Interessen der Arbeitnehmer zu schützen.

§ 2 AVG
(1) Dieses Gesetz regelt die Begründung von Arbeitsverhältnissen zwischen und den Abschluss, die Erfüllung, Änderung und Beendigung von Arbeitsverträgen durch ... (Arbeitgeber) auf der einen Seite und Arbeitnehmern in der Volksrepublik China auf der anderen Seite.
(2) ...

§ 7 AVG
(1) Arbeitgeber und Arbeitnehmer begründen mit dem Tag der Nutzung der Arbeit des Arbeitnehmers durch den Arbeitgeber ein Arbeitsverhältnis. Bei der Begründung des Arbeitsverhältnisses sollen Arbeitgeber und Arbeitnehmer das Anstellungsverfahren durchführen und einen schriftlichen Arbeitsvertrag abschließen.
(2) Wurde ein Arbeitsverhältnis begründet, ohne dass Arbeitgeber und Arbeitnehmer einen schriftlichen Arbeitsvertrag abgeschlossen haben, soll ein schriftlicher Arbeitsvertrag innerhalb eines Monats ab dem Tag der Nutzung der Arbeit des Arbeitnehmers durch den Arbeitgeber abgeschlossen werden.

§ 16 AVG
(1) ...
(2) Der Arbeitsvertrag wird wirksam, wenn Arbeitgeber und Arbeitnehmer eine Einigung durch Verhandlungen darüber erreicht haben und jeder von ihnen diesen Vertrag unterzeichnet oder besiegelt hat.
(3) Schließen Arbeitgeber und Arbeitnehmer einen Arbeitsvertrag bevor der Arbeitgeber anfängt, die Arbeit des Arbeitnehmers zu nutzen, wird der Arbeitsvertrag mit dem Tag an dem der Arbeitgeber die Arbeit des Arbeitnehmers zu nutzen beginnt, wirksam.

Die §§ 1 und 2 Abs. 1 des 2. Entwurfes bestimmen, dass das Gesetz sowohl die Errichtung von Arbeitsverhältnissen als auch Arbeitsverträge regelt, während § 1 des 1. Entwurfes sich noch auf die Förderung der Harmonie und Stabilität von Arbeitsverhältnissen beschränkte. Das weist bereits auf die Unterscheidung zwischen faktischem Arbeitsverhältnis und Arbeitsvertragsverhältnis hin. Erstmals wurde in § 7 Abs. 1 S. 1 des 2. Entwurfes der Errichtungstatbestand des Arbeitsverhältnisses, wie er sich auch in § 7 AVG findet, definiert. Bei Errichtung des Arbeitsverhältnisses sollen die Beschäftigungsformalitäten ausgeführt und ein schriftlicher Arbeitsvertrag geschlossen werden[302]. Dass der Arbeitsvertrag nicht mehr als Rechtsgrundlage des Arbeitsverhältnisses dient, ergibt sich aus den §§ 7 Abs. 2, 16 Abs. 2, 3 des 2. Entwurfes zum AVG. Als Besonderheit experimentierte der Gesetzgeber allerdings noch mit dem zeitlichen Gleichlauf zwischen Arbeitsvertrag und Arbeitsverhältnis. Nach § 16 Abs. 3 des 2. Entwurfes zum AVG sollte ein Arbeitsvertrag, der vor der Nutzung der Arbeit des Arbeitnehmers durch den Arbeitgeber geschlossen wurde, erst mit dem Tag der Arbeitsnutzung seine Wirksamkeit entfalten. Folglich machte der Gesetzgeber das Arbeitsverhältnis zu einer Wirksamkeitsvoraussetzung für den Arbeitsvertrag.

§ 3 Dritter Entwurf

§ 1 AVG
Dieses Gesetz wurde zur Verbesserung des Arbeitsvertragssystems formuliert, um harmonische und stabile Arbeitsverhältnisse zu errichten und entwickeln und um die berechtigten Rechte und Interessen der Arbeitnehmer zu schützen.

§ 7 AVG
Arbeitgeber und Arbeitnehmer begründen mit dem Tag der Nutzung der Arbeit des Arbeitnehmers durch den Arbeitgeber ein Arbeitsverhältnis. Der Arbeitgeber soll zu Nachweiszwecken ein Register über seine angestellten Arbeitnehmer führen.

§ 10 AVG
(1) Bei der Begründung eines Arbeitsverhältnisses soll ein schriftlicher Arbeitsvertrag geschlossen werden. Wurde im Zeitpunkt der Begründung des Arbeitsverhältnisses kein schriftlicher Arbeitsvertrag geschlossen, soll der schriftliche Arbeitsvertrag innerhalb eines Monats ab dem Tag der Nutzung der Arbeit des Arbeitnehmers durch den Arbeitgeber geschlossen werden.
(2) Schließen Arbeitgeber und Arbeitnehmer einen Arbeitsvertrag bevor der Arbeitgeber die Arbeit des Arbeitnehmers nutzt, soll das Arbeitsverhältnis an dem Tag begründet sein, an dem der Arbeitgeber beginnt, die Arbeit des Arbeitnehmers zu nutzen.

§ 16 AVG
Der Arbeitsvertrag wird wirksam, wenn Arbeitgeber und Arbeitnehmer eine Einigung durch Verhandlungen darüber erreicht haben und jeder von ihnen diesen Vertrag unterzeichnet oder besiegelt hat. ...

Erstmalig in § 10 Abs. 2 des 3. Entwurfes zum AVG wurde eine vollständige Trennung zwischen Arbeitsverhältnis und Arbeitsvertrag eingeführt. Würde man, wie teilweise vertreten wird, als Rechtsgrundlage des Arbeitsverhältnisses stets einen zumindest mündlichen oder konkludenten Arbeitsvertrag ansehen, hätte der Gesetzgeber in den §§ 10 Abs. 2, 16 des 3. Entwurfes von schriftli-

302 Zum unterschiedlichen Verständnis dieser Passage vgl. obige Ausführungen zu § 10 Abs. 1 AVG.

chen Arbeitsverträgen gesprochen. Indem er dies nicht tat, machte er deutlich, dass es in den Normen gerade nicht um die Festlegung von Rechtsfolgen nur für den schriftlichen Arbeitsvertrag geht, sondern um eine generelle Regelung des Arbeitsvertrages und seiner Beziehung zum Arbeitsverhältnis. Zudem fallen die Zeitpunkte der Begründung des Arbeitsverhältnisses und der Wirksamkeit des Arbeitsvertrages aufgrund der unterschiedlichen Errichtungstatbestände auseinander.

4. Die Rechtslage unter dem Arbeitsvertragsgesetz

§ 1 Die einschlägigen Rechtsvorschriften

§ 1 AVG
Um die Arbeitsvertragsordnung zu vervollkommnen, die Rechte und Pflichten beider Parteien des Arbeitsvertrages klarzustellen, die legalen Rechtsinteressen der Arbeitnehmer zu schützen und um harmonische und stabile Arbeitsverhältnisse zu errichten und entwickeln, wird dieses Gesetz formuliert.

§ 7 AVG
Der Arbeitgeber hat mit dem Arbeitnehmer mit dem Tag ein Arbeitsverhältnis errichtet, von dem an er [dessen] Arbeit nutzt. ...

§ 10 AVG
(1) Bei der Errichtung eines Arbeitsverhältnisses soll ein schriftlicher Arbeitsvertrag geschlossen werden.
(2) Ist bereits ein Arbeitsverhältnis errichtet, aber nicht gleichzeitig ein schriftlicher Arbeitsvertrag abgeschlossen worden, so soll innerhalb eines Monats ab dem Tag, von dem an die Arbeit [des Arbeitnehmers] genutzt wird, ein schriftlicher Arbeitsvertrag abgeschlossen werden.
(3) Haben Arbeitgeber und Arbeitnehmer vor der Nutzung der Arbeit einen Arbeitsvertrag geschlossen, so ist das Arbeitsverhältnis mit dem Tag errichtet, von dem an die Arbeit [des Arbeitnehmers] genutzt wird.

§ 14 AVG
(1) ...
(2) ...
(3) Wenn der Arbeitgeber mit dem Arbeitnehmer innerhalb eines Jahres ab dem Tag, ab dem er dessen Arbeit nutzt, keinen schriftlichen Arbeitsvertrag geschlossen hat, wird das so angesehen, als hätten sie einen Arbeitsvertrag unbestimmter Dauer geschlossen.

§ 16 AVG
(1) Der Arbeitsvertrag tritt in Kraft, sobald Arbeitgeber und Arbeitnehmer ihn ausgehandelt und auf der Vertragsurkunde unterschrieben oder mit dem Namensstempel gestempelt haben.
...

§ 2 Inhaltliche Abweichungen in den Übersetzungen

Wie kontrovers die Frage nach dem Verhältnis Arbeitsvertrag zu Arbeitsverhältnis unter dem AVG diskutiert wird, zeigt sich bereits an den zahlreichen, von einander abweichenden Übersetzungen, die zum AVG herausgegeben wurden. Problematisch ist dabei insbesondere das Verständnis von § 16 Abs. 2 AG bzw. dem, bis auf die besondere Betonung der Schriftform des Arbeitsvertrages, wortgleichen § 10 Abs. 1 AVG. Dort heißt es: „建立劳动关系应当订立劳动合同", was wörtlich übersetzt bedeutet: „Errichtung Arbeitsverhältnis sollen abschließen Arbeitsvertrag". Dieser Wortlaut steht einem Verständnis, wonach der Arbeitsvertrag das Arbeitsverhältnis begründet, entgegen. Gleichwohl interpretiert Münzel[303] § 16 Abs. 2 AG derart, als sei der Arbeitsvertrag eine zwingende Voraussetzung für das Errichten des Arbeitsverhältnisses: „Zur Errichtung einer Arbeitsbeziehung muss ein Arbeitsvertrag geschlossen werden". LawInfoChina, ein kommerzieller Anbieter englischsprachiger Übersetzungen von chinesischen Rechtsvorschriften, der zur Peking Universität gehört, sowie das Ministry of Finance and Commerce (MOFCOM) übersetzen mit: „Labour contracts shall be concluded if labour relationships are to be established". Bei Dong Runqing/Dong Baohua heißt es: "A labour contract shall be concluded when a labour relationship is to be established"[304]. Die offiziellen Übersetzungen von Legislative Affairs Commission (LAC) und Ministry of Labour and Social Security (MOLSS) lauten: "A labour contract shall be concluded where a labour relationship is to be established". Bei diesen Übersetzungen fehlt der von Münzel für § 16 Abs. 2 AG angenommene Kausalzusammenhang. Die Übersetzung von Münzel ist aller Wahrscheinlichkeit nach dem systematischen Zusammenhang von § 16 Abs. 2 zu Abs. 1 AG geschuldet, wo eindeutig bestimmt wird, dass der Arbeitsvertrag das Arbeitsverhältnis errichtet.

Im AVG gibt es keine § 16 Abs. 1 AG entsprechende Vorschrift. Demnach haben sich nun auch Münzel[305] und Däubler/Wang[306] beim zu § 16 Abs. 2 AG fast wortlautgleichen § 10 Abs. 1 AVG der wortlautgetreuen Übersetzung angeschlossen: „Bei der Errichtung einer Arbeitsbeziehung muss ein schriftlicher Arbeitsvertrag abgeschlossen werden". So auch LawInfoChina: "A written labor contract shall be concluded in the establishment of an employment relationship" und der

303 Münzel, Chinas Recht, Arbeitsgesetz.

304 Vgl. Dong/Dong, Case Analyses, S. 720.

305 Münzel, Chinas Recht, Arbeitsvertragsgesetz.

306 Vgl. Däubler/Wang, Bestandsschutz, S. 144. In einem späteren Artikel äußert sich Wang, Teilzeitbeschäftigung, S. 176, jedoch unter Berufung auf § 10 AVG so, dass ein schriftlicher Arbeitsvertrag wie im AG zur Begründung des Arbeitsverhältnisses abgeschlossen werden muss.

Übersetzungsdienst der Rechtszeitschrift China Law & Practice (CLP): "When establishing an employment relationship, a written employment contract shall be concluded". Erstaunlicherweise interpretiert nun mit dem MOFCOM ausgerechnet ein Ministerium einen Kausalzusammenhang zwischen Errichtung des Arbeitsverhältnisses und Abschluss des Arbeitsvertrages in § 10 Abs. 1 AVG hinein: "To establish a labour relationship shall conclude a labour contract in written form". Auch andere übersetzen ähnlich, so die amerikanische Kanzlei Baker & McKenzie[307]: "To establish an employment relationship, a written employment contract shall[308] be concluded", Dong Baohua/Dong Runqing: "To establish a labor relationship, a written labor contract shall be signed"[309], und die deutsche Kanzlei Beiten Burkhardt: „Zur Begründung eines Beschäftigungsverhältnisses ist ein schriftlicher Arbeitsvertrag zu schließen".

§ 3 Meinungsüberblick

Dong Runqing vertritt die Auffassung, dass der schriftliche Arbeitsvertrag wie unter der Geltung des AG auch nach dem AVG eine Voraussetzung für die Entstehung eines Arbeitsverhältnisses ist[310]. Dass ein Arbeitsverhältnis auch ohne schriftlichen Arbeitsvertrag entstehen kann, geht jedoch bereits eindeutig aus § 10 Abs. 2 AVG[311] hervor.

Münzel geht offenbar davon aus, dass einem Arbeitsverhältnis stets ein mündlicher Arbeitsvertrag zugrunde liegt[312]. Auch Binding/Thum[313], Demir/Greth[314],

307 Dies wurde durch alle Entwürfe hindurch konsequent in der Form übersetzt: § 7 Abs. 1 S. 2 des 2. Entwurfes, § 10 Abs. 1 S. 1 des 3. Entwurfes.

308 In amerikanischen Gesetzen haben "shall" und "must" regelmäßig eine zwingende oder befehlende Bedeutung, während "may" und "should" eine nachgiebige oder anleitende Bedeutung haben, sofern sich keine gegenteilige gesetzgeberische Absicht erkennen lässt, vgl. Ross, Claudia/Ross, Lester, Language and Law, in: Turner, Karen G./Feinerman, James V./Guy, R. Kent (Hrsg.), The Limits of the Rule of Law in China, Seattle, 2000, S. 223.

309 Dong/Dong, Case Analyses, S. 432, 701.

310 Dong/Dong, Case Analyses, S. 344. Dergleichen Ansicht ist Wang, Teilzeitbeschäftigung, S. 176.

311 „Ist bereits ein Arbeitsverhältnis errichtet, aber nicht gleichzeitig ein schriftlicher Arbeitsvertrag abgeschlossen worden, so soll innerhalb eines Monats ab dem Tag, von dem an die Arbeit [des Arbeitnehmers] genutzt wird, ein schriftlicher Arbeitsvertrag abgeschlossen werden".

312 So Münzel, Chinas Recht, Anm. 5 zum Gesetz zu Schlichtung und Schiedsverfahren in Arbeitssachen.

313 So Jörg Binding und Kai Thum für die alten Rechtslage unter dem AG, Binding/Thum, Aktuelle Entwicklungen, S. 350. Für das neue Recht gehen Jörg Binding und Kai Thum davon aus, dass trotz Verstoßes gegen das Schriftformerfordernis ein Arbeitsvertrag geschlossen wird, der jedoch nur bis zur gerichtlichen Feststellung seiner Unwirksamkeit nach § 26 Abs. 2 AVG rechtswirksam ist, Binding/Thum, Contracts, S. 76.

314 Vgl. Demir/Greth, Umdenken, S. 26.

Waas/Wu[315] und Hang Jian[316] nehmen an, dass Grundlage eines jeden Arbeitsverhältnisses ein Arbeitsvertrag ist[317].

Das entspricht zudem der ganz herrschenden Meinung in der chinesischen rechtswissenschaftlichen Literatur. Dabei wird vertreten, dass jedes Arbeitsverhältnis letztlich auf einem Arbeitsvertragsschluss beruht, unabhängig von der Form des Vertrages. Dementsprechend sind sowohl schriftliche als auch konkludente und mündliche Arbeitsverträge anerkannt. Dabei wird weniger gesetzestechnisch argumentiert, weil vielfach davon ausgegangen wird, dass der Gesetzgeber selbst die Struktur der Arbeitsgesetze nicht en detail durchdacht hat. Stattdessen wird der Arbeitnehmerschutz als Argument herangezogen, der selbstverständlich besser gewährleistet ist, wenn jedes Arbeitsverhältnis auf eine arbeitsvertragliche Grundlage gestellt wird. Denn dies hat zur Folge, dass nicht nur die Vorschriften, die ausdrücklich das Arbeitsverhältnis erwähnen, einschlägig sind sondern auch solche, die sich in ihrem Wortlaut nur mit dem Arbeitsvertrag beschäftigen, was insbesondere die Vorschriften zum Inhalt und zur Beendigung des Arbeitsvertrages einschließt[318].

Waas/Wu sehen zwar primär den schriftlichen Arbeitsvertrag als Begründungstatbestand des Arbeitsverhältnisses an, erkennen ausnahmsweise aber auch durch die bloße Tätigkeitsaufnahme des Arbeitnehmers ein Arbeitsverhältnis als existent an. Dabei nehmen sie durchaus zur Kenntnis, dass nach § 10 Abs. 3 AVG trotz vorherigen Arbeitsvertragsschlusses das Arbeitsverhältnis erst mit der späteren Arbeitsaufnahme begründet wird. Sie schließen daraus, dass der Arbeitnehmer mit Arbeitsvertrag vor der Arbeitsaufnahme noch keine Rechte besitzen soll. Wie sie zu dieser Schlussfolgerung kommen, wird nicht ausgeführt[319]. Aus dem Gesetz lässt sich ein entsprechendes Verständnis nicht herleiten. Sie gehen weiter davon aus, dass die Schriftform ein grundsätzliches Erfordernis des Vertragsschlusses ist, da sie richtigerweise erkennen, dass der Vertrag nach § 16 Abs. 1 AVG erst mit Unterzeichnung der Vertragsurkunde wirksam wird. Sie meinen aber, dass eine Nichtbefolgung der Schriftform keine Auswirkungen auf die Wirksamkeit des Vertrages hat. Dabei stützen sie sich auf § 10 Abs. 2 AVG, wonach die Schriftform innerhalb eines Monats nach Aufnahme der Arbeitstätig-

315 Vgl. Waas/Wu, Arbeitsvertragsgesetz, S. 238.

316 Hang Jian, Doing Business in China: Understanding China's Newly Adopted Labor Contract Law, in: International Legal News, 8. Oktober 2007, [http://www.ebglaw.com/showarticle.aspx?Show=7242], 18. März 2012.

317 Ligorner/Debiak, Navigating, S. 26, trennen überhaupt nicht zwischen dem Arbeitsvertrag und dem Arbeitsverhältnis. Entsprechendes gilt für Glück/Tänzler, Arbeitsvertragsgesetz, S. 343 ff.

318 So Dr. Wu Wenfang und Dr. Fan Wei im Interview.

319 Vgl. Waas/Wu, Arbeitsvertragsgesetz, S. 242 f.

keit sozusagen nachzuholen ist. Bei Aufnahme der Arbeitstätigkeit sei demnach ein mündlicher oder konkludenter Arbeitsvertrag geschlossen worden, was sich aus § 10 Abs. 1 AVG ergäbe[320]. Dem widersprechen sie kurz darauf selbst mit der Behauptung, dass § 16 Abs. 1 AVG für die Wirksamkeit des Vertrages die Schriftform erfordere[321]. Nach diesen Ausführungen gehen Waas/Wu anscheinend von einem Unterschied zwischen durch Arbeitsaufnahme konkludent begründetem Arbeitsvertrag und durch Arbeitsaufnahme begründetem (faktischen) Arbeitsverhältnis aus, was so nirgends im Gesetz vorgesehen ist.

Im Ansatz ähnlich wie Waas/Wu sieht auch Andreas Lauffs das Verhältnis von Arbeitsvertrag zu Arbeitsverhältnis. Seiner Meinung nach kann ein Arbeitsverhältnis zum einen durch schriftlichen Arbeitsvertrag begründet werden. Zum anderen soll ein faktisches Arbeitsverhältnis auch dann errichtet worden sein, wenn der schriftliche Arbeitsvertrag fehlt, sich die Parteien aber so verhalten, als bestünde bereits ein Arbeitsverhältnis. Das soll selbst dann gelten, wenn die Parteien die Errichtung eines Arbeitsverhältnisses gar nicht beabsichtigt haben. Gleichzeitig erkennt Lauffs, dass unabhängig davon, ob das Arbeitsverhältnis nun durch Arbeitsvertrag begründet wurde oder nicht, der Tag seiner Errichtung der Tag ist, an dem der Arbeitnehmer für den Arbeitgeber zu arbeiten beginnt[322]. Konsequent zu Ende gedacht bedeutet dies, dass auch bei Vorliegen eines Arbeitsvertrages die faktische „Erfüllung" im Sinne von § 7 AVG Errichtungsvoraussetzung für das durch den Arbeitsvertrag implizierte Arbeitsverhältnis ist. Sofern der Vertrag für die Errichtung des Arbeitsverhältnisses dann nicht überflüssig sein soll, kann dies konsequenter Weise nur bedeuten, dass Lauffs dem § 7 AVG eine rein zeitliche Bedeutung beimisst. Folglich unterscheidet er zwischen der Errichtung des faktischen Arbeitsverhältnisses und dem Tag der Arbeitsaufnahme im Sinne von § 7 AVG. Wie später noch im Einzelnen ausgeführt wird und auch Lauffs selbst nicht bestreitet, ist aber die Arbeitsaufnahme gerade eine der oder sogar die einzige Voraussetzung für die Errichtung des Arbeitsverhältnisses[323]. Genauso müssen alle Merkmale, die charakteristisch für ein Arbeitsverhältnis sind, auch den Inhalt des Arbeitsvertrages kennzeichnen, ansonsten würde es sich um keinen Arbeitsvertrag handeln. Demnach wäre im von § 7 AVG markierten Zeitpunkt der vertraglichen Errichtung des Arbeitsvertragsverhältnisses immer auch das faktische Arbeitsverhältnis errichtet. Die Bedeutung des Arbeitsvertrages würde angesichts dessen irrelevant für die Errichtung des Arbeitsverhältnisses.

---

320 Vgl. Waas/Wu, Arbeitsvertragsgesetz, S. 238 ff., 241.

321 Vgl. Waas/Wu, Arbeitsvertragsgesetz, S. 240 Rn. 23. Dieser Widerspruch wird überhaupt nicht aufgegriffen.

322 Vgl. Lauffs, Employment Law, S. 61.

323 Vgl. Lauffs, Employment Law, S. 73.

Darimont spricht einerseits davon, dass „mit dem Tag der Arbeitsaufnahme eine Arbeitsbeziehung angenommen wird, die schriftlich zu fixieren ist“, aber ohne schriftlichen Arbeitsvertrag ein Vertrag „als zu den Bedingungen des Kollektivvertrages geschlossen“ wird[324]. Auch sie legt damit jedem Arbeitsverhältnis einen Vertrag zugrunde. An späterer Stelle spricht sie davon, dass (erst) mit Erfüllung der Voraussetzungen von § 14 Abs. 3 AVG ein Arbeitsvertrag fingiert wird[325]. Sofern sich diese Aussage nicht lediglich auf die Unbefristetheit des Vertrages beziehen soll, widerspricht sich Darimont damit selbst. Darimont bezieht sich bei dem vermeintlichen Arbeitsvertrag zu den Bedingungen des Kollektivvertrages anscheinend auf § 11 AVG, wonach ohne schriftlichen Arbeitsvertrag Arbeitsentgelt nach den Sätzen des Kollektivvertrages zu zahlen ist, und auf § 18 AVG, der bei unklaren Vereinbarungen die Bestimmungen des Kollektivvertrages für anwendbar erklärt. Dabei verkennt sie jedoch den unterschiedlichen Anwendungsbereich beider Normen[326].

Liu Cheng meint, "*Much past practice in four in five private enterprises in China have not even signed job contracts with their workers. The lack of contracts leaves workers in a legal limbo. This meant work rights were not enforced and no access to the pension fund as there was no proof of an employment contract and the employer denied liability. So now the employment contracts must be in writing and failure to do so means the employer faces liability for double wages. The new law says there is a written contract and provides minimums*". (Liu Cheng (2007), zitiert nach Chris White, China's new Labor Laws: employment contract reforms[327]).

§ 4 Die Systematik des Arbeitsvertragsgesetzes

Wie später im Rahmen der Darstellung des Arbeitsvertrages noch ausführlich erläutert wird, kann ein Arbeitsvertrag nur in schriftlicher Form wirksam errichtet werden und demnach könnte auch nur ein schriftlicher Arbeitsvertrag ein Arbeitsverhältnis errichten. Ausgehend von dieser Prämisse lässt sich unschwer begründen, dass das Arbeitsverhältnis nicht durch den Arbeitsvertrag begründet wird.

---

324 Vgl. Darimont, Verabschiedung Arbeitsvertragsgesetz, S. 102.

325 Vgl. Darimont, Verabschiedung Arbeitsvertragsgesetz, S. 111.

326 Dies wird später näher ausgeführt, s. u.

327 Chris White, China's new Labor Laws: employment contract reforms, 30. August 2008 [http://chriswhiteonline.org/2008/08/chinas-new-labor-laws-employment-contract-reforms/], 4. April 2012.

a. Die konsequente Trennung zwischen Arbeitsvertrag und Arbeitsverhältnis

Die Änderung, die das AVG gegenüber dem AG mit sich bringt, wird bereits aus den jeweiligen Bestimmungen zum Anwendungsbereich der beiden Gesetze ersichtlich. § 2 AG bringt noch den Gedanken zum Ausdruck, dass Grundlage eines Arbeitsverhältnisses stets der Arbeitsvertrag ist, weshalb letzterer keiner besonderen Erwähnung bedurfte[328]. Das AVG versucht demgegenüber, die Natur des Arbeitsverhältnisses auch ohne Abschluss eines Arbeitsvertrages an einer Stelle, an der das AG schweigt, zu bestimmen und unterscheidet folgerichtig von Anfang an zwischen Arbeitsverhältnis und Arbeitsvertrag. Das AVG trennt konsequent zwischen Arbeitsvertrag und Arbeitsverhältnis. An keiner Stelle wird eine Verbindung hergestellt, die über die Pflicht zum Abschluss des Arbeitsvertrages bei Errichtung des Arbeitsverhältnisses hinausgeht. Dabei hatte der Gesetzgeber wie gezeigt in den beiden ersten Gesetzesentwürfen verschiedene Variationen zur Diskussion gestellt, die entweder das Arbeitsverhältnis auf eine arbeitsvertragliche Basis stellten oder umgekehrt die Wirksamkeit des Arbeitsvertrages von der Errichtung des Arbeitsverhältnisses abhängig machten. Dass nichts davon in die endgültige Fassung übernommen wurde, spricht für die Entscheidung zur klaren Trennung beider Rechtsinstitute.

Besondere Beachtung verdienen die Regelungen in § 10 Abs. 1–3 AVG, die sich mit dem Verhältnis von Arbeitsvertrag zu Arbeitsverhältnis beschäftigen. § 10 Abs. 1 AVG, der teilweise so verstanden wird, als sei der Arbeitsvertrag für die Begründung des Arbeitsverhältnisses erforderlich[329], bezieht sich wie Abs. 2 ausdrücklich auf „schriftliche“ Arbeitsverträge. Legte man konsequenterweise dem Arbeitsverhältnis den schriftlichen Arbeitsvertrag zu Grunde, würden nur schriftliche Arbeitsverträge zur Begründung des Arbeitsverhältnisses genügen, sie wären aber nach § 10 Abs. 2 AVG nicht zwangsläufig für die Errichtung eines Arbeitsverhältnisses erforderlich. Somit hätte man wieder das Regel-Ausnahme-System das unter dem AG galt. Geht man hingegen davon aus, dass § 10 Abs. 1 AVG den schriftlichen Vertragsschluss „bei der Errichtung der Arbeitsbeziehung“ fordert, wird angesichts § 10 Abs. 2 AVG die vom Gesetzgeber gewollte Trennung zwischen Vertrag und Arbeitsverhältnis deutlich. Dafür spricht, dass trotz umfassender Regelung von Arbeitsvertrag und Arbeitsverhältnis und teilweise wörtlicher Übernahme einzelner Vorschriften aus dem AG die Bestim-

328 Die bei Däubler/Wang abgedruckte Übersetzung von Art. 2 AVG spricht nur von Arbeitsverhältnissen, Bestandsschutz, S. 144.

329 Siehe die Übersetzungen von Beiten Burkhardt, Arbeitsvertragsgesetz, Baker & McKenzie, Law of the People's Republic of China on Employment Contracts, Dong/Dong, Case Analysis, S. 701, und MOFCOM, Labor Contract Law of the People's Republic of China, [http://tradeinservices.mofcom.gov.cn/en/b/2007-06-29/7279.shtml], 7. April 2012.

mung des § 16 AG nicht kopiert wurde. Dabei handelt es sich um eine wichtige Norm, die ausdrücklich regelt, dass der Arbeitsvertrag das Arbeitsverhältnis begründet.

Auch andere Vorschriften stützen diese Sicht. Gemäß § 14 Abs. 3 AVG gilt ein unbefristeter Arbeitsvertrag als geschlossen, wenn ein Jahr nach Beginn der Nutzung der Arbeit des Arbeitnehmers durch den Arbeitgeber immer noch kein schriftlicher Arbeitsvertrag geschlossen wurde. Die Norm spricht nur von der Nutzung der Arbeit des Arbeitnehmers durch den Arbeitgeber, die nach § 7 AVG zur Errichtung eines Arbeitsverhältnisses führt. Tatsache ist, dass der Arbeitsvertrag nach dem Wortlaut der Norm erst ein Jahr nach Errichtung des Arbeitsverhältnisses fingiert wird. Für den Zeitraum davor trifft die Norm keine Aussage über das Bestehen eines Arbeitsvertrages und kann deshalb nicht als Begründung der Ansicht, dass das Arbeitsverhältnis durch den Arbeitsvertrag errichtet wird, herhalten. Parallel wird die Dauer des Arbeitsvertrages geklärt, der als unbefristet geschlossen gilt. Der unbefristete Arbeitsvertrag ist im chinesischen Arbeitsrecht nicht die Regel und die Befristung die Ausnahme, sondern die Vertragsbefristung steht gleichberechtigt neben der Unbefristetheit des Arbeitsvertrages[330]. Deshalb bedarf es stets einer ausdrücklichen Erklärung der Vertragsdauer im Gesetz oder im Arbeitsvertrag[331]. Ansonsten kann man weder von der Intention des Gesetzgebers noch vom Willen der Parteien ausgehen, einen unbefristeten Arbeitsvertrag zu schließen. Da die ausdrückliche Erwähnung der Unbefristetheit des Vertrages in § 14 Abs. 3 AVG also typisch für das chinesische Recht ist, kann man nicht annehmen, dass die Norm lediglich die Entfristung eines bereits bestehenden Arbeitsvertrages statuiert.

Im Hinblick auf die Trennung von Arbeitsvertrag und Arbeitsverhältnis wurde auch das SSAG formuliert, das sich sowohl bei Streitigkeiten über die Bestätigung des Bestehens eines Arbeitsverhältnisses, als auch bei Streitigkeiten über die Errichtung, Erfüllung, Änderung, Auflösung und Beendigung eines Arbeitsvertrages für anwendbar erklärt[332]. Wenn Arbeitsverhältnis und Arbeitsvertrag derart von einander abhängen, dass das eine das andere voraussetzt, wäre diese Differenzierung nicht erforderlich.

Gleiches lässt sich § 7 AVG entnehmen. Im Gegensatz zu § 37 Vertragsgesetz spricht § 7 AVG von der Errichtung eines Arbeitsverhältnisses, wenn bestimmte tatsächlichen Umstände vorliegen. Vom Vorliegen eines Arbeitsvertrages oder einer Einigung nach Verhandlungen zu diesem Zeitpunkt, was typischerweise im Zusammenhang mit einem Vertragsschluss genannt wird[333], ist dagegen keine

330 Vgl. § 12 AVG.

331 Vgl. § 14 Abs. 1 AVG.

332 Vgl. § 2 Nr. 1 und 2 SSAG.

333 Vgl. § 16 Abs. 1 AVG.

Rede. § 7 AVG ist nicht zu entnehmen, dass es eine rein zeitliche Bedeutung haben soll. Vielmehr stellt die Norm dem Wortlaut nach bereits die Anforderungen an die Errichtung des Arbeitsverhältnisses auf, sonst wäre nicht erforderlich zu erwähnen, dass der Arbeitgeber die Arbeit des Arbeitnehmers auch nutzt. Ausreichend wäre die reine Formulierung der Erbringung der Arbeitsleistung. Auch die häufige Bezugnahme auf die „Einstellung" (招用) des Arbeitnehmers[334] im Gegensatz zur Erwähnung des Arbeitsvertragsschlusses spricht für einen tatsächlichen Vorgang und damit für eine Trennung vom Arbeitsvertrag. Der Gesetzgeber wollte damit ersichtlich keine Vermengung von Arbeitsverhältnis und Arbeitsvertrag[335].

b. Die Regelungen zur Errichtung des Arbeitsverhältnisses

§ 7 AVG lässt ein Arbeitsverhältnis mit dem Tag entstehen, von dem an der Arbeitgeber die Arbeit des Arbeitnehmers nutzt. Die Regelung steht damit im Einklang mit dem „Rundschreiben zur Feststellung von Arbeitsverhältnissen", das alleine auf tatsächliche Umstände für die Errichtung des Arbeitsverhältnisses abstellt.

Für den Entgeltanspruch des Arbeitnehmers eines nach § 26 AVG unwirksamen Arbeitsvertrages ist gemäß § 28 AVG erforderlich, dass bereits Arbeit geleistet wurde. § 28 AVG ist keine neben § 7 AVG eigenständige Vorschrift, die die Entstehung des Arbeitsverhältnisses regelt. Es wird lediglich Bezug auf das gemäß § 7 AVG entstandene Arbeitsverhältnis genommen. Die Vorschrift enthält aber eigene Rechtsfolgen die sich von den §§ 8–11, 14 Abs. 3 AVG insofern unterscheiden, als das Arbeitsverhältnis wegen Unwirksamkeit des Vertrages gemäß § 26 AVG vom Gesetzgeber nicht auf eine Fortführung angelegt ist. Unter der Geltung des AG wurde vertreten, dass trotz ex tunc wirkender Unwirksamkeit des Arbeitsvertrages ein faktisches Arbeitsverhältnis zur Entstehung gelangt[336]. Dong Baohua meint dazu, dass, „aus der sozialen Perspektive der Arbeitsverein-

---

334 Vgl. §§ 8, 9, 11, 41 Abs. 4, 91, 94 AVG.

335 Unscharf vermischen dagegen Däubler/Wang die Begriffe von Arbeitsverhältnis und Arbeitsvertrag, Wolfgang Däubler/Qian Wang, Das neue chinesische Arbeitsrecht, in: AuR (2008), Heft 3, S. 85–90, hier S. 85. Dergleichen Waas/Wu, Arbeitsvertragsgesetz, S. 251, und Duchetsmann, Arbeitnehmerschutz, S. 90.

336 Vgl. das Urteil und die Ausführungen bei Dong Baohua, Case Analysis, S. 416 ff. Vgl. auch Dong Runqing, Case Analysis, S. 413. Anderer Ansicht ist Dong Runqing für den Fall der Unwirksamkeit des Vertrages aufgrund betrügerischer Mittel seitens des Arbeitnehmers, Case Analysis, S. 418. Es liegt aber nahe, dass sich Dong Runqing hierbei von der „unbillig" erscheinenden Situation, in welcher der Arbeitnehmer dem Arbeitgeber auf betrügerische Weise ein Arbeitsverhältnis auferlegt, hat verleiten lassen, zumal er meint, dass der Arbeitnehmer in diesen Fällen dennoch berechtigt ist, Arbeitsentgelt nach dem Grundsatz „gleicher

barung betrachtet, der Arbeitsvertrag zwar eine Einigung (合意)[337] ausdrückt, aber diese Einigung der Arbeitsbeziehung nur einen Anstoß gibt"[338]. Gemeint sein dürfte damit, dass auch in diesen Fällen der Arbeitsvertrag keine Tatbestandsvoraussetzung für die Begründung des Arbeitsverhältnisses war.

c. Ergebnis

Nach dem AVG stehen Arbeitsvertrag und Arbeitsverhältnis nunmehr in einem Abstraktionsverhältnis nebeneinander. Vorlage für dieses Arbeitsverhältnis war erkennbar das „faktische" Arbeitsverhältnis nach dem alten Recht. Durch seine Aufnahme im Gesetz wurde eine Gesetzeslücke geschlossen. Das Arbeitsverhältnis ist ein gesetzliches Rechtsverhältnis, das aufgrund faktischer Umstände begründet wird und dem Arbeitnehmer ein Mindestmaß an Schutz gewährt. Der Arbeitsvertrag und die darin getroffenen Regelungen stellt quasi ein „Plus" dar, das den gesetzlich gewährten Mindestschutz ergänzt. Genau diese Differenz im Schutzniveau zwischen Arbeitsverhältnis und Arbeitsvertrag ist dem deutschen Recht fremd. Die Lösung des chinesischen Gesetzgebers sind strengere Sanktionen bei Verstößen gegen den Abschluss des schriftlichen Arbeitsvertrages.

Die weiterhin bestehende herrschende Meinung in der chinesischen rechtswissenschaftlichen Literatur, die auch nach Inkrafttreten des AVG davon ausgeht, dass jedem Arbeitsverhältnis ein Arbeitsvertrag zu Grunde liegt, kann in der Praxis nicht außer Acht gelassen werden.

Wie zudem die Gerichte die Rechtslage auffassen und ob sie dem Gedanken des Gesetzes von der strikten Trennung zwischen Arbeitsvertrag und Arbeitsverhältnis folgen, ist noch unklar. Großteils stellen die Gerichte alleine auf den Arbeitnehmerschutz ab, wenn sie nicht zwischen Arbeitsverhältnis und Arbeitsvertrag und damit zwischen den jeweils einschlägigen Vorschriften differenzieren[339]. In der Praxis handelt es sich somit mehr um ein Beweisproblem für das Vorliegen des Arbeitsvertrages/Arbeitsverhältnisses, denn um eine rechtsdogmatische Differenzierung. Vertreten wird allerdings auch, dass die Gerichte – wie schon in der Vergangenheit – bei Fehlen eines schriftlichen Arbeitsvertrages eher

Lohn für gleiche Arbeit" zu erhalten. Auf welche Rechtsgrundlage sich dieser Grundsatz ohne das Vorliegen eines Arbeitsverhältnisses stützen soll, ist nicht erkennbar.

337 In der englischen Übersetzung ist von „consideration" die Rede, was nicht ganz zutreffend sein dürfte.

338 Siehe Dong Baohua, Case Analysis, S. 417.

339 So Dr. Wu Wenfang und Dr. Fan Wei im Interview.

ein zivilrechtliches Beschäftigungsverhältnis bejahen werden[340]. Problematisch an diesen verbreiteten Ansichten, die die Schriftform des Arbeitsvertrages auf die bloße Beweisfrage reduzieren ist, dass sie quasi keine Verankerung in Gesetzen oder anderen Rechtsnormen finden. Folgt man der obigen Argumentation, stehen diese Ansichten sogar konträr zur Struktur des AVG. Abgesehen davon führen sie zu einer uneinheitlichen Rechtsprechungspraxis und damit verbunden zu einer großen Rechtsunsicherheit zwischen den Parteien.

§ 5 Die Errichtungsvoraussetzungen des Rundschreibens zur Feststellung von Arbeitsverhältnissen

a. Anwendbarkeit des Rundschreibens

Allerdings klärt das AVG nicht abschließend, welche genauen Bedingungen an die Entstehung des Arbeitsverhältnisses geknüpft werden. Die Definition des Arbeitsverhältnisses des 1. Entwurfes des AVG wurde nicht übernommen, die auf eine Arbeitserbringung durch den Arbeitnehmer unter der Aufsicht und Direktion (管理) des Arbeitgebers abstellte. Klar ist nur, dass der Arbeitsvertrag nicht mehr erforderlich ist. Die Formulierung des § 7 AVG bietet kaum mehr als die Bestimmung des Zeitpunktes, ab dem das Arbeitsverhältnis als errichtet gilt. Die „Nutzung der Arbeit des Arbeitnehmers durch den Arbeitgeber" ist sehr weit formuliert. Kriterien für eine Abgrenzung gegenüber dem Dienstverhältnis und der Selbständigkeit ergeben sich daraus nicht[341]. Man kann aufgrund des Wortlautes nicht einmal annehmen, dass die Nutzung der Arbeitsleistung des Arbeitnehmers immer auch vom Arbeitgeber kraft seines Weisungs- und Direktionsrechtes veranlasst sein muss.

Über inhaltliche Kriterien verfügt einzig das „Rundschreiben zur Feststellung von Arbeitsverhältnissen":

> *1. Hat ein Arbeitgeber einen Arbeitnehmer angeworben, aber keinen schriftlichen Arbeitsvertrag mit ihm geschlossen, soll gleichwohl ein Arbeitsverhältnis entstehen, wenn:*
> *(1) der Arbeitgeber und der Arbeitnehmer die in Gesetzen und Vorschriften bestimmten Anforderungen an eine Partei erfüllen;*
> *(2) der Arbeitnehmer sich den vom Arbeitgeber im Einklang mit dem Gesetz formulierten Arbeitsregeln und –vorschriften sowie seiner Arbeitsleitung unterordnet und beschäftigt ist, um vom Arbeitgeber veranlasste Arbeit gegen Bezahlung auszuführen; und*
> *(3) die Arbeit, die vom Arbeitnehmer geleistet wird, Teil des Geschäfts des Arbeitgebers ist.*

---

340 Vgl. Dong Runqing, Case Analysis, S. 341. Zu dieser Praxis vergleiche auch Waas/Wu, Arbeitsvertragsgesetz, S. 242.

341 So auch Li/Frik, Arbeitsvertragsgesetz, S. 86. Diese Kriterien stimmen weitestgehend mit der „Antwort des Shanghaier Volksgerichts zu mehreren Fragen betreffend die Anpassung von Fällen in Arbeitsstreitigkeiten" vom 6.2.2002, vgl. auch Lauffs, Employment Law, S. 74f.

Da das Rundschreiben noch zum „faktischen" Arbeitsverhältnis als Ausnahme gegenüber dem durch schriftlichen Arbeitsvertrag errichteten Arbeitsverhältnis erlassen wurde, ist seine Weitergeltung fraglich. Andererseits basiert das Verständnis des AVG vom Arbeitsverhältnis auf dem Begriff des faktischen Arbeitsverhältnisses, so dass eine Übernahme nahe liegt. Vom Sinn und Zweck der Norm macht seine zukünftige Anwendung auf die Bestimmung des Arbeitsverhältnisses auch durchaus Sinn. Lauffs geht jedenfalls ohne weiteres von der Fortgeltung des Rundschreibens unter dem AVG aus[342]. Dass der Gesetzgeber entgegen ursprünglicher Überlegungen während des Gesetzentwurfstadiums keine Definition des Arbeitsverhältnisses im AVG aufgenommen oder zumindest auf die Kriterien des Rundschreibens verwiesen hat, könnte gegen dessen weitere Anwendung sprechen.

Zudem vereinfacht die alleinige Voraussetzung der „Nutzung der Arbeit" den Nachweis des Arbeitsverhältnisses, was im Interesse des Arbeitnehmerschutzes ist. Wenn alle Beziehungen, in denen eine natürliche Person Arbeit leistet, die von einer anderen Person genutzt wird, als Arbeitsverhältnisse angesehen werden, erschwert dies den Missbrauch und die Umgehung des Gesetzes. Für diese Auffassung spricht zusätzlich, dass das allgemeine[343] Dienstverhältnis bzw. die Selbständigkeit im Gegensatz zum Arbeitsverhältnis gesetzlich nicht geregelt sind[344]. Das könnte dafür sprechen, dass das Bestehen eines Arbeitsverhältnisses die Regel bei Erbringung einer Arbeitsleistung sein soll. Unter Umständen ist § 7 AVG deshalb eine Entscheidung für die generelle Anwendung des Arbeitsrechtes auf alle Rechtsverhältnisse, innerhalb derer eine Arbeits- oder Dienstleistung gegen Entgelt erbracht wird, sofern sie zumindest das Erfordernis der „Dual Qualification" erfüllen. Dafür spricht auch, dass die im Entwurfsverfahren vorgesehene und engere Definition des Arbeitsverhältnisses nicht in das Gesetz übernommen wurde.

Andererseits wurde das Rundschreiben bis jetzt noch nicht aufgehoben. Das AVG sagt letztlich auch nur, dass das Arbeitsverhältnis mit dem Tag der Nutzung der Arbeit des Arbeitnehmers durch den Arbeitgeber entsteht. Das schließt nicht grundsätzlich das Vorliegen weiterer Voraussetzungen aus. Des Weiteren sind mehrdeutige und offen gehaltene Gesetzesformulierungen häufig in chinesischen Rechtsvorschriften zu finden. Die Konkretisierung wird meist erst im Laufe der Zeit über niederrangige Bestimmungen getroffen. Dazu kommt, dass

342 Vgl. Lauffs, Employment Law, S. 73.

343 Allerdings kennt das Vertragsgesetz spezielle Formen des Dienstvertrags und auch den Werkvertrag.

344 Vgl. dazu Jörg Michael Scheil, Das neue chinesische Vertragsgesetz Teil 2, in: Newsletter der Deutsch-Chinesischen Juristenvereinigung (1999), S. 34–45, hier S. 38.

die Kriterien des Rundschreibens ein bestimmtes Verständnis von Inhalt und Rechtsnatur des faktischen Arbeitsverhältnisses darstellen, das in der rechtswissenschaftlichen Literatur geteilt wird[345]. Durch den Wegfall des Arbeitsvertrages als Begründungstatbestand bedarf es umso mehr derartiger Kriterien. Da sich der Gesetzgeber im AVG nicht eindeutig gegen das im Rundschreiben ausgedrückte Verständnis von der inhaltlichen Ausgestaltung des Arbeitsverhältnisses gewandt hat, spricht viel dafür, dass dieses grundlegende Verständnis weiterhin Geltung behält. Als Richtschnur für die Abgrenzung des Arbeitsverhältnisses gegenüber anderen Rechtsverhältnissen kann das Rundschreiben somit durchaus dienen, weshalb eine weitere Orientierung hieran bis zur endgültigen Klärung empfehlenswert ist.

b. Die einzelnen Kriterien des Rundschreibens

Die Begründung eines faktischen Arbeitsverhältnisses hängt nach dem Rundschreiben davon ab, dass (1) beide Parteien qualifizierte Rechtssubjekte sind, (2) sich der Arbeitnehmer in einem Unterordnungsverhältnis gegenüber der beschäftigenden Einheit, die ihn anleitet, befindet, (3) er von der Einheit mit nutzbringenden Tätigkeiten beschäftigt wird und (4) seine Arbeit mit der Geschäftstätigkeit der beschäftigenden Einheit zusammenhängt[346]. Vertreten wird, dass das Unterordnungsverhältnis kein offizielles Weisungsverhältnisses erfordert sondern die Beschränkung der persönlichen Freiheit des Arbeitnehmers durch den Arbeitgeber für das Unterordnungsverhältnis bereits genügt[347]. Der Arbeitgeber als derjenige, der anstellt und beschäftigt, entscheidet über das Bestehen eines Unterordnungsverhältnisses und damit über das Arbeitsverhältnis[348]. Erkennt er das Arbeitsverhältnis nicht an, hat er auch kein Weisungsrecht gegenüber dem Arbeitnehmer[349].

---

345 Vgl. obige Ausführungen zur Natur des Arbeitsverhältnisses.

346 Vgl. Dong Baohua, Case Analysis, S. 339, 401. Siehe auch GtZ/MoLSS, Commentaries, S. 465 f. Demgegenüber fordert Sun Weixin für die Begründung eines Arbeitsverhältnisses die Bereitstellung von Arbeit durch den Arbeitnehmer, bzw. des Lohns und der Arbeitsbedingungen durch den Arbeitgeber und ebenfalls das Bestehen eines Weisungsverhältnisses, Depriving the laborer of his position and salary was in essence early contract dissolution, in: Dong Baohua/Dong Runqing (Hrsg.), Case Analysis on latest PRC Labor Contract Law, Peking, 2007, S. 491.

347 Vgl. Fang Lehua, The labor relationship cannot be denied if a laborer is recruited on condition of personally bringing the means of production, in: Dong Baohua/Dong Runqing (Hrsg.), Case Analysis on latest PRC Labor Contract Law, Peking, 2007, S.643 f., hier S. 644.

348 Vgl. Dong Baohua, Case Analysis, S. 593.

349 Vgl. Dong Baohua, Case Analysis, S. 508.

Dong Baohua tritt für ein extensives Verständnis des Geschäftsbereichs, in dem der Arbeitnehmer seine Tätigkeit erbringen muss, ein. Nicht nur solche Tätigkeiten, die unmittelbar im Geschäftsbereich liegen, sollen erfasst sein, sondern auch jene, die wichtige Arbeiten zur Unterstützung der Geschäftsführung darstellen[350].

Da das Arbeitsverhältnis unabhängig vom Arbeitsvertrag entsteht, ist es auch unabhängig von der Rechtsnatur des geschlossenen Vertrages zwischen den Parteien, selbst wenn das Vorliegen eines Arbeitsvertrages vertraglich ausgeschlossen wurde[351].

§ 6 Der Beweis des Vorliegens eines Arbeitsverhältnisses

Früher oblag der Beweis des Vorliegens eines Arbeitsverhältnisses dem Arbeitnehmer[352], was sich seit Inkrafttreten des SSAG geändert hat. Nach den §§ 6, 39 SSAG trägt zwar weiterhin jede Partei den Beweis des eigenen Vorbringens. Ist aber dem Arbeitnehmer ein Beweis nicht möglich, der in der Einflusssphäre des Arbeitgebers liegt, hat letzterer ihn beizubringen, ansonsten muss er die negativen Konsequenzen tragen. Damit wurde die Beweislast deutlich zu Gunsten des Arbeitnehmers verschoben.

In der Praxis könnte es sich als problematisch erweisen, dass die Gerichte in China Schriftstücken einen besonders hohen Beweiswert zugestehen[353]. Auch in dem „Rundschreiben zur Feststellung von Arbeitsverhältnissen" heißt es:

---

350 Vgl. Dong Baohua, Case Analysis, S. 653.

351 Xu Minglang am Beispiel eines Outsourcing Vertrages, A labor relationship was established by the parties, in: Dong Baohua/Dong Runqing (Hrsg.), Case Analysis on latest PRC Labor Contract Law, Peking, 2007, S. 641 f., Lauffs, Employment Law, S. 74. Zur vergleichbaren Problematik bei Expatriates, mit denen die Anwendung ausländischen Rechts vertraglich vereinbart wurde vgl. Hu, Labour Issues, S. 84.

352 Beachtet werden musste jedoch die Beweiserleichterung in Punkt 2 am Ende des „Rundschreibens zur Feststellung von Arbeitsverhältnissen".

353 Vgl. Dong Baohua, Case Analysis, S. 339 f. Siehe dazu China Labour Bulletin, Dongguan court's dubious ruling in Nokia HBV discrimination case, 6. November 2008, [http://www.china-labour.org.hk/en/node/100336], 19. Februar 2012. Die Klage eines Bewerbers bei der Fa. Nokia wurde abgewiesen der vorgetragen hatte, von Nokia alleine aufgrund einer HBV Erkrankung abgelehnt worden zu sein und deshalb Schadensersatz eingeklagte. Das Bewerbungsgespräch hatte er auf Tonband aufgenommen.Nokia bestritt die Existenz der fraglichen Interviewpartnerin und eine entsprechende Einstellungspraxis. Die Echtheit des Tonbandes wurde vom Gericht angezweifelt. Die Aussagen zweier vom Kläger unabhängiger Journalisten, die gleichfalls mit der fraglichen Interviewpartnerin telefoniert hatten und denen mitgeteilt wurde, dass Bewerber mit HBV Erkrankung nicht eingestellt würden, wurden vom Gericht überhaupt nicht berücksichtigt.

2. Bei der Bestimmung, ob mangels Ausfertigung eines Arbeitsvertrages des Arbeitgebers mit dem Arbeitnehmer ein Arbeitsverhältnis zwischen zwei Parteien existiert, darf auf die folgenden Dokumente Bezug genommen werden:
(1) Beweise oder Aufzeichnungen (Beschäftigten- und Arbeitnehmerlohnlisten) der Zahlung von Arbeitsentgelt und Aufzeichnungen der Zahlung der verschiedenen Sozialversicherungsbeiträge;
(2) Identifikationsdokumente, zum Beispiel „Arbeits-ID-Karten", „Service-ID-Karten", usw., die dem Arbeitnehmer vom Arbeitgeber ausgestellt wurden;
(3) Aufzeichnungen über die Anstellung, zum Beispiel das Anwerbungs-„Registrierungsformular", „Bewerbungsformular", usw., des Arbeitgebers, die vom Arbeitnehmer ausgefüllt wurden;
(4) Anwesenheitsaufzeichnungen; und
(5) das Zeugnis anderer Arbeitnehmer, etc.

Der stärkste Beweis für das Bestehen eines Arbeitsverhältnisses war stets der schriftliche Arbeitsvertrag[354]. Daneben konnten Lohnaufzeichnungen oder ähnliche Schriftstücke ein Arbeitsverhältnis belegen. Mit Dong Baohua kann der Beweis für die Existenz eines Arbeitsverhältnisses auf zwei Wegen gefunden werden: durch die Suche nach dem Objekt, dem Arbeitsvertrag, oder seinem „Schatten", etwaigen Hilfsmaterialien die das Arbeitsverhältnis dokumentieren, zum Beispiel Positionsvereinbarungen, (Personal-) Akten und Dokumente bezüglich Sozialversicherung und Arbeitslohn[355]. In der Praxis kommt häufig eine mangelnde Bereitschaft unter den Arbeitskollegen hinzu, für den Betroffenen auszusagen, da man als Folge selbst mit Nachteilen rechnet[356]. Vor diesem prozessualen Hintergrund und den Regelungen des AG zum schriftlichen Arbeitsvertrag als Errichtungsvoraussetzung des Arbeitsverhältnisses wurde der Beweiswert schriftlicher Vereinbarungen hervorgehoben und derjenige durch tatsächliche Erfüllung oder andere nicht-schriftliche Beweismöglichkeiten in den Hintergrund gerückt. Dieses im Gesetz angelegte, sehr formalistische Verfahren trug nur wenig zum Beweis des wahren Willens bei[357]. Die Aufwertung des Arbeitsverhältnisses im Unterschied zum Arbeitsvertrag durch seine Aufnahme im AVG, seine Anknüpfung an das rein tatsächliche Verhalten der „Nutzung von Arbeit" und die Sanktionen bei Nichtabschluss des Arbeitsvertrages müssen zwangsläufig zu einer Änderung dieser prozessualen Situation führen[358].

---

354 Vgl. Dong Runqing, Case Analysis, S. 403. Zur Bedeutung des schriftlichen Arbeitsvertrages vor Gericht vgl. Dong Runqing, Case Analysis, S. 428. Siehe auch Darimont, Verabschiedung Arbeitsvertragsgesetz, S. 102, Lauffs, Employment Law, S. 59, und Wang, Teilzeitbeschäftigung, S. 176.

355 Vgl. Dong Baohua, Case Analysis, S. 440 f.

356 Vgl. Li Jing, Labor Contract Law, S. 1111.

357 Vgl. hierzu Dong Baohua, Case Analysis, S. 592 f. und Dong Runqing, Case Analysis, S. 593 f.

358 So auch Li Jing, Labor Contract Law, S. 1128. Zu den praktischen Schwierigkeiten vgl. den Artikel auf der Seite von China Labour Bulletin, Migrant workers without a labour contract go unpaid for nearly a year, 25. Mai 2009, [http://www.clb.org.hk/en/node/100472], 19. Feb-

5. Begründung des Arbeitsverhältnisses nach deutschem Recht

Nach heutzutage herrschender Meinung wird das Arbeitsverhältnis alleine durch den Arbeitsvertrag begründet (Vertragstheorie). Die vor allem seit dem dritten Reich vertretene Auffassung, das Arbeitsverhältnis werde durch Eingliederung des Arbeitnehmers in den Betrieb errichtet (Eingliederungstheorie), hat sich nicht durchgesetzt. Nach der Eingliederungstheorie verpflichtete der Arbeitsvertrag nur zur Errichtung eines Arbeitsverhältnisses als reines Schuldverhältnis[359]. Er war aber nicht für die Begründung des Arbeitsverhältnisses erforderlich. Alleine die tatsächliche Eingliederung des Arbeitnehmers in den Betrieb führte zum personenrechtlichen Gemeinschaftsverhältnis mit besonderen Gemeinschaftspflichten, welches das Arbeitsverhältnis nach damaliger Ansicht auszeichnete. Die Eingliederung selbst setzte eine Willensübereinkunft ohne rechtsgeschäftlichen Charakter voraus, da sie nur einen tatsächlichen Zustand bewirkte[360]. Teilweise wurde auch vertreten, dass zwar der Arbeitsvertrag das Arbeitsverhältnis begründe, dieses aber erst mit Eingliederung in den Betrieb des Arbeitgebers „in den Erfüllungszustand" trete[361]. Der Unterschied zwischen den Theorien machte sich erst bei der Nichtigkeit des Vertrages bemerkbar. Nach der Eingliederungstheorie hatte die Nichtigkeit lediglich zur Folge, dass das Arbeitsverhältnis mangels vertraglicher Bindung jederzeit mit Wirkung ex nunc beendet werden konnte. Da die auf der Lehre vom personenrechtlichen Gemeinschaftscharakter

---

ruar 2012. Dabei war eine Gruppe von Arbeitern von einem Unternehmen mit Errichtungsarbeiten beauftragt worden. Einer der Arbeiter agierte dabei gewissermaßen als Anführer der Gruppe, führte diese zur Arbeit und zurück, hielt die tägliche Arbeitsleistung der einzelnen schriftlich fest. Es bestanden nur mündliche Absprachen mit dem Unternehmen, wonach alle Arbeiter, inklusive dem „Anführer", 100 RMB pro Tag erhalten sollten. Nachdem sich das Unternehmen später weigerte, die Gehälter auszuzahlen, lehnte die Arbeitsbüros der verschiedenen Ebenen eine Regelung der Angelegenheit mit der Begründung ab, dass kein Beweis für ein Arbeitsverhältnis zwischen Unternehmen und Arbeitern bestand. Ein vom Unternehmen in Höhe von 8.000 RMB ausgestellter Schuldschein über einen geringen Bruchteil der geschuldeten Gehälter wurde als nicht relevant erachtet, da er mit „Installationsgebühren" und nicht mit „Gehalt" beschriftet war. Die persönlichen Aufzeichnungen des Anführers waren ebenfalls ohne Wert, da nicht vom Unternehmen gegengezeichnet. Nachdem sich die Arbeiter unmittelbar an den Provinzgouverneur wandten, wurde zumindest der Schuldschein über 8.000 RMB von den Arbeitsbüros anerkannt. Im Zeitpunkt des Interviews zwischen CLB und den Arbeitern wurde davon ein Betrag in Höhe von 6.500 RMB beigetrieben, die Differenz sollte der Anführer selbst tragen.

359 Vgl. Otfried Wlotzke/ArminVolze, Dienstverhältnis und Arbeitsverhältnis – Erläuterungen zu §§ 611–630 BGB, Stuttgart, 1962, S. 376f.

360 Vgl. Wlotzke/Volze, Dienstverhältnis, S. 377.

361 Vgl. Reinhard Richardi in: Richardi, Reinhard/Wlotzke, Otfried/Wißmann, Hellmut/Oetker, Hartmut (Hrsg.), Münchener Handbuch zum Arbeitsrecht Band 1, 3. Auflage, München, 2009, S. 494.

des Arbeitsverhältnisses beruhende[362] Eingliederungstheorie gegen die prinzipielle Vorstellung von der rechtsgeschäftlichen Ordnung des Arbeitsverhältnisses verstößt, wurde sie letztlich abgelehnt[363].

Aber auch das deutsche Recht macht Ausnahmen von der Begründung des Arbeitsverhältnisses durch einen Vertrag. Dies betrifft die Fälle der Wirksamkeitsmängel des Arbeitsvertrages, die das BAG und die h. L. bei bereits vollzogenen Verträgen im Wege der Rechtsfortbildung je nach dem Unwirksamkeitsgrund über den Ausschluss der Nichtigkeitswirkung für die Vergangenheit löst[364]. Es wird in diesen Fällen wie im chinesischen Recht von einem faktischen Arbeitsverhältnis gesprochen. Verständnis für die Behandlung fehlerhafter Arbeitsverträge als fehlerfrei hat im Übrigen die Eingliederungstheorie geschaffen[365]. Ist der Arbeitsvertrag mit Wirkung ex tunc unwirksam, findet lediglich das Bereicherungsrecht Anwendung[366]. Die Ausnahme von der ex tunc Wirkung der Nichtigkeit beruht in erster Linie darauf, dass die bereicherungsrechtlichen Grundsätze nur schlecht auf die Rückabwicklung des fehlerhaften Arbeitsverhältnisses passen. Mittlerweile wird auch mit Gewohnheitsrecht argumentiert[367]. Die Anwendung von Bereicherungsrecht ginge stets zu Lasten des Arbeitnehmers und würde nicht den gesetzlichen Sozialschutz gewährleisten, der das Gegenseitigkeitsverhältnis zwischen Arbeitsleistung und Arbeitsentgelt im Arbeitsverhältnis auflockert. Die ex nunc Wirkung der Nichtigkeit des Vertrages stellt letztlich eine Durchbrechung der Vertragstheorie hin zur Eingliederungstheorie dar, weil ein Arbeitsverhältnis – konsequent zu Ende gedacht – durch seinen bloßen Vollzug entsteht[368].

In jedem Fall muss der geleisteten Arbeit aber ein Vertragstatbestand zu Grunde liegen, nur der Vertragsinhalt darf nichtig sein. Deshalb begründet beispielsweise eine aufgedrängte Arbeitsleistung kein Arbeitsverhältnis[369]. Von der ex tunc Wirkung der Vertragsnichtigkeit wird weiter ausgegangen, wenn der Vertrag an einem „besonders schweren Mangel" leidet oder der Arbeitnehmer nicht schutzwürdig ist, zum Beispiel weil der Vertrag gegen strafbewehrte Normen oder die guten Sitten verstößt oder der Arbeitnehmer den Arbeitgeber arglistig getäuscht usw.

---

362 Zur Kritik am personenrechtlichen Gemeinschaftsverhältnis vgl. die Ausführungen bei Wlotzke/Volze, Dienstverhältnis, S. 374 ff.

363 Vgl. Preis, Arbeitsrecht, S. 41 ff., Rüdiger Linck, in: Schaub, Günter/Koch, Ulrich/Linck, Rüdiger/Vogelsang, Hinrich/Treber, Jürgen (Hrsg.), Arbeitsrechts-Handbuch, 14. Auflage, München, 2011, S. 209, Wlotzke/Volze, Dienstverhältnis, S. 377 f.

364 Man spricht davon von einer ex nunc Wirkung der Nichtigkeit des Arbeitsvertrages.

365 Vgl. Boemke, Schuldvertrag, S. 478 f.

366 Vgl. Däubler, Das Arbeitsrecht 2, S. 154 f.

367 So Däubler, Das Arbeitsrecht 2, S. 154.

368 Zur Kritik an dieser dogmatischen Abweichung vgl. Boemke, Schuldvertrag, S. 480 ff.

369 Vgl. Richardi, Münchener Handbuch zum Arbeitsrecht, S. 534 f., Preis, Arbeitsrecht, S. 41 f., 294 ff., Linck, Arbeitsrechts-Handbuch, S. 247 f., Däubler, Das Arbeitsrecht 2, S. 150 ff.

hat[370]. Derartige Differenzierungen stellt das chinesische Recht noch nicht an. Vereinzelt wird zwar in der Literatur gefordert, dass Arbeitsverhältnisse nicht durch betrügerische Mittel seitens des Arbeitnehmers geschlossen werden können, allerdings gesteht auch diese Ansicht dem Arbeitnehmer einen Vergütungsanspruch für bereits geleistete Arbeit nach dem Prinzip „Gleicher Lohn für gleiche Arbeit" zu[371].

Der Unterschied zwischen dem faktischen Arbeitsverhältnis nach deutschem Recht und dem Arbeitsverhältnis nach dem AVG liegt grundsätzlich nicht im Schutzniveau. Wie nach § 11 AVG hat der Arbeitnehmer eines faktischen Arbeitsverhältnisses nach deutschem Recht einen Anspruch auf das vereinbarte Arbeitsentgelt für bereits geleistete Arbeit. Ist die Vereinbarung nicht bestimmt, gilt gemäß § 612 BGB die übliche Vergütung als vereinbart. Sowohl im chinesischen als auch im deutschen Recht ist der Arbeitgeber gesetzlich zur Beitragszahlung in die Sozialversicherung verpflichtet. In der chinesischen Arbeitsrechtspraxis hängt die Zahlung der Sozialversicherungsbeiträge allerdings von der Anmeldung des Arbeitnehmers bei der zuständigen Behörde ab. Die Anmeldung erfolgt im Zuge der Vorlage des schriftlichen Arbeitsvertrages. Schließt der Arbeitgeber keinen Arbeitsvertrag mit seinem Arbeitnehmer, wird er ihn in der Regel auch nicht sozialversichern. Das befreit ihn allerdings nicht von Nach- und Strafzahlungen. Im Prinzip sind damit die für den Arbeitnehmer wesentlichen Punkte in beiden Rechtsordnungen gleich. Der Unterschied liegt vielmehr in der ungleich größeren praktischen Bedeutung des Arbeitsverhältnisses im Sinne des AVG. Durch die Anerkennung mündlicher und konkludenter Arbeitsverträge kommt es nur in Ausnahmefällen zum Vorliegen eines faktischen Arbeitsverhältnisses nach deutschem Recht. Dadurch ist ein Großteil der Rechtsverhältnisse, die nach chinesischem Recht lediglich das für Arbeitsverhältnisse gewährte Mindestniveau bieten, nach deutschem Recht unter ein arbeitsvertraglich begründetes Arbeitsverhältnis zu subsumieren.

V. Abgrenzung des Arbeitsverhältnisses zu anderen Rechtsverhältnissen

Bei Verabschiedung des AVG wurde, wie gezeigt, die Chance vertan, durch seine Definition im Gesetz das Arbeitsverhältnis klar und eindeutig von anderen Rechtsverhältnissen abzugrenzen. Abgesehen von den Vorschriften zum Anwendungsbereich der Arbeitsgesetze und des Rundschreibens zur Feststellung von Arbeitsverhältnissen zum faktischen Arbeitsverhältnis gibt es keine neuen, landesweit geltenden Ein- oder Abgrenzungsmerkmale. Die unbefriedigende alte

370 Vgl. mit weiteren abweichenden Meinungen Boemke, Schuldvertrag, S. 479.
371 Vgl. Dong Runqing, Case Analysis, S. 418. Dazu unten mehr.

Rechtslage besteht weiterhin fort. Im Folgenden wird anhand der bestehenden Rechtslage versucht, die in der chinesischen Rechtspraxis typischen Rechtsverhältnisse vom Arbeitsverhältnis abzugrenzen.

1. Das allgemeine Dienst-/Beschäftigungs-/Anstellungsverhältnis

§ 1 Einleitung

Das Arbeitsverhältnis muss vom Beschäftigungsverhältnis unterschieden werden. Es gibt im chinesischen Recht keine gesetzliche Regelung eines allgemeinen Dienst- oder Beschäftigungs-/Anstellungsverhältnisses, dennoch ist es allgemein anerkannt[372]. In der rechtswissenschaftlichen Literatur wird vertreten, dass das Beschäftigungsverhältnis ein Arbeitsverhältnis ist, in dem der Arbeitnehmer unter den Bedingungen, Anweisungen und der Überwachung des Arbeitgebers mit Einsatz seiner eigenen Fähigkeiten gegen Lohn für den Arbeitgeber arbeitet[373]. Dong Baohua meint „sofern das Arbeitsverhältnis definiert ist, ist automatisch auch das Beschäftigungsverhältnis in Beziehung dazu definiert“[374]. Dementsprechend ist eine negative Abgrenzung von den Tatbestandsmerkmalen vorzunehmen, die die arbeitsrechtlichen Normen zur Bestimmung des Arbeitsverhältnisses bieten.

§ 2 Die einzelnen Kriterien zur Qualifikation als Beschäftigungsverhältnis

a. Außerhalb des arbeitsrechtlichen Anwendungsbereiches

Beschäftigungsverhältnisse sind somit zum einen alle Arbeitsverhältnisse, die, bedingt durch den begrenzenden Anwendungsbereich der Arbeitsgesetze[375], nicht vom Schutzbereich des Arbeitsrechts erfasst sind[376]. Während Arbeitgeber eines Arbeitsverhältnisses im Sinne der arbeitsrechtlichen Normen nur ist, wer

372 Vgl. die „Interpretation des Obersten Volksgerichts zur Führung von Verfahren über die Entschädigungen von Personenschäden“, die ausdrücklich das Verhältnis zwischen Dienstberechtigtem und Dienstverpflichtetem auf diesem Gebiet erwähnt. Auch in den „Bestimmungen zur Beschäftigung Behinderter“ wird in § 12 der Abschluss eines Dienstvertrages erwähnt. So auch Lauffs, Employment Law, S. 74.

373 Vgl. dazu mit weiteren Verweisen Dong Runqing, Case Analysis, S. 336, und Dong Baohua, Case Analysis, S. 651.

374 Vgl. Dong Baohua, Case Analysis, S. 652.

375 § 2 AG und § 2 AVG.

376 Das gilt bspw. für Hausangestellte, Pensionäre und in der Landwirtschaft angestellte Personen.

unter die in § 2 AVG genannten Kategorien fällt, kann Beschäftigungsgeber jede natürliche oder juristische Person sein[377]. Diese „außen vor bleibenden“ Arbeitsverhältnisse werden rechtlich vom Zivilgesetz erfasst[378]. Gegebenenfalls finden allerdings Normen des AVG über § 93 AVG Anwendung.

b. Nichterfüllung der Kriterien des Rundschreibens zur Feststellung von Arbeitsverhältnissen

Zum anderen soll ein Beschäftigungsverhältnis vorliegen, wenn zwar bezahlte Arbeit geleistet wird, die Voraussetzungen des „Rundschreiben zur Feststellung von Arbeitsverhältnissen“ aber nicht erfüllt sind. Das gilt beispielsweise, wenn die erbrachte Arbeit in keiner Verbindung mit den Geschäften des Unternehmens steht[379].

c. Grundsatz der Gleichberechtigung bzw. Über-/Unterordnungsverhältnis

Als weiteres Differenzierungskriterium wird angeführt, dass beim Beschäftigungsvertrag zwei gleichberechtigte Subjekte eine Vereinbarung treffen sollen[380]. Nimmt man das in § 3 Abs. 1 AVG statuierte Prinzip der Gleichberechtigung bei Vertragsabschluss ernst und folgt der obigen Ansicht zur Natur des Arbeitsverhältnisses, kann so nicht argumentiert werden.

Die Gleichberechtigung als Abgrenzungskriterium kann sich höchstens bei der Frage nach dem Rangverhältnis bei Ausführung des Vertrags stellen. Es wird vertreten, dass es im Beschäftigungsverhältnis keine Unterordnung unter die Weisungen des Arbeitgebers gibt[381]. Lediglich die betreffenden Vertragspflichten, bzw. eine relativ unabhängige Aufgabe würden innerhalb einer bestimmten Zeit erfüllt, mit deren Ablauf unmittelbar das Vertragsverhältnis endet[382]. Die Anforderungen an das in untergesetzlichen Normen vorgegebene Unterordnungsverhältnis[383] als Merkmal eines Arbeitsverhältnisses sind offenbar äußerst gering, so dass zum Beispiel vertreten wird, dass bei einem regelmäßig tätig werdenden Kraftfahrer mit eigenem Kfz. die Festlegung von Lieferware, -zeitpunkt und -ort

377 Vgl. GtZ/MoLSS, Commentaries, S. 475.

378 Vgl. den in der CEILAW Datenbank veröffentlichten Fall Chen./.Lai, Fall 113312200012, bei dem die AGZR auf einen Anstellungsvertrag Anwendung fanden. In englischer Übersetzung abgedruckt bei Josephs, Labor Law in China, S. 173 ff. [175].

379 Vgl. Dong Baohua, Case Analysis, S. 652.

380 Vgl. GtZ/MoLSS, Commentaries, S. 475.

381 Auch dies ist eine Voraussetzung für die Anerkennung eines faktischen Arbeitsverhältnisses nach dem MOLLS Rundschreiben.

382 Vgl. GtZ/MoLSS, Commentaries, S. 475 f.

383 Dazu später mehr.

durch den Auftraggeber für die Bejahung eines Unterordnungsverhältnisses ausreichen soll[384].

d. Rechtsnatur des Verhältnisses

Gleichfalls wenig geeignet für eine Abgrenzung ist die Abstellung auf die unterschiedliche Rechtsnatur[385], da dies eine vorherige tatbestandliche Differenzierung voraussetzt. Diese wird über den unterschiedlichen Inhalt der Rechtsverhältnisse herbeigeführt.

e. Persönliche Reichweite des Verhältnisses

Vertreten wird, dass das Beschäftigungsverhältnis nur den Produktionsprozess berührt, während das Arbeitsverhältnis auch eine Verantwortlichkeit für persönliche Aspekte des Lebens des Arbeitnehmers beinhaltet[386]. Mit „persönlichen Aspekten" dürften zum einen das bereits oben genannte „persönliche Unterordnungsverhältnis", aber auch die Pflicht des Arbeitgebers zur Beitragsleistung in die Sozialversicherung und ähnliches gemeint sein. Früher umfasste das Arbeitsverhältnis in den Staatsbetrieben nahezu alle Bereiche des Privatlebens, wie oben bereits ausgeführt wurde. Diese persönliche Komponente ist mittlerweile zumin-

---

384 Dies vertritt Fang Lehua sogar in einem Fall, in dem ein Beförderungsvertrag zwischen dem Auftraggeber und der Frau des Kraftfahrers bestand, The labor relationship, S. 644. Dabei geht er davon aus, dass dieses Vertragsverhältnis keine Bedeutung für die Einordnung der Beziehung zwischen Auftraggeber und Kraftfahrer als Arbeitsverhältnis hat; anscheinend, weil er dieses als den bewussten Versuch des Auftraggebers ansieht, die Anwendung arbeitsrechtlicher Vorschriften zu verhindern. Keine Rolle soll seiner Meinung auch spielen, dass der Arbeitnehmer eigene Arbeitsmittel bei der Tätigkeit verwendet. Anders Shao Wenjie, der die Bereitstellung der Arbeitsmitteln und Materialien als bedeutsame Grundlage für die Entscheidung ansieht, ob ein Arbeitsverhältnis vorliegt oder nicht, The relationship between the parties is a contractual relationship, in: Dong Baohua/Dong Runqing (Hrsg.), Case Analysis on latest PRC Labor Contract Law, Peking, 2007, S. 642 f., hier S. 642. Ähnlich auch das zuständige Gericht in dem entschiedenen Fall, das mangels Vorliegen eines Arbeitsvertrages zwischen den Arbeitnehmer und Auftraggeber, aber monatlicher Zahlung an die Ehefrau des Arbeitnehmers und deren Besitz an der Fahrlizenz das Vorliegen einer Arbeitsstreitigkeit ablehnte, Dong/Dong, Case Analysis, S. 643.

385 Vgl. GtZ/MoLSS, Commentaries, S. 475.

386 Vgl. Dong Runqing, Case Analysis, S. 336, 28. Der chinesische Text sowie seine englische Übersetzung gebrauchen die Begriffe „Arbeitsverhältnis-Beschäftigungsverhältnis" an dieser Stelle genau umgekehrt. Da das Arbeitsverhältnis aber, wie der Autor selbst annimmt, der engere Begriff ist und nur sein Vorliegen die Anwendung von Normen zur Folge hat, die gerade das persönliche Verhältnis zwischen den Parteien betreffen, macht dies keinen Sinn. Demgemäß muss es sich um ein Redaktionsversehen handeln, das von der Übersetzung übernommen wurde.

dest in den Unternehmen der Privatwirtschaft weggefallen. In Staatsunternehmen und Behörden sollen dagegen auch weiterhin noch umfangreiche Leistungen gewährt werden, die den persönlichen Lebensbereich der Arbeitnehmer betreffen. Dabei handelt es sich aber um ein nur eingeschränkt taugliches Abgrenzungskriterium. Übernimmt der Arbeitgeber Verantwortlichkeit für persönliche Aspekte des Lebens des Arbeitnehmers, könnte man dies als Indizierung des Vorliegens eines Arbeitsverhältnisses ansehen. Bei fehlender Verantwortungsübernahme kann man allerdings nicht automatisch auf ein Beschäftigungsverhältnis schließen, andernfalls wäre es dem Arbeitgeber ein Leichtes, das Vorliegen eines Arbeitsverhältnisses auszuschließen, indem er seine Leistungen an den Arbeitnehmer auf ein Minimum beschränkt.

f. Form und Inhalt des Vertrages

Darüber hinaus müssen Arbeitsverträge schriftlich und mit gesetzlich vorgegebenem Mindestinhalt geschlossen werden, während es bei Beschäftigungsverträgen keiner Schriftform oder eines (Mindest-)Inhalts bedarf. Mit der Anwendung arbeitsrechtlicher Vorschriften ist auch ein höheres rechtliches Schutzniveau für die betroffenen Arbeitnehmer im Vergleich zu anderen Arbeitenden gegeben[387]. Auch hierbei handelt es sich um ein Rechtsfolgenproblem, das erst nach der Bestimmung der Natur des Rechtsverhältnisses gelöst werden kann.

g. Entgeltlichkeit und Haftungsumfang

Dong Baohua ist der Ansicht, dass sich das Beschäftigungsverhältnis nach den Prinzipien von Entgeltlichkeit und verschuldensunabhängiger Haftung in Verbindung mit einer gegenseitigen Schuldaufrechnung im Rahmen des Beschäftigungsverhältnisses richtet[388]. In dieselbe Richtung zielt eine Unterscheidung danach, dass beim Arbeitsvertrag Entgelt nach dem Grundsatz „Verteilung nach Beitrag“ und beim Beschäftigungsvertrag nach „Vergütung für gleiche Werte“ gezahlt wird[389]. Ob ein Rechtsverhältnis nur auf Entgeltlichkeit, verschuldensunabhängiger Haftung und Schuldaufrechnung basiert, hängt nach deutschem Rechtsverständnis gleichfalls von einer vorherigen tatbestandlichen Differenzierung ab und ist eine Frage auf Rechtsfolgenseite. Die Rechtsnatur des Rechtsverhältnisses anhand unterschiedlicher Entgeltsysteme, zum Beispiel variabler Vergütungsbestandteile die von der Leistung des Angestellten abhängen oder

387 Vgl. Dong Runqing, Case Analysis, S. 336 f. Vgl. GtZ/MoLSS, Commentaries, S. 475 f.

388 Vgl. Dong Baohua, Case Analysis, S. 651.

389 Vgl. GtZ/MoLSS, Commentaries, S. 476. Siehe die Abgrenzungsversuche zur Rechtslage bis 1990: Wolff, Arbeitsvertrag, S. 53.

ein Fixgehalt unabhängig von der persönlichen oder betrieblichen Performance, einzuordnen, ist ebenfalls wenig sachgerecht. Ob darüber hinaus beim Beschäftigungsvertrag stets Entgelte nach dem Prinzip „Vergütung für gleiche Werte" gezahlt werden, ist zweifelhaft. Hier spielen Verhandlungsmacht und wechselnde Marktverhältnisse die entscheidende Rolle.

h. Repräsentanten des Unternehmens

Teilweise wird vertreten, dass das Vorliegen eines Arbeitsverhältnisses das Bestehen zum Beispiel eines Repräsentanzverhältnisses zwischen den Parteien ausschließt und umgekehrt[390]. Davon betroffen wären insbesondere die Geschäftsführung und bestimmte leitende Angestellte. Eine rechtliche Verankerung dieser Ansicht ist deshalb nicht ersichtlich. Wie bereits im Rahmen des Anwendungsbereiches des Arbeitsrechtes erläutert wurde, will der Gesetzgeber trotz entsprechender Überlegungen im Gesetzgebungsverfahren keine derartige Beschränkung des weiten Arbeitnehmerbegriffs.

§ 3 Deutsches Recht

Auch in Deutschland ist die Abgrenzung zwischen Arbeits- und allgemeinem Dienstverhältnis schwierig und umstritten. Die Erbringung der Arbeit in Abhängigkeit ist heutzutage das spezialisierende Merkmal des Arbeitsverhältnisses gegenüber dem unabhängigen Dienstverhältnis[391]. Richardi spricht von einer „fremdbestimmten Tätigkeit, die nicht durch Einzelleistungen begrenzt wird und die den Arbeitnehmer hauptberuflich in Anspruch nimmt". Selbst bei Nichtvorliegen dieser Voraussetzungen ist nach Richardi noch teleologisch zu prüfen, ob nicht der „gleiche Grundtatbestand vorliegt, an den das Arbeitsrecht seine Rechtsfolgen knüpft". Preis spricht von „abschließend … Gesamtschau aller festgestellten Umstände", die nach einer Bewertung darüber entscheidet, ob die jeweilige Person den „Schutzumfang,…, verdient" [392]. Die Feststellung des Vorliegens eines Arbeitsverhältnisses und der Anwendung arbeitsrechtlicher Vorschriften erfolgt demnach über die Definition der Arbeitnehmereigen-

390 Dies vertritt auch Dong Baohua, Case Analysis, S. 402. Zur Diskussion vgl. Dong Baohua, Case Analysis, S. 402.

391 Vgl. Richardi, Münchener Handbuch zum Arbeitsrecht, S. 1 ff.

392 Vgl. Richardi, Münchener Handbuch zum Arbeitsrecht, S. 4, Ulrich Preis, Prinzipien des Kündigungsrechts bei Arbeitsverhältnissen, München, 1987, S. 49 f., Hinrich Vogelsang in: Schaub, Günter/Koch, Ulrich/Linck, Rüdiger/Vogelsang, Hinrich/Treber, Jürgen (Hrsg.), Arbeitsrechts-Handbuch, 14. Auflage, München, 2011, S. 45.

schaft. Der Arbeitnehmerbegriff ist jedoch nirgends im Gesetz definiert[393], weshalb sich eine umfangreiche ständige Rechtsprechung und herrschende Ansicht in der Literatur hierzu entwickelt hat[394]. Der Arbeitnehmer ist dabei in erster Linie vom Selbständigen abzugrenzen[395]. Zur Bestimmung des Selbständigenbegriffs wird auf § 84 Abs. 1 S. 2 HGB abgestellt, wonach selbständig ist, wer im Wesentlichen frei seine Tätigkeit gestalten und seine Arbeitszeit bestimmen kann. Die Entscheidung darüber, ob eine Arbeitsleistung von einem Arbeitnehmer oder einem Selbständigen erbracht wird, unterliegt der Vertragsfreiheit[396]. Wird nur eine im Voraus bestimmte abgegrenzte Einzelarbeitsleistung vereinbart, ist der Dienstleistende kein Arbeitnehmer. Die Abgrenzung wird erst bei Begründung eines Dauerrechtsverhältnisses schwierig[397]. Nach der herrschenden Meinung ist Arbeitnehmer, wer gegen Entgelt zur Arbeit im Dienst eines anderen aufgrund eines privatrechtlichen Vertrages verpflichtet ist, wobei die Wirksamkeit des Vertrages irrelevant ist, da lediglich die Privatautonomie betont werden soll[398]. Für die Erbringung der Arbeit im Dienste eines anderen ist nach ständiger Rechtsprechung des BAG und herrschender Lehre die persönliche Abhängigkeit des Dienstleistenden vom Dienstberechtigten entscheidend. Die wirtschaftliche Abhängigkeit ist demgegenüber weder erforderlich noch ausreichend[399].

Zur Erfüllung der Arbeitnehmereigenschaft muss ein gewisser Grad an persönlicher Abhängigkeit vorliegen. Arbeitnehmer ist nach dem BAG derjenige, der seine Dienstleistung „im Rahmen einer von Dritten bestimmten Arbeitsorganisation erbringt“[400]. Die Eingliederung in die fremde Arbeitsorganisation zeigt sich am Weisungsrecht des Arbeitgebers im Hinblick auf Inhalt, Durchführung,

393 Lediglich das Sozialrecht enthält in § 7 Abs. 1 S. 2 SGB IV Anhaltspunkte für die Bestimmung des sozialrechtlichen Arbeitnehmerbegriffs, die für den arbeitsrechtlichen Begriff herangezogen werden können und sich auch in der arbeitsrechtlichen Rechtsprechung wiederfinden, vgl. Preis, Arbeitsrecht, S. 50.

394 Vgl. auch zum Arbeitnehmerbegriff des KSchG: Berkowsky, Münchener Handbuch zum Arbeitsrecht, S. 1799.

395 Vgl. Däubler, Das Arbeitsrecht 2, S. 1081 f.

396 Vgl. Richardi, Münchener Handbuch zum Arbeitsrecht, S. 5, Preis, Arbeitsrecht, S. 52 f. Beachte aber, dass die allein vertragliche Bezeichnung nicht genügt, sondern die „konkrete Ausgestaltung des Beschäftigungsverhältnisses“ für die Beurteilung der Arbeitnehmereigenschaft ausschlaggebend ist, vgl. Preis, Arbeitsrecht, S. 51.

397 So Richardi, Münchener Handbuch zum Arbeitsrecht, S. 25.

398 Vgl. Richardi, Münchener Handbuch zum Arbeitsrecht, S. 240, Preis, Arbeitsrecht, S. 57 ff.

399 Vgl. Richardi, Münchener Handbuch zum Arbeitsrecht, S. 240 f., Preis, Arbeitsrecht, S. 60 ff., Vogelsang, Arbeitsrechts-Handbuch, S. 45. A. A. Rolf Wank, Arbeitnehmer und Selbständige, S. 32 ff. Die wirtschaftliche Abhängigkeit kann aber die Stellung als arbeitnehmerähnlich begründen, vgl. Preis, Arbeitsrecht, S. 89 ff., , Arbeitsrechts-Handbuch, S. 72 ff.

400 Vgl. BAG vom 20.7.1994, AP Nr. 73 zu § 611 BGB Abhängigkeit.

Zeit, Dauer und Ort der Tätigkeit. Die entsprechende Gewichtung ist stets eine Frage des Einzelfalls[401].

2. Die Outsourcing-Rechtsverhältnisse

Eine Sonderrolle spielen die so genannten „externen und internen[402] Outsourcing" (Auftragsübernahme)-Rechtsverhältnisse (承包), die entweder den zivilrechtlichen oder arbeitsrechtlichen Rechtsverhältnissen zugeordnet werden und in der Praxis chinesischer Staatsbetriebe weit verbreitet sind[403]. Der Ursprung des Outsourcing in China liegt im „Produktionsverantwortlichkeitensystem", das nach der 3. Vollversammlung des 11. Zentralkommitees eingeführt wurde. Ursprünglich beschränkte sich das Outsourcing auf die pachtähnliche Übernahme von kollektivem Land durch Bauern[404]. Es gibt jedoch keine spezielle gesetzliche Definition für „Outsourcing"-Rechtsverhältnissen. Dong Runqing beschreibt sie als eine „Ausgestaltung eines Arbeitsplatzverantwortlichkeitensystems (工作责任制) innerhalb des Unternehmensbereichs" [405]. Sie kennzeichnen sich in erster Linie durch eine Trennung zwischen dem Besitzrecht an den Arbeitsmitteln bzw. verwendeten Materialien und der Geschäftsführung. Der Unternehmer und Auftragnehmer führt sein Geschäft unabhängig und trägt die alleinige Verantwortung für die Gewinne und Verluste, die er mit den vom Auftraggeber zur Verfügung gestellten Arbeitsmitteln und Materialien erwirtschaftet. Wegen des wirtschaftlichen Risikos, das der Unternehmer trägt, muss er oftmals relevante Qualifikationen erfüllen. Auftraggeber und –nehmer stehen sich in einem Zivilrechtsverhältnis gleichberechtigt gegenüber.

Eine weitere Besonderheit bildet eine Outsourcingmethode, die aus dem internen Verhältnis zwischen den Arbeitsvertragsparteien entstanden ist. Während des Outsourcingzeitraums schwächt sich das Unterordnungsverhältnis langsam ab und der Arbeitsvertragsinhalt wird allmählich aufgehoben, während sich das zweiteilige Verhältnis langsam zu einer „Externen Outsourcing"-Vereinbarung auf Gleichstellungsbasis entwickelt. Die formalen Anforderungen an ein Arbeits-

401 Vgl. Richardi, Münchener Handbuch zum Arbeitsrecht, S. 242 ff., Preis, Arbeitsrecht, S. 60 ff., Vogelsang, Arbeitsrechts-Handbuch, S. 46 ff., 63 f.

402 Das „Interne Outsourcing", das dem Arbeitsverhältnis untergeordnet ist, bestimmt laut Dong Runqing die Verteilung von im Arbeitsvertrag nicht geregelten Zielquoten und Zuordnung von Vergünstigungen. Eine Änderung der Natur des Arbeitsverhältnisses zwischen dem Arbeitnehmer und dem Arbeitgeber geschieht durch diese Regelungen normalerweise nicht, Dong Runqing, Case Analysis, S. 639 f.

403 Vgl. zum Arbeitsverhältnis eines Taxifahrers mit „chengbao" Vertrag, Oakley, Labor Relations, S. 159.

404 Vgl. Münzel, Chinas Recht, Anm. 1 zum Gesetz zur Übernahme von Dorfland.

405 Vgl. Dong Runqing, Case Analysis, S. 639.

verhältnis bleiben allerdings erhalten, z. B. die Aktenführung und Gehaltsüberweisungen. Obwohl wegen des Gleichstellungsverhältnisses[406] gerade kein Arbeitsverhältnis vorliegt, wird vertreten, dass den Arbeitgeber die Verpflichtung zur Gewährung grundlegender Arbeitsstandards wie zum Beispiel die Zahlung von Mindestlöhnen trifft[407]. Nach Beendigung des Outsourcings kehren die Parteien wieder vollständig in das ursprüngliche Arbeitsverhältnis zurück und das alte Unterordnungsverhältnis lebt wieder auf[408].

Das „Externe Outsourcing" ist dem Auftragsübernahme- oder Werkvertragsverhältnis sehr ähnlich. Auftragsübernahme- oder Werkvertragsverhältnisse sind repräsentativ für zivilrechtliche Dienstleistungsverhältnisse, die es in vielen Formen gibt, inklusive Verarbeitungs-, Beförderungsauftragsübernahmen[409] etc.[410]. Zur Unterscheidung stellt Dong Runqing zum einen darauf ab, dass der Dienstverpflichtete in einem Auftragsübernahme- bzw. Werkvertragsverhältnis meist die Arbeitsmittel herstellt, während der Dienstberechtigte das Material liefert. Beim „Externen Outsourcing" liefert dagegen der Auftraggeber die Arbeitsmittel, während der Auftragnehmer regelmäßig selbst die Materialien bereitstellt. Zum anderen verweist Dong Runqing darauf, dass in einem Auftragsübernahme- bzw. Werkvertragsverhältnis der Dienstverpflichtete oftmals Arbeit nach dem Willen des Dienstberechtigten leistet, demgegenüber der Auftragnehmer beim „Externen Outsourcing" die Geschäfte häufig unabhängig und nur auf der Grundlage des zwischen den Parteien vereinbarten Geschäftszwecks führt[411].

3. Das Werkvertragsverhältnis

Das Werkvertragsverhältnis, geregelt im 15. Kapitel, §§ 251–268 VG, wird über den Inhalt der vertraglich geschuldeten Leistung vom Arbeitsverhältnis abgegrenzt. In einem Werkvertragsverhältnis schuldet der Werkerbringer einen Erfolg, der in einem synallagmatischen Verhältnis zum Werklohn steht[412], während beim Arbeitsverhältnis die tägliche Arbeitserbringung betont wird[413].

---

406 Zur Fragwürdigkeit dieses Arguments, vgl. oben.

407 Vgl. Dong Runqing, Case Analysis, S. 641.

408 Vgl. zum gesamten Absatz: Dong Runqing, Case Analysis, S. 640 f.

409 Geregelt z. B. im 17. Kapitel, §§ 288–321 VG.

410 Vgl. Dong Runqing, Case Analysis, S. 640.

411 Vgl. Dong Runqing, Case Analysis, S. 640.

412 § 251 Abs. 1 VG: „Beim Werkvertrag vollendet der Unternehmer nach den Anforderungen des Bestellers eine Arbeit und übergibt das Ergebnis, der Besteller zahlt das Entgelt", Übersetzung von Münzel, Chinas Recht, Vertragsgesetz.

413 Vgl. Ma Qianyun, The injuries suffered by Lao Zheng are work-related injuries, in: Dong Baohua/Dong Runqing (Hrsg.), Case Analysis on latest PRC Labor Contract Law, Peking,

Hier bestehen keine Unterschiede zum deutschen Recht, das den Werkvertrag[414] ebenfalls über den vertraglichen Leistungsgegenstand vom Dienstvertrag abgrenzt[415].

VI. Die Beendigung des Arbeitsverhältnisses

Weder das AG noch das AVG enthalten Vorschriften zur Beendigung von Arbeitsverhältnissen. Geregelt wird lediglich die Beendigung und Auflösung von Arbeitsverträgen. Im Folgenden wird deshalb untersucht, unter welchen Voraussetzungen ein Arbeitsverhältnis endet.

1. Einzelfälle aus der Rechtsprechung

Bei Oakley heißt es unter Berufung auf zwei in den Jahren 1995/1996 veröffentlichte Fälle, dass Schiedsgerichte nur die Auflösung des Arbeitsvertrages zuließen. War kein rechtmäßiger Vertrag unterzeichnet worden, musste vor Beendigung des Arbeitsverhältnisses dementsprechend erst noch ein Arbeitsvertrag abgeschlossen werden, der dann im Rahmen der Vorschriften des AG aufgelöst oder beendet werden durfte. Das bedeutet im Ergebnis, dass das faktische Arbeitsverhältnis letztlich nur unter denselben Voraussetzungen wie ein Arbeitsvertragsverhältnis legal beendet werden konnte[416].

In einem im Jahr 1995 veröffentlichten Fall konnte einem Arbeitnehmer nach Ablauf seines befristeten Arbeitsvertrages und fortdauernder Erbringung seiner Arbeitsleistung mangels Vertragserneuerung kein Vertragsbruch bei Verlassen des Unternehmens vorgeworfen werden[417]. Für das Recht des Arbeitnehmers, das Unternehmen zu verlassen, sah man den vorherigen Abschluss eines Arbeitsvertrages hier demnach nicht für erforderlich an. Das legt nahe, dass auch die Voraussetzungen für die Auflösung des Arbeitsvertrages durch den Arbeitnehmer nicht erfüllt werden mussten.

2007, S. 649, und Jiang Jing, His injuries are not work-related, in: Dong Baohua/Dong Runqing (Hrsg.), Case Analysis on latest PRC Labor Contract Law, Peking, 2007, S. 649, 650, und Dong Baohua, Case Analysis, S. 651. Siehe auch zur Rechtslage bis 1990: Wolff, Arbeitsvertrag, S. 51 f.

414 Vgl. §§ 631 ff. BGB.

415 Vgl. Richardi, Münchener Handbuch zum Arbeitsrecht, S. 23, Preis, Arbeitsrecht, S. 58 f., Vogelsang, Arbeitsrechts-Handbuch, S. 64 ff.

416 Vgl. Oakley, Labor Relations, S. 145.

417 Vgl. Oakley, Labor Relations, S. 152.

Somit differenzierte die Rechtsprechung zumindest teilweise in den Beendigungsvoraussetzungen für das Arbeitsverhältnis zwischen den beendigenden Personen.

2. Die Rechtslage gemäß den nationalen Vorschriften vor 2008

Nach dem AG war das Arbeitsverhältnis noch unmittelbar an den Bestand des Arbeitsvertrages geknüpft und endete demzufolge gleichzeitig mit der Auflösung oder Beendigung des Arbeitsvertrages[418]. Regelungen zum faktischen Arbeitsverhältnis enthielt das AG nicht. Erst mit der Entwicklung der Rechtsprechung und vor allem örtlicher Rechtsvorschriften zum faktischen Arbeitsverhältnis wurde auch diese Frage angesprochen. Wie bei den Regelungen zum Inhalt des faktischen Arbeitsverhältnisses, enthalten die örtlichen Vorschriften zum Teil stark von einander abweichende Bestimmungen.

Die „Mitteilung betreffend mehreren Fragen zur Durchführung des Arbeitsvertragssystems", bestimmt in § 14, dass in den Fällen, in denen das Arbeitsverhältnis trotz Beendigung des Arbeitsvertrages fortgeführt wird, der Arbeitsvertrag als erneuert behandelt werden und der Arbeitgeber unverzüglich die neue Vertragsdauer mit den Arbeitnehmer aushandeln sowie das Erneuerungsverfahren durchführen sollte. Bevor das Verfahren nicht durchgeführt war, also noch kein neuer schriftlicher Arbeitsvertrag geschlossen war, galt demgemäß ein faktisches Arbeitsverhältnis zu den Konditionen des ursprünglichen Arbeitsvertrages als bestehend, was sich auch aus § 16 der „Interpretation I des Obersten Volksgerichts betreffend verschiedenen Fragen bei der Anwendung des Gesetzes in Arbeitsstreitigkeiten", ergab. Somit sollte der Arbeitnehmer zwar davor geschützt werden, dass das faktische Arbeitsverhältnis nicht zu den Bestimmungen des AG passte, welches vom Grundsatz des Arbeitsvertrages als Voraussetzung der Errichtung eines Arbeitsverhältnisses ausging, und sich deshalb eine Bestimmung der Rechte und Pflichten des Arbeitnehmers schwierig gestaltete[419]. Bevor der schriftliche Arbeitsvertrag nicht geschlossen war, konnte aber jede Partei das faktische Arbeitsverhältnis einseitig beenden[420]. Folglich galten die Kündigungsbeschränkungen beim Arbeitsvertrag nicht für die Beendigung des faktischen Arbeitsverhältnisses, das nach Ablauf eines befristeten Arbeitsvertrages durch fortwährende Erbringung der Arbeitsleistung entstand.

418 S. o. Vgl. auch GtZ/MoLSS, Commentaries, S. 487.

419 Vgl. GtZ/MoLSS, Commentaries, S. 513.

420 Vgl. § 16 der „Interpretation I des Obersten Volksgerichts betreffend verschiedenen Fragen bei der Anwendung des Gesetzes in Arbeitsstreitigkeiten".

Im Einklang damit sieht Ziffer 3 des „Rundschreibens zur Feststellung von Arbeitsverhältnissen“ das Recht jeder Partei zur Beendigung des faktischen Arbeitsverhältnisses vor, wenn keine Einigung über den nachträglich zu schließenden Arbeitsvertrag gefunden werden kann. Erstmalig wurde damit in einer Rechtsvorschrift geregelt, dass faktische Arbeitsverhältnisse generell ohne die Auflösungsbeschränkungen des AG von beiden Parteien beendet werden dürfen.

Beachtet werden muss allerdings die Pflicht beider Parteien, eine Einigung über den Arbeitsvertrag herbeizuführen. In einem Fall beschränkte ein Volksgericht unter Berufung auf dieses Tatbestandsmerkmal das Recht des Arbeitgebers zur Beendigung eines faktischen Arbeitsverhältnisses. Die betroffene Arbeitnehmerin war eine öffentlich zertifizierte Wirtschaftsprüferin und Mitgesellschafterin in einer Wirtschaftsprüfungsfirma. Nach Paragraph 9 Nr. 2 der „Vorläufigen Maßnahmen zur Prüfung, Genehmigung und Überwachung von Wirtschaftsprüfungsgesellschaften“ muss ein Gesellschafter unter anderem öffentlich zertifizierter Wirtschaftsprüfer sein und Vollzeit in der Firma arbeiten. So war es auch im vorliegenden Fall, weshalb ein faktisches Arbeitsverhältnis zwischen den Gesellschaftern und der Firma bestand. Im dem betreffenden Fall beendete der Arbeitgeber das Arbeitsverhältnis, weil die Arbeitnehmerin und Mitgesellschafterin nicht bereit war, einen schriftlichen Arbeitsvertrag mit ihm zu schließen. Das Gericht urteilte, dass der Arbeitgeber seiner Konsultationspflicht gegenüber dem Arbeitnehmer nicht in ausreichendem Maße nachgekommen war. Da die Beendigung des Arbeitsverhältnisses zudem große Auswirkungen auf die Karriere und Rechte der Arbeitnehmerin als Gesellschafterin des Unternehmens hätte, wurde die Beendigung des Arbeitsverhältnisses vom Gericht aufgehoben und die Wiederherstellung des Arbeitsverhältnisses verlangt[421]. Auch wenn das Urteil unter anderem auf der besonderen gesetzlichen Stellung der Arbeitnehmerin als Mitgesellschafterin beruht, wird erkennbar, dass teilweise hohe Anforderungen an den Versuch der Herbeiführung einer Einigung über den Vertragsschluss gestellt werden. Mit dem auf Wiederherstellung des Arbeitsverhältnisses gerichteten Urteilsspruch bestätigt das Gericht zudem, dass das Arbeitsverhältnis aufgrund der tatsächlichen Einstellung der Arbeitstätigkeit beendet wird.

3. Die Rechtslage aufgrund regionaler Vorschriften

Regionale Vorschriften enthalten zum Teil eigene Bestimmungen zur Beendigung des Arbeitsverhältnisses.

421 Vgl. Fall 3 bei Dong/Dong Case Analysis, S. 311 ff.

So gewährt § 40 Shangh. AVB dem Arbeitnehmer in Abs. 1 ein jederzeitiges Recht zur Beendigung des Arbeitsverhältnisses, während er einen schriftlichen[422] Arbeitsvertrag grundsätzlich nur mit einer Ankündigungsfrist von dreißig Tagen auflösen darf[423]. Für den Arbeitgeber gilt demgegenüber, dass er das Arbeitsvertragsverhältnis gemäß § 40 Abs. 2 Shangh. AVB mit einer Ankündigungsfrist von dreißig Tagen beenden kann, sofern nicht die auch für die Auflösung des schriftlichen Arbeitsvertrages geltenden Hemmungsgründe des § 39 der Bestimmungen vorliegen[424]. Dass § 40 Shangh. AVG tatsächlich das Arbeitsverhältnis und nicht den Arbeitsvertrag meint, ergibt sich aus den unterschiedlichen Formulierung in den Shanghaier Arbeitsvertragsbestimmungen: „Auflösung" für den Vertrag und „Beendigung" für das Arbeitsvertragsverhältnis. Dafür spricht auch Ziffer I.3. des „Rundschreibens II betreffend bestimmte Fragen über die Einführung der Arbeitsvertragsbestimmungen der Stadt Shanghai", in dem § 40 Shangh. AVB als eigenständige Rechtsgrundlage für die Beendigung des Arbeitsverhältnisses genannt und nicht als Auflösungstatbestand des Arbeitsvertrages klassifiziert wird. Der Arbeitgeber wird jedoch nach zehn Jahren fortgesetzten Arbeitsvertragsverhältnisses verpflichtet, einen unbefristeten Arbeitsvertrag zu schließen, was den Regelungen in § 14 AVG ähnelt. Die Vertragsdauer ist wohl in erster Linie der Grund dafür, dass der Gesetzgeber das Arbeitsverhältnis im Hinblick auf den Auflösungsschutz nicht von vorneherein mit einem Arbeitsvertrag gleichgestellt hat. Da unter dem AG kein Regel-Ausnahme-Verhältnis zwischen unbefristeten und befristeten Arbeitsverträgen bestand und die Häufigkeit der Abschlüsse befristeter Arbeitsverträge, sowie deren Dauer fast völlig dem freien Ermessen der Vertragsparteien überlassen war, hätte der Gesetzgeber in starkem Maße in die Vertragsautonomie der Parteien eingegriffen, wenn er mit Begründung des Arbeitsverhältnisses ohne Arbeitsvertragsschluss sofort einen unbefristeten Arbeitsvertrag gesetzlich fingiert hätte. Bis zum Erlass des AVG galt sogar noch der Gedanke von der Bevorzugung befristeter Arbeitsverträge[425].

422 Wie oben bereits erläutert, ging der Shanghaier Gesetzgeber anscheinend von einem unschriftlichen Arbeitsvertrag als Grundlage des Arbeitsverhältnises, das ohne schriftlichen Arbeitsvertrag begründet wurde, aus.

423 Vgl. § 30 Shangh. AVB. Eine fristlose Kündigung des (schriftlichen) Arbeitsvertrages ist nur in den Fällen von § 31 der Bestimmungen möglich.

424 So auch Geffken, Der Preis des Wachstums, S. 72.

425 Zur Bedeutung des befristeten Arbeitsvertrages für die erforderliche Flexibilität der Arbeitsverhältnisse in den Anfängen der Wirtschaftsreformen, vgl. obige Ausführungen zur Geschichte des Arbeitsvertragssystems.

Auch Ziffer 10 des „Rundschreiben III betreffend bestimmte Fragen über die Einführung der Arbeitsvertragsbestimmungen der Stadt Shanghai" macht deutlich, dass für die Beendigung des Arbeitsvertragsverhältnisses durch den Arbeitgeber lediglich eine dreißigtägige Ankündigungsfrist Voraussetzung ist. Abgesehen davon, dass dort ebenfalls § 40 Shangh. AVB als Rechtsgrundlage der Beendigung genannt wird, sollen Arbeitnehmer grundsätzlich bei der Beendigung des Arbeitsverhältnisses eine Abfindung erhalten, außer sie erfüllen die Bedingungen der §§ 31, 33 Shangh. AVB. Diese sind erfüllt, wenn der Arbeitnehmer das Arbeitsverhältnis selbst beendet oder der Arbeitgeber das Arbeitsvertragsverhältnis auflöst und beim Arbeitnehmer Gründe vorliegen, die den Arbeitgeber auch zur außerordentlichen Auflösung des Arbeitsvertrages berechtigen würden. Deutlich wird damit, dass nur in bestimmten, ausdrücklich benannten Bereichen ein Gleichlauf zwischen den für Arbeitsvertrag und Arbeitsvertragsverhältnis geltenden Regelungen besteht. Mit anderen Worten, auch der Shanghaier Gesetzgeber geht nicht von einer völligen Deckungsgleichheit der Inhalte und Rechtsfolgen von Arbeitsvertragsverhältnis und Arbeitsvertrag aus. Jedenfalls unterliegt das Recht von Arbeitgeber und Arbeitnehmer zur Beendigung des Arbeitsvertragsverhältnisses nicht den für den Arbeitsvertrag geltenden Auflösungsbeschränkungen der §§ 32, 33, 36 Shangh. AVB.

In § 2 der „Ansichten des Oberen Volksgerichts Shanghai zur Anwendung des Arbeitsvertragsgesetzes", die erst nach Inkrafttreten des AVG erlassen wurden, ist bestimmt, dass der Arbeitnehmer das Arbeitsverhältnis einseitig beendet, wenn er die Unterschrift des schriftlichen Arbeitsvertrages verweigert oder keine Arbeitsleistung mehr erbringt.

§ 2 Peking

In § 23 Pekinger AVB ist ein Verbot (不得) der Auflösung (解除) des faktischen Arbeitsverhältnisses durch den Arbeitgeber für den Fall normiert, dass der Arbeitnehmer den Abschluss eines Arbeitsvertrages verlangt. Einigen sich die Parteien nicht auf eine kürzere Vertragsdauer, so muss der Vertrag auf mindestens ein Jahr ab Vertragsunterzeichnung befristet werden. Ziel der Vorschrift ist der Schutz des Arbeitnehmers, der vom Arbeitgeber die Einhaltung der gesetzlichen Pflicht zum Abschluss eines schriftlichen Arbeitsvertrages einfordert. Sie stärkt die Eigeninitiative der Arbeitnehmer im Verhältnis zur behördlichen Kontrolle bei der Durchsetzung der gesetzlichen Vertragsabschlusspflicht. Dass die Norm vom Verbot der Auflösung des Arbeitsverhältnisses spricht, könnte ein Hinweis auf die gesetzlichen Auflösungsgründe sein. Als Konsequenz wäre die Beendigung des Arbeitsverhältnisses durch den Arbeitgeber auch im Fall des Vorliegens eines gesetzlichen Arbeitsvertragsauflösungsgrundes ausgeschlossen. Dadurch würde der Arbeitnehmer ohne Arbeitsvertrag im Hinblick auf den Bestandsschutz am Arbeitsplatz besser gestellt, als der mit Arbeitsvertrag. Dem Arbeitgeber würde noch im Angesicht eines Auflösungsgrundes ein Arbeitsvertrag mit dem Arbeitnehmer aufgezwungen, der dann unmittelbar vom Arbeitgeber aufgelöst werden könnte[426]. Es ist fraglich, ob dies tatsächlich von der Norm bezweckt ist. Dazu kommt, dass ein generelles Auflösungsverbot gegen nationales Recht verstößt. Im AG sind konkrete Gründe aufgeführt, bei deren Vorliegen der Arbeitgeber den Arbeitsvertrag und damit gleichzeitig das Arbeitsverhältnis mit dem Arbeitnehmer rechtmäßig beenden darf. Dieses gesetzliche Recht des Arbeitgebers würde ausgehebelt, wenn man es rein formell an das Vorliegen eines Arbeitsvertrages bände[427]. Die Vorschrift ist deshalb gesetzeskonform so auszulegen, dass sich das Auflösungsverbot nur auf die Auflösung des Arbeitsverhältnisses außerhalb der gesetzlichen Auflösungstatbestände bezieht.

4. Die Rechtslage unter dem Arbeitsvertragsgesetz

§ 1 Das Recht zur Beendigung des Arbeitsverhältnisses

a. Regelung im AVG

Das AVG enthält keine ausdrückliche Regelung darüber, wann ein Arbeitsverhältnis endet. Die Auflösungs- und Beendigungsgründe der §§ 23–32 AG bzw. der §§ 26 f., 36–50 AVG regeln allesamt die Beendigung des Arbeitsvertrages, nicht auch die des Arbeitsverhältnisses.

Grundsätzlich gebraucht der Gesetzgeber den Begriff von der Auflösung (解除) des Arbeitsvertrages. Zu den §§ 39, 40 AVG enthält die AVG-Version von LawInfoChina folgende Kommentierung: § 39 AVG „过失 性 辞退“, was sinngemäß „wegen Fehlverhaltens entlassen“ meint; § 40 AVG „无 过失 性 辞退“ was sinngemäß für „ohne Fehlverhalten entlassen“ steht. In den Fällen der §§ 37, 38 AVG ist dagegen in den Kommentierungen ausschließlich die Rede von der Auflösung (解除) des Arbeitsvertrages durch den Arbeitnehmer. Die Kommentierungen lassen erst einmal offen, ob mit Entlassung (辞退) der Arbeitsvertrag,

426 Bei einer ordentlichen Auflösung wäre allerdings die Auflösungsfrist einzuhalten. Die Befristung des Arbeitsvertrages steht weder seiner außerordentlichen noch seiner ordentlichen Auflösung entgegen, s. u.

427 Wie an vorangegangener Stelle erwähnt, haben Gerichte aber teilweise derart formell argumentiert.

das Arbeitsverhältnis oder beides gemeint ist[428]. Sie unterteilen die aufgelisteten Gründe nur nach dem (Fehl-)Verhalten des Arbeitnehmers. Der Gebrauch des gegenüber der Arbeitsvertragsauflösung weiteren Begriffs der Entlassung lässt sich damit erklären, dass die Beendigung des Arbeitsverhältnisses regelmäßig der Auflösung des Arbeitsvertrages nachfolgt, so dass hier eine allgemeinere Bezeichnung gewählt wurde.

b. Herrschende Meinung in der chinesischen Rechtswissenschaft

Die herrschende Meinung in der chinesischen Rechtswissenschaft geht davon aus, dass jedem Arbeitsverhältnis ein Arbeitsvertrag zu Grunde liegt. Dementsprechend finden auch die Vorschriften zur Auflösung und Beendigung des Arbeitsvertrages unmittelbar Anwendung auf Arbeitsverhältnisse ohne schriftlichen Arbeitsvertrag. Das bedeutet, dass für die Auflösung/Beendigung jedes Arbeitsverhältnisses ein gesetzlicher Auflösungs- oder Beendigungsgrund gemäß den §§ 36ff. AVG vorliegen muss[429].

c. Gesetzessystematik und Ausführungsbestimmungen zum AVG

Abgesehen von der oben ausgeführten, gesetzessystematischen Unterscheidung zwischen Arbeitsverhältnis und Arbeitsvertrag, sprechen die Ausführungsbestimmungen zum AVG gegen diese Ansicht. Sie erwähnen ausdrücklich die Möglichkeit des Arbeitgebers zur Beendigung (终止-zhōngzhǐ) des Arbeitsverhältnisses, wenn der Arbeitnehmer den Abschluss des schriftlichen Arbeitsvertrages verhindert. Ähnlich wie dies bereits im „Rundschreiben zur Feststellung von Arbeitsverhältnissen" geschah, wird vorausgesetzt, dass der Arbeitgeber vor der einseitigen Beendigung versucht hat, eine Einigung mit dem Arbeitnehmer über den Vertragsschluss herbeizuführen. Gemäß § 5 Ausführungsbestimmungen zum AVG muss er ihn schriftlich zum Vertragsschluss aufgefordert haben. Das Vorliegen der auf den Arbeitsvertrag anwendbaren Auflösungs- oder Beendigungsgründe wird nicht gefordert. Erforderlich ist lediglich eine fehlende Einigung der Parteien über den Vertragsschluss. Als Indiz für die Ernsthaftigkeit der Bemühungen des Arbeitgebers soll dabei die schriftliche Aufforderung an den Arbeitnehmer dienen.

Die herrschende Meinung in der chinesischen Rechtswissenschaft geht zu Recht davon aus, dass die Vorschrift in erster Linie die Interessen des Arbeitge-

428 Zur genauen Bedeutung von"辞退", das sich in den 1986er Bestimmungen auf die Beendigung der Arbeitsbeziehungen und nicht auf die Auflösung des Arbeitsvertrages bezog, siehe die Erläuterungen zur Auflösung des Arbeitsvertrages.

429 So Dr. Wu Wenfang und Dr. Fan Wei im Interview.

bers, der erfolglos einen schriftlichen Vertragsschluss anstrebt, berücksichtigt[430]. Dementsprechend wird vertreten, dass die §§ 5, 6 Ausführungsbestimmungen zum AVG nur unter Beachtung von Treu und Glauben zu verstehen sind. Das Prinzip von Treu und Glauben findet sich in § 3 Abs. 1 AVG. Danach gilt es jedoch nur für den Abschluss des Arbeitsvertrages, nicht auch für die Auflösung/ Beendigung von Arbeitsvertrag bzw. Arbeitsverhältnis. Ungeachtet dessen, wird man davon ausgehen können, dass es sich um einen allgemein zu beachtenden Grundsatz handelt. Die Anwendung dieses Grundsatzes soll dazu führen, dass der Arbeitgeber das Arbeitsverhältnis nur dann nach den §§ 5, 6 Ausführungsbestimmungen zum AVG beenden kann, wenn das Scheitern der Vertragsverhandlungen nicht in seinen Verantwortungsbereich fällt[431].

Selbst wenn die §§ 5, 6 Ausführungsbestimmungen zum AVG einschränkend unter dem Grundsatz von Treu und Glauben zu lesen sind, erweitern sie nichtsdestotrotz die Möglichkeiten des Arbeitgebers zur Beendigung des Arbeitsverhältnisses ganz beträchtlich über die Möglichkeiten zur Beendigung und Auflösung des Arbeitsvertrags hinaus. Entgegen dem Wortlaut der §§ 5, 6 Abs. 1 der Ausführungsbestimmungen zum AVG, handelt es sich um ein Beendigungsrecht und nicht um eine Pflicht des Arbeitgebers. Dort ist zwar lediglich die Rede davon, dass der Arbeitgeber das Arbeitsverhältnis in den genannten Fällen beenden soll (应当), von einem „Dürfen“ ist keine Rede. Kommt der Arbeitgeber dieser Pflicht nicht nach, drohen ihm als rechtliche Konsequenz Sanktionen nach dem AVG[432]. Gleichzeitig steht es den Parteien aber jederzeit frei, erneut ein Arbeitsverhältnis zu beginnen, bzw. Vertragsverhandlungen aufzunehmen. Es ist nicht davon auszugehen, dass der Gesetzgeber dies verhindern wollte, ansonsten hätte er auch nicht die Vertragsfiktion des § 14 Abs. 3 AVG nach Jahresfrist vorgesehen. Indirekt drücken die Vorschriften der §§ 5, 6 Ausführungsbestimmungen zum AVG damit das Recht des Arbeitgebers zur Beendigung des Arbeitsverhältnisses aus.

Im Unterschied zum Rundschreiben zur Feststellung von Arbeitsverhältnissen, das lediglich die mangelnde Einigung vorsieht, wird dem Arbeitgeber durch die schriftliche Aufforderung mehr Verantwortung für den Vertragsabschluss zugeschoben. Die Vorschrift geht damit in die Richtung der Rechtsprechungsanforderungen an eine ausreichende Konsultation vor Beendigung des Arbeitsver-

430 So Dr. Wu Wenfang und Dr. Fan Wei im Interview.

431 So Dr. Fan Wei im Interview.

432 An diesem Punkt kann man sich nichtsdestotrotz kollisionsrechtlich fragen, wie die Vorschrift auszulegen ist, wenn regionale Bestimmungen das Recht des Arbeitgebers zur jederzeitigen Beendigung des faktischen Arbeitsverhältnisses einschränken. In der Ausführungsbestimmung kommt der Wille des nationalen Gesetzgebers zum Ausdruck, dass dem Arbeitgeber das Recht zur jederzeitigen Beendigung des faktischen Arbeitsverhältnisses an die Hand gegeben werden soll, wenn der Arbeitnehmer seine Mitwirkung am Vertragsschluss verzögert.

hältnisses. Da das Rundschreiben zur Feststellung von Arbeitsverhältnissen nicht aufgehoben wurde, ist von dessen Weitergeltung auszugehen. Dementsprechend ist anzunehmen, dass das Arbeitsverhältnis auch unter Geltung des AVG unter den Voraussetzungen der §§ 5, 6 Ausfhrg.best. AVG und des Rundschreibens zur Feststellung von Arbeitsverhältnissen einseitig beendet werden darf.

Da weder AVG noch AG Vorschriften zu einer Mindestdauer des Arbeitsvertrages enthalten, können die Parteien frei darüber verhandeln. In der Regel wird der Arbeitgeber dem Arbeitnehmer eine seinen Vorstellungen entsprechende Vertragsdauer vorgeben. Lehnt der Arbeitnehmer den Vertragsschluss aufgrund einer zu kurzen Vertragsdauer ab, ist der Arbeitgeber nach den §§ 5, 6 Ausführungsbestimmungen zum AVG zur Beendigung des Arbeitsverhältnisses berechtigt. Das Korrektiv des Grundsatzes von Treu und Glauben soll nach teilweise vertretener Ansicht an dieser Stelle ansetzen. Haben die Parteien nämlich vorher mündlich bereits eine bestimmte Beschäftigungsdauer vereinbart, so soll der Arbeitgeber das Arbeitsverhältnis nicht nach den §§ 5, 6 Ausführungsbestimmungen zum AVG einseitig beenden können, wenn er im Nachhinein eine kürzere Vertragsdauer vorschlägt[433]. Problematisch an dieser Ansicht ist, dass damit das zwingende Schriftformerfordernis für arbeitsvertragliche Vereinbarungen im Sinne von § 16 AVG umgangen wird, wie bei der Prüfung der Entstehung des Arbeitsvertrages an späterer Stelle noch ausgeführt wird. Daneben löst es nicht die Fälle, in denen entweder noch überhaupt keine Vereinbarung über die Beschäftigungsdauer getroffen wurde oder die Vereinbarung vor Gericht nicht nachweisbar ist.

Festgehalten werden muss deshalb, dass die Beendigung von Arbeitsverhältnissen ohne schriftlichen Arbeitsvertrag deutlich erleichtert ist und insbesondere nicht von den Auflösungs- und Beendigungsgründen des AVG abhängt.

d. Ausnahmen vom Recht zur Beendigung des Arbeitsverhältnisses

aa. Xiagang Arbeitnehmer

Sonderfälle können allerdings weiterhin im Rahmen alter Arbeitsverhältnisse in Staatsbetrieben bestehen. In den „Bestimmungen zur Abwicklung der Entlassung von Arbeitnehmern in Staatsunternehmen“, ist beispielsweise festgelegt, dass die Arbeitsverhältnisse bestimmter, entlassener Arbeitnehmer weiterhin formal erhalten bleiben. Die sogenannten „下岗“ Arbeitnehmer erscheinen in keiner Arbeitslosenstatistik und erhalten ein Gehalt mindestens in Höhe des örtlichen Mindestlohns. Es gibt sie nur in staatlichen Unternehmen unter den per-

433 So Dr. Fan Wei im Interview.

manent oder zeitlich befristeten Arbeitnehmern außerhalb des Arbeitsvertragssystems. Zweck dieser quasi „bezahlten Freistellung auf Dauer“ ist der Abbau der Überbeschäftigung in den Staatsunternehmen. Geht der entlassene Arbeitnehmer ein neues Arbeitsverhältnis mit einem anderen Arbeitgeber ein, soll er das formal erhaltene Arbeitsverhältnis mit der Staatsunternehmen beenden[434].

bb. Wahrung legaler Rechtsinteressen

Lauffs spricht von einer Beschränkung des Beendigungsrechtes, wenn der Arbeitgeber das Arbeitsverhältnis beendet, weil der Arbeitnehmer das Fehlen des Arbeitsvertrages den Arbeitsbehörden anzeigt[435]. Dies ergibt sich zwar vereinzelt aus regionalen Vorschriften[436], den nationalen Rechtsvorschriften ist eine derartige Beschränkung jedoch nicht ausdrücklich entnehmbar.

Jedoch könnte man von einem berechtigten Interesse des Arbeitnehmers an der Wahrung seiner legalen Rechtsinteressen gemäß § 77 AVG ausgehen, weil der Arbeitgeber nach § 10 Abs. 1 AVG einen schriftlichen Arbeitsvertrag mit ihm abschließen muss. In § 17 der „Ansichten zu einigen Problemen bei der Durchführung des Arbeitsgesetzes“, ist darüber hinaus bestimmt, dass sich der Arbeitnehmer ohne schriftlichen Arbeitsvertrag an das Verwaltungsamt für Arbeitssicherheit wenden darf, welches dann dem Arbeitgeber eine Frist zur Korrektur stellt. Kommt der Arbeitgeber dem nicht fristgemäß nach, erhält er eine Verwarnung und wird ermahnt, den Vertrag abzuschließen. Entstehen dem Arbeitnehmer dadurch Schäden, hat der Arbeitgeber gemäß den „Maßnahmen zur Entschädigung wegen Verstoßes gegen die relevanten Bestimmungen über Arbeitsverträge unter dem Arbeitsgesetz“, diese zu ersetzen. Die Beendigung des Arbeitsverhältnisses wegen der Wahrnehmung dieses berechtigten Interesses unterminiert die gesetzliche Wirkung von § 77 AVG und § 17 der „Ansichten zu einigen Problemen bei der Durchführung des Arbeitsgesetzes“, weshalb man eine Beschränkung des Beendigungsrechtes annehmen könnte. In der Praxis muss der Arbeitnehmer allerdings erst einmal beweisen, dass die Beendigung des Arbeitsverhältnisses tatsächlich auf der Wahrnehmung seiner Rechte beruht.

434 Vgl. GtZ/MoLSS, Commentaries, S. 514f. So auch Gu, Guest, S. 10, Schucher, Beruhigungspille, S. 57, und Levens, Tim/Kwan, Ping/Sheperd, Ed, China, in: Labour Law Review – Asia Pacific (1999), S. 9–16, hier S. 14.

435 Vgl. Lauffs, Employment Law, S. 62.

436 Vgl. § 23 Pekinger AVB.

cc. *Massenentlassungen*

Im „Dringenden Rundschreiben der Stadt Guangzhou zur Leitung der Massenentlassungen durch Arbeitgeber“ heißt es, dass die besonderen Anforderungen an eine Massenentlassung nicht nur bei Vertragsauflösungen und -beendigungen sondern auch bei der Beendigung faktischer Arbeitsverhältnisse beachtet werden müssen.

Auch andere regionale Vorschriften können Beschränkungen des Rechts zur Beendigung von Arbeitsverhältnissen beinhalten und sollten in jedem Fall beachtet werden.

e. *Schlussfolgerungen*

Vor Inkrafttreten des AVG wurde mit der Begründung, dass es sich in diesen Fällen um eine Art Freistellung von den Arbeitsvertragspflichten, nicht aber um den Verlust der vertraglichen Rechte handelt, teilweise vertreten, dass ein Arbeitsverhältnis gleichzeitig mit dem Arbeitsvertrag endet und nicht bereits mit einer vorangegangenen Einstellung der Arbeitstätigkeit[437]. Für die Fortgeltung der arbeitsvertraglichen Rechte bedarf es dieser Begründung nicht mehr, da Arbeitsvertrag und Arbeitsverhältnis abstrakt von einander bestehen. Grund für diese Ansicht war wohl die damals herrschende Konfusion über das Verhältnis zwischen Arbeitsvertrag und –verhältnis, die teilweise sogar soweit ging, dass man in der einseitigen Beendigung des Arbeitsverhältnisses auch eine (rechtswidrige) Auflösung des Arbeitsvertrages sah[438]. Wie widersprüchlich diese Lösung war lässt sich auch daran erkennen, dass damit die formellen Anforderungen der Vertragsauflösung, zum Beispiel Vorankündigung und Schriftform, missachtet wurden[439]. Die Auflösung, Beendigung oder Unwirksamkeit des Arbeitsvertrages

---

437 Vgl. Liao Mingtao, The labor relationship ends upon contract termination, in: Dong Baohua/Dong Runqing (Hrsg.), Case Analysis on latest PRC Labor Contract Law, Peking, 2007, S. 490, 491, hier S. 490. Anderer Ansicht: Sun Weixin, der wegen der Einstellung der Arbeitsleistung durch den Arbeitnehmer und der Nichtfortzahlung des Lohnes vom Ende des Arbeitsverhältnisses ausging, Depriving the laborer, S. 491.

438 Vgl. das Urteil des Volksgerichts bei Dong/Dong Case Analysis, S. 491.

439 Diesen Ansatz verfolgt auch Dong Baohua nicht stringent. Zwar unterscheidet er zwischen Arbeitsvertrag und –Verhältnis bereits unter der Geltung des AG und sieht im Ende des Arbeitsverhältnisses nicht gleichzeitig das Ende des Arbeitsvertrages. Er begründet den Fortbestand des Arbeitsvertrages aber nicht mit der offensichtlich schon rein formell, spätestens aber wohl materiell unwirksamen Auflösung, sondern mit Indizien für seine Fortführung durch den Arbeitgeber, nämlich das Versprechen der Weiterzahlung des Gehaltes und der Ausstellung der Arbeitslosenbestätigung für einen späteren Zeitpunkt, wodurch der Arbeitgeber bis zu diesem Zeitpunkt für die Sozialversicherungsbeiträge des Arbeitnehmers verantwortlich war. Die faktische Fortführung arbeitsvertraglicher Rechte ist aber gerade kein

haben wegen der strikten Trennung zwischen Vertrag und Arbeitsverhältnis also keine unmittelbare Auswirkung auf den Bestand des Arbeitsverhältnisses. Dem steht nicht entgegen, dass nach dem Willen einer oder beider Parteien mit der Auflösung, Beendigung oder Unwirksamkeit des Arbeitsvertrages immer auch das Arbeitsverhältnis enden soll, da dies von der Weiternutzung der vom Arbeitnehmer tatsächlich erbrachten Arbeitsleistung durch den Arbeitgeber abhängt. Entsprechendes war auch in den Arbeitsvertragsbest. 1986 normiert[440].

§ 2 Mitteilung der Beendigung

Eine formale Mitteilung der Beendigung durch den Arbeitgeber war bis zur Einführung des AVG gemäß dem Rundschreiben zur Feststellung von Arbeitsverhältnissen nicht erforderlich. Das hat sich neuerdings gemäß §§ 5, 6 Abs. 1 Ausführungsbestimmungen zum AVG geändert. Danach soll der Arbeitgeber das Arbeitsverhältnis mittels schriftlicher Mitteilung an den Arbeitnehmer auflösen, sofern der Arbeitnehmer den Abschluss eines schriftlichen Arbeitsvertrages verhindert. Die Beendigung durch den Arbeitnehmer ist demgegenüber an kein Mitteilungserfordernis gebunden, was auch schon vor dem Inkrafttreten des AVG nicht der Fall war, es genügte bereits das bloße Nichterscheinen zur Arbeit[441]

§ 3 Rechtsfolgen einer rechtswidrigen Beendigung des Arbeitsverhältnisses

Das AVG und seine Ausführungsbestimmungen enthalten sich einer Aussage darüber, welche Rechtsfolgen die rechtswidrige Beendigung des Arbeitsverhältnisses mit sich bringt. § 48 AVG sieht lediglich Folgen für die rechtswidrige Beendigung oder Auflösung des Arbeitsvertrages vor. Eine Rechtswidrigkeit kann sich aus einer Verletzung der Konsultationspflicht des Rundschreibens zur Feststellung von Arbeitsverhältnissen, aus einem Verstoß gegen die Pflicht zur schriftlichen Aufforderung zum Vertragsschluss oder wegen fehlender schriftlicher Beendigungsmitteilung ergeben.

Wegen der Anknüpfung der Begründung des Arbeitsverhältnisses an die Nutzung der Arbeitsleistung durch den Arbeitgeber wird man annehmen können,

---

Beweis dafür, dass ein Arbeitsvertrag nicht zuvor aufgelöst wurde, sondern allenfalls für eine Erneuerung des Vertrages, die aber der Schriftform unterliegt, Case Analysis, S. 492 f.

440 Vgl. § 9 Abs. 2: „Nach Ablauf der Arbeitsvertragsdauer soll die Durchführung [des Vertrages] sofort beendet werden".

441 Ähnlich auch Dong Baohua, Case Analysis, S. 508, der in seinem Beispielsfall von einer konkludenten Einigung der Parteien über die Beendigung des Arbeitsverhältnisses ausgeht, weil der Arbeitnehmer nicht mehr zur Arbeit erschien und das Transferverfahren durchführte.

dass mit der rein tatsächlichen Beendigung dieser Nutzung grundsätzlich auch das Arbeitsverhältnis endet[442]. Das Arbeitsverhältnis als ein rein gesetzlich begründetes Rechtsverhältnis ist nur ein gesetzliches Hilfskonstrukt zur rechtlichen Handhabung der Situation, die durch die ohne vertragliche Grundlage erbrachte Arbeitsleistung entsteht. Es ist kein auf einem vom Gesetz anerkannten rechtlichen Willen basierendes Rechtsverhältnis, das zu seiner Beendigung einer Rechtshandlung bedarf. Folglich handelt es sich auch bei der schriftlichen Mitteilung um keine Wirksamkeitsvoraussetzung für die Beendigung.

Andererseits lassen die rechtlichen Anforderungen an die Bemühungen des Arbeitgebers, einen Vertragsschluss herbeizuführen, erkennen, dass er das Arbeitsverhältnis nicht schrankenlos beenden können soll. Wenn man einmal von der Rechtsprechung absieht, gibt es allerdings keinen Hinweis in Rechtsvorschriften, dass der Arbeitgeber zur Fortführung des Arbeitsverhältnisses verpflichtet ist, selbst wenn er es in rechtswidriger Weise beendet hat. Die Rechtswidrigkeit hat ausschließlich verwaltungsrechtliche Folgen und kann zu Schadensersatzansprüchen des Arbeitnehmers gemäß § 80 AVG führen.

Dieses Verständnis ist letztlich dogmatisch konsequent, wenn man in Betracht zieht, dass in den Fällen eines faktischen Arbeitsverhältnisses keine vertragliche Verpflichtung zur Erbringung oder Annahme der Arbeitsleistung bzw. Zahlung von Arbeitslohn bestehen. Wenn die mündliche oder konkludente Vereinbarung zur Errichtung einer Arbeitsbeziehung keine rechtliche Wirkung im Sinne eines Vertragsschlusses entfaltet, so kann eine Fortführung dieser Arbeitsbeziehung ohne ausdrückliche Normierung auch nicht in besonderer Art und Weise rechtlich geschützt sein, der Grundsatz „pacta sunt servanda" ist nicht anwendbar. Ohne eine vertragliche Rechtsgrundlage gibt es folglich auch keine vertraglichen Rechte und Pflichten, die rechtlich durchsetzbar wären. Die Vorschriften des AVG zum Arbeitsverhältnis beschränken sich dementsprechend auf die Regelung der bereits vergangenen Beziehungen, zum Beispiel auf eine bereits erbrachte Arbeitsleistung. Es handelt sich beim Arbeitsverhältnis um ein gesetzliches Schuldverhältnis[443], das durch die faktische Erfüllung eines Arbeitsverhältnisses ohne Arbeitsvertrag entsteht und in erster Linie dem Umstand Rechnung trägt, dass die rechtsgrundlos erbrachte Arbeitsleistung unmöglich rückabgewickelt

---

442 Für die Möglichkeiten des Arbeitnehmers, ein faktisches Arbeitsverhältnis jederzeit einseitig beenden zu können vgl. Wang Cheng, der unrichtigerweise von der Auflösung (解除) des Arbeitsverhältnisses spricht, How can they dismiss him, while he is not an employee of the unit?, in: Dong Baohua/Dong Runqing (Hrsg.), Case Analysis on latest PRC Labor Contract Law, Peking, 2007, S. 506; siehe auch: Zhang Zhihong, The dismissal did not infringe upon his right of reputation, in: Dong Baohua/Dong Runqing (Hrsg.), Case Analysis on latest PRC Labor Contract Law, Peking, 2007, S. 507; und Shen, Labour Disputes, S. 81.

443 Vgl. die §§ 11, 14 Abs. 3, 28 AVG.

werden kann. Lediglich über Sanktionen wird versucht, den Arbeitgeber zum ernsthaften Versuch der Herbeiführung des Vertragsschlusses zu bewegen.

Für diese Ansicht spricht gleichfalls, dass das SSAG zwar bei Streitigkeiten über die Bestätigung des Bestehens eines Arbeitsverhältnisses und über Schadensersatzansprüche Anwendung findet, nicht aber bei Streitigkeiten über die Rechtmäßigkeit seiner Beendigung bzw. des Beendigungszeitpunktes[444]. Für die Eröffnung des Anwendungsbereiches des Gesetzes bei Arbeitsverträgen ist demgegenüber explizit zwischen Errichtung, Erfüllung, Änderung, Auflösung und Beendigung zu unterscheiden[445]. Abseits der inzidenten Prüfung im Rahmen einer Schadensersatzklage mangelt es folglich an der Möglichkeit zur gerichtlichen Kontrolle von Verstößen aufgrund rechtswidriger Beendigungen von Arbeitsverhältnissen[446].

Daraus folgt, dass es auf nationaler Ebene keine gesetzliche Rechtsgrundlage für einen Anspruch des Arbeitgebers auf Fortführung eines Arbeitsverhältnisses gibt.

VII. Schlussfolgerungen

1. Trennung zwischen Arbeitsverhältnis und Arbeitsvertragsverhältnis

Besteht nach deutschem Arbeitsrecht ein Arbeitsverhältnis, ohne dass auch ein wirksamer Arbeitsvertrag vorliegt, spricht man von einem faktischen Arbeitsverhältnis im Unterschied zum vertraglichen Arbeitsverhältnis. Dabei handelt es sich um ein Konstrukt, das der sachgerechten Abwicklung der bereits erbrachten Arbeitsleistung dient. Eine darüber hinausgehende Bedeutung kommt dem faktischen Arbeitsverhältnis nicht zu. Da es an einer vertraglichen Bindung zwischen den Parteien des Arbeitsverhältnisses fehlt, kann das faktische Arbeitsverhältnis ohne Rücksicht auf gesetzliche Kündigungsbeschränkungen beendet werden.

Betrachtet man nur die Rechtslage nach dem AVG, so hat der Gesetzgeber mit der Loslösung des Arbeitsverhältnisses im Sinne von § 7 AVG vom Arbeitsvertrag durch § 10 AVG einen ähnlichen Ansatz verfolgt. Zu unterscheiden ist deshalb auch nach chinesischem Recht nunmehr zwischen dem (faktischen) Arbeitsverhältnis und dem Arbeitsvertragsverhältnis.

444 Vgl. § 2 Nr. 1, 5 SSAG.

445 Vgl. § 2 Nr. 2 SSAG.

446 Zu einem anderen Ergebnis muss konsequenter Weise die herrschende Ansicht in der chinesischen Rechtswissenschaft kommen, die die arbeitsvertraglichen Vorschriften auch für das faktische Arbeitsverhältnis für anwendbar hält.

Wie im deutschen Recht auch, entsteht das Arbeitsverhältnis nicht durch einen wirksamen Arbeitsvertrag, sondern durch die faktische Erbringung der Arbeitsleistung. Im Unterschied zum deutschen Recht schließen sich (faktisches) Arbeitsverhältnis und Arbeitsvertragsverhältnis jedoch nicht gegenseitig aus. Sie können ohne weiteres nebeneinander existieren. In der Praxis spielt das (faktische) Arbeitsverhältnis dennoch nur dann eine Rolle, wenn nicht auch ein Arbeitsvertragsverhältnis begründet wurde. Wesentlicher Inhalt der Normen zum faktischen Arbeitsverhältnis ist deshalb die Ausgestaltung des vertragslosen Rechtsverhältnisses der Arbeitsparteien und die Regelung von Maßnahmen zur Herbeiführung des Arbeitsvertragsschlusses[447]. Sobald ein Arbeitsvertragsverhältnis vorliegt, sind diese Normen bereits tatbestandlich nicht mehr einschlägig.

2. Gründe für die Trennung zwischen Arbeitsverhältnis und Arbeitsvertragsverhältnis

Die Loslösung des Arbeitsverhältnisses vom Arbeitsvertrag im chinesischen Recht war eine notwendige Entscheidung, um einen Ausgleich für die auf den Arbeitsvertrag anwendbare strenge Formvorschrift zu schaffen. Es bestand ein praktisches Bedürfnis an der rechtlichen Klarstellung des Rechtsverhältnisses zwischen den Arbeitsparteien ohne Arbeitsvertrag. In der Vergangenheit schlossen viele Arbeitgeber entgegen der spätestens seit 1994 bestehenden Abschlusspflicht keine schriftlichen Arbeitsverträge mit ihren Arbeitnehmern, wodurch das Bestehen eines Arbeitsverhältnisses nicht von den Gerichten anerkannt wurde. Obwohl das faktische Arbeitsverhältnis bereits Mitte der 90er Jahre eingeführt wurde, gelang ihm nicht der erhoffte Durchbruch, weil die Gerichte auch weiterhin zu stark am schriftlichen Arbeitsvertrag als Beweis für das Bestehen eines Arbeitsverhältnisses festhielten. Ganz pragmatisch hat der Gesetzgeber nun eine Minimallösung geschaffen, die dem Arbeitnehmer ohne schriftlichen Arbeitsvertrag einen Mindestschutz im Hinblick auf bereits geleistete Arbeit bietet. Da die Begründung des Arbeitsverhältnisses nicht an eine wirksame Willensübereinkunft der Beteiligten anknüpft, ist zumindest der Lohnanspruch des Arbeitnehmers gegen rechtsgeschäftliche Wirksamkeitsmängel gesichert. Dadurch wird eine dem faktischen Arbeitsverhältnis nach deutschem Recht vergleichbare Situation geschaffen. Probleme bei der Bestimmung der Höhe des Lohnanspruchs gibt es auch im Rahmen des § 612 Abs. 2 BGB. Mit der Möglichkeit zur Berufung auf ein vereinbartes Arbeitsentgelt hat der chinesische Gesetzgeber in § 11 AVG sogar eine dem Einzelfall besser Rechnung tragende Lösung gefun-

447 Vgl. §§ 11, 14 Abs. 3, 28 AVG.

den. Den geringeren vertraglichen Anforderungen an die Entstehung des Arbeitsverhältnisses tragen die geringen Anforderungen an die Beendigung desselben Rechnung.

Dabei hätte es theoretisch auch andere Wege gegeben, der noch gering entwickelten Bereitschaft der Arbeitgeber zum Abschluss schriftlicher Arbeitsverträge entgegenzutreten und den Arbeitnehmer gleichzeitig rechtlich zu schützen. Zu denken ist dabei vor allem an die Anerkennung mündlicher und konkludenter Arbeitsverträge. Man muss sich deshalb fragen, warum sich der Gesetzgeber für das Festhalten am strikten Vertragsschriftformerfordernis des AG entschieden hat. Dessen Folge ist, dass der Arbeitnehmer mit Ausnahme des Anspruchs auf Arbeitslohn keinen gesetzlichen Anspruch auf sonstige Arbeitsbedingungen hat, die üblicherweise gemäß § 17 Abs. 1 AVG in den Arbeitsverträgen enthalten sein müssen. Man könnte zwar überlegen, ob die gesetzlichen Mindestbedingungen und kollektiv-vertraglichen Vereinbarungen nicht auch für den Arbeitnehmer ohne Arbeitsvertrag gelten. Allerdings beschränkt sich das AVG in den Normen, in denen die geschuldeten Leistungen an den Arbeitnehmer ohne Arbeitsvertrag geregelt sind, eindeutig auf den Arbeitslohn, während die gesetzlichen Mindestbedingungen und kollektiv-vertraglichen Vereinbarungen ausschließlich bei Bestimmungen zum Arbeitsvertrag erwähnt werden[448].

Noch weit reichender ist der Umstand, dass das faktische Arbeitsverhältnis nicht dem Schutz vor Auflösung des Arbeitsvertrages unterliegt. Als Grund für diese gesetzgeberische Entscheidung kommt in Betracht, dass man nicht zu stark in die unternehmerische Entscheidungsfreiheit eingreifen wollte. Dem Unternehmer sollten keine Zwänge auferlegt werden, die jener aus wirtschaftlichen Gründen nicht schultern kann. Das gilt insbesondere im Hinblick auf die Dauer des Arbeitsvertrages. Wie aus der Historie des Arbeitsvertragssystems ersichtlich, spielte die Befristung der Arbeitsverträge beim Bruch mit dem Grundsatz der „Eisernen Reisschüssel“ eine maßgebliche Rolle. Dementsprechend war in den 1986er Bestimmungen nicht der Abschluss unbefristeter Arbeitsverträge vorgesehen. Auch wenn sich dies 1995 mit dem Inkrafttreten des AG geändert hat, ist man in China noch weit davon entfernt, das unbefristete Arbeitsvertragsverhältnis als „Regel“-Arbeitsvertragsverhältnis wie bspw. in Deutschland zu bezeichnen. Das kann man schon daran sehen, dass die Befristung sachgrundlos erfolgen darf, dogmatisch also keine Ausnahme von der Regel darstellt. Dementsprechend will der nationale Gesetzgeber bis zum Erreichen der Jahresgrenze des § 14 Abs. 3 AVG auch weiterhin nicht in die Entscheidung des Arbeitgebers über die Vertragsdauer eingreifen.

448 Vgl. §§ 11, 18, 55 AVG.

Dadurch erklärt sich auch, dass das Arbeitsverhältnis faktisch jederzeit beendbar ist. Die behördlichen Einflussnahmemöglichkeiten scheinen dem Arbeitgeber zur grundsätzlichen Gewährleistung der Vertragsabschlusspflicht zu genügen. Einer vorsätzlichen Verweigerung des Vertrages durch den Arbeitgeber meint der Gesetzgeber durch die finanziellen Sanktionen in ausreichendem Umfang entgegen getreten zu sein. Genauso geht er davon aus, dem Arbeitnehmerinteresse an einer stabilen Arbeitsbeziehung durch die Jahresgrenze des § 14 Abs. 3 AVG gerecht zu werden.

3. Inhalt des Arbeitsverhältnisses

Die Normen des AVG, die sich mit dem (faktischen) Arbeitsverhältnis befassen, lassen sich in drei Gruppen unterteilen. In die erste Gruppe fallen jene, die seine Begründung und Abgrenzung gegenüber dem Arbeitsvertrag betreffen[449]. In die zweite Gruppe fallen solche Bestimmungen, die der Regelung des Verhältnisses zwischen den Parteien während des Zeitraums bereits erbrachter Arbeitsleistung dienen, ohne dass ein Arbeitsvertrag geschlossen wurde[450]. Zur dritten Gruppe gehören die Rechtsvorschriften, welche sich mit dem Arbeitsverhältnis allgemein befassen, ohne eine Unterscheidung danach zu treffen, ob ein Arbeitsvertrag vorliegt oder nicht[451].

Das Arbeitsverhältnis sichert dem Arbeitnehmer Ansprüche auf Arbeitslohn für bereits geleistete Arbeit[452], auf wirtschaftlichen Ausgleich bei Beendigung des Arbeitsverhältnisses[453], bei Arbeitsunfällen und Berufskrankheiten[454], auf Beitragszahlungen zur Sozialversicherung und fingiert nach einjährigem Bestand des Arbeitsverhältnisses einen unbefristeten Arbeitsvertrag[455]. Auch die gesetzlichen Vorschriften über den Arbeitsschutz, bestimmte Arbeitsbedingungen usw. finden auf das Arbeitsverhältnis Anwendung. Damit wird ein gesetzlicher Mindestrahmen für die Beschäftigung von Arbeitnehmern ohne Arbeitsvertrag geschaffen.

---

449 Vgl. §§ 2 Abs. 1, 7, 10 Abs. 1–3, 97 Abs. 2 AVG.
450 Vgl. §§ 11, 14 Abs. 3, 28, 82 Abs. 1 AVG.
451 Vgl. u. a. §§ 1, 2 Abs. 2, 5, 39 Nr. 4 AVG.
452 Vgl. die §§ 11, 28 AVG, § 5 Ausführungsbestimmungen zum AVG.
453 Vgl. § 6 Abs. 1 Ausführungsbestimmungen zum AVG i. V. m. § 47 AVG.
454 Vgl. § 61 Abs. 1 AUV.
455 Vgl. § 14 Abs. 3 AVG, § 7 Ausführungsbestimmungen zum AVG.

4. Die Beendigung des Arbeitsverhältnisses

AVG und AG treffen keine Aussagen über die Beendigung von Arbeitsverhältnissen, so dass man davon ausgehen muss, dass dieser Bereich untergesetzlichen und regionalen Regelungen vorbehalten bleiben soll. Dies ist teilweise in dem Rundschreiben zur Feststellung von Arbeitsverhältnissen und in den Ausführungsbestimmungen zum AVG geschehen. Die einzigen vom Arbeitgeber zu überwindenden gesetzlichen Hürden für die Beendigung des Arbeitsverhältnisses sind folglich die ausreichende aber erfolglose Konsultation des Arbeitnehmers und die schriftliche Mitteilung der Beendigung des Arbeitsverhältnisses an den Arbeitnehmer. Zwar können gesetzliche Mindeststandards für die Vertragsdauer usw. die Verhandlungsposition des Arbeitnehmers stärken, grundsätzlich wird es dem Arbeitgeber aber nicht schwer fallen, Vertragsverhandlungen durch für den Arbeitnehmer unannehmbare Vertragsbedingungen zum Scheitern zu bringen. Nach den nationalen Rechtsvorschriften ist eine Beendigung demnach relativ einfach möglich. Solange die regionalen Bestimmungen nicht aufgehoben werden, ist aber auch von ihrer Weitergeltung auszugehen, solange sie nicht den Bestimmungen des höherrangigen Rechts widersprechen. Das AVG bietet den Provinzen hinreichenden Spielraum, die Möglichkeiten des Arbeitgebers zur Beendigung des Arbeitsverhältnisses den örtlichen Gegebenheiten anzupassen. Hierin wird eine Besonderheit des chinesischen Rechts deutlich. Die nationale Gesetzgebung ist häufig nur eine Rahmengesetzgebung. Die Konkretisierung erfolgt über niederrangige Normen, die meist eine Reaktion auf die praktische Umsetzung der Gesetze sind. Den Provinzregierungen wiederum wird viel Freiraum zur Ausgestaltung gelassen, wodurch die örtliche Flexibilität gewährleistet ist. Die Gründe hierfür sind nahe liegend. Die regional sehr unterschiedliche wirtschaftliche Entwicklung bedingt bereits Unterschiede in der Arbeitsmarktpolitik. Die sehr dynamische wirtschaftliche Entwicklung Chinas erfordert zudem ständig neue Lösungen, die durch einen Wettbewerb der Rechtssysteme in den einzelnen Provinzen gefördert werden[456]. Dazu kommt, dass die Folgen rechtlicher Entscheidungen in China angesichts der riesigen Bevölkerung ungleich größer sind, als dies beispielsweise in Deutschland der Fall ist. Damit ist ein Konfliktpotential verbunden, dem möglichst flexibel begegnet werden muss. Die Entscheidung über die geeigneten arbeitsrechtlichen Maßnahmen will man offensichtlich auch weiterhin den jeweiligen Provinzregierungen überlassen, auch wenn dies wie bisher eine starke Rechtszersplitterung zur Folge hat. Ob dies in einem riesigen Staat

456 Wie Dr. Wu Wenfang im Interview mitteilte, werden die regionalen Arbeitsvertragsbestimmungen zentral gesammelt und ausgewertet.

wie der VRC mit derart großen regionalen Unterschieden in der Wirtschaftsleistung und Bevölkerung überhaupt anders möglich ist, ist überlegenswert.

Praktische Bedeutung kommt der Möglichkeit zur Beendigung des Arbeitsverhältnisses letztlich nur in den Fällen zu, in denen ein Arbeitsvertrag nicht geschlossen oder verlängert wurde. Man muss sich aber fragen, ob der Nichtabschluss eines Vertrages für den Arbeitgeber tatsächlich sinnvoll ist. Vorteilhaft daran sind sicherlich die niedrigeren Kosten durch die Nichtabführung der Sozialabgaben. Allerdings muss der Arbeitgeber stets mit einer Überprüfung durch die Behörde rechnen, die ihn dann zum Abschluss des Arbeitsvertrages und Nachzahlung der Sozialabgaben anweist. Somit bleibt als Vorteil nur die an keine bestimmten Gründe gebundene Beendigungsmöglichkeit des Arbeitsverhältnisses[457] bis zur möglichen behördlichen Intervention. Zudem kann auch der Arbeitnehmer ohne rechtliche Konsequenzen das Arbeitsverhältnis jederzeit beenden. Anders als bei einem Verstoß gegen die vertragliche Bindung kann der Arbeitgeber dann keinen Schadensersatz verlangen. Weiter steht die Verpflichtung zur Zahlung des doppelten Gehaltes im Raum. Da Arbeitsentgeltansprüche erst mit der Beendigung des Arbeitsverhältnisses anfangen zu verjähren[458], kann sich der Arbeitgeber nur sehr schwer seiner Verpflichtung zur Zahlung von Arbeitslohn entziehen.

Die Geltendmachung der Ansprüche auf Arbeitslohn schwebt während der gesamten Dauer des Arbeitsverhältnisses und noch ein weiteres Jahr nach Beendigung über ihm.

Umstritten ist jedoch, ob der Betrag, der das einfache Gehalt übersteigt, als Arbeitslohn anzusehen ist. Viele Volksgerichte und Schiedsgerichte in Arbeitsstreitigkeiten gehen davon aus, dass es sich bei der doppelten Lohnzahlung um eine Strafzahlung handelt und gerade nicht um Lohn im Sinne von § 27 Abs. 4 SSAG. Argumentiert wird weiter, dass der Schutz des Lohnanspruches vor frühzeitiger Verjährung nur den Erhalt des Existenzminimums bezweckt, der zum Überleben nötig ist[459].

Dieses Argument ist bereits deshalb fraglich, weil der Verjährungsschutz nach § 27 Abs. 4 SSAG im Zweifel erst nach Ablauf der regulären Verjährungsfrist von einem Jahr gemäß § 27 Abs. 1 SSAG greift. Lohnansprüche, die erst ein Jahr nach Kenntniserlangung von der Rechtsverletzung geltend gemacht werden, stehen nicht mehr unmittelbar im Zusammenhang mit dem Überleben des Arbeitnehmers.

---

457 Hier muss nur die ausreichende Konsultation des Arbeitnehmers beachtet werden.

458 Vgl. § 27 Abs. 4 SSAG. Auch hier ist nicht von der Beendigung des Arbeitsvertrages die Rede, sondern es wird auf das Arbeitsverhältnis abgestellt.

459 So Dr. Wu Wenfang im Interview.

Der Ansicht ist allerdings zuzugestehen, dass es sich bei dem doppelten Lohnanspruch nach § 82 AVG tatsächlich um eine Strafzahlung handelt und nicht um den eigentlichen Lohn im Sinne einer Gegenleistung für die erbrachte Arbeit. Vom Wortlaut des § 27 Abs. 4 SSAG her gesehen, könnte man dementsprechend den Betrag, der den einfachen Lohn übersteigt, vom Anwendungsbereich der Norm ausschließen.

Gegen eine derartige Auslegung sprechen aber Sinn und Zweck von § 27 Abs. 4 SSAG. Die Vorschrift hat die verbreitete Praxis der Nichtzahlung oder Verzögerung der Lohnzahlung im Auge. Mit Beendigung des Arbeitsverhältnisses befindet sich der Arbeitnehmer in keinem Abhängigkeitsverhältnis vom Arbeitgeber mehr, welches ihn unter Umständen zuvor an der gerichtlichen Geltendmachung seiner Lohnansprüche gehindert hat. Dieses Problem besteht bei dem den einfachen Lohn übersteigenden Betrag zumindest in gleichem Maße. Es ist sogar so, dass eine gerichtliche Geltendmachung des doppelten Lohnes während des Bestehens des Arbeitsverhältnisses das Verhältnis zum Arbeitgeber noch stärker beschädigt, als dies beim einfachen Lohnanspruch der Fall ist. Um das Verhältnis mit dem Arbeitgeber nicht zu gefährden, werden sich deshalb viele Arbeitnehmer während des Bestehens des Arbeitsverhältnisses nicht auf den doppelten Lohnanspruch berufen. Unter diesem Gesichtspunkt bedarf der doppelte Lohnanspruch einen größeren Schutz, als der einfache. Nach dem oben vertretenen Verständnis verliert die Strafzahlung dagegen merklich an Wirkungskraft. Der Arbeitgeber kann damit rechnen, dass beispielsweise ein Arbeitnehmer, mit dem erst nach mehreren Monaten des Bestehens des Arbeitsverhältnisses ein Arbeitsvertrag mit befristeter Dauer geschlossen wurde, keine gerichtliche Geltendmachung des doppelten Lohnes anstrebt, um seine Weiterbeschäftigung nach Fristablauf zu sichern.

Selbst wenn man von der Nichtanwendbarkeit des § 27 Abs. 4 SSAG auf den doppelten Arbeitslohn ausgeht, lastet ein erheblicher Druck auf dem Arbeitgeber, einen schriftlichen Arbeitsvertrag abzuschließen. Spätestens ein Jahr nach Begründung des Arbeitsverhältnisses ist Schluss mit der Freiheit zur oben dargestellten sachgrundlosen Beendigung des Arbeitsverhältnisses. Ab diesem Zeitpunkt wird ein unbefristeter Arbeitsvertrag fingiert.

Im Ergebnis kann sich der Arbeitgeber unter der Prämisse keiner vorherigen behördlichen Intervention ein Jahr lang die erleichterte Beendigung der Arbeitsbeziehung mit dem Arbeitnehmer vorbehalten, nimmt dafür aber für insgesamt elf Monate die doppelte Gehaltszahlung in Kauf, also mindestens den doppelten örtlichen Mindestlohn. Dazu kommt noch die fällige Ausgleichszahlung im Falle der Beendigung des Arbeitsverhältnisses.

E. Entstehung und Beendigung von Arbeitsverträgen im chinesischen Arbeitsrecht

Im deutschen Recht wird der Arbeitsvertrag als besonderer Typus des Dienstvertrages des BGB angesehen. Im Einklang hiermit finden die allgemeinen zivilrechtlichen Regeln zu Willenserklärung und Rechtsgeschäft auch auf den Arbeitsvertrag Anwendung. Im chinesischen Recht ist das anders. Ungeachtet der zahlreichen Gemeinsamkeiten gilt der Arbeitsvertrag nicht als ein zivilrechtlicher Vertragstyp, für den bestimmte Sonderregelungen gelten. Er wird als Vertragstyp außerhalb des Zivil- und Vertragsrechtes eingeordnet mit der Folge, dass die Vorschriften des Zivil- und Vertragsrechtes grundsätzlich keine Anwendung auf den Arbeitsvertrag finden.

Dieser Teil der Arbeit geht auf die Entstehung und Beendigung von Arbeitsverträgen nach dem chinesischen Arbeitsrecht und die Besonderheiten ein, die gerade durch die Sonderstellung im chinesischen Vertragssystem bestehen.

I. Einführung zum Arbeitsvertrag

1. Der Vertragsbegriff des Vertragsgesetzes

Unter der sozialistischen Planwirtschaft machte die alle Bereiche umfassende Distribution jegliche Eigeninitiative Privater unmöglich. Vertragsautonomie wurde als für das individualistische System des Kapitalismus typisch und somit im Widerspruch zum kollektiven Charakter der Planwirtschaft stehend angesehen. Verträge in Urkundenform dienten in der Planwirtschaft in erster Linie zur Überprüfung der Erfüllung der Planvorgaben. Erst die Reformen des Privatwirtschaftslebens seit Ende der 70er Jahre führten zu einer sich entwickelnden Privat- und Vertragsautonomie. Zweck ihrer Einführung war allerdings auch hier die Steigerung der im Allgemeininteresse stehenden Produktivität Chinas und nicht die Förderung der Individualität der Bürger[460]. Es gibt heute zwei Regelungswerke, die sich grundlegend mit dem Vertragsrecht auseinandersetzen. Das sind zum einen die Allgemeinen Grundsätze des Zivilrechts („AGZR")[461], sowie das

460 Vgl. Wolff, Arbeitsvertrag, S. 46 f.

461 Diese werden von den „Versuchsweise durchgeführte Ansichten zu einigen Fragen bei der Anwendung der Allgemeinen Grundsätze des Zivilrechts", ergänzt.

Vertragsgesetz („VG"). Soweit es zu Überschneidungen kommt, haben die jüngeren Regelungen des VG Vorrang.

Das VG definiert den Vertrag folgendermaßen:

§ 2 VG
(1) Als Vertrag bezeichnet dies Gesetz eine Vereinbarung, mit der zwischen Bürgern, juristischen Personen und anderen Organisationen als gleichberechtigten Subjekten eine Beziehung mit zivilrechtlichen Rechten und Pflichten errichtet, geändert oder beendet wird[462].
(2) Auf Ehe, Adoption oder Vormundschaft oder sonst auf persönliche Statusbeziehungen bezügliche Vereinbarungen werden die Bestimmungen anderer Gesetze angewandt.

Es gelten bestimmte Grundsätze, die bei Abschluss und Erfüllung von Verträgen beachtet werden müssen:

§ 3 VG
Die Parteien eines Vertrages haben eine gleichberechtigte Stellung, keine Seite darf der anderen ihren Willen aufzwingen.

§ 4 VG
Die Parteien sind berechtigt, nach dem Recht Verträge nach ihrem eigenen Willen zu schließen; keine Einheit und kein Einzelner darf sich dabei rechtswidrig einmischen.

§ 5 VG
Die Parteien sollen, wenn sie die Rechte und Pflichten aller Seiten festsetzen, sich an den Gerechtigkeitsgrundsatz halten.

§ 6 VG
Die Parteien sollen bei der Ausübung von Rechten und bei der Erfüllung von Pflichten sich an den Grundsatz von Treu und Glauben halten.

§ 7 VG
Die Parteien sollen bei der Errichtung und Erfüllung von Verträgen die Gesetze und verwaltungsrechtlichen Bestimmungen einhalten und auf die gesellschaftliche öffentliche Moral achten und dürfen nicht die sozioökonomische Ordnung stören und gesellschaftliche Interessen verletzen.

§ 8 VG
(1) Ein nach dem Recht errichteter Vertrag hat gegenüber den Parteien gesetzliche Bindungskraft. Eine Partei soll gemäß dem Vereinbarten ihre Pflichten erfüllen und darf nicht eigenmächtig den Vertrag ändern oder kündigen.
(2) Ein nach dem Recht errichteter Vertrag erhält den Schutz des Gesetzes.

Wie sich aus § 2 Abs. 1 VG ergibt, ist der Vertrag eine Vereinbarung, die in erster Linie ein Rechte- und Pflichtenverhältnis errichtet. Es gelten die Grundsätze der Vertrags- oder Parteienautonomie und „pacta sunt servanda" [463]. Der Vertrag

---

462 § 85 AGZR: Der Vertrag ist eine Vereinbarung, mit der die Beteiligten Zivilbeziehungen errichten, ändern oder beenden. Nach dem Recht errichtete Verträge erhalten den Schutz des Gesetzes.

463 Vgl. Ling, Contract Law, S. 45 f.

soll Ausdruck des übereinstimmenden Willens der Parteien und nicht Ergebnis gesetzlicher Anordnung sein[464]. Die Betonung der Gleichberechtigung der Parteien dient dem Ausschluss von Verwaltungsverträgen zwischen der Regierung und den Unternehmen. Diese zeichnen sich durch ein vertikales Rechtsverhältnis aus, bei dem gerade keine Gleichberechtigung vorhanden ist und die deshalb vom Verwaltungsrecht erfasst werden. Bei Verwaltungsverträgen sind typischerweise öffentliche Interessen berührt und das öffentliche Organ hat im Rahmen seiner öffentlichen Amtsbefugnis die Macht zur Sanktionierung von Vertragsverstößen, während Verträge, bei denen die Regierung als Privatperson auftritt, dem VG unterfallen[465].

2. Der Arbeitsvertragsbegriff

Der Begriff des Arbeitsvertrages im Sinne eines westlichen Rechtsverständnisses hat sich ebenfalls erst parallel zu den Wirtschaftsreformen im Rahmen der Verrechtlichung der Arbeitsbeziehungen entwickelt. Josephs ist der Ansicht, dass sich der Arbeitsvertrag nach dem Arbeitsvertragssystem bereits konzeptionell von anderen Vertragstypen unterscheidet, da er weniger die Selbstständigkeit und Freiheit des Vertrages betont. Sie vertritt die Meinung, dass sich die parallel zur Entwicklung der sozialen Marktwirtschaft entstehenden rechtlichen Institutionen versuchsweise und gleichzeitig unkontrolliert im Rahmen der Suche nach einem der wirtschaftlichen Entwicklung entsprechenden, angemessenen ideologischen System herausbildeten[466]. In Abgrenzung zu anderen Vertragstypen soll der Arbeitsvertrag immer eine soziale Komponente beinhalten, weil der Arbeitnehmer als benachteiligte Partei im Arbeitsvertragsverhältnis der Unterstützung des Gesetzgebers zur Wahrung seiner Rechte und Interessen bedarf[467].

§ 1 Der Arbeitsvertrag vor Einführung des Arbeitsvertragssystems

Vor den Wirtschaftsreformen kam dem Arbeitsvertrag in China lediglich für die Ausnahmefälle der befristeten Beschäftigung von Arbeitskräften außerhalb der staatlichen Planvorgaben eine Bedeutung zu[468]. Die vorherrschende lebens-

464 Vgl. Ling, Contract Law, S. 1 ff.
465 Vgl. Ling, Contract Law, S. 3 f.
466 Vgl. Josephs, Labor Law in China, S. 27.
467 Vgl. GtZ/MoLSS, Commentaries, S. 466.
468 Vgl. Wolff, Arbeitsvertrag, S. 67–70, der zwischen Leiharbeits- und Arbeitsverträgen unterscheidet. Siehe auch die Abgrenzung zwischen Arbeitsvertragssystem und alten befristeten Beschäftigungsverhältnissen bei Wolff, Arbeitsvertrag, S. 82.

lange Anstellung wurde nicht durch Vertrag, sondern durch staatlichen Hoheitsakt begründet[469], auch wenn teilweise versucht wurde, ihre Begründung mit dem Vertragsbegriff zu erklären. Wolff meint zu diesen Versuchen, dass der Fokus der rechtlichen Betrachtung in der chinesischen Literatur auf dem Vorliegen eines Schriftstücks und nicht auf zwei übereinstimmenden Willenserklärungen lag. Deshalb spricht er vom „papiernen Vertragsbegriff", der „das Rechtsinstitut Vertrag...zum Formerfordernis degradiert", wobei selbst dessen Funktion nicht immer erfüllt war[470]. Der „Vertrag" hatte mithin eine rein dokumentarische Beweisfunktion und war nicht das Ergebnis einer ausgehandelten Willensübereinkunft[471].

§ 2 Der Arbeitsvertrag gemäß dem Arbeitsvertragssystem

Die Definition des Arbeitsvertrages nach dem Arbeitsvertragssystem war streitig. Da das neue Arbeitsvertragssystem parallel zum partiell weiterhin angewandten System der zentralen Verteilung eingeführt wurde, war eine einheitliche Erfassung des Arbeitsvertragsbegriffs für alle Arbeitsverhältnisse nicht möglich. Nach Wolff vertrat die herrschende Meinung die Ansicht, dass es sich beim Arbeitsvertrag um „eine Vereinbarung zwischen einem Werktätigen und dem Organ eines Unternehmens über die Errichtung von Arbeitsbeziehungen" handelte. Im Abschluss des Arbeitsvertrages sollte sich das verfassungsmäßige Recht auf Arbeit verwirklichen. Man versuchte, den sozialistischen Charakter des Arbeitsvertrages durch Leugnung eines Interessenkonfliktes zwischen den Arbeitsvertragsparteien zu betonen, indem das beiderseitige Interesse an der Steigerung von Produktivität und damit nationalem Wohlstand in den Vordergrund gestellt wurde[472]. Zur Beruhigung der Reformgegner wurde angeführt, dass anders als im Kapitalismus der Vertragsschluss im Sozialismus auf völliger Gleichberechtigung der Parteien[473] beruhe und der Vertrag nicht der Beschneidung der Arbeitnehmerrechte, sondern deren Schutz diene[474].

Das Arbeitsrecht bestätigte erstmals ausdrücklich das Individuum als unabhängig rechtlich Handelnden mit dem Recht, wirtschaftliche Aktivitäten zu verfolgen und deren Früchte zu ernten. Damit stand es im Einklang mit den sich

469 Vgl. Wolff, Arbeitsvertrag, S. 48, 62 f. So auch Waas/Wu, Arbeitsvertragsgesetz, S. 234 f.

470 Vgl. Wolff, Arbeitsvertrag, S. 50.

471 Vgl. Wolff, Arbeitsvertrag, S. 138.

472 Vgl. Wolff, Arbeitsvertrag, S. 49 f.

473 Der Gedanke von der Gleichberechtigung der Parteien beim Arbeitsvertragsschluss hat sich bis in das Arbeitsvertragsgesetz gerettet, vgl. § 3 Abs. 1 AVG. Dabei liegt gerade beim Arbeitsvertragsschluss in der Regel keine Gleichberechtigung vor.

474 Vgl. Wolff, Arbeitsvertrag, S. 71.

entwickelnden Konzepten von Individualwirtschaft und Eigentumsrechten. Im Arbeitsvertrag äußerte sich dies am Recht des Arbeitnehmers an seiner Arbeitsleistung, die in einem vertraglichen Austauschverhältnis mit dem Arbeitslohn steht. Vor dem Hintergrund der sozialistischen Lehre war diese Vertragsfreiheit gerade im Arbeitsverhältnis nicht unumstritten. Auch nach dieser Lehre sollte die Arbeit zwar im Alleineigentum des Arbeiters stehen, darüber hinaus sollte aber die Miteigentümerschaft des Arbeiters am Unternehmen eine Ausbeutung der Arbeitskraft verhindern. Als kennzeichnend gerade für die kapitalistischen Systeme sah man es an, dass der Arbeitnehmer dem Arbeitgeber ausschließlich seine Arbeit entgegenhalten konnte, die zudem lediglich einen Warencharakter besaß[475].

Die rechtliche Bedeutung des Arbeitsvertrages war in den 1986er Bestimmungen noch widersprüchlich und lückenhaft geregelt. Insbesondere das Verhältnis zwischen der Anstellung und dem Arbeitsvertragsschluss bereitete Schwierigkeiten. Lediglich aus den Rechtsfolgen, die der Gesetzgeber an das jeweilige Rechtsinstitut knüpfte, konnte man indirekt auf das Verhältnis zueinander schließen[476]. In der chinesischen Literatur wurde vertreten, dass bei Verstößen gegen die Anstellungsbestimmungen der Arbeitsvertrag nichtig sei[477]. Wolff ging davon aus, dass die Anstellung eine Rechtshandlung sei, die Arbeitsrechtsbeziehungen durch die Eröffnung des Anwendungsbereichs der arbeitsrechtlichen Normen begründete, was er in erster Linie auf § 13 S. 2 Anstellungsbestimmungen 1986 stützte[478], wonach Verstöße gegen die Anstellungsbestimmungen die Anstellung unwirksam machten. Es kann aber nur eine Rechtshandlung unwirksam sein, so dass die Anstellung nicht bloß ein tatsächlicher Akt war. Die Unwirksamkeit der als Arbeitsrechtsbeziehung klassifizierten Rechtshandlung hatte die Nichtanwendung der arbeitsrechtlichen Gesetze zur Folge, so dass dann nur noch zivilrechtliche Vorschriften einschlägig sein konnten[479].

Weiter musste gemäß § 11 Anstellungsbest. 1986 bei der Anstellung ein Arbeitsvertrag abgeschlossen werden. Gemäß § 13 S. 2 Anstellungsbest. 1986 war die Anstellung ohne Arbeitsvertrag demnach unwirksam. Folglich war der Arbeitsvertrag Wirksamkeitsvoraussetzung für die Anstellung. Gleichzeitig begründete er im Rahmen der Arbeitsbeziehung selbständig Rechte und Pflichten der Vertragsparteien in den Bereichen, die noch nicht durch die Arbeitsge-

---

475 Vgl. Josephs, Labor Law in China, S. 28, und Wolff, Arbeitsvertrag, S. 13 f.

476 Vgl. zum Beispiel bei Wolff, Arbeitsvertrag, S. 107 zu den Wirkungen der Beendigung der Arbeitsbeziehungen auf die Auflösung des Arbeitsvertrages. Vgl. auch den Versuch von Wolff, Arbeitsvertrag, S. 96 f., 145 ff., die rechtliche Struktur aus den Normen herauszufiltern,.S. 6 f., 5 ff.

477 Vgl. bei Wolff, Arbeitsvertrag, S. 208, Anm. 110.

478 Vgl. Wolff, Arbeitsvertrag, S. 143 ff.

479 Vgl. Wolff, Arbeitsvertrag, S. 94 ff.

setze ausgefüllt waren, bzw. die oberhalb der normierten Mindestbedingungen lagen[480]. Somit errichtete erst die Anstellung zusammen mit dem (schriftlichen) Arbeitsvertrag die Arbeitsrechtsbeziehungen, was unter anderem die gesetzliche Anerkennung eines so genannten „faktischen Arbeitsverhältnisses" verhinderte. Im chinesischen Schrifttum begegnete man dem mit der Behauptung, dass arbeitsrechtliche Normen auch ohne Arbeitsvertrag Anwendung finden, was allerdings im Widerspruch zu den §§ 11, 13 S. 2 Anstellungsbest. 1986 stand. Der Arbeitsvertrag sollte gewissermaßen fingiert werden, da man die Rechtsbestimmungen, die an die Existenz eines Arbeitsvertrages knüpften, auch auf die vertragslosen Arbeitsbeziehungen übertragen wollte[481].

Wolff suchte dagegen eine Lösung über allgemeine schadensersatzrechtliche Normen[482]. Der Arbeitsvertrag hatte nur eine Funktion im Rahmen des weiteren Begriffs der Arbeitsrechtsbeziehungen und war nach Wolffs Ansicht gerade nicht die (alleinige) Rechtsgrundlage der Anstellung[483]. Als Grund für die eingeschränkte Funktion des Arbeitsvertrages vermutete er, dass man die Reformen aus Rücksicht auf ihre Gegner auf das Wichtigste – die Erreichung der wirtschaftlichen Ziele – reduziert habe und dies nun einmal nicht die Einführung eines das Individuum betonenden Vertragssystems im westlichen Sinne erforderte. Auch dies sei aber zumindest ein Schritt hin zu einer Verrechtlichung der Arbeitsbeziehungen im Interesse der Arbeitnehmer gewesen[484].

§ 3 Der Arbeitsvertrag nach dem Arbeitsgesetz

Im AG findet sich erstmalig seit Einführung des Arbeitsvertragssystems eine gesetzliche Definition des Arbeitsvertrages.

> *§ 16 AG*
> *(1) Der Arbeitsvertrag ist eine Vereinbarung, welche eine Arbeitsbeziehung zwischen Arbeitnehmer und Arbeitgeber errichtet und die beiderseitigen Rechte und Pflichten klarstellt.*
> *(2) Bei Errichtung einer Arbeitsbeziehung soll ein Arbeitsvertrag geschlossen werden.*

---

480 Vgl. Wolff, Arbeitsvertrag, S. 143 f.

481 So Wolff, Arbeitsvertrag, S. 146 f. Grundsätzlich sollte zwar ohne Arbeitsvertrag ein regelungsfreier Raum bestehen, in dem nur die gesetzlichen Bestimmungen gelten, z. B. die Vorschriften, die eine Auflösung des Vertrages verhinderten. Bestand der Arbeiter auf der Fortführung des Arbeitsverhältnisses, sollte er noch mindestens ein Jahr beschäftigt oder angemessen entschädigt werden. Lediglich bei fehlerhaftem oder nichtigem Arbeitsvertrag sollten beide Parteien das Arbeitsverhältnis jederzeit auflösen können, vgl. bei Wolff, Arbeitsvertrag, S. 147.

482 Vgl. Wolff, Arbeitsvertrag, S. 97, 147.

483 Vgl. dazu Wolff, Arbeitsvertrag, S. 137, 143 ff., und die anderweitigen Lösungsansätze in der chinesischen Literatur S. 3 ff.

484 Vgl. dazu Wolff, Arbeitsvertrag, S. 144, 148.

§ 17 AG
(1) Bei Abschluss und Änderung des Arbeitsvertrages sollen die Grundsätze der Gleichberechtigung und Freiwilligkeit und der Erzielung von Übereinstimmung in Verhandlungen eingehalten, Gesetze und Verwaltungsrechtsnormen dürfen nicht verletzt werden.
(2) Nach dem Gesetz abgeschlossen hat der Arbeitsvertrag gesetzliche Bindungskraft, die Parteien müssen die vom Arbeitsvertrag bestimmten Pflichten erfüllen.

§ 19 AG
(1) Arbeitsverträge sollen in Schriftform geschlossen werden und die folgenden Punkte bestimmen: ...
(2) Neben den vorstehend aufgeführten notwendigen Klauseln im Arbeitsvertrag können die Parteien noch über weitere Dinge Vereinbarungen aushandeln.

Der Arbeitsvertrag ist gemäß § 16 Abs. 1 AG eine Arbeitsvereinbarung zwischen einem Arbeitnehmer und einem Arbeitgeber, in der die Rechte und Pflichten der Parteien und die der nationalen und lokalen Gesetzgebung entsprechenden Arbeitsbedingungen festgelegt werden. Die zwingende Schriftform des § 19 Abs. 1 AG erfüllt die Aufgabe der Klarstellung von Rechten und Pflichten der Parteien. Arbeitsverträge erlangen nach herrschender Ansicht nur dann Geltung, wenn sie vorher in einer unterschriebenen Vertragsurkunde festgelegt wurden[485]. Darüber hinaus errichtet der Arbeitsvertrag das Arbeitsverhältnis.

Weil der Arbeitsvertrag nach § 19 Abs. 1 AG schriftlich abgeschlossen werden musste und die Gerichte der Schriftform ein derart großes Gewicht beimaßen, dass ohne schriftlichen Arbeitsvertrag ein Arbeitsverhältnis schlichtweg nicht nachgewiesen werden konnte bzw. unschriftliche Arbeitsverträge unwirksam waren, ergaben sich Lücken im Rechtsschutz der Arbeitnehmer. Als Folge wurde das Konstrukt des „faktischen" Arbeitsverhältnisses entwickelt[486]. Der schriftliche Arbeitsvertrag hatte aber weiterhin die, wenn auch nicht mehr alleinige Funktion der Begründung eines Arbeitsverhältnisses[487]. Da somit der schriftliche Arbeitsvertrag die vorherrschende Rolle nach dem AG spielen sollte, kann man sagen, dass er die Rechtsbeziehung zwischen Arbeitgeber und Arbeitnehmer durch die vereinbarten und aufgenommenen Rechte und Pflichten einrahmte[488].

Bei Vertragsabschluss und -änderung sollen die Grundsätze der Gleichberechtigung und Freiwilligkeit und der Erzielung von Übereinstimmung in Verhandlungen beachtet werden, wobei nicht gegen Rechtsvorschriften verstoßen werden darf. Nach Dong Runqing ist der Arbeitsvertrag eine ausgehandelte, beidseitige Festlegung des Willens der Vertragsparteien, eine besondere Verein-

485 Vgl. auch Shen, Labour Disputes, S. 79.
486 Das nach herrschender Ansicht in der chinesischen Rechtswissenschaft allerdings auf einem konkludent oder mündlich geschlossenen Arbeitsvertrag beruht, so Dr. Wu Wenfang und Dr. Fan Wei im Interview.
487 S. o.
488 So zutreffend Shen, Labour Disputes, S. 80.

barung betreffend ein individuelles Arbeitsverhältnis[489]. Nach deutscher Rechtsterminologie entspricht dem die Privatautonomie im Rahmen der Gesetze und dem auf der Willenserklärung beruhenden Konsensprinzip. Die Betonung der Gleichberechtigung der Vertragsparteien hat den oben gezeigten historischen und ideologischen Hintergrund.

In § 17 Abs. 2 AG ist der Grundsatz „pacta sunt servanda“ normiert. Der Gesetzgeber nutzte hierfür den Begriff „必须“ (müssen), womit er eindeutig die Pflicht der Parteien zur Erfüllung des Arbeitsvertrages ausdrückt[490]. Selbst im erst fünf Jahre später erlassenen VG[491] und im AVG[492] gebraucht der Gesetzgeber nur noch den Begriff „应当“ (sollen), um der rechtlichen Bindungswirkung des Vertrages Ausdruck zu verleihen. Dennoch können keine Zweifel daran bestehen, dass auch mit „yīngdāng“ der Grundsatz „pacta sunt servanda“ verbindlich festgelegt wird, da die Verwendung von „应当“ genauso wie „必须“ nach gängigem Verständnis in der chinesischen Rechtspraxis eine Rechtspflicht ausdrückt[493].

§ 4 Der Arbeitsvertrag nach den Entwürfen zum Arbeitsvertragsgesetz

a. Erster Entwurf

Der 1. Entwurf zum AVG enthielt gleichfalls eine Definition des Arbeitsvertrages.

§ 3 des 1. Entwurfes zum AVG
(1) ...
(2) Der Arbeitsvertrag in diesem Gesetz bezieht sich auf die Vereinbarung mit der der Arbeitnehmer und die Arbeitgeberinstitution ihr Arbeitsverhältnis errichten und in der die Rechte und Pflichten der beiden Parteien klargestellt werden.

§ 9 des 1. Entwurfes zum AVG
(1) Arbeitsverträge sollen schriftlich geschlossen werden.
(2) ...
(3) Existiert bereits ein Arbeitsverhältnis, ohne dass Arbeitgeber und Arbeitnehmer einen schriftlichen Arbeitsvertrag geschlossen haben, wird ein unbefristeter Arbeitsvertrag als geschlossen erachtet, ausgenommen der Arbeitnehmer äußert einen anderen Willen, und gleichzeitig sollen unverzüglich nachträglich die Formalitäten des Abschlusses des schriftlichen Arbeitsvertrags erledigt werden.
(4) ...

---

489 Vgl. Dong Runqing mit Verweis auf die rechtswissenschaftliche Lehre, Case Analysis, S. 450.
490 So auch in § 4 Abs. 2 Pekinger AVB.
491 Vgl. § 8 Abs. 1 VG.
492 Vgl. § 3 Abs. 2 AVG.
493 Dies war einhellige Meinung aller in China tätigen Juristen, die vom Verfasser interviewt wurden.

Der Definitionsentwurf des § 3 Abs. 2 entsprach dem des AG insoweit, als das Arbeitsverhältnis durch den Arbeitsvertrag errichtet werden sollte. § 9 Abs. 1 sah ähnlich der Regelung in § 19 Abs. 1 AG die Schriftform des Arbeitsvertrages vor. Entscheidend für das Verständnis des Arbeitsvertrages ist aber § 9 Abs. 3 des 1. Entwurfes. Die Fiktion des Arbeitsvertrages im Falle der Errichtung eines Arbeitsverhältnisses[494] macht deutlich, dass das Schriftformgebot an Bedeutung für die Errichtung des Vertrages eingebüßt hatte. Obwohl die Fiktion in § 9 Abs. 3 AVG an keine anderen Bedingungen als an die Errichtung eines Arbeitsverhältnisses ohne schriftlichen Arbeitsvertrag gebunden ist, kann davon ausgegangen werden, dass § 3 Abs. 2 des Entwurfes auch auf einen fingierten Arbeitsvertrag Anwendung finden sollte. Der Wortlaut der Norm beschränkt sich jedenfalls nicht auf schriftliche Arbeitsverträge. § 9 Abs. 3 AVG normiert eine Ausnahme vom grundsätzlichen Schriftformerfordernis, bzw. ein Verstoß hiergegen ist heilbar. Dass auch andere Vertragsgrundsätze außer Kraft gesetzt werden sollen, ist nicht erkennbar. Dementsprechend war im Fall des § 9 Abs. 3 eine mündliche oder zumindest konkludente Vereinbarung über die Errichtung eines Arbeitsverhältnisses erforderlich. Letztere konnte man ohne weiteres im Bestand eines Arbeitsverhältnisses gemäß § 3 Abs. 1 des Entwurfes sehen. Für den Fall der Unwirksamkeit des Arbeitsvertrages waren in § 22 des Entwurfes Regelungen zum Ausgleich bereits erbrachter Arbeitsleistung im Detail festgelegt.

Der Entwurf hatte also nicht nur das unter dem AG bestehende Problem mit dem arbeitsvertraglichen Schriftformzwang für den Bestand des Arbeitsverhältnisses, sondern auch die Frage der Abwicklung bereits erbrachter Arbeitsleistungen trotz Nichtigkeit des Arbeitsvertrages gelöst.

b. Zweiter Entwurf

Der 2. Entwurf verzichtete auf eine Definition des Arbeitsvertrages. Stattdessen wurden bereits in § 7 Abs. 1 des Entwurfes die Bestimmungen der späteren §§ 7 S. 1, 10 Abs. 1 AVG zur Errichtung des Arbeitsverhältnisses und zur Pflicht des Abschlusses eines schriftlichen Arbeitsvertrages formuliert. § 7 Abs. 2 des Entwurfes entsprach ziemlich genau dem späteren § 10 Abs. 2 AVG im Hinblick auf die Pflicht, den schriftlichen Arbeitsvertrag innerhalb eines Monats nach Errichtung des Arbeitsverhältnisses zu schließen. § 16 Abs. 2 des Entwurfes entsprach bereits der Bestimmung des § 16 Abs. 1 AVG zum Zeitpunkt des Inkrafttretens des Arbeitsvertrages. Bemerkenswert ist jedoch folgende Vorschrift:

494 Zur Definition des Arbeitsverhältnisses nach dem 1. Entwurf vgl. obige Ausführungen.

§ 16 des 2. Entwurfes zum AVG
(1) ...
(2) ...
(3) Haben der Arbeitgeber und der Arbeitnehmer bereits vor der Nutzung der Arbeit einen Arbeitsvertrag geschlossen, tritt der Arbeitsvertrag erst mit diesem Tag in Kraft.

Die Errichtung des Arbeitsverhältnisses wurde damit zu einer Voraussetzung für die Gültigkeit (生效) des Arbeitsvertrages gemacht. Trotz rechtsgeschäftlicher Einigung über den Abschluss des Arbeitsvertrages und die Errichtung des Arbeitsverhältnisses und Vertragsunterschrift konnte noch jede Partei eine vertragliche Bindung durch Nichtaufnahme der Arbeitstätigkeit bzw. Nichtannahme der Arbeitsleistung verhindern.

Diese Regelung hebt den Systemwechsel in der Beziehung Arbeitsvertrag zu Arbeitsverhältnis deutlicher hervor. Der Unterschied zum 1. Entwurf ist jedenfalls eklatant. Das Arbeitsverhältnis wurde vollständig von jeglicher arbeitsvertraglichen Grundlage getrennt und auf eigene Füße gestellt. Mehr noch, es stand sogar im Mittelpunkt der Beziehung zwischen Arbeitgeber und Arbeitnehmer, da erst seine tatsächliche Errichtung der Auslöser für jegliche arbeitsvertraglichen und arbeitsgesetzlichen Bindungen zwischen den Parteien war. Mangels vorheriger vertraglicher Bindung konnten weder eine Pflicht zur Arbeit, noch ein Schadensersatzanspruch wegen Verstoßes gegen die Arbeitspflicht, noch ein Verzugslohnanspruch rechtlich durchgesetzt werden. Andererseits bedurfte das Arbeitsverhältnis nicht eines Arbeitsvertrages, um einen gesetzlichen Lohnanspruch gemäß § 9[495] des Entwurfes zur Entstehung zu bringen. Damit war zwar die Vergütung bereits erbrachter Arbeit gesichert[496], vom Arbeitnehmerschutz im Hinblick auf den Erhalt des Arbeitsplatzes war der Arbeitnehmer aber beispielsweise ausgeschlossen.

c. *Dritter Entwurf*

Der 3. Entwurf rückte wieder davon ab, das Arbeitsverhältnis zur Voraussetzung für die Gültigkeit des Arbeitsvertrages zu machen. Im Übrigen entsprach das Verständnis vom Arbeitsvertrag bereits dem, das letztlich tatsächlich dem AVG zu Grunde gelegt wurde.

§ 5 Der Arbeitsvertrag nach dem Arbeitsvertragsgesetz

Wie schon die Entwicklung der verschiedenen Gesetzentwürfe zeigt, hat sich der Gesetzgeber für eine Trennung von Arbeitsvertrag und Arbeitsverhältnis ent-

495 Nach einem Monat sogar in doppelter Höhe nach § 82 des Entwurfes.
496 Wie auch bei Unwirksamkeit des Vertrages nach § 29 des Entwurfes.

schieden[497]. Insofern kann man von einem gesetzlichen Arbeitsverhältnis, das gemäß § 7 AVG durch Nutzung der Arbeitsleistung des Arbeitnehmers durch den Arbeitgeber entsteht, und einem vertraglichen Rechte- und Pflichtenverhältnis – dem Arbeitsvertragsverhältnis –, das durch die Errichtung des Arbeitsvertrages begründet wird, sprechen.

a. Inhalt des Arbeitsvertrags

Das Arbeitsvertragsverhältnis sichert dem Arbeitnehmer den vollständigen Zugang zum Arbeitnehmerschutzrecht. Der Arbeitsvertrag bietet dem Arbeitnehmer Zugang zu allen kollektiv-vertraglichen, gesetzlichen Arbeitsbedingungen und Sozialleistungen[498], einen Arbeitsplatzschutz mittels der gesetzlichen Beschränkungen zur Auflösung und Beendigung des Arbeitsvertrages und die schriftliche Erfassung des Inhalts der arbeitsvertraglichen Beziehung[499]. Der schriftliche Arbeitsvertrag erfüllt gleichzeitig das in § 1 AVG aufgestellte Ziel der Klarstellung der Rechte und Pflichten zwischen den Parteien. Wenn man einmal von der Möglichkeit des § 11 AVG, sich für die Höhe des Arbeitslohnes auch auf unschriftliche Vereinbarungen berufen zu können[500], absieht, steht erst der Arbeitsvertrag für die Schaffung eines Rechtsverhältnisses, mit dem Leistungen ober- und außerhalb kollektiv-vertraglicher Bestimmungen, des Gleichbehandlungsgrundsatzes und des gesetzlichen Minimums geregelt werden können.

Was die allgemeinen Grundsätze angeht, die bei Abschluss des Arbeitsvertrages nach § 3 Abs. 1 AVG beachtet werden müssen, hat sich der Vertragsbegriff nicht wesentlich gegenüber dem des AG verändert. Hinzugekommen ist noch der aus dem VG[501] bekannte Fairness- oder Gerechtigkeitsgedanke.

---

497 Vgl. die obigen Ausführungen zur Errichtung des Arbeitsverhältnisses.

498 Sozialversicherungsbeiträge werden in der Praxis nur gezahlt, wenn der Arbeitsvertrag zuvor bei der zuständigen Behörde registriert wurde. Ohne Einzahlung beispielsweise in die Arbeitslosenversicherung, erwirbt der Arbeitnehmer auch keine Ansprüche im Fall der Arbeitslosigkeit, vgl. § 14 Abs. 1 Nr. 1 Arbeitslosenversicherungsregeln („AVR"). Es besteht lediglich die Möglichkeit, dass die Behörde den Arbeitgeber im Nachhinein zur Nachzahlung anweist. Da allerdings sowohl Arbeitgeber als auch Arbeitnehmer zur Beitragszahlung verpflichtet sind, vgl. § 6 AVR, haben viele Arbeitnehmer häufig kein Interesse an einer Versicherung. Das gilt insbesondere für Wanderarbeiter, die illegal beschäftigt sind und die Sozialleistungen deshalb nicht nützen können bzw. von den Sozialleistungen, für die sie bezahlen, auch später nicht profitieren, da diese nicht in ihre Heimatprovinzen übertragbar sind. Die Transfermöglichkeiten sollen durch das neue Sozialversicherungsgesetz verbessert werden.

499 Vgl. aber § 18 AVG. Der nach § 14 Abs. 3 AVG gesetzlich fingierte Arbeitsvertrag erfüllt ebenfalls nicht die Klarstellungsvoraussetzungen.

500 Der Beweis dürfte den Arbeitnehmer auch in Zukunft, angesichts der Bevorzugung schriftlicher Beweise durch die Gerichte, schwer fallen.

501 Vgl. § 5 VG.

b. Bestimmung der Rechtsnatur des Arbeitsvertrages

Vor der Trennung von Arbeitsverhältnis und Arbeitsvertrag stellte man auf die Rechtsnatur des Arbeitsverhältnisses ab, um den Arbeitsvertrag von anderen, insbesondere zivilrechtlichen Vertragstypen abzugrenzen. Das Arbeitsverhältnis wird auch weiterhin anhand der alten Merkmale von anderen Rechtsverhältnissen abgegrenzt. Fraglich ist nur, wie sich die Rechtsnatur des Arbeitsvertrages bestimmen lässt, der nunmehr rechtlich vom Arbeitsverhältnis losgelöst wurde. Das Gesetz enthält sich einer Aussage darüber. Es kann jedoch nur so sein, dass die Hauptleistungspflichten eines Arbeitsvertrages im Rahmen eines Arbeitsverhältnisses erbracht werden. Das bedeutet, der Arbeitsvertrag muss inhaltlich auf das Bestehen eines Arbeitsverhältnisses zwischen den Vertragsparteien ausgerichtet sein, so dass die Natur des Arbeitsverhältnisses auch die Natur des Arbeitsvertrages bestimmt.

3. Die Anwendung des allgemeinen Teils des Vertragsgesetzes auf Arbeitsverträge

§ 1 Einleitung

> *§ 123 VG*
> *Wenn andere Gesetze zum Vertrag anderes bestimmen, gelten deren Bestimmungen.*
>
> *§ 124 VG*
> *Auf die Verträge, zu denen sich im Besonderen Teil diese Gesetzes oder in anderen Gesetzen keine ausdrücklichen Bestimmungen finden, werden die Bestimmungen des Allgemeinen Teils dieses Gesetzes angewandt und es können die Bestimmungen zum ähnlichsten [anderen Vertrag] im Besonderen Teil oder in anderen Gesetzen entsprechend berücksichtigt werden.*

Der mit der deutschen Rechtssystematik vertraute Rechtswissenschaftler könnte beim Lesen der §§ 123, 124 VG schnell zu der nahe liegenden Vermutung kommen, dass hierüber auch für Arbeitsverträge der Anwendungsbereich des allgemeinen Teils des VG eröffnet ist, sofern keine speziellen arbeitsrechtlichen Bestimmungen einschlägig sind. Verstärkt wird dieser Eindruck dadurch, dass das Arbeitsvertragsrecht in einigen Bereichen Lücken hat, für die das VG oder die AGZR explizite, umfassendere oder genauere Regelungen enthält, insbesondere auf dem Gebiet der Errichtung des Vertrages, der Rechts- und Geschäftsfähigkeit, des Gewährleistungsrechts sowie der Nichtigkeitsregeln. Vergleicht man die dem Arbeitsvertrag in § 3 AVG zu Grunde gelegten Prinzipien der Rechtmäßigkeit, Fairness, Gleichberechtigung, Freiwilligkeit, Erzielung von Übereinstimmung in

Verhandlungen, von Treu und Glauben sowie „pacta sunt servanda“[502] mit denen des VG nach den §§ 3–8, so scheinen ebenfalls keine grundlegenden Differenzen zu bestehen.

Die Thematik ist allerdings hoch umstritten, weshalb jegliche Anwendung zivilrechtlicher Normen bzw. Gedanken im Arbeitsrecht eingehender Prüfung bedarf. Was zum Beispiel die Rechts- und Geschäftsfähigkeit betrifft, so wurde bereits oben unter dem Begriff der „Dual Qualification“ gezeigt, dass ein Mangel hieran nicht erst zur Unwirksamkeit des Arbeitsvertrages, sondern bereits zur Nichtanwendbarkeit des Arbeitsrechtes führen kann.

§ 2 Arbeitsrecht als eigenständiges Rechtsgebiet

Bereits vor Inkrafttreten des AG war anerkannt, dass es sich beim Arbeitsrecht um ein eigenständiges Rechtsgebiet handelt und es insbesondere kein Teil des Zivilrechts ist. Begründet wurde dies damit, dass anders als im kapitalistischen System Arbeitsbeziehungen nicht auf dem Kauf und Verkauf von Arbeitskraft beruhen, was ideologisch unmittelbar auf der Vorstellung von der Herrenstellung des Arbeiters im Staat fusste[503]. Diese Vorstellung stützte sich auf den Warencharakter im Sinne der Lehre von Karl Marx, wonach die Arbeit eines freien Arbeitnehmers, der selbst oder durch den Staat vermittelt Eigentum an den Produktionsmitteln hat, keine Ware ist[504]. Lediglich Wirtschaftswissenschaftler wollten schon zu Beginn der Wirtschaftsreformen das Arbeitsrecht als Teil des Wirtschaftsrechts verstanden wissen[505]. Aber auch unter den Rechtswissenschaftlern wurde bezweifelt, ob der Warencharakter der Arbeit angesichts der neuen Arbeitsgesetzgebung seit den 80er Jahren tatsächlich noch verneint werden könne[506]. Die Differenzierung wurde deshalb teilweise nur noch auf rein traditionelle Argumente gestützt[507]. Jedoch hatte die Trennung zur Folge, dass man zivilrechtliche Regelungen als auf das Arbeitsrecht nicht anwendbar befand[508].

Das noch sehr junge VG regelt neben einem allgemeinen, für alle Vertragsverhältnisse geltenden Teil, auch besondere Vertragsverhältnisse, worunter – trotz

502 Zu diesen Punkten folgen an späterer Stelle weitere Ausführungen.

503 Vgl. Wolff, Arbeitsvertrag, S. 17.

504 Auf die chinesische Literatur zum (Halb-)Warencharakter der Arbeit im Sozialismus geht Fan Jianhong ein: Arbeitgeberkündigungsgründe nach dem Arbeitsgesetz der VRC, in: RIW (1996), S. 29–35 VRC, hier S. 29, 30.

505 Vgl. Wolff, Arbeitsvertrag, S. 158, Anm. 41 zu Kapitel 1.

506 Vgl. bspw. für die 90er Jahre Fan, Arbeitgeberkündigungsgründe, S. 30.

507 Vgl. Wolff, Arbeitsvertrag, S. 158, Anm. 43 zu Kapitel 1, und S. 71. Zur Diskussion des Warencharakters im Rahmen der Rechtsreformen in der chinesischen Literatur vgl. Fan, Rechtsgrundlagen, S. 60 ff.

508 Vgl. Wolff, Arbeitsvertrag, S. 23, 48.

gegenteiliger Überlegungen im Gesetzgebungsverfahren – nicht das Arbeitsverhältnis gefasst wurde, was als Entscheidung gegen die Aufnahme des Arbeitsrechts in das Zivil- und Vertragsrecht verstanden wird[509].

Dem Argument, dass das Arbeitsrecht eigene Regelungsmethoden habe und sich an anderen Grundprinzipien orientiere[510], wurde allerdings immer mehr der Nährboden entzogen, zumindest soweit es sich um den Vertragsbegriff handelte. Bereits in § 17 AG sind Vertragsprinzipien enthalten, die sich auch in den AGZR und im VG finden. Mit § 3 AVG wurden praktisch alle in den §§ 3–8 VG enthaltenen Vertragsprinzipien für den Arbeitsvertrag übernommen. Im Übrigen enthält das Arbeitsrecht Sonderregelungen, die auf die Besonderheiten der Arbeitsbeziehungen[511] Rücksicht nehmen. Da diese gegenüber dem VG nach § 123 VG Vorrang haben, stehen diese Unterschiede der Anwendung des allgemeinen Teils des VG eigentlich nicht mehr entgegen.

§ 3 Diskussion im Rahmen des AVG Gesetzgebungsverfahrens

Das Inkrafttreten des AVG hat leider wenig zur endgültigen Klärung der Frage beigetragen. Während des Gesetzgebungsverfahrens zum AVG wurde diskutiert, ob der Arbeitsvertrag ein Zivilvertragstyp ist oder nicht[512]. Dabei ging es in erster Linie um die Klärung des Stellenwertes der Privatautonomie der Arbeitsvertragsparteien. Eine teilweise vertretene Ansicht betonte den gleichberechtigten Schutz beider Parteien, während die herrschende Meinung das Streben nach sozialer Gerechtigkeit hervorhob. Letztlich hat sich der Gesetzgeber für den Schutz des Arbeitnehmers entschieden, da dieser aufgrund der faktisch schwächeren Verhandlungsposition gegenüber dem Arbeitgeber als besonders schützenswert angesehen wird[513]. Im 1. Entwurf zum AVG hatte man noch den Versuch unternommen, das Recht der Nichtigkeitsgründe näher an das des Vertragsrechtes anzupassen. So waren Regelungen zum Widerruf bzw. zur Anfechtung des Arbeitsvertrages vorgesehen, wie sie bereits in den AGZR und im VG enthalten sind. Die Widerrufsgründe wurden allerdings ab dem 2. Entwurf teilweise in die Unwirksamkeitstatbestände übernommen, teilweise komplett gestrichen. Für die entfallenen Tatbestände wurde kein Verweis auf andere Gesetze eingefügt. Die Anwendung zivilrechtlicher Vorschriften auf das Arbeitsrecht wird dementsprechend auch heute noch weitgehend abgelehnt.

509 Vgl. dazu Ling, Contract Law, S. 17, und Waas/Wu, Arbeitsvertragsgesetz, S. 232.

510 Vgl. Wolff, Arbeitsvertrag, S. 17.

511 Vgl. Wolff, Arbeitsvertrag, S. 17.

512 Zum Meinungsstreit vgl. Zhou, Arbeitsvertragsgesetz, S. 227.

513 Vgl. § 1 AVG. Siehe zur Diskussion Li Jing, Labor Contract Law, S. 1107 f., bzw. Zhou, Arbeitsvertragsgesetz, S. 228.

§ 4 Ausnahmefälle

Dies steht allerdings einer ausnahmsweisen Anwendung der allgemeinen Vorschriften des VG auf den Arbeitsvertrag zumindest in der Praxis nicht entgegen. Wegen der gezeigten Lückenhaftigkeit des Arbeitsrechtes besteht nach wie vor ein Bedürfnis, im Einzelfall auf Vorschriften des VG zurückgreifen zu können. So wurden zum Beispiel Bestimmungen der AGZR von Gerichten auf arbeitsrechtliche Sachverhalte angewendet, wenn das Arbeitsrecht die Umstände nicht erfasste und eine sachgerechte Lösung nur über das Zivilrecht zu finden war[514]. Wenig überraschend ist auch, dass, soweit es um in anderen Gesetzen und Verwaltungsvorschriften geregelte Sanktionen für Verletzungen von Arbeitnehmerrechten und -interessen geht, diese ebenfalls Anwendung auf das Arbeitsverhältnis finden[515].

II. Die Entstehung des Arbeitsvertrages

1. Die Pflicht zum Vertragsschluss

§ 1 Inhalt der Pflicht zum Abschluss des Arbeitsvertrages

a. Einleitung

Bereits die „Mitteilung über den aktiven Versuch der Einführung des Arbeitsvertragssystems“ sah den Abschluss eines schriftlichen Arbeitsvertrages zwischen den Parteien vor. Nach Punkt 4 der Mitteilung musste bei Anstellung eines Arbeitnehmers durch den Arbeitgeber ein Vertrag geschlossen werden[516].

Wird ein Arbeitsverhältnis nach dem AVG begründet, soll (应当-yingdang) gleichzeitig ein schriftlicher Arbeitsvertrag geschlossen werden[517]. Wird nicht gleichzeitig mit der Errichtung des Arbeitsverhältnisses ein schriftlicher Arbeitsvertrag geschlossen, „soll“ (应当-yingdang) der Arbeitsvertrag innerhalb eines Monats nach Arbeitsbeginn des Arbeitnehmers geschlossen werden[518]. Die Verpflichtungsnorm nennt keinen Adressaten. Da am Vertragsschluss stets beide

514 Vgl. Josephs, Labor Law in China, S. 95.

515 So Chen, People's Republic of China, S. 26.

516 Vgl. englische Übersetzung der Mitteilung bei Josephs, Labor Law in China, S. 117.

517 Vgl. § 10 Abs. 1 AVG, worin von „Bei der Errichtung...“ die Rede ist und Abs. 2, wo die Konsequenz eines nicht „gleichzeitig (同时)“ mit der Errichtung eines Arbeitsverhältnisses erfolgten Vertragsschlusses angesprochen wird.

518 § 10 Abs. 2 AVG.

Parteien mitwirken müssen, richtet sich die Verpflichtung deshalb grundsätzlich sowohl an den Arbeitnehmer als auch an den Arbeitgeber. Wie weiter unten noch gezeigt wird, richten sich jedoch alle gesetzlichen Sanktionen bei Nichtabschluss des Arbeitsvertrages im Arbeitsverhältnis ausschließlich gegen den Arbeitgeber. Dem Arbeitgeber bleibt bei mangelnder Kooperation des Arbeitnehmers nur die Möglichkeit, das Arbeitsverhältnis zu beenden, wie sich aus den §§ 5, 6 Abs. 1 Ausführungsbestimmungen zum AVG ergibt. Das Scheitern der Vertragsverhandlungen durch den Arbeitnehmer kann dabei durchaus als Verletzung seiner Pflicht zum Abschluss des Arbeitsvertrages gesehen werden. In erster Linie richtet sich die gesetzliche Pflicht zum Abschluss des Arbeitsvertrages aber gegen den Arbeitgeber[519].

b. Rechtliche Durchsetzbarkeit der Vertragsschlusspflicht

aa. Prozessuale Voraussetzungen

Eine Rechtspflicht auf Abschluss eines schriftlichen Arbeitsvertrages fällt prinzipiell unter den Anwendungsbereich des SSAG, da sie unter § 2 Nr. 2 SSAG „*Streitigkeiten über Errichtung, ... eines Arbeitsvertrages*“ subsumiert werden kann. Verfahrenstechnisch sind dem Arbeitnehmer also die Mittel zur gerichtlichen Durchsetzung der Arbeitsvertragsabschlusspflicht an die Hand gegeben.

bb. Adressat der Abschlusspflicht

§ 10 AVG spricht durch die Wahl der Schriftzeichen „应当“ eine Verpflichtung der Arbeitsvertragsparteien zum schriftlichen Vertragsschluss bei Begründung eines Arbeitsverhältnisses aus[520]. Die harten Sanktionen für den Arbeitgeber bei Missachtung des rechtzeitigen schriftlichen Vertragsschlusses sollen den Arbeitgeber zusätzlich zum schriftlichen Vertragsschluss motivieren, was für eine starke Rechtspflicht spricht[521]. Fraglich ist, ob sich die „应当“-Verpflichtung

519 Dazu unten mehr.

520 Zur Auslegung von „应当“ vgl. Ross/Ross, „Language and Law, S. 223 ff.; Marinus J. Meijer, Problems of Translating the Marriage Law, in: Jerome Alan Cohen (Hrsg.), Contemporary Chinese Law: Research Problems and Perspectives, Cambridge, 1970, S. 210–229, hier S. 210.

521 Münzel, Chinas Recht, Arbeitsvertragsgesetz, in seiner Übersetzung zu § 10 AVG, Duchetsmann, Arbeitnehmerschutz, S. 89, und Dong Runqing, Case Analysis, S. 429 sprechen von einem „müssen“ des schriftlichen Vertragsabschlusses bei Vorliegen eines Arbeitsverhältnisses, was auf eine Rechtspflicht hindeuten könnte. Demir/Greth gehen ausdrücklich von einem Anspruch auf einen schriftlichen Arbeitsvertrag aus, Talin Demir/Alexander Greth, Umdenken gefordert – auf das neue Arbeitsrecht einstellen, in: China Contact 2007, Heft 10, S. 26–28, hier S. 26. Offenbar gehen die beiden davon aus, dass das Arbeitsverhältnis durch

auch gerichtlich durchsetzen lässt. Grundsätzlich richtet sich die Verpflichtung zum Vertragsschluss an beide Parteien, da der Arbeitsvertrag durch „Erzielung von Übereinstimmung in Verhandlungen“ geschlossen werden soll[522]. Trägt der Arbeitnehmer nicht zum Vertragsschluss bei, soll (应当) der Arbeitgeber das Arbeitsverhältnis beenden[523]. Damit dürfte klargestellt sein, dass zumindest der Arbeitgeber nicht die Möglichkeit hat, einen Arbeitsvertragsabschluss rechtlich durchzusetzen. Dieses Recht kann höchstens dem Arbeitnehmer zukommen.

cc. Rechtsprechung

Teilweise entschieden Gerichte bereits auf Abschluss eines Arbeitsvertrages zwischen den Parteien. In dem Gerichtsverfahren Liu./.Otis[524], in welchem ein Arbeitnehmer wegen der Auflösung des Arbeitsvertrages gegen den Arbeitgeber klagte, entschied das Gericht auf Wiederanstellung des Arbeitnehmers und Abschluss des Arbeitsvertrages zwischen den Parteien. Hintergrund war, dass auf Seiten des Arbeitgebers ein Betriebsübergang stattgefunden hatte, bei dem alle alten Arbeitnehmer, inklusive des Klägers, übernommen wurden. Der Kläger hatte unter anderem argumentiert, ein faktisches Arbeitsverhältnis mit der Beklagten zu haben. Wäre das Gericht hiervon ausgegangen, würde das Urteil tatsächlich ein Recht des Klägers auf Abschluss eines Arbeitsvertrages bei Vorliegen des Arbeitsverhältnisses implizieren. Die Entscheidung stellte allerdings unter anderem darauf ab, dass die Parteien ihre Pflichten auf der Grundlage des ursprünglichen Arbeitsvertrages ausführten, was für die faktische Erfüllung des Arbeitsvertrages sprechen würde. Die Entscheidung ist an dieser Stelle nicht eindeutig. Der Kommentar zu der Entscheidung geht jedenfalls davon aus, dass durch den Betriebsübergang nach der „Zivilgesetztheorie“ die ursprünglichen Arbeitsverträge in ihrer Wirksamkeit nicht berührt wurden, sondern weiterhin in Kraft und voll wirksam blieben und lediglich auf das Nachfolgeunternehmen übertragen wurden.

Der Kommentar wurde zusammen mit dem ausgewählten Fall in der staatlichen CEILAW Datenbank veröffentlicht, was für eine offizielle Bewertung des Urteils mit Mustercharakter spricht. Folgt man dieser Auffassung, hätte der Gerichtsentscheidung ein Arbeitsverhältnis mit Arbeitsvertrag zu Grunde gelegen. Dementsprechend wurde der Arbeitgeber nicht zum Abschluss des Vertra-

einen Vertragsschluss entsteht, weshalb sich ein Anspruch des Arbeitnehmers lediglich auf die schriftliche Ausfertigung des Vertrages bezieht.

522 Vgl. § 3 Abs. 1 AVG.

523 §§ 5, 6 Abs. 1 Ausführungsbestimmungen zum AVG.

524 Abgedruckt bei Josephs, Labor Law in China, S. 163 ff.

ges verurteilt sondern lediglich zur Anpassung des Vertrages an die Umstände nach Betriebsübergang.

Auch Oakley hat festgestellt, dass die Entscheidungen in Arbeitsstreitigkeiten mit faktischem Arbeitsverhältnis üblicherweise von einer „Ermahnung" an beide Parteien, einen Arbeitsvertrag abzuschließen begleitet wurden[525]. Hätte der Arbeitnehmer ein Recht auf den Abschluss, würde wohl regelmäßig eine Anweisung an den Arbeitgeber ergehen.

dd. Unbestimmtheit des abzuschließenden Vertrages

Ein rechtlich durchsetzbarer Anspruch des Arbeitnehmers auf Abschluss eines Arbeitsvertrages ist letzten Endes wegen mangelnder Bestimmtheit des Vertrages, zu dessen Abschluss verurteilt werden kann, abzulehnen. Wegen der gesetzlich normierten Mindestbedingungen stehen einer Abschlusspflicht im Arbeitsrecht zwar nicht im gleichen Maße die Schwierigkeiten gegenüber, die es bei zivilrechtlichen Verträgen gibt. Dennoch erscheint es dogmatisch nicht stringent, einerseits die Vertragsautonomie einzuführen[526] und andererseits den Behörden oder sogar Gerichten die rechtlichen Mittel an die Hand zu geben, den Abschluss eines inhaltlich bestimmten Arbeitsvertrages selbst rechtsgestaltend herbeizuführen, da die konkrete vertragliche Ausgestaltung grundsätzlich vom Willen und den Verhandlungen der Arbeitsvertragsparteien abhängen soll.

Die Privatautonomie kommt beim chinesischen Arbeitsvertrag insbesondere im Rahmen der Befristung zum Tragen. Anders als im deutschen Arbeitsrecht, das vom unbefristeten Arbeitsvertrag ausgeht und nur in eng umgrenzten Ausnahmefällen eine Befristung zulässt, stehen die verschiedenen Vertragsmodelle der Unbefristung, Zeitbefristung und Zweckbefristung gleichrangig nebeneinander. Bei Einführung des Arbeitsvertragssystems waren sogar ausschließlich befristete Arbeitsverträge vorgesehen. Diese dienten zur Aufsprengung der alten, lebenslangen Arbeitsverhältnisse in den staatlichen Unternehmen, um die für die wirtschaftlichen Ziele erforderliche Flexibilität auf dem Arbeitsmarkt herbeizuführen. § 20 AG sah erstmalig den Abschluss unbefristeter Arbeitsverträge vor, was am grundsätzlichen Abschluss befristeter Arbeitsverträge in der Praxis allerdings nichts ändern konnte. Unbefristete Arbeitsverträge haben auch heute in China noch den Nimbus der „eisernen Reisschüssel". Ersichtlich wird daran die besondere Bedeutung die in China der Befristung des Arbeitsvertrages beigemessen wird.

525 Vgl. Oakley, Labor Relations, S. 158.
526 Vgl. Zhou, Arbeitsvertragsgesetz, S. 231.

ee. Jederzeitige Beendigungsmöglichkeit des Arbeitsverhältnisses

Gegen einen rechtlich durchsetzbaren Anspruch auf den Vertragsabschluss spricht weiter, dass ein Arbeitsverhältnis faktisch prinzipiell jederzeit einseitig vom Arbeitgeber beendet werden kann, wie oben bereits ausgeführt wurde.

Der Pekinger Gesetzgeber ist dem durch das Verbot der Auflösung, der Gesetzgeber des AVG durch eine Vertragsfiktion entgegen getreten. In § 23 Pekinger AVB ist geregelt, dass der Arbeitgeber ein errichtetes Arbeitsverhältnis mit dem Arbeitnehmer nicht auflösen darf (不得 解除)[527], wenn kein Arbeitsvertrag geschlossen wurde und der Arbeitnehmer einen Vertragsabschluss verlangt. In dem Fall soll der Arbeitgeber mit dem Arbeitnehmer einen Arbeitsvertrag schließen. Wird keine Einigung über die Dauer des Arbeitsvertrages erzielt, soll der Vertrag für nicht weniger als ein Jahr ab Unterzeichnung geschlossen werden. Damit erhält der Arbeitnehmer mit Errichtung des Arbeitsverhältnisses gleichzeitig einen Anspruch auf Abschluss eines auf ein Jahr befristeten Arbeitsvertrages, wenn nicht zuvor ein Arbeitsvertrag mit kürzerer Dauer geschlossen wurde[528].

ff. Änderung mit Ablauf der Jahresfrist

Wie § 23 Pekinger AVB räumt auch § 14 Abs. 3 AVG die essentielle Frage nach der Dauer des Arbeitsvertrages aus dem Weg, indem nach einjähriger Beschäftigung ohne Arbeitsvertrag ein unbefristeter Arbeitsvertrag fingiert wird[529]. Nach § 7 Ausführungsbestimmungen zum AVG soll der Arbeitgeber unverzüglich mit Erreichen eines Jahres seit Aufnahme der Arbeit durch den Arbeitnehmer einen schriftlichen Arbeitsvertrag schließen. Das „unverzüglich" stärkt die Bedeutung

527 Von Auflösung spricht der Gesetzgeber normalerweise nur bei Arbeitsverträgen, s. u. Die Regelung legt nahe, dass das Arbeitsverhältnis auch bei Vorliegen von Auflösungsgründen nicht aufgelöst werden kann.

528 Einen derartigen Anspruch wird man jedoch sinnvoller Weise verneinen müssen, wenn ein faktisches Arbeitsverhältnis aufgrund der Nichtigkeit des Arbeitsvertrages wegen Betrug, Drohung oder anderer Mittel durch den Arbeitnehmer besteht, vgl. § 22 Abs. 1 Nr. 2 Pekinger AVB.

529 § 14 Abs. 3 AVG und § 7 Ausführungsbestimmungen zum AVG. Die Vertreter der Ansicht, dass Grundlage eines Arbeitsverhältnisses stets ein Arbeitsvertrag sein muss, gehen konsequenter Weise davon aus, dass ein lediglich befristeter Arbeitsvertrag nunmehr als unbefristet fingiert wird; so ausdrücklich Demir/Greth, Umdenken, S. 26. Li/Frik, Arbeitsvertragsgesetz, S. 87, die in der Schriftform eine Wirksamkeitsvoraussetzung für den Arbeitsvertrag sehen, gehen davon aus, dass „sich der Arbeitgeber nicht mehr auf eine (mündlich) vereinbarte Befristung berufen" kann und sprechen von der „Fiktion eines unbefristeten Arbeitsverhältnisses", was allerdings nicht mit dem Wortlaut der Norm vereinbar ist. Auch Duchetsmann, Arbeitnehmerschutz, S. 88, spricht von einem unbefristeten Anstellungsverhältnis.

der Verpflichtung gegenüber der Formulierung in § 10 Abs. 1 AVG. Darüber hinaus hat die gesetzliche Fiktion die Frage nach der Dauer des Vertrages geklärt und dem Arbeitnehmer wurde der gesetzliche Bestandsschutz eingeräumt.

Die Regelungen, in denen dem Arbeitgeber ein Arbeitsvertrag per Gesetz oder Gerichtsentscheidung endgültig auferlegt wird, klären demnach stets zugleich die Frage der Dauer des Arbeitsvertrages, was die Bedeutung dieser Frage unterstreicht[530]. Ohne den zusätzlich gewährten Bestandsschutz wird es dem Arbeitnehmer in der Praxis zudem immer schwer fallen, einen Anspruch auf Vertragsschluss gegen den Arbeitgeber durchzusetzen. Der Gesetzgeber verschärft zwar mit fortschreitendem Bestehen des Arbeitsverhältnisses ohne schriftlichen Arbeitsvertrag die Sanktionen für den Arbeitgeber, fingiert aber erst nach einem Jahr – quasi als „ultima ratio" – einen Arbeitsvertrag. Daraus lässt sich schließen, dass der Gesetzgeber für den davor liegenden Zeitraum davon ausgeht, dass grundsätzlich weder der Arbeitnehmer noch die Arbeitsbehörde den Abschluss des schriftlichen Vertrages erzwingen können. Ganz praktisch gesehen versucht der Gesetzgeber den Arbeitgeber deshalb nur durch Sanktionen zum Abschluss eines schriftlichen Vertrages zu motivieren[531]. Auch das Gericht könnte letztlich nur durch die Androhung von Sanktionen einen konkreten Vertragsschluss herbeiführen. Da diese Funktion bereits vom AVG übernommen wird, bedarf es keines gerichtlich einklagbaren Anspruchs auf Vertragsschluss[532].

c. Sonderfälle

Ausnahmsweise ist der Arbeitgeber zur Wiedereinstellung von zuvor entlassenen Arbeitnehmern verpflichtet. Gemäß § 41 Abs. 3 AVG gilt dies für solche Arbeitnehmer, die unter den Voraussetzungen der § 41 Abs. 1 Nr. 1–4 AVG entlassen wurden, wenn der Arbeitgeber innerhalb von sechs Monaten nach der Entlassung wieder Arbeitnehmer einstellt. Die zuvor entlassenen Arbeitnehmer müssen über die Neueinstellungen informiert und zu den alten Vertragsbedingungen wieder eingestellt werden.

---

530 So auch § 9 Abs. 3 des 1. Entwurfes zum AVG, als man noch jedes Arbeitsverhältnis auf eine vertragliche Grundlage stellen wollte, s. o.

531 Vgl. auch Darimont, Verabschiedung Arbeitsvertragsgesetz, S. 102, und Zhou, Arbeitsvertragsgesetz, S. 231.

532 Anderer Ansicht ist Professor Wang Quan Xing im Interview, der von einem einklagbaren Anspruch ausgeht. Da er jedoch ebenfalls annimmt, dass der Richter den Arbeitsvertrag nicht rechtsgestaltend herbeiführen kann sondern nur mit Sanktionen den Arbeitgeber an den Verhandlungstisch zwischen kann, geht er davon aus, dass sich der Arbeitnehmer an die Behörden wenden wird, weil dies der praktikablere und billigere Weg ist.

Ursprünglich war vorgesehen, dem Leiharbeitnehmer nach einjähriger und fortlaufender Tätigkeit für denselben Entleiher die rechtliche Möglichkeit zur Beendigung des Arbeitsvertrages mit dem Verleiher und zum Abschluss eines neuen Arbeitsvertrages mit dem Entleiher an die Hand zu geben[533]. Die Regelung wurde jedoch nicht in das AVG übernommen.

Für § 14 Abs. 2 und 3 AVG wird vertreten, dass ein entgegen § 14 AVG abgeschlossener befristeter Vertrag gesetzeswidrig ist und der Arbeitnehmer einen Anspruch auf Abschluss eines unbefristeten Arbeitsvertrages gegen den Arbeitgeber hat, den er auch gerichtlich durchsetzen können soll[534]. Da es sich in diesem Fall lediglich um ein im deutschen Arbeitsrecht „Entfristungsanspruch" genanntes Recht handelt und kein kompletter Vertrag erzwungen werden soll, kann man dies nicht so interpretieren, als bestünde grundsätzlich ein Anspruch auf den Vertragsschluss.

d. Deutsches Recht

Im deutschen Arbeitsrecht gibt es ebenfalls keine gesetzliche Pflicht einer Partei oder beider Parteien zum Abschluss eines Arbeitsvertrages. Der Frage kommt aber bereits deshalb nicht dieselbe Bedeutung wie im chinesischen Arbeitsrecht zu, weil die einverständliche Aufnahme der Arbeitstätigkeit in der Regel als konkludenter Vertragsschluss gedeutet werden kann[535]. Nach herrschender Meinung gibt es auch keinen einklagbaren Anspruch auf schriftliche Niederlegung des Arbeitsvertrages. Wie im chinesischen Recht, ist der Arbeitgeber zwar nach § 2 NachweisG zur Niederschrift der wesentlichen Vertragsbedingungen innerhalb eines Monats nach Arbeitsbeginn verpflichtet. Verstöße gegen die Nachweispflicht können allenfalls bei hierdurch dem Arbeitnehmer entstehenden Schäden zu Ersatzansprüchen wegen Pflichtverletzung gegen den Arbeitgeber führen. Zudem ist der Arbeitnehmer nach § 273 BGB zur Zurückhaltung seiner Arbeits-

---

533 Vgl. § 40 des 1. Entwurfes zum AVG.

534 Vgl. Glück/Tänzler, Arbeitsvertragsgesetz, S. 347 Rn. 40, Duchetsmann, Arbeitnehmerschutz, S. 89, und Waas/Wu, Arbeitsvertragsgesetz, S. 245. Zu den Vorgängerregelungen vgl. § 20 Abs. 2 AG, § 14 Abs. 2 Guangd. AVB. So auch ein Urteil des Chengdu Qingyang Distriktvolksgerichts, vgl. Baker & McKenzie, Employer Ordered to Sign Open-Term Contract After Two Fixed-Term Contracts, in: China Employment Law Update August 2010, S. 4, [http://www.bakermckenzie.com/NLChinaEmploymentLawUpdateAug10/], 7. April 2012. Darin wurde ein Arbeitgeber zum Abschluss eines unbefristeten Arbeitsvertrages verurteilt, nachdem er mit dem Arbeitnehmer bereits zwei befristete Verträge geschlossen hatte und entgegen dem Verlangen des Arbeitnehmers eine Verlängerung nach Vertragsende ablehnte.

535 Vgl. Boemke, Schuldvertrag, S. 490.

leistung berechtigt[536]. Behördliche Sanktionen bei Verstößen sieht das Gesetz nicht vor.

§ 2 Rechtsfolgen eines Verstoßes gegen die Pflicht zum Arbeitsvertragsabschluss

a. Verwaltungsrechtliche Folgen

Gemäß § 98 AG kann die Arbeitsverwaltung den Arbeitgeber zur Korrektur anweisen, wenn er den Abschluss des (schriftlichen) Arbeitsvertrages verzögert[537]. In der Vergangenheit haben die Behörden davon auch Gebrauch gemacht[538]. Das AG findet neben dem AVG Anwendung, so dass die Regelung weiterhin Gültigkeit erlangen könnte[539].

b. Zivilrechtliche Folgen

§ 82 AVG normiert für den Zeitraum nach Ablauf des ersten Monats bis zum Jahrestag der Arbeitsaufnahme[540] die Pflicht des Arbeitgebers zur Zahlung des doppelten Gehaltes, solange kein schriftlicher Arbeitsvertrag geschlossen wurde. Mit Erreichen der Jahresfrist wird ein unbefristeter Arbeitsvertrag fingiert[541] und der unbefristete, schriftliche Arbeitsvertrag soll unverzüglich geschlossen werden[542].

---

536 Vgl. Däubler, Das Arbeitsrecht 2, S. 149.

537 § 17 der „Ansichten zu einigen Problemen bei der Durchführung des Arbeitsgesetzes", statuiert ebenfalls, dass die Arbeitsverwaltungsbehörde den Arbeitgeber zur Korrektur anweisen soll, wenn er vorsätzlich den Abschluss des Arbeitsvertrages verzögert. Unzutreffend deshalb die Ansicht von Zhou, Arbeitsvertragsgesetz, S. 226, VRC der davon ausgeht, dass es im AG keine zwingenden Vorschriften zum Abschluss des Arbeitsvertrages gibt.

538 Vgl. Heping Cai, Ländliche Wanderarbeitnehmer in der Volksrepublik China – Probleme und Lösungsansätze, in: ZIAS (2006), S. 297–319, hier S. 311 f., wo von unrealistischen 110,3 Mio. nachträglich abgeschlossenen Arbeitsverträgen im Jahr 2004 die Rede ist. Dabei muss es sich um einen Druck- oder Kommatafehler handeln. Glaubwürdiger ist Shen, Labour Disputes, S. 81, der von 34 Mio. Arbeitnehmer ausgeht, die im Zeitraum von 2001 bis 2005 aufgrund behördlicher Inspektionen nachträglich Arbeitsverträge abschlossen.

539 Andererseits finden sich die fünfzehn Vorschriften des siebten Kapitels des Arbeitsgesetzes teilweise identisch, teilweise neu gefasst und ergänzt in den sechzehn Vorschriften des zwölften Kapitels des Arbeitsvertragsgesetzes wieder, was bedeuten kann, dass der Gesetzgeber diesen Bereich insgesamt neu regeln wollte.

540 Für den ersten Monat besteht keine Pflicht zur Zahlung des doppelten Gehaltes, vgl. § 6 Abs. 2 Ausführungsbestimmungen zum AVG.

541 Vgl. § 14 Abs. 3 AVG und § 7 Ausführungsbestimmungen zum AVG.

542 Vgl. § 7 Ausführungsbestimmungen zum AVG.

Nicht eindeutig regelt das AVG, ob der Arbeitgeber auch nach Ablauf der Jahresfrist bis zum Abschluss des schriftlichen Arbeitsvertrages noch den doppelten Lohn gemäß § 82 Abs. 2 AVG bezahlen muss[543]. Mittlerweile ist die Rechtslage durch die Ausführungsbestimmungen zum AVG geklärt. Doppeltes Gehalt soll demnach bis zum Tag vor dem schriftlichen Arbeitsvertragsschluss[544], längstens aber bis zur Vollendung eines Jahres seit Arbeitsbeginn gezahlt werden[545]. Folglich drohen dem Arbeitgeber keine weiteren Sanktionen mehr, sofern er der Aufforderung zum unverzüglichen Vertragsschluss nicht nachkommt. Man könnte allerdings überlegen, dem Arbeitnehmer einen Schadensersatzanspruch nach § 81 S. 1, 2. Alt., S. 2 AVG[546] zuzugestehen, wenn der Arbeitgeber keine Kopie des schriftlichen Arbeitsvertrages aushändigt.

Hinsichtlich der den Arbeitgeber treffenden Sanktionen wird im AVG und in den Ausführungsbestimmungen zum AVG keine Unterscheidung danach getroffen, ob Arbeitgeber oder Arbeitnehmer den Nichtabschluss zu vertreten haben. Anders sieht dies allerdings das Obere Volksgericht Shanghai, das in § 2 der „Ansichten des Oberen Volksgericht Shanghai zur Anwendung des Arbeitsvertragsgesetzes“ bestimmt, dass – die vorherige gutgläubige Erfüllung der Pflicht des Arbeitgebers, den Arbeitnehmer zwecks Unterzeichnung des schriftlichen Arbeitsvertragsentwurfs zu konsultieren stets vorausgesetzt – (1) die Weigerung des Arbeitnehmers, den Arbeitsvertragsentwurf zu unterzeichnen, (2) höhere Gewalt oder anderen, unvorhergesehene Ereignisse, die einer Vertragsunterzeichnung entgegenstehen, und (3) in anderen Fällen, die einer Vertragsunterzeichnung entgegenstehen, aber nicht dem Arbeitgeber zuzurechnen sind, die Pflicht des Arbeitgebers zur Zahlung des doppelten Gehaltes entfällt.

c. *Rechtsfolgen bei Verhinderung der Vertragsschlusses durch den Arbeitnehmer*

Der für den Arbeitgeber misslichen Situation, die dadurch entstand, dass keine Sanktionen für den Arbeitnehmer im AVG vorgesehen sind, sofern dieser den schriftlichen Vertragsschluss verhindert, ist der Staatsrat in den Ausführungsbestimmungen zum AVG entgegengetreten. So soll der Arbeitgeber das Arbeits-

543 So auch Binding/Thum, Aktuelle Entwicklungen, S. 350. Glück/Tänzler, Arbeitsvertragsgesetz, S. 344, und Münzel, Chinas Recht, Anm. 30 zum Arbeitsvertragsgesetz, gehen von einer entsprechenden Pflicht aus.

544 § 6 Abs. 2 Ausführungsbestimmungen zum AVG.

545 § 7 Ausführungsbestimmungen zum AVG und § 82 Abs. 1 AVG.

546 Billigkeitserwägungen, die gegen die weitere Sanktionierung des Arbeitgebers sprechen, wie sie von Jörg Binding und Kai Thum angestellt werden, Binding/Thum, Aktuelle Entwicklungen, S. 350, sind im Gesetz nicht nachvollziehbar.

verhältnis durch schriftliche Mitteilung beenden, wenn der Arbeitnehmer nach schriftlicher Benachrichtigung durch den Arbeitgeber den schriftlichen Vertrag nicht schließt[547]. Wie oben bereits ausgeführt, handelt es sich hierbei um ein Recht, keine Pflicht des Arbeitgebers, das Arbeitsverhältnis einseitig zu beenden.

Beendet der Arbeitgeber das Verhältnis noch innerhalb des ersten Monats nach Arbeitsaufnahme durch den Arbeitnehmer, ist er nicht zur Leistung einer wirtschaftlichen Ausgleichszahlung verpflichtet. Der Arbeitnehmer muss in diesem Zeitraum nur für die tatsächlich gearbeitete Zeit entlohnt werden[548]. Für den Zeitraum nach Ablauf des ersten Monats bis zum Ablauf des ersten Jahres gelten dagegen die allgemeinen Grundsätze was Zahlung des doppelten Gehaltes und wirtschaftliche Ausgleichszahlung angeht.

Dem Arbeitgeber bleibt nach den nationalen Vorschriften also stets nur die Möglichkeit, das Arbeitsverhältnis zu beenden, wenn der Arbeitnehmer eine Vertragsunterzeichnung verweigert[549], ansonsten muss er alle negativen Konsequenzen des fehlenden schriftlichen Arbeitsvertrages tragen. Der einseitige Ansatz des Gesetzgebers der nationalen Rechtsvorschriften zu Lasten des Arbeitgebers beruht auf der Machtverteilung im Arbeitsverhältnis. Der Arbeitgeber hat es regelmäßig in der Hand, den Arbeitnehmer zum Abschluss des schriftlichen Arbeitsvertrages zu zwingen, da er das Arbeitsverhältnis einseitig beenden bzw. schon dessen Errichtung verhindern kann. Als die sozial mächtigere Partei steht er üblicherweise auch nicht unter dem Druck, einen bestimmten Arbeitnehmer zu beschäftigen. Dazu kommt, dass es oftmals schwierig sein wird nachzuweisen, welche Partei tatsächlich den schriftlichen Vertragsschluss verhindert hat, so dass die Rechtslage unklar ist. Da der Arbeitgeber regelmäßig ohne weiteres in der Lage ist, klare Rechtsverhältnisse zu schaffen, trägt er auch die negativen Konsequenzen einer unklaren Rechtslage[550].

Anders kann dies aber nach lokalen Vorschriften aussehen, wie beispielsweise in § 2 der „Ansichten des Oberen Volksgericht Shanghai zur Anwendung des Arbeitsvertragsgesetzes“ bestimmt. Es ist das erste Mal, dass eine chinesische arbeitsrechtliche Vorschrift die Gutgläubigkeit der Parteien des Arbeitsverhältnisses berücksichtigt. Auch wenn die Nichtunterzeichnung des Arbeits-

---

547 §§ 5, 6 der Ausführungsbestimmungen zum AVG.

548 § 5 der Ausführungsbestimmungen zum AVG und § 11 AVG mit Klarstellung der Berechnung des Arbeitslohns.

549 Nicht nur der Arbeitgeber kann ein Interesse daran haben, keinen Arbeitsvertrag abzuschließen, weil er keine Sozialabgaben zahlen möchte, auch Arbeitnehmer bevorzugen teilweise die Flexibilität des Arbeitsplatzwechsels ohne Arbeitsvertrag und vertrauen nicht dem staatlichen Sozialversicherungssystem, weshalb sie auch nicht darin einzahlen möchten, vgl. zu dieser Problematik Shen, Labour Disputes, S. 81 f.

550 Ähnlich Li Jing, Labor Contract Law, S. 1112.

vertrages – wie oben geschildert – in der Regel in den Verantwortungsbereich des Arbeitgebers fällt, kann man der Differenzierung des Oberen Volksgerichts Shanghai nicht widersprechen, da sie mehr auf die Interessen beider Parteien eingeht. Ob sich das Prinzip der Gutgläubigkeit weiter im chinesischen Arbeitsrecht ausbreiten wird, bleibt abzuwarten.

2. Rechtliche Anforderungen an die Errichtung/Wirksamkeit des Arbeitsvertrages

§ 1 Die Errichtung/Wirksamkeit des Arbeitsvertrages nach § 16 Abs. 1 AVG

a. Rechtslage nach dem VG

Das VG trennt zwischen Gründung/Errichtung (成立)[551] und Gültigkeit/Wirksamkeit/ Inkrafttreten (生效)[552] des Vertrages[553]. Mit der Errichtung des Vertrages ist sein Abschluss gemeint, d. h. das gegenseitige Einverständnis im Hinblick auf ein bestimmtes Rechtsgeschäft. Das gegenseitige Einverständnis muss bezüglich der wesentlichen Vertragsbestandteile hergestellt sein[554]. Zur Errichtung eines Vertrages sind eine gegebenenfalls gesetzlich oder vertraglich vorgeschriebene Schriftform[555], bestimmte Vertragsbestandteile[556] und Angebot und Annahme[557] der Parteien erforderlich. Die Vertragserrichtung hängt deshalb Bing Ling zufolge vorrangig vom Willen der Parteien ab[558]. Die Errichtung ist gleichzeitig Voraussetzung für die Wirksamkeit des Vertrages. Die übrigen Voraussetzungen des Eintritts der Wirksamkeit sind in Gesetzen und verwaltungsrechtlichen Bestimmungen vorgeschrieben, es können aber weitere zwischen den Parteien vereinbart werden[559]. Demnach ist es im chinesischen Vertragsrecht durchaus

551 Vgl. 2. Kapitel, §§ 9–43 VG.
552 Vgl. 3. Kapitel, §§ 44–76 VG.
553 Vgl. auch die Regelungen in den §§ 54, 55, 57, 58 AGZR, bei denen noch nicht so klar zwischen Errichtung und Wirksamkeit getrennt wird.
554 Vgl. Ling, Contract Law, S. 59.
555 Vgl. § 10 VG und für Zivilrechtshandlungen § 56 AGZR. Der Gesetzgeber wollte jedoch die Anwendung schriftlicher Verträge fördern, um den Vertragsschluss zu regeln und Beweisschwierigkeiten infolge wörtlicher Absprachen zu verhindern, m. w. N. Ling, Contract Law, S. 96.
556 Vgl. § 12 VG.
557 Vgl. § 13 VG.
558 Für die Details siehe Ling, Contract Law, S. 61.
559 Z. B. §§ 45, 46 VG.

möglich, dass ein Vertrag errichtet wird, der keine rechtliche Bindungswirkung entfaltet. Weder ein nicht errichteter, noch ein unwirksamer Vertrag sind rechtlich durchsetzbar und beide begründen grundsätzlich keine vertraglichen Rechte oder Pflichten[560]. Rechtmäßig errichtete Verträge werden in der Regel im Zeitpunkt ihrer Errichtung wirksam[561]. In der Praxis ist die Unterscheidung zwischen Errichtung und Wirksamkeit deshalb meist nicht von Bedeutung und die Unterscheidung wurde vom Gesetzgeber nicht immer konsequent eingehalten[562].

b. Rechtslage nach dem AVG

aa. Wortlaut der Normen

Die allgemeinen Bestimmungen des VG finden grundsätzlich keine Anwendung auf den Arbeitsvertrag, weshalb gesondert geprüft werden muss, ob im Arbeitsvertragsrecht gleichfalls zwischen Errichtung und Wirksamkeit des Vertrages unterschieden wird. Das AVG enthält in den §§ 3, 16 und 35 Vorschriften, die sich mit der Errichtung, Wirksamkeit und Änderung des Arbeitsvertrages beschäftigen:

> § 3 AVG
> *(1) Beim Abschluss eines Arbeitsvertrages müssen die Grundsätze der Rechtmäßigkeit, der Fairness, der Gleichberechtigung und Freiwilligkeit, der Erzielung von Übereinstimmung in Verhandlungen und von Treu und Glauben beachtet werden.*
> *(2) Ein gemäß dem Recht abgeschlossener Arbeitsvertrag ist bindend. Arbeitgeber und Arbeitnehmer müssen die arbeitsvertraglich vereinbarten Pflichten erfüllen.*
>
> *§ 16 AVG*
> *(1) Der Arbeitsvertrag tritt in Kraft, sobald Arbeitgeber und Arbeitnehmer ihn ausgehandelt und auf der Vertragsurkunde unterschrieben oder mit dem Namensstempel gestempelt haben.*
> *(2) ...*
>
> *§ 35 AVG*
> *(1) Arbeitgeber und Arbeitnehmer können eine Änderung des vereinbarten Inhalts des Arbeitsvertrages aushandeln. Die Änderung eines Arbeitsvertrages soll in schriftlicher Form geschehen.*
> *(2) Arbeitgeber und Arbeitnehmer sollen je ein Exemplar der Arbeitsvertragsurkunde nach der Änderung behalten.*

---

560 Vgl. Ling, Contract Law, S. 60, bezüglich der Möglichkeit vertraglicher Ansprüche nach Errichtung eines unwirksamen Vertrages.

561 Vgl. § 44 VG.

562 Vgl. §§ 9 Abs. 1 (Rechts- und Geschäftsfähigkeit), 40 VG, die beide die Wirksamkeit des Vertrages betreffen, aber in Kapitel 2 geregelt sind.

Die terminologische Differenzierung des VG zwischen der Errichtung (成立) und der Wirksamkeit (生效) des Vertrages wird im AVG jedenfalls nicht nachvollzogen[563]. Zwar spricht das Gesetz in § 2 Abs. 1 AVG von Errichtung/Gründung/Einrichtung/Schaffung (建立) des Vertrages, bei § 16 Abs. 1 AVG, der die Merkmale der Vertragserrichtung im Sinne des VG widerspiegelt[564], ist aber die Rede von der vertraglichen Wirksamkeit (生效). Die Unwirksamkeit (无效[565]) des Vertrages wird in den §§ 26–28 AVG behandelt. Auch das in § 27 AVG genannte „效力" steht für Gültigkeit/Effekt/Wirksamkeit/Wirkungskraft des Vertrages und nicht für dessen Errichtung.

bb. Systematik der Normen

aaa. Einleitung

Obwohl der Wortlaut keine dem VG entsprechende Differenzierung anstellt, legt die gesetzessystematische Unterteilung in Wirksamkeitsvoraussetzungen nach § 16 Abs. 1 AVG und Unwirksamkeitsgründe nach § 26 Abs. 1 AVG eine unterschiedliche Einordnung nahe. In der Praxis spielt die Differenzierung zwischen der Errichtung und Wirksamkeit des Zivilvertrages meist keine große Rolle. Im AVG sieht dies anders aus. In Abhängigkeit davon, ob der Vertrag nicht wirksam im Sinne von § 16 Abs. 1 AVG errichtet wurde oder nach § 26 Abs. 1 AVG unwirksam ist, finden unterschiedliche Anspruchsgrundlagen auf die Bemessung der Höhe des Arbeitslohnes Anwendung.

> *§ 11 AVG*
> *Hat der Arbeitgeber bei der Nutzung der Arbeit keinen schriftlichen Arbeitsvertrag geschlossen und ist das mit dem Arbeitnehmer vereinbarte Arbeitsentgelt unklar, so gilt für neu eingestellte Arbeitnehmer das Arbeitsentgelt nach den Sätzen des Kollektivvertrags. Gibt es*

563 In § 10 Abs. 2, 4, 5 des 1. Entwurfes zum AVG war noch ausdrücklich von der Errichtung (成立) des Arbeitsvertrages durch den schriftlichen Vertragsabschluss oder das Arbeitsverhältnis die Rede. Der 2. und 3. Entwurf sprechen dagegen nicht mehr von der Errichtung.

564 Das Aushandeln im Sinne der §§ 16 Abs. 1, 35 Abs. 1 AVG steht für den Grundsatz der Erzielung von Übereinstimmung in Verhandlungen gemäß § 3 Abs. 1 AVG. Die Wirksamkeit des Arbeitsvertrages hängt nach § 16 AVG alleine von dieser Aushandlung und der Unterschrift auf der Vertragsurkunde ab. Damit ist klar, dass die in einer Vertragsurkunde niedergefasste Willensübereinkunft der Parteien im Mittelpunkt des Vertragsschlusses steht (anders noch Wolff, Arbeitsvertrag, S. 98 f., zu § 7 Arbeitsvertragsbest. 1986, wo die Grundsätze gleichrangig nebeneinander standen, so dass man vom Vertragsschluss als einer reinen Wirksamkeitsvoraussetzung ausgehen konnte 8 f.). Folglich entspricht § 16 Abs. 1 AVG den Anforderungen, die das Vertragsgesetz an die Errichtung des Zivilvertrages stellt.

565 „生" bedeutet „entstehen, zur Welt bringen, gebären", „无" bedeutet „ohne, keine, nicht", „效" bedeutet „Effekt, Wirkung".

keinen Kollektivvertrag oder findet sich dort keine Bestimmung dazu, so gilt gleicher Lohn für gleiche Arbeit.

§ 18 AVG
Wenn Entgelt und Bedingungen der Arbeit oder andere Normen im Arbeitsvertrag nicht klar vereinbart worden sind und das zu Streit führt, können Arbeitgeber und Arbeitnehmer darüber neu verhandeln; bleibt das erfolglos, gelten die Bestimmungen des Kollektivvertrages; gibt es keinen Kollektivvertrag oder bestimmt er keine Sätze für das Arbeitsentgelt, so gilt gleicher Lohn für gleiche Arbeit; gibt es keinen Kollektivvertrag oder bestimmt er keine Normen für die Arbeitsbedingungen oder anderes, so gelten die einschlägigen staatlichen Bestimmungen.

§ 28 AVG
Ist die Unwirksamkeit des Arbeitsvertrages bestätigt worden und hat der Arbeitnehmer bereits Arbeit geleistet, so muss der Arbeitgeber dem Arbeitnehmer Arbeitsentgelt zahlen. Der Betrag des Arbeitsentgelts wird entsprechend dem Arbeitsentgelt [für Arbeitnehmer] auf gleichen oder ähnlichen Arbeitsplätzen dieser Einheit bestimmt.

bbb. Entwicklung im Entwurfsverfahren

Dass die Rechtsfolgen an die jeweiligen „Entwicklungsstufen“[566] des Arbeitsvertrages angepasst sind[567], zeigt sich gleichfalls an den Entwürfen zum AVG. § 23 des 1. Entwurfes sah noch eine einheitliche Rechtsfolgenregelung bei Unklarheiten im Vertrag bzw. Verstößen gegen die Schriftform vor. Nur die Rechtsfolgen bei unwirksamem oder widerrufenem Arbeitsvertrag wurden davon getrennt in § 22 des Entwurfes behandelt. Die einheitliche Rechtsfolgenregelung in § 23 des Entwurfes war möglich, weil der Schriftform im 1. Entwurf des Vertrages keine rechtliche Bedeutung für die Errichtung bzw. Wirksamkeit des Arbeitsvertrages zukam. Jedes Arbeitsverhältnis wurde auf eine vertragliche Rechtsgrundlage gestellt. Die einheitliche Regelung wurde parallel zur Veränderung der Bedeutung der Schriftform für den Arbeitsvertrag in den darauf folgenden Entwürfen aufgelöst.

ccc. Erläuterung anhand der §§ 11, 18, 28 AVG

aaaa. § 11 AVG

Die Rechtsfolgen des § 11 AVG sind einschlägig, wenn (1) der Arbeitgeber die Arbeit des Arbeitnehmers nutzt, (2) kein schriftlicher Arbeitsvertrag geschlossen

566 Errichtung und Wirksamkeit nach zivilrechtlicher Terminologie.

567 Demgegenüber trennt die herrschende Meinung in der chinesischen Rechtswissenschaft nicht scharf zwischen § 11 AVG und § 18 AVG. Hintergrund ist, dass man als Grundlage jedes Arbeitsverhältnisses stets einen Arbeitsvertrag ansieht. Dementsprechend findet auch § 18 AVG bei Fehlen eines schriftlichen Arbeitsvertrages Anwendung auf ein existierende Arbeitsverhältnis, so Dr. Wu Wenfang und Dr. Fan Wei im Interview.

wurde, (3) das mit dem Arbeitnehmer vereinbarte Arbeitsentgelt unklar ist und (4) der Arbeitnehmer neu eingestellt wurde. Die „Nutzung der Arbeit des Arbeitnehmers“ ist als Bezugnahme auf die Existenz eines Arbeitsverhältnisses im Sinne von § 7 AVG zu verstehen. Mit dem schriftlichen Arbeitsvertrag ist die ausgehandelte und unterschriebene oder gestempelte Arbeitsvertragsurkunde im Sinne von § 16 Abs. 1 AVG gemeint. Vor Abschluss des schriftlichen Vertrages ist dieser gemäß § 16 Abs. 1 AVG nicht wirksam. Es besteht dann nur das Arbeitsverhältnis gemäß § 7 AVG. § 11 AVG gilt nur für neu eingestellte Arbeitnehmer. Die dem § 11 AVG zugrunde liegende Vorstellung ist, dass der Arbeitgeber einen Arbeitnehmer beschäftigt, ohne die Beschäftigung auf eine vertragliche Grundlage zu stellen, wofür der Arbeitgeber in erster Linie verantwortlich ist. Bis zum Zeitpunkt des Vertragsschlusses sichert § 11 AVG den Entgeltanspruch des Arbeitnehmers.

bbbb. § 28 AVG

Bei § 28 AVG ist der Arbeitsvertrag aus einem der Gründe des § 26 Abs. 1 AVG vollständig unwirksam. Dass nicht auch die teilweise Unwirksamkeit erfasst ist, lässt sich daran erkennen, dass § 28 AVG nur den Entgeltanspruch sichert. Seine Anwendung ist auch nicht notwendig, weil zumindest der kollektivvertragliche oder gesetzliche Mindestlohn auf den teilweise wirksamen Arbeitsvertrag Anwendung finden. Dafür spricht gleichfalls, dass das Entgelt im Arbeitsvertrag gemäß § 55 AVG nicht unter dem des Kollektivvertrages liegen darf. Im Unterschied zu den §§ 11, 18 AVG verweist § 28 AVG gar nicht auf den Kollektivvertrag, weil überhaupt kein wirksamer Arbeitsvertrag mehr existiert, für den dieses Günstigkeitsprinzip gelten würde.

Zwar stellt § 28 AVG wie § 11 AVG eine Rechtsgrundlage für die Entlohnung erbrachter Arbeit dar. § 28 AVG ist aber nicht wie § 11 AVG auf die Fortführung des Arbeitsverhältnisses gerichtet, wofür nur noch ein wirksamer Vertrag errichtet werden muss, sondern auf eine Abwicklung bereits geleisteter Arbeit, weil dem Arbeitsverhältnis die vertragliche Grundlage entzogen wurde.

cccc. § 18 AVG

Führt eine Unklarheit nach § 18 AVG zu einem Streit zwischen den Vertragsparteien, soll in erster Linie neu über die streitigen Punkte verhandelt werden. Erst wenn die Neuverhandlungen keinen Erfolg haben, gelten in dieser Reihenfolge (1) die Bestimmungen der Kollektivverträge, (2.1) bei Lohnansprüchen der Grundsatz „gleicher Lohn für gleiche Arbeit“ oder (2.2) bei Standards für andere Arbeitsbedingungen etc. die einschlägigen staatlichen Bestimmungen. § 18 AVG geht von einem wirksamen und errichteten Arbeitsvertrag aus und setzt die fehlende Klarheit (明确) über Entgelt, Bedingungen der Arbeit oder andere arbeitsvertragliche Normen voraus. § 18 AVG regelt die Fälle, in denen die Schriftform alleine nicht genügt, um die Rechte und Pflichten der Parteien im Einzelnen klarzustellen, weil eine schriftliche, aber unklare Vereinbarung betreffend einzelne Vertragsbedingungen getroffen wurde. Die Klarstellung (明确) der Rechte und Pflichten der Vertragsparteien ist gemäß § 1 AVG ein Ziel des AVG. Die Schriftform des Arbeitsvertrages ist damit nicht nur Wirksamkeitsvoraussetzung im Sinne von § 16 Abs. 1 AVG, sondern dient gleichzeitig diesem Klarstellungsziel. Der Ausdruck „míngquè" wird außer in § 1 AVG nur noch in den §§ 11 und 18 AVG verwendet. Darüber hinaus regelt § 18 AVG die Fälle, in denen zwar ein schriftlicher und wirksamer Arbeitsvertrag geschlossen wurde, sich die Parteien aber nicht über alle Punkte geeinigt haben. Das ergibt sich mittlerweile aus § 11 Ausführungsbestimmungen zum AVG.

Waas/Wu sehen in § 18 AVG lediglich eine „allgemeiner gehaltene Vorschrift" gegenüber § 11 AVG[568]. Diese Aussage ignoriert den unterschiedlichen Ansatz beider Normen. Sie klingt so, als würde § 18 AVG auch die Fälle mangelnder Schriftform des Arbeitsvertrages erfassen. Zwar enthalten beide Normen Rechtsfolgen bei Verstößen gegen das Klarstellungsziel des § 1 AVG. § 18 AVG spricht aber davon, dass die unklaren Bestimmungen im Arbeitsvertrag enthalten sind.

Auch bei LawInfoChina[569] heißt es dementsprechend, dass es um die „Beilegung" (解决) von Unklarheiten über Vereinbarungen betreffend Arbeitsentgelt und Arbeitsbedingungen im Arbeitsvertrag geht. In der Vorschrift ist nicht die Rede von Neuverhandlungen über einen (mangels Schriftform unwirksamen) Arbeitsvertrag. Bis zur schriftlichen Fixierung des Vertrages ist ein Neuverhandeln zudem überflüssig, da es mangels rechtswirksamer Manifestation keine Verhandlungsmasse gibt. Mithin spricht der systematische Zusammenhang zu § 16 AVG dafür, dass § 18 AVG einen schriftlichen Arbeitsvertrag voraussetzt. Wie weiter unten noch explizit dargestellt wird, ist mit Arbeitsvertrag im Sinne des AVG stets ein schriftlicher Arbeitsvertrag gemeint. Folglich schließen sich § 18 AVG und § 11 AVG grundsätzlich tatbestandlich gegenseitig aus[570]. Der von § 18 AVG gemeinte Arbeitsvertrag darf demnach nicht mangels Schriftform unwirksam sein.

Der Arbeitsvertrag darf auch nicht aus einem der in § 26 Abs. 1 AVG aufgezählten Gründe vollständig unwirksam sein. Das lässt sich schon daran

568 Waas/Wu, Arbeitsvertragsgesetz, S. 241.

569 So die Kommentierung am Anfang der Norm in der Übersetzung von ChinaLawInfo, Labor Contract Law of the People's Republic of China.

570 Mit einer Ausnahme im Rahmen des § 14 Abs. 3 AVG.

erkennen, dass mit § 28 AVG eine eigene Vorschrift zu den Rechtsfolgen unwirksamer Arbeitsverträge geschaffen wurde. Dafür spricht daneben der Wortlaut von § 18 AVG, der besagt, dass die Arbeitsbedingungen im Arbeitsvertrag nicht klar vereinbart wurden. Unwirksamkeit bedeutet aber nun einmal nicht Unklarheit. Die Unwirksamkeit von Vertragsbestimmungen entspricht auch nicht ihrer fehlenden Einigung. Zudem ist es abwegig, den Eintritt der Rechtsfolgen eines unwirksamen Arbeitsvertrages von einem Streit über darin geregelte, unklare Arbeitsbedingungen abhängig zu machen. Dass der Streit auf der Unklarheit der vereinbarten Bedingungen beruht, wäre im Falle der Unwirksamkeit ein überflüssiges zusätzliches Erfordernis, das entgegen der Unwirksamkeit des Vertrages eine Rechtsgültigkeit vereinbarter, klarer Vertragsbedingungen implizieren würde. Zu letzt ist für den Entgeltanspruch nach § 28 AVG die Feststellung der Unwirksamkeit notwendig, bei § 18 AVG demgegenüber nicht. § 18 AVG bietet andere Anspruchsgrundlagen für den Entgeltanspruch als § 28 AVG, weshalb der Gesetzgeber offensichtlich von unterschiedlichen Anwendungsbereichen ausging.

Das Gesetz lässt offen, welche Anforderungen an die Unklarheit des Arbeitsvertrages zu stellen sind. Wegen des Grundsatzes „pacta sunt servanda“[571] muss die betroffene Vereinbarung notwendigerweise so unklar sein, dass nicht eindeutig und zweifelsfrei auf den Inhalt der getroffenen Vereinbarung geschlossen werden kann[572]. Die betroffene Vereinbarung ist demnach unwirksam, der Arbeitsvertrag damit teilweise unwirksam. § 18 AVG regelt folglich auch die Rechtsfolgen für die Fälle der teilweisen Unwirksamkeit des Arbeitsvertrages.

cc. Ergebnis

Obwohl der Gesetzgeber des AVG begrifflich nicht zwischen Errichtung und Wirksamkeit des Vertrages trennt, erkennt er somit an, dass den vertragsgesetzlichen Errichtungsvoraussetzungen auch im Arbeitsvertragsrecht eine Sonderrolle zukommt.

---

571 Vgl. § 3 Abs. 2 AVG.

572 Insbesondere wegen der strengen Schriftform des Arbeitsvertrages ist fraglich, inwieweit das Arbeitsvertragsrecht überhaupt die Möglichkeit der ergänzenden Vertragsauslegung anerkennt. Anders als in den §§ 61, 62 VG enthält das Gesetz keine entsprechenden Vorschriften.

§ 2 Der Vertragsschluss

a. Das Anstellungsverfahren

aa. Einleitung

Die Anstellungsbest. 1986 legten noch ein besonderes Verfahren für die Anstellung von Arbeitnehmern in staatlichen Unternehmen fest[573]. Das Verfahren war dem eigentlichen Arbeitsvertragsabschluss vorgeschaltet und stand symbolhaft für die Abwendung von der administrativen Zuteilung der Arbeitsplätze bzw. von der Einmischung des Staates bei der Anstellung[574]. Das Anstellungsverfahren setzte sich aus der öffentlichen Stellenausschreibung, der Bewerbung, der Prüfung des Bewerbers und der Auswahl des am besten Qualifizierten zusammen[575]. Verstöße gegen die Bedingungen der Anstellungsbest. 1986 führten zur Unwirksamkeit der Anstellung[576]. Ob daraus, mit Wolff[577], auf den Abschluss eines auf die Begründung von Arbeitsbeziehungen gerichteten, das Unternehmen einseitig verpflichtenden Anstellungsvertrages zwischen dem qualifiziertesten Bewerber und dem ausschreibenden Unternehmen geschlossen werden kann, ist nicht mehr relevant, da die Bestimmung heutzutage keine Anwendung mehr findet.

bb. Das Anstellungsverfahren

Überbleibsel einer planwirtschaftlichen Anstellung wie in den Anstellungsbest. 1986 finden sich aber auch heute noch vereinzelt. Vorschriften zum Anstellungsverfahren sind insbesondere in den „Bestimmungen zur Verwaltung des Arbeitsmarktes" („AMVB 2000") enthalten. Die Bestimmung ist allerdings in Bezug auf das Rekrutierungsverfahren mittlerweile in vielen Teilen durch die „Bestimmungen über Arbeitsvermittlung und Beschäftigungsverwaltung" („AVVB 2008") überholt[578].

---

573 Ausländisch investierte Unternehmen (外商投资企业) genossen demgegenüber schon früh mehr Freiheiten bei der Anstellung von Arbeitnehmern, vgl. die „Ansichten betreffend der weiterführenden Umsetzung des Rechtes ausländisch investierter Unternehmen, Arbeitnehmer anzustellen" und die mittlerweile außer Kraft gesetzten „Bestimmungen zur Arbeitsverwaltung in ausländisch investierten Unternehmen".

574 Vgl. auch Wolff, Arbeitsvertrag, S. 89 f., der darauf hinweist, dass es damals zusätzlich die Möglichkeit der Zuteilung durch staatliche Arbeitsämter gab, 9 f.

575 Vgl. § 2 Anstellungsbest. 1986 und § 4 Arbeitsvertragsbest. 1986.

576 § 13 S. 2 Anstellungsbestimmungen 1986.

577 Vgl. mit weiteren Argumenten Wolff, Arbeitsvertrag, S. 94 ff.

578 Beachtlich sind insbesondere auch die Regelungen zu den Diskriminierungsverboten in den Jobausschreibungen und im Anstellungsverfahren.

§ 6 AVVB 2008 bestimmt, dass der Arbeitnehmer durch öffentliche Arbeitsagenturen, Arbeitsvermittlungsagenturen oder persönlichen Kontakt mit dem Arbeitgeber eine Anstellung suchen darf. Nach § 10 AVVB 2008 darf der Arbeitgeber durch Beauftragung öffentlicher Arbeitsagenturen oder Arbeitsvermittlungsagenturen, Teilnahme an Jobmessen, über Zeitschriften, Radio, Fernsehen, Internet und andere Massenmedien sowie mit Hilfe anderer rechtmäßiger Mittel einen Arbeitnehmer anstellen. Folglich kann die Initiative zur Abgabe eines Arbeitsangebotes von beiden Seiten ausgehen.

Darüber hinaus wurden die Beschränkungen des Rekrutierungsverfahrens weitestgehend aufgehoben[579]. Die AVVB 2008 beinhalten im Hinblick darauf nur Vorschläge für die Art der Rekrutierung. Vorrangig zum Schutz nationaler Interessen gibt es in wissensintensiven und für die staatliche Sicherheit relevanten Bereichen, aber auch für Verdächtige während des strafrechtlichen Ermittlungsverfahrens weiterhin Anstellungsbeschränkungen[580].

Gemäß § 14 Abs. 3 AMVB 2000 kann die örtliche Arbeits- und soziale Sicherheitsverwaltungsbehörde Regeln für das spezielle Verfahren zur Aufzeichnung und Registrierung der Beschäftigung formulieren[581]. Nach § 19 der „Antwort des Hauptbüros des Arbeitsministeriums zu relevanten Fragen betreffend der Verwaltung der Rekrutierung von Arbeitnehmern" vom 16.1.1996, müssen Arbeitgeber die örtliche Arbeitsbehörde innerhalb von dreißig Tagen nach der Anstellung den Arbeitnehmer registrieren. Die Behörden stellen Musterarbeitsverträge zur Verfügung, deren Benutzung den Parteien aber frei steht[582].

cc. Sonstige Regelungen

Der Arbeitgeber darf bei der Anwerbung von Arbeitnehmern niemanden diskriminieren, sondern muss alle Arbeitnehmer gleich behandeln[583]. Davon betroffen sind insbesondere Frauen[584], ethnische Minderheiten[585], Behinderte[586], Arbeitneh-

579 Alles was nicht verboten ist.

580 Vgl. Lauffs, Employment Law, S. 34.

581 So geschehen in den §§ 15, 20 Tianjin ABVB und auch unter den Punkten 5, 6, 7 des „Rundschreibens der Stadt Beijing betreffend mehreren Fragen zur Verwaltung von Teilzeitbeschäftigung" vom 23.4.2003.

582 Vgl. Artikel 2 VI Nr. 47 „Ansichten zu einigen Problemen bei der Durchführung des Arbeitsgesetzes", sowie Chen, People's Republic of China, S. 269 f.

583 Vgl. §§ 3, 26 AFG. Nähere Ausführungen hierzu finden sich bei Lauffs, Employment Law, S. 235 f.

584 Vgl. § 27 AFG.

585 Vgl. § 28 AFG.

586 Vgl. § 29 AFG.

mer mit ansteckenden Krankheiten[587] und die ländlichen Wanderarbeiter[588]. Im Falle einer Diskriminierung bei der Anstellung kann sich der Betroffene an die Volksgerichte wenden[589]. Bei Verstößen gegen die Vorschriften des Arbeitsförderungsgesetzes, die die Rechte und Interessen des Arbeitnehmers verletzen und der Eigentums- oder anderen Schäden verursachen, haftet der Schädiger zivilrechtlich. Unter Umständen muss der Schädiger mit strafrechtlichen Folgen rechnen[590]. Weitere Rechtsfolgen einer Diskriminierung spricht das Gesetz nicht an[591].

b. Vertragsschluss durch Übereinstimmung in Verhandlungen

Das AVG spricht nicht vom Abschluss des Arbeitsvertrages durch Angebot und Annahme, sondern von der Erzielung von Übereinstimmung in Verhandlungen[592]. Dabei war das Modell von Angebot und Annahme bei Verabschiedung des AVG durchaus bekannt. Es wurde 2000 mit dem Inkrafttreten des VG gesetzlich eingeführt. Bereits davor war es jedoch schon häufig zur Begründung des Vertragsschlusses von Rechtsgelehrten und Gerichten herangezogen worden und fand bereits in einigen untergesetzlichen Rechtsvorschriften Anwendung[593].

Dong Runqing unterscheidet noch ausdrücklich zwischen dem zivilrechtlichen und dem arbeitsrechtlichen Vertragsschluss. Er beschreibt die erste Stufe der Arbeitsvertragsverhandlungen mit dem Beginn der Rekrutierung durch den Arbeitgeber (Rekrutierungsstufe), der nach Abgabe eines Angebots an die Öffentlichkeit unter den Bewerbern die potentiellen Kandidaten auswählt. Es ist dementsprechend stets der Arbeitgeber, der das Arbeitsangebot macht. Initiativbewerbungen sind in diesem sehr formellen Verfahren anscheinend nicht vorgesehen. Die Rekrutierung soll auch keine zivilrechtliche „invitatio ad offerendum" sein.

Wurde das Arbeitsangebot bestätigt, soll der ausgewählte Bewerber immer noch nicht in der Lage sein, selbst ein Angebot zu machen. Die zweite Stufe ist eine Kombination aus zivilrechtlichem Angebot und Annahme bis die Vertragsinhalte bestätigt werden (Stufe des Vertragsschlusses). Stets ist es der Arbeitgeber, der dem Bewerber einen Arbeitsvertragsentwurf offeriert, welcher

587 Vgl. § 30 AFG.

588 Vgl. § 31 AFG.

589 Vgl. § 62 AFG.

590 Vgl. § 68 AFG.

591 Vgl. allgemein zur Diskriminierung im chinesischen Arbeitsrecht vor Inkrafttreten des AVG: Ronald C. Brown, China's Employment Discrimination Laws during Economic Transition, in: Columbia Journal of Asia Law (2006), Volume 19, S. 361–427, hier S. 361 ff. Umfassend wird das Rekrutierungsverfahren bei Lauffs, Employment Law, S. 25 ff., behandelt.

592 Vgl. § 3 Abs. 1 AVG.

593 Vgl. hierzu Ling, Contract Law, S. 62.

annehmen oder ein Gegenangebot vorlegen kann. Sobald beide Parteien zustimmen, wird der Vertrag formell unterzeichnet[594]. Dong Runqing wendet demnach grundsätzlich, wenn auch in leicht abgewandelter Form, das Modell von Angebot und Annahme auf den Arbeitsvertrag an. Die Besonderheiten sind wohl den formalen Vorgaben der AMVB 2000 geschuldet, wonach der Arbeitgeber nur auf den nach § 8 vorgegebenen Wegen einen Arbeitnehmer rekrutieren darf[595].

Vertreten wird, dass Angebot und Annahme auch in China die einzigen Möglichkeiten zum Vertragsschluss sind[596]. Unter Berufung auf Art. 1.2 der UNIDROIT Grundregeln der internationalen Handelsverträge wird daneben vorgeschlagen, dass kein „starres" System von Angebot und Annahme den Vertragsschluss regeln soll, sondern jede Art des Vertragsnachweises möglich sein soll[597]. Ob sich dies tatsächlich auf den Vertragsschluss oder nur auf den Beweis desselben bezieht, wird aus der Quelle nicht deutlich.

Da das VG dem Vertragsschluss einheitlich Angebot und Annahme zugrunde legt[598], und der Vertragsschluss schriftlich, mündlich oder in anderer Form vollzogen werden darf[599], wird man von einer grundsätzlichen Anerkennung dieses Prinzips in China ausgehen können. Auch unter der „Erzielung von Übereinstimmung in Verhandlungen" sind deshalb Angebot und Annahme im Sinne der §§ 13–31 VG zu verstehen[600].

c. *Deutsches Recht*

Wie beim Arbeitsvertragsschluss nach deutschem Recht gilt nach dem AVG also das Konsensprinzip. Zwei übereinstimmende Willenserklärungen, Angebot und Annahme, müssen vorliegen. Das Rekrutierungsverfahren ist im deutschen Recht nicht geregelt. Lediglich das BetrVG sieht in den §§ 92 ff. besondere Regelungen vor. Die Parteien können grundsätzlich frei über die Wege zur Anbahnung eines Arbeitsverhältnisses entscheiden. Besteht in dem Unternehmen ein Betriebsrat, so sind die Mitwirkungsrechte desselben nach den §§ 99 ff. BetrVG zu beachten.

594 Vgl. Dong Runqing, Case Analysis, S. 398 und Dong Baohua, Case Analysis, S. 401.

595 Vgl. GtZ/MoLSS, Commentaries, S. 393 f. Früher war die Anstellung in den Anstellungsbest. 1986 geregelt.

596 Mit Nachweisen: Ling, Contract Law, S. 62, der der Ansicht ist, dass das Modell von Annahme und Angebot nicht stets anwendbar ist.

597 Vgl. Ling, Contract Law, S. 63.

598 Vgl. § 13 VG.

599 Vgl. § 10 Abs. 1 VG.

600 Auch Wolff, Arbeitsvertrag, S. 98, geht davon aus, dass damit „die Abgabe zweier kongruenter Willenserklärungen impliziert" wird.

§ 3 Die Schriftform als Wirksamkeitsvoraussetzung des Vertrags

§ 16 Abs. 1 AVG schreibt die Schriftform für Arbeitsverträge vor. Damit besteht ein klarer Unterschied zu den Zivilverträgen, die grundsätzlich auch formfrei errichtet werden dürfen[601]. Der Schriftform des Arbeitsvertrages kommt eine besondere Rolle bei der Klarstellung der Rechte und Pflichten der Parteien im Sinne des Ziels des AVG gemäß § 1 AVG zu[602]. Dies fußt nicht zu letzt auf der Erkenntnis, dass schriftliche Arbeitsverträge zur Sicherung der arbeitsrechtlichen Rechte und Interesse beispielsweise der besonders schwachen Gruppe der Wanderarbeiter oder Arbeitsimmigranten aus ländlichen Gegenden vonnöten sind[603].

a. Der Grundsatz der Schriftform des Arbeitsvertrages

aa. Einleitung

Bereits die Mitteilung des Arbeits- und Personalministeriums von 1983 sah Bestimmungen zu Form und Inhalt des Arbeitsvertrages vor, allerdings keine Rechtsfolgen bei Verstößen hiergegen[604]. Selbst im AG war die Folge der Nichteinhaltung der Schriftform für den Arbeitsvertrag noch nicht spezifiziert. Es hieß lediglich, dass der Arbeitsvertrag schriftlich sein sollte[605]. Die Bedeutung der Schriftform für den Vertragsschluss nach dem AG lässt sich allerdings aus anderen Normen ableiten. § 2 Nr. 1 der „Maßnahmen zur Entschädigung wegen Verstoßes gegen die relevanten Bestimmungen über Arbeitsverträge unter dem Arbeitsgesetz“ bestimmt unter anderem, dass der Arbeitgeber vorsätzlich den Vertragsschluss verzögert, wenn er es wissentlich versäumt, einen Arbeitsvertrag mit dem Angeworbenen zu unterzeichnen. Dies indiziert eine kausale Verknüpfung zwischen der Schriftform (Unterzeichnung) des Arbeitsvertrages und seiner Wirksamkeit (Verzögerung des Vertragsschlusses)[606].

---

601 Vgl. § 10 Abs. 1 VG.

602 Vgl. GtZ/MoLSS, Commentaries, S. 472, und Wolff, Arbeitsvertrag, S. 101.

603 Vgl. bspw. den Verweis bei Günter Schucher auf eine entsprechende Xinhua Meldung, Schucher, Beruhigungspille, S. 52.

604 Vgl. Hilary K. Josephs, die mutmaßt, dass die Schriftform (1) die vertraglichen Rechte und Pflichten zwischen den Parteien betont, (2) den Arbeitsbehörden zur Überwachung von Einstellungen und Entlassungen dient und (3) den Gerichten oder anderen Institutionen ein klares Instrument zur Regelung von Vertragsstreitigkeiten an die Hand gibt, Josephs, Labor Law in China, S. 33 f.

605 Vgl. § 19 Abs. 1 AG.

606 Siehe auch Münzel, Chinas Recht, Anm. 29 zum Arbeitsvertragsgesetz.

Teilweise war auch anerkannt, dass ohne Schriftform, unabhängig von den damit einhergehenden Beweisschwierigkeiten, keine arbeitsvertraglichen Ansprüche begründet werden konnten, da unschriftliche Arbeitsverträge als ungültig angesehen wurden[607]. Die herrschende Meinung in der chinesischen Rechtswissenschaft ging allerdings davon aus, dass auch konkludent oder mündlich geschlossene Arbeitsverträge Wirksamkeit entfalten konnten[608].

bb. Das Schriftformerfordernis des AVG

Für das AVG wurden die Regelungen der §§ 3 Abs. 2, 9 Abs. 3 des 1. Entwurfes nicht übernommen. Diese hatten noch vorgesehen, dass bei Nichtabschluss eines schriftlichen Arbeitsvertrages mit der Errichtung des Arbeitsverhältnisses auch ein Arbeitsvertrag fingiert ist. Dies hätte bedeutet, dass die Schriftform zwar eine Wirksamkeitsvoraussetzung für den Arbeitsvertrag ist, ein Verstoß hiergegen jedoch nach § 10 Abs. 4 des 1. Entwurfes zum AVG durch die Erbringung der Arbeitsleistung geheilt werden konnte. Die Nichtübernahme von § 9 Abs. 3 des Entwurfes spricht deshalb gegen die Möglichkeit zur Heilung einer Verletzung des Schriftformerfordernisses im AVG.

Ausdrücklich knüpft die Regelung in § 16 Abs. 1 AVG den Eintritt der Wirksamkeit des Arbeitsvertrages an die Vertragsunterschrift bzw. Vertragsstempelung und damit an die Erfüllung der Schriftform[609]. § 16 Abs. 1 AVG lässt den Arbeitsvertrag erst in dem Zeitpunkt wirksam werden, in dem der Arbeitsvertrag ausgehandelt und die Vertragsurkunde unterschrieben oder gestempelt wurde[610].

---

607 So Cai, Ländliche Wanderarbeitnehmer, S. 303, 305. Dass Arbeitsverträge schriftlich sein „müssen" meinen auch Chen Ke, Individual Labour Contracts and Collective Agreements: Contents and Procedural Requirements in Recent Chinese Law and Practice, in: ZIAS (1996), S. 265–284, hier S. 269, Ling, Contract Law, S. 97, und Cheng/Darimont, Die Debatten, S. 174. Siehe auch Josephs, Labor Reform, S. 223 ff.

608 So Dr. Wu Wenfang und Dr. Fan Wei im Interview.

609 Dementsprechend verstößt eine gerichtliche Entscheidung, die die Wirksamkeit eines Arbeitsvertragsschlusses per Email anerkennt, gegen das Gesetz. Vgl. zu der Shanghaier Gerichtsentscheidung Andreas Lauffs/Jonathan Isaacs, Email Communication can constitute Employment Contract, in: International Law Office (ILO) Newsletter, 16. September 2009, [http://www.internationallawoffice.com/newsletters/detail.aspx?g=3a93ceb4-da1e-4749-a4f1-605c4bd54415], 1. April 2012

610 Liu Cheng meint, dass Arbeitsverträge auch nach dem AVG schriftlich sein müssen (Liu Cheng (2007), zitiert nach Chris White, China's new Labor Laws), Gleicher Ansicht sind Andreas Lauffs/Christian Atzler, Internationaler Personaleinsatz: Das Arbeitsrecht in China, in: AuA – Personal-Profi (2007), S. 590–593, hier S. 591, Lauffs, Employment Law, S. 62, sowie Waas/Wu, Arbeitsvertragsgesetz, S. 240. Duchetsmann, Arbeitnehmerschutz, S. 88, spricht davon, dass „nunmehr" ein Schriftformerfordernis gilt. Günter Schucher schreibt betreffend der Regelung des ersten veröffentlichten Entwurfes des AVG: „Arbeitsverträge

Die Regelung ähnelt § 44 VG, der den Zivilvertrag im Zeitpunkt seiner Errichtung wirksam werden lässt. Wie oben erläutert, hängt die Errichtung eines Zivilvertrages vom Vertragsschluss und der Erfüllung eines gegebenenfalls bestehenden Schriftformerfordernisses ab. Folglich zeigt sich auch an § 16 Abs. 1 AVG eine weitgehende systematische Übereinstimmung der Struktur des Arbeitsvertrages mit der des Zivilvertrages. Dementsprechend kann auch nicht der Ansicht von Binding/Thum gefolgt werden, die bei Nichteinhaltung der Schriftform von der Unwirksamkeit des Arbeitsvertrages nach § 26 Abs. 1 AVG ausgehen[611].

Auch im Übrigen spricht die Systematik des AVG dafür, dass unter einem Arbeitsvertrag ein schriftlicher Vertrag zu verstehen ist. So zum Beispiel § 14 Abs. 3 AVG, der einen unbefristeten Arbeitsvertrag fingiert, wenn ein Jahr seit Begründung des Arbeitsverhältnisses immer noch kein schriftlicher Arbeitsvertrag geschlossen wurde. Die Vorschrift setzt demnach voraus, dass mangels Schriftform kein wirksamer Arbeitsvertrag vorliegt.

Im Gegensatz zu § 10 Abs. 1 und 2 AVG ist der Vertragsbegriff des § 10 Abs. 3 AVG zwar nicht ausdrücklich an eine bestimmte Form gebunden, was ein Indiz für die Anerkennung auch unschriftlicher Verträge sein könnte. Das Gesetz spricht allerdings nur an wenigen Stellen vom schriftlichen Arbeitsvertrag und zwar in den §§ 10 Abs. 1 u. 2, 11, 14 Abs. 3, 16, 35, 82 Abs. 1, 97 Abs. 2 AVG. Diese Normen haben, mit Ausnahme von § 97 Abs. 2 AVG, der eine Übergangsregelung darstellt, allesamt gemein, dass sie von der Errichtung und Wirksamkeit des Arbeitsvertrages handeln bzw. Sanktionen und Rechtsfolgen für die Verletzung der Schriftform bestimmen. Aus dem jeweiligen Normziel wird deutlich, dass die Form des Arbeitsvertrages in diesen Normen zwangsläufig im Mittelpunkt der Regelung stehen muss, was in anderen Normen, die Aussagen zum Arbeitsvertrag treffen, nicht erforderlich ist. Daraus ergibt sich die Differenzierung zwischen den Absätzen 1 und 2 gegenüber Absatz 3 in § 10 AVG, bei dem der Arbeitsvertrag schon geschlossen wurde und es lediglich noch um die nachträgliche Errichtung des Arbeitsverhältnisses geht.

Wenn „Arbeitsvertrag" im Sinne von § 10 Abs. 3 AVG als unschriftlicher Vertrag zu verstehen wäre, läge zudem ein Verstoß gegen das Schriftformerfordernis des § 16 AVG vor. In diesem Fall müsste es sich bei dem „Arbeitsvertrag"

---

müssen in schriftlicher Form abgeschlossen werden", Schucher, Beruhigungspille, S. 53. Li/Frik, Arbeitsvertragsgesetz, S. 87, ordnen das Schriftformerfordernis als Wirksamkeitsvoraussetzung ein, so auch Zhou, Arbeitsvertragsgesetz, S. 230. Jörg Binding und Kai Thum sind dagegen der Ansicht, dass ein unschriftlicher Arbeitsvertrag auch unter dem Arbeitsvertragsgesetz zwar formwidrig, aber dennoch wirksam ist, ohne überhaupt auf die Beweisfrage einzugehen, Binding/Thum, Aktuelle Entwicklungen, S. 350. In GtZ/MoLSS, Commentaries, heißt es, dass der Arbeitsvertrag nur in schriftlicher Form rechtmäßig ist, S. 467, 472.

611 Vgl. Binding/Thum, Contracts, S. 76.

im Sinne von § 10 Abs. 3 AVG um einen noch nicht errichteten Arbeitsvertrag handeln[612], was sich nicht aus dem Wortlaut der Norm erkennen lässt. Darüber hinaus differenzieren sowohl § 10 Abs. 2 als auch Abs. 3 AVG zeitlich zwischen dem Vertragsschluss und der Errichtung des Arbeitsverhältnisses, was für eine Differenzierung beider Rechtsbegriffe und gegen einen mündlichen oder konkludenten Arbeitsvertrag als Grundlage des Arbeitsverhältnisses spricht. Das Gleiche gilt für § 8 Ausführungsbestimmungen zum AVG, der zwischen dem Datum von Vertragsabschluss und Beschäftigungsbeginn trennt.

Überlegenswert ist, ob die in § 11 AVG getroffene Regelung zum „vereinbarten" Arbeitsentgelt für die Anerkennung unschriftlicher Verträge spricht. Danach kann der Arbeitnehmer das „klar vereinbarte Arbeitsentgelt" trotz fehlenden schriftlichen Arbeitsvertrages vom Arbeitgeber verlangen. Bei der Vereinbarung in § 11 AVG handelt es sich um eine nur ausnahmsweise rechtlich durchsetzbare, unschriftliche Vereinbarung, die sich alleine auf das Arbeitsentgelt beschränkt. Würde man darin die Anerkennung der Wirksamkeit des unschriftlichen Arbeitsvertrages sehen, käme es zu einer Rechtsfolgenüberschneidung mit § 18 AVG, da dann dem Anwendungsbereich beider Normen ein wirksamer Arbeitsvertrag zu Grunde läge. Weil § 18 AVG die Rechtsfolgen unklarer[613] Vereinbarungen im Arbeitsvertrag viel umfassender regelt, wäre § 11 AVG mithin überflüssig[614].

Die §§ 5 und 6 Abs. 1 Ausführungsbestimmungen zum AVG sprechen von der Möglichkeit zur einseitigen „Beendigung" (终止) des „Arbeitsverhältnisses" durch den Arbeitgeber, wenn kein schriftlicher Arbeitsvertrag geschlossen wurde. Die übliche Terminologie für eine einseitige Beendigungen des Arbeitsvertrages im AVG ist dagegen „Auflösung"[615]. Daran und an der Bezeichnung als Arbeitsverhältnisses wird deutlich, dass es ohne Schriftform keinen aufzulösenden Arbeitsvertrag gibt.

cc. Inhalt des Schriftformerfordernisses

Das Vertragsgesetz unterscheidet zwischen der einfachen und der strengen Schriftform. Die einfache Schriftform des § 11 VG kann durch alle Formen eingehalten werden, bei der der Inhalt einen sichtbaren Ausdruck findet. Hierzu zählen Vertragsurkunden, Briefe oder elektronische Datenschriftstücke (inklusive Telegramme, Fernschreiben, Faxe, ausgetauschte elektronische Daten und E-Mails). Die strenge Schriftform des § 32 VG fordert demgegenüber Unterschrift oder Stempel und entspricht somit dem Schriftformerfordernis des § 16 Abs. 1 AVG.

612 Zum Unterschied zwischen Vertragserrichtung und Vertragswirksamkeit siehe oben.
613 Die Unklarheit könnte sich dann aus der fehlenden Schriftform ergeben.
614 Zum Verhältnis der beiden Normen zueinander, siehe unten.
615 Vgl. §§ 36–43 AVG.

dd. Deutsches Recht

Der Vertragsschluss ist im deutschen Arbeitsrecht grundsätzlich formfrei möglich. Er kann auch konkludent durch die einverständliche Aufnahme der Arbeitstätigkeit vorgenommen werden[616]. Die Formvorschrift des NachweisG verfolgt lediglich Nachweiszwecke, steht der Rechtswirksamkeit des Vertrages aber nicht entgegen[617]. Anders ist dies unter Umständen bei tarifvertraglichen Formvorschriften[618].

b. Ausnahmen vom Schriftformerfordernis

aa. Gesetzlich normierte Ausnahmen

Das AVG macht von der Schriftform als Voraussetzung für die Rechtsverbindlichkeit arbeitsvertraglicher Vereinbarungen drei Ausnahmen:

aaa. Vereinbarung über das Arbeitsentgelt

Zum einen stellt § 11 AVG eine Ausnahme dar. Wie bereits erläutert, soll trotz Nichtabschlusses eines schriftlichen Arbeitsvertrages zumindest eine Vereinbarung über die Höhe des Arbeitsentgeltes, die nicht „unklar" (不明确) ist, rechtlich verbindlich sein, bevor andere Bestimmung betreffend das Arbeitsentgelt Anwendung finden. Welche Anforderungen an diese Vereinbarung zu stellen sind, erläutert die Norm nicht. Da § 11 AVG für die Anwendung der Vereinbarung über das Arbeitsentgelt lediglich vom Fehlen der Schriftform ausgeht, wird man annehmen können, dass ansonsten alle Voraussetzungen eines wirksam begründeten Arbeitsvertrages vorliegen müssen[619].

bbb. Arbeitsvertragsfiktion

Auch § 14 Abs. 3 AVG weicht vom grundsätzlichen Schriftformerfordernis ab:

> *Wenn der Arbeitgeber mit dem Arbeitnehmer innerhalb eines Jahres ab dem Tag, ab dem er [dessen] Arbeit nutzt, keinen schriftlichen Arbeitsvertrag geschlossen hat, wird das so angesehen, als hätten sie einen Arbeitsvertrag unbestimmter Dauer geschlossen.*

---

616 Vgl. Boemke, Schuldvertrag, S. 490.

617 Vgl. Richardi, Münchener Handbuch zum Arbeitsrecht, S. 500 f., Preis, Arbeitsrecht, S. 268 ff., Linck, Arbeitsrechts-Handbuch, S. 223 f.

618 Vgl. Richardi, Münchener Handbuch zum Arbeitsrecht, S. 501 f., Preis, Arbeitsrecht, S. 270, Linck, Arbeitsrechts-Handbuch, S. 225.

619 S. o. zur Abgrenzung von § 11 AVG zu § 28 AVG.

Mit dieser Regelung zieht der Gesetzgeber sozusagen die „Notbremse". Haben alle Sanktionen für den Arbeitgeber nicht den Abschluss eines schriftlichen Arbeitsvertrages bewirkt, zwingt er ihm zu guter Letzt doch noch einen (unbefristeten) Arbeitsvertrag kraft Gesetzes auf[620]. Die Abweichung vom Klarstellungsziel des § 1 AVG lässt sich damit rechtfertigen, dass der Gesetzgeber dem Arbeitnehmer den rechtlichen Schutz des Arbeitsvertrages bietet und dadurch die legalen Rechtsinteressen der Arbeitnehmer – einem weiteren Gesetzesziel gemäß § 1 AVG – schützt. Wenn sich der Arbeitgeber schon nicht durch die Pflicht zur doppelten Gehaltszahlung über einen Zeitraum von elf Monaten zum Vertragsschluss zwingen lässt, dann hilft am Ende tatsächlich nur noch die Vertragsfiktion[621].

Die Regelung in § 14 Abs. 3 AVG ähnelt den Bestimmungen des TzBfG zum Schriftformerfordernis bei der Befristung von Arbeitsverträgen. Die Befristungsvereinbarung nach deutschem Recht unterliegt ausnahmslos der Schriftform. Bei einem Verstoß hiergegen gilt ein unbefristetes Arbeitsverhältnis als geschlossen[622]. Als Besonderheit gilt, dass die unwirksame Befristung grundsätzlich innerhalb von drei Wochen nach Ablauf der Befristung vor dem Arbeitsgericht geltend gemacht werden muss, ansonsten verfällt die rechtliche Möglichkeit des Arbeitnehmers, einen unbefristeten Arbeitsvertrag zu erhalten[623]. Zwar bezieht sich das Schriftformerfordernis nicht wie im chinesischen Recht auf den gesamten Arbeitsvertrag. Der ausschlaggebende Punkt liegt jedoch in beiden Fällen in der fehlenden schriftlichen Fixierung der Befristungsdauer und der damit verbundenen Unsicherheit über die Vertragsdauer. Nach hier vertretener Ansicht hindert nämlich die Unsicherheit über die Dauer der Befristung die Anerkennung

---

620 So versteht auch Zhou, Arbeitsvertragsgesetz, S. 231, die Regelung. Demgegenüber sah § 9 Abs. 3 des 1. Entwurfs des AVG bereits eine Fiktion des Arbeitsvertrages im Zeitpunkt der Errichtung des Arbeitsverhältnisses vor, wenn kein schriftlicher Arbeitsvertrag geschlossen wurde. Dong Runqing spricht von der zwingenden Errichtung eines „langfristigen faktischen Arbeitsverhältnisses", Case Analysis, S. 437. Ebenso Glück/Tänzler, Arbeitsvertragsgesetz, S. 344, was aber nicht gerade dazu beiträgt, die saubere Trennung zwischen Arbeitsvertrag und Arbeitsverhältnis im Arbeitsvertragsgesetz erkennbar zu machen und auch mit dem Wortlaut von § 14 Abs. 3 AVG nicht vereinbar ist. Vgl. zur alten Rechtslage: GtZ/MoLSS, Commentaries, S. 512.

621 Vgl. § 7 Ausführungsbestimmungen zum AVG.

622 Vgl. § 16 TzBfG. So auch Wank, Münchener Handbuch zum Arbeitsrecht, S. 1542, 1546f. Vgl. für alles Preis, Arbeitsrecht, S. 907ff., Ulrich Koch, in: Schaub, Günter/Koch, Ulrich/Linck, Rüdiger/Vogelsang, Hinrich/Treber, Jürgen (Hrsg.), Arbeitsrechts-Handbuch, 14. Auflage, München, 2011, hier: S. 358ff., 369ff.

623 Vgl. § 17 TzBfG (Entfristungsklage). Da das Arbeitsgericht immer nur den letzten Arbeitsvertrag prüft, droht auch bei einer Fortführung unbefristeter Arbeitsverträge ein Verfall der Rechte, wenn zumindest der letzte Vertrag rechtswirksam befristet wurde, vgl. Däubler, Das Arbeitsrecht 2, S. 954.

eines Arbeitsvertrages vor Ablauf der Jahresfrist. Mit Erreichen dieser Frist wandelt sich die gesetzgeberische Intention. Nunmehr überwiegt das Interesse des Arbeitnehmers an einem stabilen Arbeitsverhältnis gegenüber dem Interesse des Arbeitgebers an der flexiblen Gestaltung der Arbeitsverhältnisse.

Die Umgehung des Schriftformerfordernisses durch § 14 Abs. 3 AVG führt damit in einem bestimmten Umfang zu einem mit dem deutschen Recht vergleichbaren Verständnis vom Arbeitsvertrag. Die Nutzung der Arbeit des Arbeitnehmers durch den Arbeitgeber führt nach Ablauf eines Jahres zur gesetzlichen Fiktion eines Arbeitsvertrages. Die Vertragsfiktion entspricht aber immer noch nicht dem Anerkenntnis eines mündlichen oder konkludenten Vertragsschlusses. Der Unterschied liegt vor allem darin, dass die Unwirksamkeitsgründe des § 26 Abs. 1 Nr. 1 AVG keine Anwendung auf die Vertragsfiktion finden können, weil der Vertrag nicht auf dem rechtsgeschäftlichen Willen der Parteien beruht. Die Anwendung von § 26 Abs. 1 Nr. 2 und 3 AVG ist bei einem gesetzlich fingierten Arbeitsvertrag ebenfalls nicht denkbar.

Auch wenn dies teilweise vertreten wird[624], ist deshalb auch eine Anwendung von Unwirksamkeitsgründen auf das faktische Arbeitsverhältnis nicht möglich. Das lässt sich auch aus den Rechtsfolgen der §§ 11, 28 AVG ersehen. Beide Normen setzen ein faktisches Arbeitsverhältnis voraus, welches durch die Nutzung von Arbeit durch den Arbeitgeber begründet wird, und gewähren dem Arbeitnehmer aufgrund dessen einen gesetzlichen Anspruch auf Arbeitslohn. Dieser gesetzlich gewährte Lohnanspruch unterscheidet sich in der Bemessungsgrundlage. Dem liegt eine gesetzgeberische Entscheidung zu Grunde, den Arbeitnehmer ohne schriftlichen Arbeitsvertrag grundsätzlich besser zu stellen, als den Arbeitnehmer mit nach § 26 AVG unwirksamen Vertrag. Der Unterschied liegt in der implizierten Ansicht, dass der Arbeitgeber in erster Linie für den Abschluss des schriftlichen Arbeitsvertrages verantwortlich ist. Wie sich an der Schaffung der unterschiedlichen Normen zeigt, wiegt diese Verantwortlichkeit für den Gesetzgeber schwerer als die Möglichkeit, dass der Arbeitnehmer den Arbeitgeber bei der Begründung des faktischen Arbeitsverhältnisses etwa getäuscht hat. Wäre er von einem möglichen Konkurrenzverhältnis bei gleichzeitigem Vorliegen von Unwirksamkeitsgründen und Fehlen des schriftlichen Arbeitsvertrages ausgegangen, hätte dies zwangsläufig Ausdruck in den Normen gefunden.

624 Vgl. Dong Runqing, Case Analysis, S. 418.

ccc. Vereinbarung von Teilzeitarbeit

Die Bestimmung in § 69 Abs. 1 AVG unterstreicht am deutlichsten den Grundsatz der Schriftform als Errichtungsvoraussetzung für den Arbeitsvertrag, weil sie deutlich das Gegenteil als Ausnahme normiert:

> *(1) Teilzeitarbeit können die Parteien mündlich vereinbaren.*
> *(2) Ein Arbeitnehmer, der Teilzeitarbeit leistet, kann mit einem Arbeitgeber oder mehreren Arbeitgebern, Arbeitsverträge schließen; ein später geschlossener Arbeitsvertrag darf jedoch die Erfüllung früher geschlossener Arbeitsverträge nicht beeinträchtigen.*

Bei der Teilzeitarbeit vermischt sich das zuvor zur Abgrenzung von Arbeitsverhältnis und Arbeitsvertrag Gesagte. In § 69 Abs. 1 AVG ist zwar nicht die Rede vom Vertrag (合同-hétong), sondern von der mündlichen Vereinbarung (口头协议)[625]. Absatz 2 spricht jedoch wieder vom Arbeitsvertrag, so dass klar sein dürfte, dass hier tatsächlich eine Ausnahme vom Schriftformerfordernis des Arbeitsvertrages gemacht wird[626]. Die explizite Erwähnung der Zulässigkeit der Schriftform in § 69 AVG ist nur deshalb nötig, weil der Gesetzgeber unschriftlichen Arbeitsverträgen grundsätzlich keine Wirksamkeit zugestehen möchte. Die hier geregelte Ausnahmevorschrift stützt folglich das prinzipielle Schriftformerfordernis.

Im deutschen Recht gilt das TzBfG für die Regelung von Teilzeitarbeitsverhältnissen. Nach § 4 Abs. 1 TzBfG darf ein teilzeitbeschäftigter Arbeitnehmer nur bei Vorliegen eines sachlichen Grundes anders als ein vergleichbarer Vollzeitbeschäftigter behandelt werden. Der Teilzeitbeschäftigte genießt denselben gesetzlichen Arbeitnehmerschutz wie der Vollzeitbeschäftigte[627]. Da der Vollzeitbeschäftigte keinen Anspruch auf einen schriftlichen Arbeitsvertrag hat, gilt nichts anderes für den Teilzeitbeschäftigten.

bb. Der Grundsatz des „ergänzenden Beweises“

In der chinesischen Literatur und Rechtsprechung wird immer wieder der Grundsatz des „ergänzenden Beweises“ diskutiert. Die Diskussion dreht sich dabei stets um die Frage, ob für vertragliche Vereinbarungen geltende zwingende Formvor-

625 Der Begriff der „Vereinbarung“ (协议) wird im Vertragsrecht benutzt, um Dokumente ohne Bindungswirkung zu beschreiben oder um deutlich zu machen, dass es sich um keinen Vertrag im Sinne des Vertragsgesetzes handelt, vgl. Ling, Contract Law, S. 2.

626 Vgl. hierzu GtZ/MoLSS, Commentaries, S. 434.

627 Vgl. Linck, Arbeitsrechts-Handbuch, S. 409 ff., Preis, Arbeitsrecht, S. 530 ff.

aussetzungen dadurch ersetzt werden können, dass ein „anderer" Beweis für ihr Vorliegen beigebracht wird[628].

Nach deutschem Rechtsverständnis werden hier die materiellrechtliche Ebene der Wirksamkeitsvoraussetzungen einer Rechtshandlung und die formellrechtliche Ebene der zulässigen Beweisführung vor Gericht vermischt. In der Diskussion spiegelt sich ein Verständnis wider, das im Vertrag in erster Linie ein Dokument sieht, welches angefertigt wird, um das Bestehen eines Rechtsgeschäftes zu beweisen. Dabei wird nicht zwischen der Unwirksamkeit und der Nichtbeweisbarkeit des Rechtsgeschäftes getrennt.

aaa. Zivilvertragsrecht

Das Oberste Volksgericht hat in der Vergangenheit den Grundsatz des „ergänzenden Beweises" entwickelt. Danach ist ein Vertrag, der nach dem Gesetz oder aufgrund vertraglicher Vereinbarung zwingend schriftlich abgeschlossen werden muss, dennoch wirksam, wenn sein Abschluss durch andere Beweise belegt werden kann[629]. Dem sind die Untergerichte in zahlreichen Fällen gefolgt. Das gilt insbesondere in Fällen, in denen beide Parteien die Existenz eines Vertrages bestätigt haben. Erst wenn der „ergänzende Beweis" nicht gelingt, wird der Vertrag als nichtig angesehen[630]. Der Grundsatz des „ergänzenden Beweises" läuft auf die Anerkennung der Errichtung eines mündlichen Vertrages trotz gesetzlicher oder vertraglicher Festlegung des Schriftformerfordernisses hinaus. Letztlich stellt dies eine Entwertung des gesetzlichen Schriftformerfordernisses dar.

Mit Inkrafttreten des VG und speziell § 10 VG hat sich die Rechtslage geändert. Da eine Partei, die die Existenz eines Vertrages behauptet, in jedem Fall dafür vor Gericht den Beweis erbringen muss[631], steht nach Bing Ling die Anwendung des Grundsatzes „ergänzender Beweise" dem gesetzlichen Schriftformerfordernis entgegen und widerspricht der Vorstellung des Gesetzgebers, mit der Schaffung von § 10 Abs. 2 VG die Nutzung schriftlicher Verträge zu fördern[632]. Bing Ling geht aber auch davon aus, dass in Abwesenheit einer ausdrücklichen gesetzlichen Klarstellung der Grundsatz des „ergänzenden Beweises" von den

628 So die herrschende Meinung in der chinesischen Rechtswissenschaft, Dr. Wu Wenfang und Dr. Fan Wei im Interview.

629 Z. B. in Nr. 50, 108, 112 der „Versuchsweise durchgeführte Ansichten zu einigen Fragen bei der Anwendung der Allgemeinen Grundsätze des Zivilrechts". Vgl. auch Ling, Contract Law, S. 104.

630 Vgl. Ling, Contract Law, S. 104.

631 Vgl. § 64 Abs. 1 ZPG.

632 Ling, Contract Law, S. 105, mit Hinweisen auf ähnliche aber auch anders lautende Meinungen in Fußnote 367.

Gerichten wahrscheinlich in den Fällen weiterhin angewendet wird, um ungerechte Ergebnisse zu vermeiden[633]. Er veranschaulicht diese Rechtspraxis mit einer Antwort des Obersten Volksgerichts[634]:

> *„Handling this type of cases should be based on the principle of practicality, and concrete analyses should be carried out on the basis of the specific circumstances of the cases. ..."*

Bing Ling meint aber auch, dass zumindest dann, wenn das Gesetz die Konsequenzen der Nichtbefolgung des Schriftformerfordernisses spezifiziert, die spezielle gesetzliche Regelung in jedem Fall angewendet werden muss[635].

bbb. Arbeitsvertragsrecht

Dong Runqing meint, dass der schriftliche Arbeitsvertrag das einzig zulässige Beweismittel für eine arbeitsvertragliche Vereinbarung ist[636], womit er die Zulässigkeit des „ergänzenden Beweises" ablehnt. Dabei sieht er sehr wohl die damit verbundenen Probleme und schreibt dementsprechend, dass der Arbeitsvertrag schrittweise formalistisch geworden ist und den Raum, den er dem Arbeitnehmer zum Schutz seiner Rechte bieten könnte, zunehmend verkleinert[637].

Das Gesetz sieht vor, dass der Arbeitnehmer ohne schriftlichen Arbeitsvertrag lediglich bestimmte Basisrechte einfordern kann, zum Beispiel den Arbeitslohn, die gesetzliche Höchstarbeitszeit usw.[638]. Wäre gewollt, dass der Arbeitnehmer über diese Basisrechte hinaus vereinbarte und nachweisbare Rechte verlangen können soll, hätte der Gesetzgeber die Bestimmung in § 11 AVG entsprechend erweitert. Diese gesetzgeberische Wertung würde umgangen, wenn man das Schriftformerfordernis des Arbeitsvertrages aushebelte, um auch anderen Vereinbarungen oder dem gesamten Arbeitsvertrag Rechtswirkung zukommen zu lassen. Mit der Trennung von schriftlichem Arbeitsvertrag und Arbeitsverhältnis hat sich der Gesetzgeber des AVG vielmehr für einen Mittelweg zwischen Anerkennung des Arbeitsvertrages durch ergänzenden Beweis und Unwirksamkeit jeglicher Vereinbarungen mangels Schriftform entschieden.

---

633 Vgl. Ling, Contract Law, S. 105.

634 Vgl. Ling Bing zu einer Antwort des Obersten Volksgerichts betreffend des Zustimmungsverfahrens, Ling, Contract Law, S. 105.

635 Vgl. Ling, Contract Law, S. 105. Als Beispiel nennt Ling Bing § 215 VG: „Wenn die Mietdauer mindestens sechs Monate beträgt, muss die Schriftform verwendet werden. Wenn die Parteien nicht die Schriftform verwandt haben, wird das Mietverhältnis als unbefristet angesehen".

636 Vgl. Dong Runqing, Case Analysis, S. 348. Zur Praxis bei Fehlen eines schriftlichen Arbeitsvertrages vgl. Oakley, Labor Relations, S. 74 f.

637 Siehe Dong Runqing, Case Analysis, S. 428.

638 Vgl. Dong Runqing, Case Analysis, S. 349.

Die Anknüpfung des Arbeitsentgeltanspruchs, der sonst Inhalt des Arbeitsvertrages ist, in § 11 AVG an das Vorliegen des Arbeitsverhältnisses spiegelt die gesetzgeberische Vorstellung eines gerechten Ausgleichs zwischen Arbeitnehmer- und Arbeitgeberinteressen wider. § 82 AVG sanktioniert zudem den fehlenden Abschluss des schriftlichen Arbeitsvertrages mit einem doppelten Arbeitsentgeltanspruch des Arbeitnehmers. Damit hat der Gesetzgeber im AVG keinen Spielraum für eine Fortführung der unter dem AG geltenden Rechtspraxis des „ergänzenden Beweises" gelassen.

cc. Die nachträgliche Heilung eines Form- oder Verfahrensverstoßes

Von Relevanz ist weiter die Praxis der nachträglichen Heilung von Form- oder Verfahrensverstößen. Die nachträgliche Heilung spielt weniger auf der Beweisebene eine Rolle sondern bleibt auf der materiellrechtlichen Ebene. Genau wie der Grundsatz des „ergänzenden Beweises" hebelt sie jedoch bestehende Form- und Verfahrenserfordernisse durch die nachträgliche Bestätigung eines Rechtsgeschäftes aus.

aaa. Zivilvertragsrecht

Die Frage, welche Folge die Nichteinhaltung gesetzlicher oder vertraglicher Schriftformgebote hat, wird von den Gerichten nicht einheitlich beurteilt. Mündliche Verträge, die einem Schriftformgebot unterliegen, werden im Zivilrecht häufig als nichtig angesehen. Das Oberste Volksgericht hat dies beispielsweise ausdrücklich für Fremdwirtschaftsverträge angenommen. Das gleiche galt bis 1999 für Verträge, die eine Zustimmungs- oder Registrierungspflicht nicht erfüllten[639]. Seit 1999 vertritt das Oberste Volksgericht die Position, dass ein Vertrag selbst ohne vorherige Zustimmung oder Registrierung wirksam ist, so lange diese in der Folge ordnungsgemäß erlangt wird[640]. Bei notwendiger Zustimmung oder Registrierung wurde also die Möglichkeit zur nachträglichen Heilung anerkannt.

---

639 Mit Nachweisen bei Ling, Contract Law, S. 103.

640 In § 9 der „Interpretation I des Obersten Volksgerichts zu einigen Fragen bezüglich der Anwendung des Vertragsgesetzes", erläutert das Gericht, dass nur dann, wenn bis zur Beendigung der streitigen Verhandlung in erster Instanz keine Zustimmung oder Registrierung vorliegt, das Volksgericht die Unwirksamkeit des Vertrages bestätigen soll. Ist in gesetzlichen oder verwaltungsrechtlichen Bestimmungen, die ein Zustimmungs- oder Registrierungserfordernis statuieren, nicht bestimmt, dass der Vertrag erst nach der Zustimmung oder Registrierung wirksam wird, steht das Versäumnis in keinem Fall der Wirksamkeit des Vertrages entgegen. Es können aber keine Sachenrechte am Vertragsgegenstand übertragen werden.

Daneben haben das Oberste Volksgericht und die Untergerichte den Grundsatz der „faktischen Erfüllung“ (实际履行原则) entwickelt, wonach ein mündlicher Vertrag, der einem Schriftformerfordernis unterliegt, wirksam ist, sofern wesentliche Teile des Vertrages von den Parteien erfüllt werden[641]. Der Gesetzgeber hat den Grundsatz in den §§ 36, 37 VG übernommen. Dort ist die Heilung eines Verstoßes gegen das Schriftformerfordernis durch Erfüllung der Hauptpflicht seitens einer Partei geregelt[642].

§ 37 VG
Wenn zur Errichtung eines Vertrages die Form einer Vertragsurkunde verwandt wird und eine Partei schon vor der Unterzeichnung oder Stempelung die Hauptpflicht erfüllt und die andere sie angenommen hat, ist der Vertrag errichtet.

bbb. Arbeitsvertragsrecht

Im Geltungsbereich des Arbeitsrechts besagt der Grundsatz der „faktischen Erfüllung“, dass das, was die Parteien während des Prozesses von Errichtung, Erfüllung, Änderung und Auflösung des Arbeitsvertrages vereinbaren auszuführen, ihre Rechte und Pflichten innerhalb des Arbeitsverhältnisses begründet[643].

Dong Runqing geht davon aus, dass das Prinzip von „Treu und Glauben“, das er als im „Kontinental-Rechtssystem“ zur Auslegung von Vereinbarungen herangezogen sieht, die sich (nur) anhand faktischer Erfüllung nachweisen lassen, auch in China generell anerkannt ist[644]. Er meint aber auch, dass es in China seit Inkrafttreten des AVG keine Rechtsverbindlichkeit unschriftlicher Arbeitsverträge gibt[645]. Zu Recht weist er an späterer Stelle darauf hin, dass in der Rechtsprechungspraxis bestimmte Leistungen höchstwahrscheinlich mangels schriftlichen Beweises von keinem Gericht anerkennt werden[646] und nicht mangels Wirksamkeit des Vertrages.

Die Anerkennung mündlicher oder konkludenter Vertragsabschlüsse widerspricht, wie auch der Grundsatz des „ergänzenden Beweises“, dem zwingenden, gesetzlichen Schriftformgebot. Die prinzipielle Anerkennung unschriftlicher Arbeitsverträge würde das Gebot unterlaufen und damit überflüssig machen.

---

641 Vgl. hierzu Ling, Contract Law, S. 105 f. Vgl. auch die Anerkennung faktischer Ehebeziehungen durch das Oberste Volksgericht trotz Registrierungserfordernis für die Wirksamkeit der Ehe nach dem Ehegesetz von 1950, um die Rechte der Frauen und Kinder, die Stabilität der Ehe und Familienbeziehungen sowie die soziale Stabilität und -Einheit zu schützen, die letztlich das Registrierungserfordernis verdrängen, Ross/Ross, Language and Law, S. 230 f.

642 Vgl. Ling, Contract Law, S. 105 ff.

643 Vgl. Dong Runqing, Case Analysis, S. 427.

644 Siehe § 3 Abs. 1 AVG.

645 So Dong Runqing, Case Analysis, S. 428 f.

646 Vgl. Dong Runqing, Case Analysis, S. 432. Ähnlich auch Zhou, Arbeitsvertragsgesetz, S. 231.

Das bedeutet nicht, dass in Ausnahmefällen nicht auch ein unschriftlicher Arbeitsvertrag wirksam sein kann. Das allgemeine Vertragsrecht anerkennt die Heilung der Nichterfüllung des Schriftformerfordernisses in den §§ 36, 37 VG.

Die Bestimmungen des Vertragsgesetzes sind allerdings im Arbeitsrecht grundsätzlich nicht anwendbar. Fraglich ist, ob sich zumindest ihr Gedanke im AVG widerspiegelt oder ob das Arbeitsvertragsgesetz einer entsprechenden Auslegung eindeutig entgegentritt. Ausgehend vom Gedanken der §§ 36, 37 VG könnte man annehmen, dass eine nachträgliche Heilung der unschriftlichen Vertragserrichtung durch die Erfüllung und entsprechende Annahme der Hauptleistungspflicht eintritt. Was Hauptpflicht ist, hängt von der Natur des Vertrages ab. Die zu erfüllende Pflicht muss aber ein klarer Beweis für den behaupteten Vertrag sein[647]. Hauptpflichten des Arbeitsvertrages sind typischerweise auf der einen Seite die Erbringung der Arbeitsleistung und auf der anderen Seite die Zahlung von Arbeitsentgelt[648]. Dies gibt die Interessenlage der Arbeitsvertragsparteien wieder, die sich auch an mehreren Stellen im Gesetz ausdrückt, an denen die Zahlung des Arbeitsentgeltes nach erbrachter Arbeitsleistung gegenüber anderen Arbeitsbedingungen besonders betont wird[649].

Anders als die Pflicht zur Zahlung des Arbeitsentgelts wurde die Arbeitspflicht des Arbeitnehmers jedoch nicht – wie auch schon nicht im AG – explizit normiert[650]. Der 1. Entwurf zum AVG sah in § 24 noch vor, dass der Arbeitnehmer in Person (本人) die arbeitsvertraglich vereinbarte Arbeit leisten soll. Über § 3 Abs. 2 AVG (pacta sunt servanda) i. V. m. § 17 Abs. 1 Nr. 4 AVG – wonach der Inhalt der Arbeit notwendiger Vertragsbestandteil ist – lässt sich aber auch aus dem AVG indirekt die rechtliche Arbeitspflicht herleiten. Auch kann man aus dem Arbeitsverweigerungsrecht in § 32 Abs. 1 AVG auf die vertragliche Arbeitspflicht schließen. Denn nur wer zur Arbeitsleistung verpflichtet ist, bedarf eines Rechtes zur Verweigerung der Arbeitsleistung[651].

Festzuhalten bleibt deshalb, dass, wenn der Arbeitnehmer mit der Erbringung der Arbeitsleistung die Haupflicht erfüllt und der Arbeitgeber mit der Nutzung der Arbeitsleistung oder der Zahlung des Arbeitslohnes selbige annimmt, die Gedanken des Grundsatzes der „faktischen Erfüllung", wie sie in § 37 VG enthalten sind, erfüllt wären. Dies entspricht mithin der Begründung eines Arbeitsver-

647 Vgl. Ling, Contract Law, S. 107.

648 Zhou, Arbeitsvertragsgesetz, S. 229, meint, dass im AVG nicht zwischen Haupt- und Nebenpflichten unterschieden wird. Bei der Zahlung der vereinbarten Vergütung in voller Höhe handele es sich aber um die wesentliche Pflicht des Arbeitgebers.

649 Vgl. §§ 11, 18, 28 AVG.

650 Siehe auch Zhou, Arbeitsvertragsgesetz, S. 229.

651 Im Ergebnis derselben Meinung ist Chen, People's Republic of China, S. 57.

hältnisses infolge der Nutzung der Arbeit des Arbeitnehmers durch den Arbeitgeber im Sinne von § 7 AVG[652].

Bei Anwendung des Gedankens von § 37 VG wäre also die Verletzung des Schriftformerfordernisses im Zeitpunkt der Begründung des Arbeitsverhältnisses geheilt. Man würde damit von einer Identität zwischen Arbeitsvertrag und Arbeitsverhältnis ausgehen, was offensichtlich vom Gesetzgeber nicht gewollt ist.

Wie bereits oben erläutert wurde, verkörpert § 7 AVG in gewisser Weise den Gedanken der „faktischen Erfüllung", wenn auch die Rechtsfolge nicht auf einen Vertrag sondern auf ein gesetzliches Rechtsverhältnis gerichtet ist. Gerade deshalb kann nicht davon ausgegangen werden, dass die „faktische Erfüllung" im Sinne von § 7 AVG über das Arbeitsverhältnis hinaus auch den Arbeitsvertrag zur Entstehung bringt.

c. Erstreckung der Schriftform auf wesentliche Vertragsbestimmungen

aa. Einleitung

§ 16 Abs. 1 AVG lässt offen, welche Vertragsbestandteile vom Schriftformerfordernis umfasst sind. Für das VG wird angenommen, dass gesetzlich oder vertraglich zwingende Vertragsbestandteile von einem bestehenden Schriftformerfordernis erfasst werden. Wurde das Formerfordernis erst von den Parteien vereinbart, ist ihr Wille im Hinblick auf die einzubeziehenden Vertragsbestimmungen maßgeblich. Handelt es sich um ein gesetzliches Formerfordernis, müssen die betreffenden Bestimmungen des Gesetzes zur Feststellung des aufnahmebedürftigen Inhalts untersucht werden[653]. Vertragsbestandteile, die vom zwingenden Schriftformerfordernis erfasst werden, sind damit gleichfalls Wirksamkeitsvoraussetzung für den Vertrag im Sinne von § 16 Abs. 1 AVG.

bb. Die Vertragsbestandteile gemäß § 17 AVG

Im Arbeitsrecht ist der Blick auf § 17 AVG zu richten. Die Norm setzt offensichtlich voraus, dass die dort aufgelisteten Vertragsbedingungen in der Arbeitsvertragsurkunde enthalten (具备-jùbèi) sein sollen. Es geht nicht um die bloße Einigung über diese Bedingungen, sondern um deren schriftliche Wiedergabe. Die Bezugnahme auf das Schriftformerfordernis ergibt sich auch aus dem systematischen Zusammenhang, da die Norm unmittelbar hinter der Vorschrift zur

---

652 Zu den Einzelheiten bezüglich der Anforderungen an die Entstehung des Arbeitsverhältnisses siehe unten.

653 Vgl. Ling, Contract Law, S. 98 f.

Errichtung/Wirksamkeit des Arbeitsvertrages steht. Der Vertrag soll[654] (应当) gemäß Absatz 1 enthalten[655]:

- Name, Sitz und gesetzliche Vertreter oder Hauptverantwortliche des Arbeitgebers;
- Name, Adresse und Personalausweisnummer oder eines anderen gültigen Nachweises der Identität des Arbeitnehmers;
- Dauer des Arbeitsvertrages;
- Tätigkeitsbeschreibung und Arbeitsort;
- Arbeits-, Ruhe- und Urlaubszeiten;
- Arbeitslohn;
- Sozialversicherung;
- Arbeitsschutz, Arbeitsbedingungen und Schutz vor beschäftigungsbedingten Gefahren und
- sonstige Angaben, die aufgrund Gesetz oder Verordnung in Arbeitsverträgen enthalten sein müssen.

Die Parteien dürfen (可以) nach Absatz 2 weitere Regelungsgegenstände in den Vertrag aufnehmen, wie Probezeit, Schulung, Geheimhaltung, Zusatzversicherung, Sozialleistungen und anderes[656].

„Yīngdāng" steht für eine Verpflichtung, „可以" für ein Recht zur Aufnahme in den Arbeitsvertrag. Diese Differenzierung zeigt sich auch in den §§ 17 Abs. 2, 81 AVG, wo die Vertragsbestimmungen des § 17 Abs. 1 AVG als „notwendig" (必备) bezeichnet werden. Daran ist erkennbar, dass das Gesetz zwischen einem obligatorischen (Abs. 1) und einem fakultativen Vertragsteil (Abs. 2) unterscheidet[657].

Die fakultativen Vertragsbestimmungen lassen sich weiter nach den optionalen, im Gesetz angeführten Klauseln über Probezeit, Schulungen, Geheimhaltung, Sozialversicherung usw. und Klauseln, die frei nach dem Parteiwillen vereinbart werden[658], unterteilen. Die optionalen Klauseln sollen im Einklang mit den Gesetzen und Rechtsvorschriften des Staates errichtet werden und zwingen-

---

654 Dies galt bereits zum Arbeitsgesetz vgl. Cheng/Darimont, Die Debatten, S. 174. Die Ansicht vertritt auch Lauffs, Chinese Law Spurs Reforms, S. 94.

655 Vgl. § 17 Abs. 1 AVG.

656 Nach den „Bestimmungen zu den Standards der Genesungszeit für Arbeitnehmer in Shanghai, die an Krankheiten oder nicht berufsbedingten Krankheiten leiden, während der Dauer der Erfüllung des Arbeitsvertrages", kann bspw. eine längere als die dort vorgegebenen Behandlungszeit im Arbeitsvertrag vereinbart werden.

657 So auch Lauffs, Employment Law, S. 64.

658 An dieser Stelle wird der Vertragsautonomie der Parteien Raum gegeben. Vgl. auch Zhou, Arbeitsvertragsgesetz, S. 231.

den Standards entsprechen. Als sonstige Klauseln kommt alles in Betracht, was rechtlich zulässig vereinbart werden kann[659].

Die Auflistung in § 17 Abs. 2 AVG ist nicht als abschließend zu verstehen. Auch § 19 AG enthielt bereits Bestimmungen zu obligatorischen und fakultativen Vertragsinhalten, wobei der obligatorische Teil zusätzlich Gründe für die Beendigung des Arbeitsvertrages, die Haftung für Vertragsverstöße und die Arbeitsdisziplin enthielt. Da das AG weiterhin Anwendung findet, ist unklar, ob § 19 AG neben § 17 AVG noch Bedeutung besitzt. Wie im Einzelnen noch ausgeführt wird, spricht alles gegen eine weitere Anwendung von § 19 AG[660].

cc. Rechtsfolge der Nichtaufnahme von Vertragsbestandteilen i. S. d. § 17 AVG

Fraglich ist, ob die Nichtaufnahme einzelner in § 17 AVG genannter Vertragsbestandteile einen Verstoß gegen das Schriftformerfordernis des § 16 AVG darstellt.

aaa. Korrekturrecht der Arbeitsbehörde

Ein Verstoß gegen die Pflicht zur Aufnahme der Vertragsbedingungen des § 17 Abs. 1 AVG hat gemäß § 81 AVG zur Folge, dass die Arbeitsbehörde vom Arbeitgeber eine Korrektur (改正) verlangen kann.

> *§ 81 AVG*
> *Wenn die vom Arbeitgeber ausgestellte Arbeitsvertragsurkunde vom Gesetz vorgeschriebene Punkte nicht enthält oder der Arbeitgeber die Arbeitsvertragsurkunde dem Arbeitnehmer nicht gibt, wird er von der Arbeitsbehörde angewiesen, dies zu korrigieren; ist dem Arbeitnehmer ein Schaden verursacht worden, so haftet er auf Ersatz.*

Die Aufnahme der Vertragsbestimmungen des § 17 Abs. 2 AVG ist jedenfalls fakultativ, so dass deren Nichtaufnahme keine rechtlichen Sanktionen zur Folge haben kann[661].

Waas/Wu[662] gehen davon aus, dass das Korrekturrecht nach § 81 AVG gegen die Unwirksamkeit des Vertrages bei Verstößen gegen § 17 Abs. 1 AVG spricht. Sie nehmen anscheinend an, dass eine Korrektur nur an einem grundsätzlich wirksamen Vertragswerk erfolgen kann. Geht man in den Fällen des § 81 AVG von

---

659 Vgl. Dong Runqing, Case Analysis, S. 344 f.

660 Lauffs, Employment Law, S. 65, hält die Anwendung der zusätzlichen Vertragsbestimmungen über die Öffnungsklausel des § 17 Abs. 1 Nr. 9 AVG für möglich, meint aber auch, dass es unklar ist, ob der Gesetzgeber beim Entwurf der Norm das Arbeitsgesetz überhaupt vor Augen hatte oder nicht vielmehr hauptsächlich auf lokale Arbeitsvertragsbestimmungen abstellen wollte.

661 So auch Dong Runqing, Case Analysis, S. 345.

662 Waas/Wu, Arbeitsvertragsgesetz, S. 239.

der Unwirksamkeit des Vertrages mangels Einhaltung der Schriftform aus, ist die Arbeitsbehörde mit den ihr zur Verfügung stehenden Hilfsmitteln[663] berechtigt, die Parteien zur Herbeiführung der Wirksamkeit des Arbeitsvertrages zu bewegen. Das wäre allerdings nichts Neues. Bereits nach § 16 der „Maßnahmen für Verwaltungsstrafen bei Verstößen gegen das Arbeitsgesetz", ist die Arbeitsbehörde berechtigt, den Arbeitgeber bei Verzögerung des Arbeitsvertragsschlusses anzuweisen, dies zu korrigieren. Auch früher konnte demnach von Behördenseite schon auf die Wirksamkeit des Arbeitsvertrages hingewirkt werden. Somit ist das Argument von Waas/Wu nicht zwingend.

bbb. Das Kriterium der „Wesentlichkeit" von Vertragsbestimmungen in Rechtsvorschriften und Literatur

Zur Klarstellung, dass die gesetzlich aufgelisteten Vertragsbestimmungen nicht als für die Errichtung/Wirksamkeit des Vertrages wesentlich anzusehen sind, wird in Gesetzen zum Teil die Formulierung benutzt, dass diese Vertragsbestimmungen „im Allgemeinen" aufzunehmen sind[664] oder dass sie im Nachhinein ergänzt werden können[665]. § 17 AVG trifft keine vergleichbare Regelung, was dafür sprechen könnte, dass alle aufgelisteten Punkte für die Wirksamkeit des Vertrages wesentlich sind. Enthält die Vertragsurkunde nicht alle Punkte gemäß § 17 Abs. 1 AVG, könnte der Arbeitsvertrag demnach mangels Erfüllung der Schriftform gemäß § 16 Abs. 1 AVG unwirksam sein[666].

Vertreten wird aber auch, dass die Nichtaufnahme des obligatorischen Inhalts nur die teilweise Unwirksamkeit des Vertrages zur Folge hat[667].

Im Zusammenhang mit vergleichbaren zivilrechtlichen Schriftformerfordernissen wird argumentiert, dass die Einschließung aller gesetzlichen Vertragsbestandteile in das Schriftformerfordernis die Errichtung des Vertrages erschwert und der Vertrag auch ohne viele der aufgelisteten Vertragsbestimmungen durch-

663 Vgl. bspw. die mittlerweile außer kraft gesetzten „Bestimmungen zum Verfahren bei Arbeitsinspektionen".

664 Vgl. § 12 Abs. 1 VG.

665 Vgl. § 15, 39, 65 Sicherheitengesetz.

666 So zum Beispiel Binding/Thum, Contracts, S. 76. Ähnlich auch Geffken, Der Preis des Wachstums, S. 53, und Ke zur Vorgängernorm des Arbeitsgesetzes, People's Republic of China, S. 54.

667 Vgl. Münzel, Chinas Recht, Anm. 29 zum Arbeitsvertragsgesetz, unter Berufung auf die „Maßnahmen zur Entschädigung wegen Verstoßes gegen die relevanten Bestimmungen über Arbeitsverträge unter dem Arbeitsgesetz".

führbar ist[668]. Das gilt zum Beispiel für Vertragsbedingungen, die durch gesetzliche Bestimmungen ersetzt werden können[669].

Professor Wang Quan Xing geht davon aus, dass ein Arbeitsvertrag zumindest die Voraussetzungen von § 17 Abs. 1 Nr. 1 (Namen und Bezeichnungen der Parteien) und 4 AVG erfüllen muss, um wirksam zu sein[670].

In Punkt II.3 des „Rundschreiben I betreffend bestimmte Fragen über die Einführung der Arbeitsvertragsbestimmungen der Stadt Shanghai" spiegelt sich eine ähnliche Ansicht, die zur entsprechenden Regelung des AG erging, wider. Dort heißt es, dass der Arbeitsvertrag trotz Fehlens bestimmter Basisklauseln wirksam ist, sofern die wesentlichen Rechte und Pflichten nicht von deren Fehlen beeinflusst sind. Mit den Basisklauseln sind offenbar die Vertragsbestimmungen des § 19 Abs. 1 AG gemeint. Entscheidend ist danach letztlich, dass der Arbeitsvertrag trotz Fehlens bestimmter Vertragsbedingungen noch erfüllbar sein muss. Diese Ansicht impliziert eine Unterscheidung der Punkte des § 17 Abs. 1 AVG nach wesentlich und unwesentlich.

Dementsprechend stellt sich die Frage, welche der Punkte gemäß § 17 Abs. 1 AVG wesentlich bzw. unwesentlich für den Vertragsschluss sind. Unwesentlich sind insbesondere solche Punkte, die auf andere Art als durch arbeitsvertragliche Vereinbarung bestimmt werden können, zum Beispiel durch gesetzliche Regelungen, so dass die Erfüllung des Arbeitsvertrages gesichert ist. Gesetzlich geregelt sind die Ruhe- und Urlaubszeiten[671], die Sozialversicherung[672], der Arbeitsschutz, die Arbeitsbedingungen und die Vorkehrungen gegen berufliche Gefahren[673].

Als wesentliche Vertragsbedingungen (essentialia negotii) bleiben somit Vereinbarungen über die Identität der Parteien[674], die Vertragsdauer[675] sowie Inhalt,

---

668 Vgl. zur parallelen Problematik am Beispiel des Wirtschaftsvertragsgesetzes Ling, Contract Law, S. 89.

669 Vgl. Ling, Contract Law, S. 90.

670 So Professor Wang Quan Xing im Interview.

671 Vgl. 4. Kapitel, §§ 36–45 AG und die „Vorschrift über den bezahlten Jahresurlaub von Arbeitnehmern". Auch die Höchstarbeitszeiten sind in den genannten Vorschriften des Arbeitsgesetzes geregelt. Bei den Arbeitszeiten stellt sich die besondere Problematik der Bestimmung, ob ein Teilzeitarbeitsverhältnis im Sinne der §§ 68 ff. AVG vorliegt, da Teilzeitarbeit gemäß § 69 Abs. 1 AVG mündlich vereinbart werden darf.

672 Vgl. 9. Kapitel, §§ 70–76 AG, AUV, AVR, und die „Vorläufigen Bestimmungen zum Einzug und der Zahlung von Sozialversicherungsbeiträgen".

673 Vgl. 6. Kapitel, §§ 52–57 AG, Gesetz zur Verhütung und Kontrolle von Berufskrankheiten, Gesetz zur Sicherheit in Minen, Arbeitsschutzgesetz, und die „Bestimmungen über die Arbeitsschutzzulassungen".

674 Vgl. § 17 Abs. 1 Nr. 1 und 2 AVG.

675 Vgl. § 17 Abs. 1 Nr. 3 AVG. Teilweise wurden auch hier regionale Bestimmungen getroffen. Vgl. etwa § 23 Pekinger AVB. Prof. Wang Quan Xing – im Interview – geht demgegenüber

Ort und Zeit[676] der Arbeit[677] übrig. Auch das Arbeitsentgelt ist zu den wesentlichen Vertragsbedingungen zu zählen. Zwar wurden in zahlreichen regionalen Vorschriften Bestimmungen zu Mindestlöhnen getroffen[678]; wie sich allerdings schon aus § 11 AVG ergibt, nimmt die Parteivereinbarung über die Höhe des Arbeitslohnes eine hervorgehobene Position ein.

ccc. Eigene Bewertung der Rechtslage

Da es gerade im Arbeitsrecht viele gesetzliche Regelungen gibt, die etwaige Lücken im Vertrag füllen könnten, erscheint die Erstreckung der Unwirksamkeitsfolge auf alle Angaben im Sinne von § 17 Abs. 1 AVG überflüssig. Der Klarstellungsfunktion des Arbeitsvertrages kommt bei gesetzlicher Regelung der Materie nur noch eine eingeschränkte Funktion im Sinne der Aufklärung des Arbeitnehmers über seine gesetzlichen Rechte zu. Sie bezweckt in diesen Fällen weniger die rechtlich eindeutige Bestimmung des Vertragsbestandteils, sondern dient mehr zur Aufklärung und Information des Arbeitnehmers. Aufklären und informieren kann sich der Arbeitnehmer allerdings auch durch die unabhängig vom Arbeitsvertrag bestehende Auskunftspflicht des Arbeitgebers gemäß § 8 AVG. Danach hat er den Arbeitnehmer bei dessen Einstellung über Inhalt, Bedingungen und Ort der Arbeit, berufliche Gefahren, Produktionssicherheitsverhältnisse, das Arbeitsentgelt und andere Umstände, die der Arbeitnehmer erfahren möchte, aufzuklären. Eine derartige Ausweitung der Schriftform verhindert somit den gesetzlichen Arbeitsvertragsschutz unnötig. Den Interessen des Arbeitnehmers ist grundsätzlich besser gedient, wenn er wenigstens einen Arbeitsvertrag hat, selbst wenn er darin nicht auf seine gesetzlichen Rechte hingewiesen wird.

Weitere Aufklärung leistet § 11 Ausführungsbestimmungen zum AVG:

> ...
> *Die Parteien müssen grundsätzlich einen rechtmäßigen, gerechten und dem Gleichheitsprinzip und Treu und Glauben entsprechenden Vertragsinhalt freiwillig aushandeln; soweit sich keine Einigkeit erzielen lässt, wird nach § 18 AVG verfahren.*

---

davon aus, dass der Arbeitsvertrag mangels Bestimmung über seine Dauer unbefristet sein soll.

676 Die gesetzlichen Regelungen zur Arbeitszeit enthalten nur Beschränkungen nach oben. Sie bestimmten keine „Mindestarbeitszeit", die bei Fehlen vertraglicher Vereinbarungen anwendbar wäre, vgl. 4. Kapitel, §§ 36–45 AG.

677 Vgl. § 17 Abs. 1 Nr. 4 und 5 AVG.

678 Vgl. 5. Kapitel, §§ 46–51 AG, „Bestimmungen zu Mindestlöhnen", und „Shanghaier Bestimmungen zu Mindestlöhnen für Arbeitnehmer in Unternehmen".

Wird über den Vertragsinhalt oder einen Teil davon keine Einigung erzielt, ist er konsequenterweise auch nicht in der Vertragsurkunde enthalten. Die Norm differenziert nicht zwischen Vertragsinhalten im Sinne von § 17 Abs. 1 und § 17 Abs. 2 AVG sondern trifft eine allgemeine Aussage zur Anwendung von § 18 AVG. Wie oben bereits ausgeführt, findet § 11 AVG auf Arbeitsverhältnisse ohne schriftlichen Arbeitsvertrag, § 28 AVG auf Arbeitsverhältnisse mit nach § 26 Abs. 1 AVG unwirksamem Arbeitsvertrag und § 18 AVG auf wirksame und teilweise unwirksame Arbeitsverträge Anwendung. Führte ein Verstoß gegen § 17 Abs. 1 AVG zur Verletzung des Schriftformerfordernisses des § 16 AVG, müsste § 11 Ausführungsbestimmungen zum AVG konsequenterweise auf § 11 AVG verweisen. Im Umkehrschluss bedeutet dies, dass ein Verstoß gegen die Aufnahmepflicht des § 17 Abs. 1 AVG nicht gleichzeitig eine Verletzung der Schriftform des § 16 AVG bedeutet.

Ob zumindest die „essentialia negotii" aufgenommen sein müssen, bleibt damit regionalen oder zukünftigen nationalen Regelungen überlassen.

dd. Behördliche Musterarbeitsverträge

Verschiedentlich sehen regionale Vorschriften vor, dass einheitliche Musterarbeitsverträge durch die Arbeitsverwaltungsbehörden bereitgestellt werden[679]. Da die Unternehmen aber auch eigene Vertragstexte formulieren dürfen[680], handelt es sich bei der Verwendung dieser Muster um keine Wirksamkeitsvoraussetzung[681].

d. Die Schriftform als Voraussetzung bei Vertragsänderungen

Vor Inkrafttreten des AVG erkannten Gerichte in Arbeitsstreitigkeiten teilweise vertragliche Rechte aufgrund mündlicher Vereinbarungen bzw. faktischer Erfüllung an[682]. Für die Errichtung/Wirksamkeit des Arbeitsvertrages ist dies unter dem AVG nicht mehr haltbar. Anderes könnte allerdings für eine Vertragsänderung gelten. Bei einer Vertragsänderung wurde der Vertrag wirksam in schriftlicher Form errichtet und es soll nachträglich eine inhaltliche Änderung vorgenommen werden.

---

679 Vgl. z. B. § 13 Abs. 1 Guangd. AVB.

680 Vgl. § 13 Abs. 2 Guangd. AVB.

681 Vgl. Artikel 2 VI Nr. 47 „Ansichten zu einigen Problemen bei der Durchführung des Arbeitsgesetzes".

682 S. o.

In den Entwürfen zum AVG war noch ausdrücklich entsprechend § 16 Abs. 1 AVG für die Vertragsänderung geregelt, dass Letztere erst mit Erfüllung der Schriftform wirksam wird.

§ 29 AVG (1. Entwurf)[683]
(1) ...
(2) Änderungen des Arbeitsvertrages sollen in schriftlicher Form aufgezeichnet, mit den Unterschriften oder Siegeln von Arbeitgeber und Arbeitnehmer gegenseitig versehen werden, bevor sie in Kraft treten.

Die Nichtübernahme in das AVG könnte gegen die Schriftform der Vertragsänderung als Wirksamkeitsvoraussetzung sprechen. Aus Gründen der Rechtssicherheit wäre eine Fortführung zwar wünschenswert gewesen, die Auslassung spricht aber nicht zwangsläufig gegen die Schriftform als Wirksamkeitsvoraussetzung, da sie auch zur Vermeidung von Wiederholungen weggelassen worden sein kann. Die §§ 16 Abs. 1, 17 Abs. 1 AVG machen bereits hinreichend deutlich, dass nur schriftliche Vereinbarungen Wirksamkeit entfalten können.

§ 35 AVG sieht jedoch die Schriftform auch bei Vertragsänderungen vor[684]. Die Bestimmung wäre überflüssig, wenn sie durch faktische Erfüllung ersetzt werden könnte. Das Klarstellungsziel des § 1 AVG ist zudem beim nicht schriftlichen Vertragsabschluss prinzipiell genauso gefährdet, wie bei mündlichen oder konkludenten Vertragsänderungen. Wie oben bereits erläutert, hat der Gesetzgeber nur für das Arbeitsverhältnis mit Arbeitsentgeltvereinbarung eine Ausnahme vom Schriftformerfordernis vorgesehen, was gegen eine Regelungslücke bei der Vertragsänderung spricht und für eine strikte Anwendung der Schriftform[685].

Die Schriftform des § 35 AVG ist allerdings nicht identisch mit der strengen Schriftform des § 16 AVG sondern entspricht der des § 11 VG. Damit genügt für eine Vertragsänderung jede Form, bei der der Inhalt einen sichtbaren Ausdruck finden kann. Insofern ist die Vertragsänderung deutlich gegenüber der Vertragserrichtung erleichtert.

Li/Frik vertreten im Einklang damit die Ansicht, dass auch die Änderung des Arbeitsvertrages zu ihrer Wirksamkeit der Schriftform bedarf[686]. Eine faktische Erfüllung erwähnen sie schon gar nicht[687].

---

683 Entsprechende Regelungen trafen auch § 36 Abs. 2 des 2. Entwurfes und § 35 des 3. Entwurfes zum AVG.

684 Dies ist von Änderungen des vereinbarten Arbeitsentgelts ohne Abschluss eines Arbeitsvertrages im Sinne von § 11 AVG abzugrenzen.

685 So auch Lauffs, Employment Law, S. 63:"...the amendments must be made in writing".

686 Auch Wang vertritt die Ansicht, dass eine Vertragsänderung gemäß § 35 AVG schriftlich vermerkt werden muss, Teilzeitbeschäftigung, S. 177.

687 Vgl. Li/Frik, Arbeitsvertragsgesetz, S. 88.

Nach Dong Baohuas Meinung wird die Frage nach einer Vertragsänderung infolge der einseitigen Änderung des Vertrages durch den Arbeitgeber, welcher der Arbeitnehmer nicht widerspricht, unter Rechtswissenschaftlern kontrovers diskutiert. Dabei werden zwei Ansichten vertreten: Die eine stellt den Arbeitnehmer in das Zentrum der Betrachtung und stellt, je nach dem welches Ergebnis für ihn am vorteilhaftesten ist, entweder auf die Vereinbarung oder die „faktische Erfüllung" ab. Da sich diese Auslegung nicht am Gesetz festmachen lässt, lehnt Dong Baohua sie ab, weil es gegen den verfassungsrechtlichen Gleichheitsgrundsatz verstoße, wenn man den Arbeitnehmer einseitig bei der Durchsetzung des Rechts bevorteilt. Die zweite Ansicht übernimmt das Prinzip der „faktischen Erfüllung", dem auch Dong Baohua zustimmt, sofern es den wahren Willen der Parteien widerspiegelt. Er meint, dass es sich in der Praxis dabei tatsächlich in einem großen Maßstab um die Veränderung von Gehältern handelt, die gewöhnlich ansteigen, häufig aber nicht im Einzelnen in den schriftlichen Arbeitsvertrag übernommen werden. Dong Baohua sieht in diesem Grundsatz eine Möglichkeit, einen größeren Spielraum für die Vereinbarung von Arbeitslöhnen zu schaffen, was gleichzeitig den Arbeitnehmern einen besseren rechtlichen Schutz bietet. Sofern die Behandlung eine größere Gruppe von Arbeitnehmern betrifft, will Baohua anscheinend so etwas wie einen kollektiven Günstigkeitsvergleich anstellen, um den wahren Willen der Parteien als Gesamtheit zu ermitteln[688].

Grundsätzlich wird man davon ausgehen müssen, dass das Schriftformerfordernis den Konsens der Vertragsparteien über die Änderung umfasst. Das bedeutet, dass die Schriftform der Änderungserklärung nur einer Partei eigentlich nicht genügt. Das in der Schriftform verkörperte Klarstellungserfordernis dient allerdings in erster Linie dem Schutz des Arbeitnehmers. Zu überlegen ist deshalb im Ergebnis wie die oben vertretenen Ansicht in der chinesischen Rechtswissenschaft, ob dies nicht in den Fällen an der Realität vorbeigeht, in denen der Arbeitgeber dem Arbeitnehmer schriftlich bessere Vertragsbedingungen als vorher (zum Beispiel eine Lohnerhöhung) anbietet. In dem Fall ist für den Arbeitgeber offensichtlich, dass der Arbeitnehmer diesem Angebot zustimmt. Somit besteht seitens des Arbeitgebers kein Bedürfnis an einer schriftlichen Klarstellung.

Gleiches kann aber nicht für Verschlechterungen der Arbeitsbedingungen angenommen werden, da der Arbeitnehmer in der Regeln nicht mit einer Verschlechterung seiner arbeitsvertraglichen Bedingungen einverstanden sein wird. Da in diesen Fällen auch keine vergleichbare Situation vorliegt, greift die Berufung Dong Baohuas auf den verfassungsrechtlichen Gleichheitsgrundsatz nicht. Man kann eine gleiche Behandlung nur für Situationen verlangen, die miteinander vergleichbar sind. Es handelt sich um keine einseitige Bevorteilung des

688 Vgl. Dong Baohua, Case Analysis, S. 485 f.

Arbeitnehmers, da das Angebot jeweils einseitig vom Arbeitgeber gemacht wird. Umgekehrt kann man auch nicht davon ausgehen, dass das schriftliche Angebot des Arbeitnehmers zur Verbesserung oder Verschlechterung der Arbeitsbedingungen stets vom Arbeitgeber angenommen wird.

Wie stets, sind die lokalen Rechtsvorschriften zu beachten. So enthält § 3 der „Ansichten des Oberen Volksgericht Shanghai zur Anwendung des Arbeitsvertragsgesetzes" eine eigene Interpretation des Schriftformerfordernisses für Vertragsänderungen. Danach ist das Schriftformerfordernis des § 35 AVG auch durch Gehaltsbescheinigungen und nachträglichen Mitteilungen zur Änderungen an den Arbeitnehmer sowie generell bei allen Dokumentationen oder anderen Schriftstücken erfüllt, vorausgesetzt, die Änderung ist gesetzmäßig. Beispielhaft nennt die Vorschrift Änderungen bei Urlaub oder Bonuskriterien. Die Vorschrift macht die Wirksamkeit der Änderung nicht davon abhängig, dass sie im Interesse des Arbeitnehmers ist. Bis die Rechtslage in Shanghai klargestellt wurde ist Arbeitnehmern zu empfehlen, jeder nachteiligen Änderungen schriftlich zu widersprechen und gegebenenfalls bei den Behörden oder Gerichten Rechtsschutz zu suchen.

§ 4 Schlussfolgerungen

Wie im deutschen Arbeitsrecht werden Arbeitsverträge durch zwei übereinstimmende Willenserklärungen, Angebot und Annahme geschlossen. Unterschiede kann es aufgrund gesetzlicher Bestimmungen im Rekrutierungsverfahren geben. Wesentliche Besonderheit des Arbeitsvertragsschlusses nach chinesischem Recht ist allerdings die Bedeutung der Schriftform für dessen wirksame Errichtung. Die Bedeutung der Schriftform ist in erster Linie auf Schwierigkeiten beim Nachweis vereinbarter Vertragsbedingungen zurückzuführen. Das kontinentaleuropäische Vertragsverständnis hat sich hier nicht vollständig durchgesetzt, so dass es zu einem starken Einfluss beweisrechtlicher Aspekte auf den Vertragsbegriff kommt. Das gilt einerseits für das Verständnis vom Vertrag als schriftlicher Urkunde. Zum anderen zeigt es sich bei den Versuchen von Rechtsprechung und Literatur, dem Einzelfall gerecht werdende Lösungen bei Verstößen gegen das Schriftformerfordernis zu finden.

Besondere Bedeutung kommt dem Schriftformerfordernis offenbar auch durch wirtschaftliche bzw. wirtschaftspolitische Überlegungen zu. Die historisch zu sehende Betonung der Flexibilität von Arbeitsverhältnissen durch befristete Arbeitsverträge, um dadurch die nationale Wirtschaft zu fördern, spielte eine wesentliche Rolle bei der Gestaltung von Arbeitsvertrag und Arbeitsverhältnis im AVG. Trotz einer starken Beschränkung der Befristungsmöglichkeiten gegenüber dem alten Recht hat man sich nicht getraut, den unbefristeten Arbeitsvertrag als

Grundlage eines Normalarbeitsverhältnisses einzuführen. Das mag daran liegen, dass unbefristete Arbeitsverhältnisse auch heute noch teilweise den Nimbus der „eisernen Reisschüssel" in sich tragen. Angesichts des Kündigungsschutzrechtes ist dies auch nicht ganz unzutreffend. Jedenfalls hat man im Prinzip den Arbeitgebern zum Schutz des weiteren Wirtschaftsaufschwungs die Möglichkeit zur sachgrundlosen Vertragsbefristung belassen.

Die Verbindung zur Bedeutung der Schriftform für den Vertrag kommt über § 14 Abs. 3 AVG zu Stande. Die Norm greift in die Entscheidungsfreiheit des Arbeitgebers im Hinblick auf die Dauer des Arbeitsvertrages ein, freilich erst nach einem Jahr des Bestehens des Arbeitsverhältnisses. Für den davor liegenden Zeitraum hat der Arbeitgeber alle Optionen offen, er wird lediglich durch einen gewissen finanziellen Druck zur vorzeitigen Entscheidung angehalten.

Das Schriftformerfordernis bei der Vertragsänderung ist nur konsequent. Niedrigere Anforderungen an die Schriftform kompensieren allerdings die Beweisschwierigkeiten und die Machbarkeit in der Praxis. Folgt man der Auffassung, dass bei Verbesserungen von Vertragsbedingungen die Schriftform des Arbeitgeberangebots genügt, kommt man zu einem ähnlichen Ergebnis wie im deutschen Recht. Dieses geht allerdings für die Fälle der „betrieblichen Übung" noch weiter. Danach kann die wiederholte tatsächliche Gewährung besserer Vertragsbedingungen zu einer Vertragsänderung führen, auch wenn keine ausdrückliche Annahmeerklärung der Arbeitnehmer vorliegt. Diese kann man bei realitätsnaher Betrachtung voraussetzen. Eine Schriftform wird in keinster Weise vorausgesetzt. Der Wille des Arbeitgebers, nicht nur eine Einmalleistung erbringen zu wollen, wird durch die wiederholte Ausübung belegt. Letztere Problematik umgeht das chinesische Recht durch das Schriftformerfordernis für die Arbeitgebererklärung. Teilweise wird in der deutschen Rechtswissenschaft eine negative „betriebliche Übung" diskutiert, wie sie auch von Dong Baohua angedacht ist, sie wird aber weitestgehend abgelehnt.

III. Die Unwirksamkeit des Arbeitsvertrages gemäß § 26 AVG

Wie bereits dargestellt, ist zwischen der Wirksamkeit oder – zivilrechtlich ausgedrückt – Errichtung des Vertrages, die einen Konsens und die Unterzeichnung/ Stempelung der Vertragsurkunde voraussetzt, und seiner Unwirksamkeit nach § 26 AVG zu unterscheiden.

§ 26 AVG
(1) Die folgenden Arbeitsverträge sind unwirksam oder teilweise unwirksam:
1. Arbeitsverträge, zu deren Abschluss oder Änderung eine Seite entgegen ihrem wahren Willen durch Täuschung, Drohung oder Gewalt oder unter Ausnutzung einer Notlage veranlasst wurde;

2. Arbeitsverträge, die den Arbeitgeber von seiner gesetzlichen Haftung befreien, Rechte des Arbeitnehmers ausschließen[689]*;*
3. Arbeitsverträge, die gegen zwingende Bestimmungen von Gesetzen oder Verwaltungsrechtsnormen verstoßen.
(2) Ist die Unwirksamkeit oder teilweise Unwirksamkeit eines Arbeitsvertrages streitig, so wird sie vom Schiedsorgan für Arbeitsstreitigkeiten oder vom Volksgericht bestätigt.

1. Die Unwirksamkeitsregelungen im Entwurfverfahren

Im 1. Entwurf zum AVG waren ursprünglich sowohl Unwirksamkeits-[690] als auch Widerrufsgründe[691] geregelt. Dieser Bereich wurde im verabschiedeten Gesetz vollständig umstrukturiert. Der Unwirksamkeitsgrund wegen Täuschung oder Drohung gemäß § 18 Abs. 1 Nr. 1 des 1. Entwurfes AVG wurde in § 26 Abs. 1 Nr. 1 AVG aufgenommen. Das Gleiche gilt für den Widerrufsgrund der Ausnutzung einer Notlage gemäß § 19 Abs. 2 des 1. Entwurfes. § 26 Abs. 1 Nr. 2 AVG erfasst den Unwirksamkeitsgrund des § 18 Abs. 1 Nr. 4 des 1. Entwurfes. § 26 Abs. 1 Nr. 3 AVG weicht in einem gewissen Umfang vom Unwirksamkeitsgrund nach § 18 Abs. 1 Nr. 5 des 1. Entwurfes ab. Der Entwurf enthielt noch eine Öffnungsklausel für in anderen Gesetzen und Verwaltungsvorschriften enthaltene Unwirksamkeitsgründe für Arbeitsverträge. § 26 Abs. 1 Nr. 3 AVG determiniert dagegen, dass Arbeitsverträge, die gegen zwingende Bestimmungen in Gesetzen oder Verwaltungsvorschriften verstoßen, unwirksam sind. § 18 Abs. 1 Nr. 3 des 1. Entwurfes, wonach ein Arbeitsvertrag auch unwirksam sein sollte, wenn Arbeitgeber oder Arbeitnehmer gesetzlich nicht zum Abschluss des Arbeitsvertrages qualifiziert sind (法定資格), wurde nicht im AVG übernommen. Dies beruht auf der Entscheidung des Gesetzgebers, diese Fälle auch weiterhin im Sinne der „Dual Qualification" im Rahmen der Anwendbarkeit des Arbeitsrechts zu diskutieren[692].

Vollständig entfallen ist der, auch in § 52 Nr. 2 VG enthaltene, Unwirksamkeitsgrund der bösartigen Kollusion beider Vertragsparteien zur Schädigung der Staatsräson, des Gemeinwohls oder berechtigter Interessen anderer Personen[693]. Zweck dieses Unwirksamkeitsgrundes ist, dass man ein derart schädigendes Verhalten nicht auch noch auf eine durchsetzbare Rechtsgrundlage stellen möchte.

---

689 In § 19 des 2. Entwurfes zum AVG war noch zusätzlich das Verbot dergleichen Klauseln in den Vertrag zu übernehmen, normiert.
690 Vgl. § 18 AVG (1. Entwurf).
691 Vgl. § 19 AVG (1. Entwurf).
692 Siehe oben.
693 Nach § 9 Nr. 3 Guangd. AVB ist der Arbeitsvertrag auch dann unwirksam, wenn er nationale, kollektive oder soziale Interessen schädigt.

Im Abschluss oder bei der Erfüllung eines Arbeitsvertrages kann man aber nur schwer derartige Schädigungen erblicken. Zu denken ist eher an eine schädigende Wirkung des Geschäfts- oder Unternehmenszwecks. Diesem kann aber mit anderen Mitteln, als auf dem Rücken der Arbeitnehmer, entgegengetreten werden. Deshalb ist kein realistischer Anwendungsbereich für diesen Unwirksamkeitsgrund im Arbeitsrecht gegeben, weshalb er wohl auch nicht übernommen wurde.

Auch der Widerrufsgrund des § 19 Abs. 1, 1. Alt. des 1. Entwurfes, der dem § 54 Abs. 1 Nr. 2 VG entlehnt ist, spiegelt sich nicht im AVG wider. Beide Arbeitsvertragsparteien hatten danach ein Widerrufsrecht, wenn der Arbeitsvertrag offensichtlich unfaire Bestimmungen enthält[694]. Auch wenn diese Bestimmung so zu verstehen gewesen wäre, dass nur die benachteiligte Partei widerrufen können sollte, ist die Anwendung im Arbeitsvertragsverhältnis schwierig, da sich in den Vertragsverhandlungen per se zwei unterschiedlich starke Parteien gegenüber stehen. Die ungleichen Verhandlungspositionen bedingen zwangsläufig große Differenzen zwischen den jeweiligen wirtschaftlichen Interessen der Parteien. Je nach dem, welchen Gerechtigkeitsmaßstab man anlegt, ergibt sich deshalb eine offensichtliche Ungleichbehandlung oder nicht. Abgesehen von dieser systemimmanenten Ungleichheit des Arbeitsvertragsrechtes, bestünde eine große Rechtsunsicherheit für die Vertragsparteien. Wie in Deutschland wird auch in China in erster Linie über staatliche Mindeststandards und den staatlichen Eingriff in die Vertragsfreiheit der Parteien zum Schutz der Arbeitnehmer ein Ausgleich der Interessen herbeigeführt[695]. Diesem Zweck dienen sowohl das AG als auch das AVG. Demnach ist nachvollziehbar, dass der Gesetzgeber den Gerichten kein institutionalisiertes Prüfungsrecht auf Gerechtigkeit im Arbeitsvertragsverhältnis einräumen wollte. Das mag umso mehr gelten, als man in China momentan vorrangig an der Schaffung klarer Rechtsverhältnisse interessiert ist und man die Frage nach fairen Arbeitsbedingungen wohl nicht unbedingt dem Streit der Arbeitsparteien überlassen möchte.

2. Vollständige oder teilweise Unwirksamkeit

§ 27 AVG
Beeinflusst die teilweise Unwirksamkeit des Arbeitsvertrages nicht die Wirkung anderer Teile, gelten die anderen Teile nach wie vor.

694 Auch § 22 Abs. 1 Nr. 3 Pekinger AVB sieht in diesem Fall die ganze oder teilweise Unwirksamkeit des Arbeitsvertrages vor. Konkreter ist § 9 Nr. 4 Guangd. AVB, wonach ein Arbeitsvertrag unwirksam ist, der elementare Rechte (基本权利) einer Partei beschränkt oder verletzt, wodurch Vertragsbestimmungen offensichtlich unfair werden.

695 Die Nichtigkeit wegen Sittenwidrigkeit nach § 138 BGB hat zwar im Rahmen der Vereinbarung von Arbeitslöhnen in der jüngeren Vergangenheit für Schlagzeilen gesorgt, trotzdem ist die Anwendung von § 138 BGB eine Ausnahme im Arbeitsrecht.

Lauffs interpretiert § 27 AVG derart, dass, wenn nur einige Bestimmungen des Arbeitsvertrages unwirksam sind, diese nicht auch die Wirksamkeit der übrigen Vertragsbestimmungen beeinflussen[696]. Das wird der Bedeutung der Norm nicht vollständig gerecht. In § 27 AVG wurde vielmehr die Regel formuliert, dass bei einer teilweisen Unwirksamkeit des Arbeitsvertrages auch die Vertragsbestandteile rechtlich nicht mehr gültig sind, deren Wirkung (效力) durch die teilweise Unwirksamkeit beeinflusst (影响) wird.

Wann eine zur vollständigen Unwirksamkeit führende Beeinflussung vorliegt, ist in erster Linie vom Willen der Parteien abhängig. Hätten die Parteien den Vertrag nicht ohne den unwirksamen Teil geschlossen, ist der gesamte Vertrag unwirksam. Betrifft der unwirksame Teil wesentliche Vertragsbestandteile ohne die der Vertrag nicht mehr erfüllt oder durchgesetzt werden kann, ist er ebenfalls komplett unwirksam[697]. § 27 AVG setzt demnach die teilweise Unwirksamkeit des Arbeitsvertrages bereits voraus[698]. Wann eine teilweise Unwirksamkeit vorliegt, erläutert das Gesetz nicht. Das lässt sich nur aus den jeweiligen Unwirksamkeitsgründen erschließen.

Ein Arbeitsvertrag, der entgegen dem wahren Willen durch Täuschung, Drohung, Gewalt oder unter Ausnutzung einer Notlage geschlossen wurde, kann nur vollständig unwirksam sein. Beziehen sich die Umstände auf die Änderung des Vertrages, ist anzunehmen, dass nur die Änderung unwirksam sein soll[699]. Dieser Unwirksamkeitsgrund schützt die Willensfreiheit der Parteien. Demnach ist auch nur der Teil des Vertrages unwirksam, bei dem der Willen einer Partei nicht frei war.

Auch Arbeitsverträge, die den Arbeitgeber von seiner rechtlichen Haftung frei zeichnen oder Rechte des Arbeitnehmers ausschließen, sind unwirksam[700]. Hier ist davon auszugehen, dass lediglich die Freizeichnungs- und Ausschlussklauseln unwirksam sein sollen, der Arbeitsvertrag im Übrigen aber wirksam bleibt. Dieser Unwirksamkeitsgrund steht ersichtlich im Arbeitnehmerinteresse, weshalb auch nur die den Arbeitnehmer benachteiligenden Vertragsbestimmungen unwirksam sind, während der Arbeitsvertrag, der den Arbeitnehmer schützt, nicht betroffen ist.

Bei Verstößen gegen zwingende Bestimmungen von Gesetzen oder Verwaltungsrechtsnormen ist die Entscheidung von der jeweiligen Norm, gegen die ver-

---

696 Vgl. Lauffs, Employment Law, S. 63 (die Fußnoten 24 und 25 mit den anwendbaren Normen wurden offensichtlich verwechselt).

697 So auch Ling Bing zum Zivilvertrag bei der identischen Regelung des § 56 VG, Ling, Contract Law, S. 202.

698 Demgegenüber geht § 28 AVG von der Unwirksamkeit des gesamten Vertrages aus.

699 Vgl. § 26 Abs. 1 Nr. 1 AVG.

700 Vgl. § 26 Abs. 1 Nr. 2 AVG.

stoßen wurde, abhängig. Will die Norm den Arbeitsvertragsschluss an sich verhindern, ist der Vertrag vollständig unwirksam. Verstoßen nur einzelne Klauseln gegen Normen, liegt eine teilweise Unwirksamkeit vor.

Die durch § 27 AVG getroffene Regelung gleicht den Verhältnissen im deutschen Nichtigkeitsrecht. Auch hier wird gemäß § 139 BGB beurteilt, ob der Vertrag nach dem Willen der Vertragsparteien bei Vertragsschluss auch ohne den nichtigen Teil geschlossen worden wäre oder nicht. Im Übrigen ist auf die gesetzlichen Wertungen zu schauen. So sind beispielsweise Rechtsgeschäfte, die gegen Verbotsnormen verstoßen, nach § 134 BGB nichtig.

3. Formelle Voraussetzungen der Unwirksamkeit

§ 18 AG, der Bestimmungen zur Unwirksamkeit des Arbeitsvertrages enthält, findet keine Anwendung mehr, da er vollständig in den entsprechenden Regelungen des AVG aufgeht.

Auch das behördliche Anzeigeerfordernis als Wirksamkeitsvoraussetzung findet nach der hier vertretenen Auffassung keine Anwendung mehr auf den Arbeitsvertrag[701]. Die Regelung wurde nicht in das AVG übernommen. Da das Recht des Arbeitsvertrages vollständig neu im AVG geregelt wurde, spricht alles dafür, dass die alte Regelung zumindest national nicht mehr als Wirksamkeitsvoraussetzung gelten soll. Regionale Abweichungen sind demgegenüber weiterhin möglich.

§ 1 Feststellung durch das Gericht oder Eintritt kraft Gesetz

a. Einleitung

Nach dem Wortlaut des § 26 Abs. 1 AVG hängt die Unwirksamkeit eines Arbeitsvertrages nur vom Vorliegen eines der genannten Unwirksamkeitstatbestände ab. Dies entspricht – von einem Zusatz abgesehen – wörtlich der Bestimmung des § 18 Abs. 1 AG[702]. Nicht übernommen wurde dagegen § 18 Abs. 2 S. 1 AG, der die ex tunc Wirkung der Unwirksamkeit statuiert. Dass dies weiterhin gilt, kann indirekt aus § 28 AVG geschlossen werden. Die Norm gibt dem Arbeitnehmer eigens einen gesetzlichen Lohnanspruch für bereits geleistete Arbeit, was ohne

701 Zur Problematik der Rechtswirksamkeit ohne Anzeige vor Inkrafttreten des AVG vgl. Ye, China contracts, S. 157 f.

702 Vgl. zur alten Rechtslage: Münzel, Chinas Recht, Anm. 4 zum Arbeitsgesetz.

rückwirkende Nichtigkeit des Vertrages nicht nötig wäre, da dann der Arbeitsvertrag die Anspruchsgrundlage darstellen würde.

Ebenfalls nicht übernommen wurde § 18 Abs. 3 AG, wonach die Unwirksamkeit vom Arbeitsschieds- oder Volksgericht festgestellt/bestätigt (确认) wird. Diese Formulierung im AG klingt, als hinge der Eintritt der Unwirksamkeit von einem gerichtlichen Feststellungsurteil ab. Entsprechend wurde und wird noch vertreten, dass der Arbeitsvertrag solange wirksam bleibt, bis ein Gericht die Unwirksamkeit rechtskräftig feststellt[703]. Der Vertrag soll in diesen Fällen (nur) rechtswidrig sein[704].

Gebhardt/Dübbers gingen für das AG davon aus, dass „die Notwendigkeit der Bestätigung der Unwirksamkeit“ bestand[705]. Gleichzeitig nahmen sie an, dass die Arbeitsvertragsparteien nach dem Gesetz keinen Einfluss auf die Unwirksamkeitsfolge haben, da sie verpflichtet sind, die Schiedskommission oder das Volksgericht einzuschalten. Sie erkannten allerdings, dass eine derartige Verpflichtung wohl nicht im Einklang mit der Realität steht[706]. Ziel der Regelung war ihrer Meinung nach die Schaffung von Rechtssicherheit und -klarheit im Arbeitsrecht und die Kontrolle und Aufsicht durch die Arbeitsbehörden im Hinblick auf die Wirksamkeit aller Arbeitsverträge[707]. Ihr Fazit war, dass die Nichtigkeit des Arbeitsvertrages in China nur nach gerichtlicher Feststellung zu beachten ist[708].

---

703 So Waas/Wu, Arbeitsvertragsgesetz, S. 241, Binding/Thum, Contracts, S. 76, und Hu Jie zu § 18 AG, The unit has no authority to decide whether the labor contract is valid or not, in: Dong Baohua/Dong Runqing (Hrsg.), Case Analysis on latest PRC Labor Contract Law, Peking, 2007, S. 421, 422, hier S. 422. Chen bezieht nicht klar Stellung, wenn er schreibt: "The invalidity of a labour contract shall be decided upon or confirmed only by a labour disputes arbitration committee or a people's court", Chen, Individual Labor Contracts, S. 270, 273. An anderer Stelle schreibt er:"...only if arbitration or court proceedings are initiated will the validity of a labour contract be decided or confirmed", Chen, People's Republic of China, S. 55. Auch Lauffs, Employment Law, S. 63 meint lediglich:"A labor arbitration commission or People's Court has the authority to determine whether a contract is invalid, and to what degree". Damit wird nicht mehr als der mehrdeutige Gesetzeswortlaut wiedergegeben.

704 Vgl. Binding/Thum, Aktuelle Entwicklungen, S. 350. Der Vertrag wäre dann gegebenenfalls außerordentlich auflösbar, s. u.

705 Vgl. Gebhardt, Immanuel/Dübbers, Robert, Unwirksamkeit von Arbeitsverträgen in der VRC, in: ZIAS (2004), S. 110–125, hier S. 112.

706 Vgl. Gebhardt/Dübbers, Unwirksamkeit, S. 124.

707 Vgl. Gebhardt/Dübbers, Unwirksamkeit, S. 122, 124.

708 Vgl. Gebhardt/Dübbers, Unwirksamkeit, S. 125. In GtZ/MoLSS, Commentaries, S. 481, ist die Rede davon, dass die Schiedskommission oder das Volksgericht die Befugnis zur Beilegung einer Streitigkeit über die Wirksamkeit des Vertrages hat. Geffken ist der Ansicht, dass sich die Arbeitsvertragsparteien „nicht ohne weiteres auf die Nichtigkeit des Vertrages berufen“ können, „sie müssen vielmehr die Schiedskommission für Arbeitsstreitigkeiten oder das zuständige Volksgericht anrufen“, Der Preis des Wachstums, S. 53.

b. Rechtslage unter dem AVG

Nach § 26 Abs. 2 AVG wird die Unwirksamkeit des Vertrages mittlerweile nur noch im Streitfall (有争议) festgestellt. Ist die Unwirksamkeit unstreitig, tritt sie demnach in einem Umkehrschluss kraft Gesetz nach § 26 Abs. 1 AVG ein[709]. Dass dies nicht auch für den Streitfall der Fall ist, bedarf keiner expliziten Erwähnung. Im Streitfall sind die Parteien ohnehin genötigt, sich zur Beilegung der Streitigkeit und Wahrung ihrer Rechte an die Gerichte zu wenden.

Das gilt umso mehr, als die gerichtliche Feststellung der Unwirksamkeit Voraussetzung für den Lohnanspruch des § 28 AVG ist. Entsprechend handelt es sich lediglich um einen Hinweis, dass sich die Parteien zur Feststellung der Unwirksamkeit an die Gerichte wenden können[710]. Auch aus Gründen der Rechtsklarheit und -sicherheit bzw. der Kontrolle und Aufsicht der Behörden, ist der Eintritt der Unwirksamkeit erst nach gerichtlicher Feststellung nicht erforderlich. Die Unwirksamkeit ist folglich nicht von einer vorherigen Feststellung durch das Gericht abhängig[711]. Damit liegen die arbeitsrechtlichen Bestimmungen auf einer Linie mit den allgemeinen vertragsrechtlichen Regelungen[712].

Wie Gebhardt/Dübbers selbst bemerkt haben, steht eine Pflicht zur gerichtlichen Unwirksamkeitsfeststellung nicht im Einklang mit der Realität. Nähme man an, dass das gerichtliche Feststellungsverfahren Voraussetzung für den Eintritt der Wirksamkeit ist, liefe dies faktisch auf ein Anfechtungsrecht der Parteien hinaus. Das VG kennt mit den §§ 54 f. VG die Anfechtung eines Vertrages, das Arbeitsrecht demgegenüber nicht. Ursprünglich sah ein Entwurf zum AVG ebenfalls eine Differenzierung zwischen Anfechtungs- und Unwirksamkeitsgründen vor.

> *§ 18 AVG (1. Entwurf)*
> *(1) Ein Arbeitsvertrag ist unter den folgenden Umständen unwirksam:*
> ...
> *(2) Die Unwirksamkeit des Arbeitsvertrages wird vom Schiedsorgan für Arbeitsstreitigkeiten oder dem Volksgericht bestätigt.*

> *§ 19 AVG (1. Entwurf)*
> *(1) Verursacht ein Arbeitsvertrag grundlegende Missverständnisse oder enthält er offensichtlich unfaire Bestimmungen, haben sowohl der Arbeitgeber als auch der Arbeitnehmer das*

709 Dies ist nahe liegender als die Annahme eines Vertrages über die Unwirksamkeit.

710 Das SSAG erklärt sich nicht eindeutig zur Feststellung der Unwirksamkeit des Arbeitsvertrages für anwendbar. Man könnte an § 2 Nr. 2 SSAG denken: „Streitigkeit über den Abschluss … eines Arbeitsvertrages“. Aufgrund der Regelung in § 26 Abs. 2 AVG ergibt sich die Anwendung jedenfalls über die Öffnungsklausel des § 2 Nr. 6.

711 Der Ansicht ist wohl auch Dong Runqing, Case Analysis, S. 418.

712 Siehe die §§ 52–58 VG. Vgl. Ling Bing für das Vertragsrecht, Ling, Contract Law, S. 118 f., 201. Vgl. auch Li/Frik, Arbeitsvertragsgesetz, S. 88.

Recht, sich zu seiner Annullierung an das zuständige Schiedsorgan für Arbeitsstreitigkeiten oder das Volksgericht zu wenden.
(2) Wurde ein Arbeitnehmer von seinem Arbeitgeber, der Vorteile aus der leidvollen Situation des Arbeitnehmers zieht, gegen seinen wahren Willen zum Abschluss des Arbeitsvertrages gezwungen, hat er das Recht, sich zu dessen Annullierung an das zuständige Schiedsorgan für Arbeitsstreitigkeiten oder das Volksgericht zu wenden.

§ 20 AVG (1. Entwurf)
(1) Macht der Arbeitgeber oder Arbeitnehmer von seinem Recht auf Annullierung des Arbeitsvertrages innerhalb eines Jahres ab Kenntnis oder Kennen müssen von Umständen die zur Annullierung führen keinen Gebrauch, wird das Recht ungültig.
(2) ...

Mit einem Anfechtungsrecht hätte der Gesetzgeber sehr gut im Sinne von Gebhardt/Dübbers die Kontrolle über die Wirksamkeit der Arbeitsverträge ausüben und die Verträge im Blick behalten können. Der Gesetzgeber hat sich aber für die konsequente Anwendung der Unwirksamkeit kraft Gesetzes entschieden. Dafür, dass er trotz Kenntnis der rechtlichen Instrumentarien Anfechtung und gesetzliche Unwirksamkeit von der bereits im Zivilvertragsrecht angewendeten Systematik abweichen wollte, sind keine Gründe erkennbar.

Zudem ist unwahrscheinlich, dass der Gesetzgeber die Wahrung öffentlicher Interessen an der Unwirksamkeit des Arbeitsvertrages[713] der Entscheidung der Arbeitsvertragsparteien überlassen wollte, was er auch nicht im VG gemacht hat[714]. Es ist nicht davon auszugehen, dass der Gesetzgeber den Arbeitsvertragsparteien einen größeren Spielraum einräumen wollte als den Parteien eines Zivilvertrages, die wegen des geringeren Schutzbedürfnisses allgemein eine größere Privatautonomie genießen als die Arbeitsvertragsparteien. Das würde auch das Missbrauchsrisiko durch den sozial und wirtschaftlich wesentlich stärkeren Arbeitgeber erhöhen. Es ist kaum anzunehmen, dass der Gesetzgeber derart öffentliche Interessen entwerten und den Arbeitnehmerschutz schwächen wollte.

Auch, dass die Unwirksamkeitsgründe gleichzeitig zur Kündigung berechtigen[715], kann nicht zur Begründung einer „schwebenden Wirksamkeit" herangezogen werden, obwohl grundsätzlich anerkannt ist, dass nur wirksame Arbeitsverträge aufgelöst werden können[716]. Denn die Normen sprechen ausdrücklich von einem Kündigungsrecht, wenn der Arbeitsvertrag nach § 26 Abs. 1 bzw. Abs. 1 Nr. 1 AVG bereits „unwirksam" (无效-wúxiào) ist.

Eine Interpretation des Obersten Volksgerichts aus dem Jahr 2010 bestätigt nun ausdrücklich diese Ansicht. Das Oberste Volksgericht sieht in § 10 Abs. 2 der „Inter-

713 Gemeint ist damit in erster Linie § 26 Abs. 1 Nr. 3 AVG.
714 Vgl. § 52 Nr. 5 VG.
715 Siehe §§ 38 Abs. 1 Nr. 5, 39 Nr. 5 AVG.
716 Vgl. hierzu das bei Dong Baohua/Dong Runqing, Case Analysis, S. 416, wiedergegebene Urteil.

pretation III des Obersten Volksgerichts betreffend verschiedenen Fragen bei der Anwendung des Gesetzes in Arbeitsstreitigkeiten" die Möglichkeit der Anfechtung (撤销) von Auflösungs- oder Abwicklungsvereinbarungen zwischen Arbeitgebern und Arbeitnehmern über die Zahlung von (monatlichem Grund-) Gehalt, (Sonder-) Vergütung, Überstunden, wirtschaftlicher Entschädigung oder Schadensersatz etc. vor, wenn die Vereinbarung auf einem erheblichen Irrtum beruht oder offensichtlich ungerecht ist. Explizit wird dabei von der gesetzlichen Unwirksamkeit nach § 26 Abs. 1 Nr. 1 und 3 AVG getrennt, die in § 10 Abs. 1 der Interpretation gesondert aufgeführt ist.

c. Behördliche Feststellung der Wirksamkeit

Artikel 6 Nr. 83 „Ansichten zu einigen Problemen bei der Durchführung des Arbeitsgesetzes, sprechen zusätzlich von der Möglichkeit, die Authentizität und Wirksamkeit des Arbeitsvertrages durch die Arbeitsverwaltungsbehörde feststellen zu lassen. Dabei handelt es sich um eine Maßnahme der Verwaltungskontrolle. Die Wirksamkeitsbestätigung ist aber nach Artikel 6 Nr. 83 „Ansichten zu einigen Problemen bei der Durchführung des Arbeitsgesetzes" ausdrücklich keine Voraussetzung für die Annahme einer Arbeitsstreitigkeit durch die Schiedskommission[717].

Von der Wirksamkeit des Arbeitsvertrags kann auch nicht bereits deshalb ausgegangen werden, weil die Arbeitsverwaltungsbehörde, der der Arbeitsvertrag vorgelegt werden muss, keine Einwände gegen den von ihr geprüften Arbeitsvertrag erhoben hat. Obwohl der Behörde eine rechtliche Prüfungsbefugnis mit entsprechender Eingriffsbefugnis gegenüber den Arbeitsvertragsparteien zwecks Richtigstellung einer etwaigen Rechtswidrigkeit zukommt, hat das behördliche Verfahren darüber hinaus keine präjudizielle Wirkung gegenüber den Gerichten oder Arbeitsschiedskommissionen. Nur diese können die Unwirksamkeit rechtswirksam feststellen[718].

d. Deutsches Recht

Bezüglich des Eintritts der Unwirksamkeit bestehen keine Unterschiede zum deutschen Recht. Die Unwirksamkeitsgründe des Arbeitsvertrages richten sich in erster Linie nach den allgemeinen zivilrechtlichen Nichtigkeitsgründen des BGB. Darüber hinaus finden aber auch die allgemeinen zivilrechtlichen Anfechtungsregeln auf den Arbeitsvertrag Anwendung. Darin zeigt sich die größere Privat-

---

717 Vgl. GtZ/MoLSS, Commentaries, S. 798. Einschränkend dagegen Lauffs, Employment Manual, S. 121 f.

718 Vgl. Wang/Mo, Chinese Law, S. 451.

autonomie, die den Parteien des Arbeitsvertrages im deutschen im Vergleich zum chinesischen Recht zugestanden wird.

§ 2 Frist des gerichtlichen Feststellungsverfahrens

Das AVG kennt keine zeitliche Befristung für die Beantragung des Feststellungsverfahrens. Stattdessen trifft § 27 SSAG folgende Regelung:

> *§ 27 SSAG*
> *(1) Die Frist für den Antrag auf ein Schiedsverfahren in Arbeitsstreitigkeiten beträgt ein Jahr. Sie wird von dem Tag an gerechnet, ab dem eine Partei weiß oder wissen muss, dass ihre Rechte verletzt worden sind.*
> ...

Die Norm hat ihrem Wortlaut zufolge keine unmittelbare materielle Wirkung im Sinne einer Präklusion oder Verjährung. Es handelt sich um eine formelle Zulässigkeitsvoraussetzung für die Beantragung eines Schiedsverfahrens. Der Fristbeginn knüpft an die Kenntnis oder das Kennenmüssen einer Rechtsverletzung (权利被侵害) an. Demgegenüber genügt gemäß § 26 Abs. 2 AVG für die gerichtliche Feststellung eine Streitigkeit über die Unwirksamkeit des Vertrages. Eine Rechtsverletzung ist nicht erforderlich. Die Unwirksamkeit des Arbeitsvertrages beruht auch nicht notwendigerweise auf der Verletzung von Rechten einer Partei. Das gilt insbesondere für den Unwirksamkeitsgrund des § 26 Abs. 1 Nr. 3 AVG. Zwingende Bestimmungen in Gesetzen und Verwaltungsvorschriften im Sinne von § 26 Abs. 1 Nr. 3 AVG schützen teilweise allein staatliche Interessen oder Rechte und Interessen Dritter. Deshalb ist fraglich, ob die Fristenregelung unmittelbare Anwendung auf das Unwirksamkeitsfeststellungsverfahren findet[719]. Sie ist zumindest bei der Geltendmachung von Ansprüchen auf Arbeitsentgelt oder Schadensersatz gemäß den §§ 28, 86 AVG zu beachten, die eine Feststellung der Unwirksamkeit voraussetzen[720]. § 27 SSAG findet deshalb mittelbar über die gerichtliche Geltendmachung von Ansprüchen nach den §§ 28, 86 AVG auf die inzidente Feststellung der Unwirksamkeit des Arbeitsvertrages Anwendung. In diesen Fällen behauptet der Arbeitnehmer die Unwirksamkeit des Arbeitsvertrages.

Fraglich ist was gilt, wenn Arbeitnehmer oder Arbeitgeber die Wirksamkeit des Arbeitsvertrages behaupten. In diesen Fällen stellt die Beendigung des Arbeitsverhältnisses trotz wirksamen Arbeitsvertrages eine Verletzung der Rechte aus dem Vertrag dar, so dass die Jahresfrist mit Beendigung des Arbeitsverhältnisses zu laufen beginnt. Des Weiteren ist eine Parallele zum Auflösungs-

---

719 Vgl. zur Problematik im Zivilvertragsrecht: Ling, Contract Law, S. 201.

720 Vgl. jedoch auch die Sonderregelung des § 27 Abs. 4 AVG, die den Beginn des Laufes der Jahresfrist hemmt.

schutzverfahren beim Arbeitsvertrag möglich. Gemäß der „Antwort des Obersten Volksgerichts zur Frage nach dem Beginn der Frist für die Antragstellung des Schiedsverfahrens bei der Schiedskommission für Arbeitsstreitigkeiten wegen der Auflösung des Arbeitsvertrages", beginnt eine Jahresfrist mit dem Erhalt der Auflösungserklärung zu laufen. Im 1. Entwurf zum AVG war darüber hinaus geregelt, dass für die Ausübung des Widerrufsrechtes vor Gericht eine Jahresfrist ab Kenntnis oder Kennenmüssen der Umstände, die dem Widerrufsrecht zu Grunde liegen, gelten sollte[721]. Die Vorschrift steht für das grundsätzliche Interesse des Gesetzgebers, nach Ablauf einer Jahresfrist für Rechtssicherheit zwischen den Parteien über die Wirksamkeit des Vertrages zu sorgen. Die Vorschrift ist nicht in der endgültigen Fassung enthalten, weil das Widerrufsrecht nicht in das Gesetz aufgenommen wurde. Dementsprechend findet die Jahresfrist des § 27 SSAG auch auf die Feststellung der Wirksamkeit oder Unwirksamkeit des Arbeitsvertrages Anwendung.

Fristen für die Einlegung der allgemeinen Feststellungsklage gerichtet auf Feststellung der Unwirksamkeit des Arbeitsvertrages kennt das deutsche Recht nicht. Hier lässt sich ausschließlich das allgemeine Rechtsschutzbedürfnis und das besondere Feststellungsinteresse heranziehen, das gegebenenfalls einer erfolgreichen Klageerhebung entgegensteht. Allerdings müssen auch im deutschen Arbeitsrecht die materiellrechtlichen Verjährungsfristen beachtet werden, wenn beispielsweise Lohnansprüche gerichtlich durchgesetzt werden sollen. Die Unwirksamkeit des Arbeitsvertrages kann im deutschen Recht im Rahmen der Leistungsklage inzident festgestellt werden. Insofern sind die Unterschiede zum chinesischen Recht geringfügig.

§ 3 Parteien des gerichtlichen Feststellungsverfahrens

Parteien in Arbeitsstreitigkeiten sind gemäß § 22 Abs. 1 SSAG Arbeitnehmer und Arbeitgeber. Dementsprechend können nur diese die Feststellung der Unwirksamkeit gemäß § 26 Abs. 2 AVG beantragen. Verleiher und Entleiher sind Streitgenossen[722] und materiell am Ausgang der Arbeitsstreitigkeit Interessierte können die Teilnahme am Schiedsverfahren beantragen bzw. von der Schiedskommission dazu aufgefordert werden[723].

721 Vgl. § 20 AVG (1. Entwurf). Siehe auch die entsprechende Regelung zum Widerruf des Zivilvertrages in § 55 VG.

722 Vgl. § 22 Abs. 2 SSAG.

723 Vgl. § 23 SSAG.

4. Materielle Voraussetzungen der Unwirksamkeit

Damit der Arbeitsvertrag insgesamt oder auch nur teilweise unwirksam ist, muss ein Unwirksamkeitsgrund vorliegen.

§ 1 Fälle des § 26 AVG

a. Fälle des § 26 Abs. 1 Nr. 1 AVG

Vollständig oder teilweise unwirksam sind solche

> *Arbeitsverträge, zu deren Abschluss oder Änderung eine Seite entgegen ihrem wahren Willen durch Täuschung, Drohung oder Gewalt oder unter Ausnutzung einer Notlage veranlasst wurde;*
>
> ...

Die Vorschrift schützt die Willensfreiheit der Parteien bei Vertragsschluss und -änderung. § 26 Abs. 1 Nr. 1 AVG entspricht nahezu wörtlich dem zivilrechtlichen Widerrufsrecht des § 54 Abs. 2 VG und ist nur um den Punkt der Gewaltanwendung zur Veranlassung des Vertragsabschlusses oder der Vertragsänderung erweitert. Da sich in der Norm keine arbeitsrechtlichen Besonderheiten ausdrücken und auch dem Arbeitsvertrag die allgemeinen vertraglichen Grundsätze von Angebot und Annahme im Sinne zweier übereinstimmender Willenserklärungen zugrunde liegen, stehen einem Verständnis wie dem von § 54 Abs. 2 VG keine Bedenken entgegen.

Willenserklärungen der Parteien müssen wahr sein, um ein Rechtsgeschäft zu errichten. In § 26 Abs. 1 Nr. 1 AVG ist der Fall der unwahren Willenserklärung aufgrund einer unfreiwilligen Willensäußerung geregelt. Eine Willenserklärung ist eine Handlung, durch die eine Person ihren Willen äußert, um eine bestimmte rechtliche Folge zu erzielen. Inhalt der Willensäußerung ist der interne Wille zur Herbeiführung einer bestimmten rechtlichen Folge. Demgegenüber ist die Motivation für das Handeln der Partei nicht für die Wirksamkeit der Handlung relevant. Eine Willensbekundung ist abgeschlossen, wenn der interne Vorsatz geäußert wurde, wodurch er zu dem von anderen wahrnehm- und nachvollziehbaren Willen wird. Wesentliche Voraussetzung für die Herbeiführung der beabsichtigten rechtlichen Folge ist, dass der geäußerte Wille sowohl logisch als auch rechtlich wahr ist und dem internen Willen entspricht.

Um die Rechtssicherheit und Interessen der anderen Partei betreffend vertraglicher Vereinbarungen zu wahren, kann sich eine Partei normalerweise nicht darauf berufen, dass ihr interner Wille von dem geäußerten abweicht, um die damit verbundenen rechtlichen Folgen zu vermeiden. Deshalb wird die Wirkung eines Vertrages in erster Linie auf der Grundlage des geäußerten Willens beurteilt. In der Zivilrechtstheorie werden zwei Typen unwahrer Willenserklärungen unterschieden: die beabsichtigte oder unbeabsichtigte fehlende Übereinstimmung zwischen internem und geäußertem Willen und die unfreiwillige Willensäußerung, zum Beispiel aufgrund von Täuschung, Zwang oder Ausnutzung einer Notlage. Als Besonderheit gilt im Vertragsrecht, dass in vielen dieser Fälle die Willenserklärungen nicht kraft Gesetzes unwirksam sind, sondern von der betroffenen Partei angefochten werden müssen bzw. die Verträge bestätigt oder geändert werden können [724].

Betreffend der Rechtsbegriffe der Täuschung[725], Drohung[726] und Ausnutzung einer Notlage besagen die auch auf § 26 Abs. 1 Nr. 1 AVG anwendbaren „Versuchsweise durchgeführte Ansichten zu einigen Fragen bei der Anwendung der Allgemeinen Grundsätze des Zivilrechts" zu § 58 Nr. 3 AGRZ Folgendes:

> *Nr. 68*
> *Wenn eine Seite der anderen vorsätzlich einen falschen Sachverhalt mitteilt oder den wahren Sachverhalt verheimlicht und sie [damit] zu einer irrigen Willenserklärung verleitet, kann dies als Täuschungshandlung angesehen werden.*[727]
> *Nr. 69*
> *Wenn die andere Seite mit der Drohung, dass die Gesundheit, die Ehre, der Ruf oder das Vermögen eines Bürgers oder seiner Verwandten oder Freunde oder die Ehre, der Ruf oder das Vermögen einer juristischen Person geschädigt werden, dazu gebracht wird, eine ihrem wahren [Willen] widersprechende Willenserklärung abzugeben, kann dies als Drohungshandlung angesehen werden.*

---

724 So Ling, Contract Law, S. 116 f.

725 Ausführlich und im Einzelnen Ling, Contract Law, S. 176–187.

726 Drohung soll eine Situation sein, in der eine Partei durch Bedrohung oder Schädigung des Lebens, der Gesundheit, Reputation, Ehre oder des Eigentums der anderen Partei oder ihrer Verwandten Druck ausübt, um die andere Partei zum Abschluss des Vertrages zu zwingen, vgl. GtZ/MoLSS, Commentaries, S. 481.

727 Zhu Hui beschreibt den Täuschungsbegriff als allgemein bekannt und setzt vier Elemente voraus: den Täuschungsvorsatz, die Täuschungshandlung, die Fehlentscheidung des Getäuschten aufgrund der Täuschung und die Kausalität zwischen der Täuschung und der Fehlentscheidung, The labor contract is invalid due to fraud, in: Dong Baohua/Dong Runqing (Hrsg.), Case Analysis on latest PRC Labor Contract Law, Peking, 2007, S. 414, 415, hier S. 414. Ähnlich auch Dong Baohua, Case Analysis, S. 416. Xu Minglang beruft sich auf Art. 18 der „Erläuterungen zu mehreren Paragraphen des Arbeitsgesetzes", wonach Täuschung bedeutet, dass eine Partei eine unwahre Situation schildert oder gegenüber der anderen Partei vorsätzlich die Wahrheit verdeckt, um diese zur Abgabe einer Erklärung gegen ihren wahren Willen zu veranlassen, The law does not allow employers to request a non-pregnancy commitment, in: Dong Baohua/Dong Runqing (Hrsg.), Case Analysis on latest PRC Labor Contract Law, Peking, 2007, S. 423–425, hier S. 424. Vgl. GtZ/MoLSS, Commentaries, S. 481. A. A. Liu Lihua, Based on comprehensive hiring conditions, the contract shall be effective, in: Dong Baohua/Dong Runqing (Hrsg.), Case Analysis on latest PRC Labor Contract Law, Peking, 2007, S. 415, 416, hier S. 415.

Nr. 70
Wenn die eine Seite eine Notlage der anderen ausnutzt, um einen ungerechtfertigten Gewinn herauszuholen, und die andere Seite [dabei] dazu erpresst, eine unwahre Willenserklärung abzugeben, und die Interessen der anderen Seite erheblich geschädigt werden, kann dies als Ausnutzung einer Notlage angesehen werden.

b. Fälle des § 26 Abs. 1 Nr. 2 AVG

Vollständig oder teilweise unwirksam sind ferner solche

Arbeitsverträge, die den Arbeitgeber von seiner vom Recht bestimmten Haftung befreien, Rechte des Arbeitnehmers ausschließen;
...

Der Unwirksamkeitsgrund des § 26 Abs. 1 Nr. 2 AVG bezieht sich sowohl bei der Befreiung des Arbeitgebers von seiner Haftung/Verpflichtung/Verantwortung (责任) als auch beim Ausschluss von Rechten (权利) zu Lasten des Arbeitnehmers auf Regelungen in Rechtsnormen und nicht im Vertrag. Dazu zählen unter anderem die §§ 4 Abs. 3 u. 4; 8; 14 Abs. 2; 18; 23 Abs. 2 S. 1; 30f.; 32 Abs. 2; 37f.; 46; 48; 50 Abs. 1; 56; 58; 60 Abs. 1; 62–64; 65 Abs. 1; 69 Abs. 2; 71 Abs. 1; 72; 80–83; 84 Abs. 2; 85–87; 89; 92–94 AVG. Auch der teilweise Ausschluss von Rechten oder Pflichten dürfte zur Unwirksamkeit der gesamten Klausel führen.

Im deutschen Recht geht man die Rechtsfrage nach der Nichtigkeit von Klauseln, die den Arbeitgeber von seiner gesetzlichen Haftung befreien oder Rechte des Arbeitnehmers ausschließen, etwas differenzierter an. Hier wird häufig danach geurteilt, ob die betreffende Norm dispositiv ist, das heißt, ob das Gesetz den Vertragsparteien die Anwendung der Norm zur freien Disposition überlassen hat. Bei Haftungsregeln des Arbeitgebers ist das in der Regel nicht der Fall. Auch bei gesetzlichen Rechten, die dem Arbeitnehmer zustehen, ist ein Rechteentzug häufig nicht möglich. Es muss aber auf die jeweilige Norm geschaut werden. Nicht selten sind diese Vorschriften einseitig dispositiv, das heißt es darf nur zu Gunsten des Arbeitnehmers davon abgewichen werden. Ausschluss der Dispositivität oder einseitige Dispositivität im Arbeitsrecht lassen sich auf das besondere Schutzbedürfnis des Arbeitnehmers im Arbeitsverhältnis zurückführen. Er hat in der Regel keinen Einfluss auf die Ausgestaltung des Arbeitsvertrages, so dass es dem Arbeitgeber ein Leichtes wäre, die eigene Haftung oder Rechte des Arbeitnehmers auszuschließen. Gegebenenfalls kann der Arbeitnehmer nachträglich auf ein ihm eigentlich zustehendes Recht verzichten, so zum Beispiel auf sein Recht zur Erhebung der Kündigungsschutzklage. Eine weitere Beschränkung der Vertragsfreiheit findet über das deutsche Recht zur AGB-Kontrolle statt.

Die Regelung des § 26 Abs. 1 Nr. 2 AVG bedeutet letztlich, dass in der Regel nicht von gesetzlich festgelegten Arbeitnehmerrechten oder Arbeitgeberpflichten bzw. -haftungen abgewichen werden darf. Der Gesetzgeber greift damit in noch viel stärkerem Maße in die Vertragsautonomie der Arbeitsparteien ein, als dies bereits im deutschen Recht der Fall ist.

c. *Fälle des § 26 Abs. 1 Nr. 3 AVG*

Vollständig oder teilweise unwirksam sind zuletzt solche

> *Arbeitsverträge, die gegen zwingende Bestimmungen von Gesetzen oder Verwaltungsrechtsnormen verstoßen.*

Auch hier gilt, dass angesichts des identischen Wortlauts und der arbeitsrechtsunspezifischen Materie einer grundsätzlichen Anwendung des Verständnisses von der entsprechenden zivilvertragsrechtlichen Unwirksamkeitsnorm des § 52 Nr. 5 VG keine Gründe entgegenstehen. Im Zivilvertragsrecht ist anerkannt, dass Verstöße gegen abdingbare Vorschriften keine Unwirksamkeit zur Folge haben. Die meisten Vorschriften des Arbeitsrechtes sind allerdings zwingendes Recht. Das Gleiche gilt für Verstöße gegen örtliche Bestimmungen. Wegen ihrer gesetzlich ungeklärten Bindungswirkung ist die Rechtslage bei ministeriellen Regeln demgegenüber ungewiss[728].

In der „Interpretation II des Obersten Volksgerichts zu verschiedenen Angelegenheiten betreffend der Anwendung des Vertragsgesetzes" wurde in § 14 festgelegt, dass sich der Begriff „zwingende Bestimmungen" im Sinne von § 52 Nr. 5 Vertragsgesetz auf zwingende Bestimmungen zur Wirksamkeit des Vertrages beziehen. Dass darunter insbesondere Form- und behördliche Zustimmungserfordernisse fallen, dürfte offensichtlich sein. Es kommen allerdings auch andere Fälle in Betracht. Beispielsweise wurde vom Changping Distrikt Volksgericht der Arbeitsvertrag eines Geschäftsführers als unwirksam angesehen, weil die Bestellung nicht durch Vorstandsbeschluss gebilligt war und damit gegen das Unternehmensgesetzes der VRC verstieß[729].

§ 2 Unwirksamkeit aufgrund von Verfassungsverstößen

In der Verfassung der VRC sind bestimmte arbeitsrechtliche Grundsätze enthalten, an denen sich die Gesetzgebung orientieren muss[730]. Verschiedentlich wurden Arbeitsverträge zwischen Privaten von Volksgerichten auch unter unmittelbarer

---

728 Vgl. zum Zivilvertragsrecht detailliert Ling, Contract Law, S. 163 ff.

729 Baker & McKenzie, Employment Contract for Expatriate General Manager Ruled Invalid, in: China Employment Law Update (2009), Ausgabe Dezember, S. 3 [http://www.bakermckenzie.com/NLChinaEmploymentLawUpdateJan10/], 7. April 2012.

730 Vgl. Wolff, Arbeitsvertrag, S. 27.

Berufung auf das in Art. 42 Verfassung der VRC verankerte Bürgergrundrecht auf Arbeit für ganz oder teilweise unwirksam befunden[731]. Dies geschah sowohl vor Erlass des AG, als keine Gesetze Bestimmungen über den Inhalt von Arbeitsverträgen enthielten[732], als auch nach Erlass des AG[733], das in § 19 Regelungen zum Vertragsinhalt aufstellt. In den Fällen ging es häufig um den allgemeinen, vertraglichen Haftungsausschluss bei Betriebsunfällen[734]. Die Nichtigkeitsfolge wurde teilweise über § 58 Abs. 1 Ziff. 5 AGZR herbeigeführt[735]. Einige Fälle waren entweder in rechtsverbindlichen[736] justiziellen Interpretationen des Obersten Volksgerichts enthalten oder wurden im Amtsblatt des Obersten Volksgerichts veröffentlicht, das in China ebenfalls eine Rechtsquelle darstellt[737], so dass diesen Entscheidung Rechtsverbindlichkeit für gleichgelagerte Sachverhalte zukommt. Im Unterschied zur alten, einfachgesetzlichen Rechtslage ist im AVG nunmehr die Unwirksamkeit jeglicher Haftungsausschlüsse normiert[738], weshalb es in diesen Fällen keiner unmittelbaren Berufung auf die Verfassung mehr bedarf. Aber auch in anders gelagerten Sachverhalten wurde unmittelbarer Bezug auf die Verfassung genommen. So wurde in einem Verwaltungsrechtsstreit unter Berufung auf das verfassungsrechtliche Recht auf Arbeit die 1996 erfolgte Pensionierung eines Lehrers vom Gericht aufgehoben und die Haftung seines alten Arbeitgebers, dem städtischen Personalamt, ausgesprochen[739]. Ob zwischen privaten und staatlichen Arbeitgebern in Bezug auf den Inhalt des Rechts auf Arbeit unterschieden wird, ist ungewiss.

Auch der Gleichheitsgrundsatz wurde verschiedentlich unmittelbar von Gerichten angewendet. Zum einen, soweit es um die Gleichbehandlung von Mann und Frau gemäß Art. 48 Verf. ging, aber auch im Verhältnis Staatsbeamte zu Privaten

731 Auch in anderen Fällen wird sich auf die Verletzung der Verfassung und des Rechts auf Arbeit berufen, zum Beispiel bei Verschwiegenheitsvereinbarungen und Wettbewerbsverboten, vgl. das geschilderte Gerichtsverfahren bei Feng, Jinwei/Peerenboom, Randy, Terminating Labour Contracts: Restrictive Covenants, in: China Law & Practice (2001), Ausgabe März, S. 64.

732 Vgl. Zhou Wei, Zur Grundrechtsbindung chinesischer Gerichte, in: ZChinR (2003), Heft 2, S. 8–17, hier S. 11 f,.1 f.

733 Vgl. Zhou, Grundrechtsbindung, S. 13 f.

734 Vg. dazu auch Josephs, Labor Law in China, S. 95 f. Siehe zudem bei Wolff, Arbeitsvertrag, S. 214 Anm. 206, sowie Geffken, Der Preis des Wachstums, S. 79.

735 Vgl. Zhou, Grundrechtsbindung, S. 13. Seit Inkrafttreten des Vertragsgesetzes kommen § 52 Nr. 3, 4 und 5 VG in Betracht.

736 Das Oberste Volksgericht hat in Art. 5 der „Bestimmungen des Obersten Volksgerichts zur Tätigkeit der gerichtlichen Interpretation" seinen eigenen Interpretationen Normcharakter zugesprochen.

737 Vgl. Zhou, Grundrechtsbindung, S. 16 und Münzel, Chinas Recht, Anm. 29 zum Gesetzgebungsgesetz.

738 Vgl. obige Ausführungen zu § 26 Abs. 1 Nr. 2 AVG.

739 Vgl. Zhou, Grundrechtsbindung, S. 15.

und bei Behinderten[740]. Hier dürfte nunmehr insbesondere das AFG, von Interesse für das Arbeitsrecht sein, das auf Diskriminierungen wegen Herkunft[741], Rasse, Geschlecht, Religion, Behinderung, infektiösen Erkrankungen usw. eingeht.

Voraussetzungen, Inhalt und Umfang der unmittelbaren Anwendung von geschriebenen als auch ungeschriebenen Grundrechten sind in der rechtswissenschaftlichen Literatur äußerst umstritten[742]. Die an den täglichen Erfordernissen sich orientierende Urteilspraxis der Volksgerichte hat an dieser Stelle die wissenschaftliche Theorie und die Gesetzgebung offenbar überholt[743]. Sofern dies dem Obersten Volksgericht nötig erscheint, weil einfachgesetzliche Regelungen zum Arbeitnehmerschutz fehlen, beruft es sich also unmittelbar auf die bis heute weder vom Gesetzgeber, noch in der Literatur oder Rechtsprechung konkretisierten Verfassungsgrundsätze.

Eine unmittelbare Drittwirkung von Grundrechten ist im deutschen Recht grundsätzlich ausgeschlossen. Eine direkte Berufung auf die Verfassung ist in der Regel nicht möglich. Hier bieten die Generalklauseln des BGB Einfallstore für eine mittelbare Drittwirkung von Grundrechten. Dementsprechend haben die Grundrechte auch im deutschen Arbeitsrecht durchaus Relevanz. Das chinesische Arbeits- und Verfassungsrecht sind noch im Aufbau begriffen, so dass sich feste Regeln im Verfassungsrecht noch entwickeln müssen. Unter dem Gesichtspunkt der Rechtssicherheit ist dies sicherlich nicht ideal. Da es in China aber sowieso keine Gewaltenteilung im Sinne einer Unabhängigkeit der Judikative von Exekutive und Legislative gibt, wird man sich mit der ad hoc Rechtsetzung der Gerichte auf mittlere Sicht abfinden müssen.

5. Rechtsfolgen der Unwirksamkeit

§ 1 Anspruch auf Arbeitsentgelt und Schadensersatz

In der Praxis wird die Unwirksamkeit in aller Regel zwischen den Parteien gerichtlich festgestellt werden müssen, da von ihr weitere Rechtsfolgen abhängen.

> *§ 28 AVG*
> *Ist die Unwirksamkeit des Arbeitsvertrages festgestellt worden und hat der Arbeitnehmer bereits Arbeit geleistet, so muss der Arbeitgeber dem Arbeitnehmer Arbeitsentgelt zahlen. Der Betrag des Arbeitsentgelts wird entsprechend dem Arbeitsentgelt [für Arbeitnehmer] auf gleichen oder ähnlichen Arbeitsplätzen dieser Einheit bestimmt.*

740 Vgl. Zhou, Grundrechtsbindung, S. 16 f.
741 Das betrifft insbesondere die Wanderarbeiter.
742 Vgl. insgesamt Zhou, Grundrechtsbindung, S. 8–17.
743 Vgl. Zhou, Grundrechtsbindung, S. 9.

§ 86 AVG
Wenn nach § 26 die Unwirksamkeit eines Arbeitsvertrages festgestellt wird und das der anderen Seite einen Schaden verursacht, haftet die Seite, bei der Verschulden vorliegt, auf Schadensersatz.

Wie Dong Runqing richtigerweise anmerkt, ist es im Arbeitsrecht nicht möglich, geleistete Arbeit zurückzugeben. Somit können die allgemeinen zivil- und vertragsrechtlichen Normen des Bereicherungsrechts keine Anwendung finden[744]. Dafür hat der Gesetzgeber mit § 28 AVG eine arbeitsrechtliche Sonderregelung geschaffen, die das Bestehen eines „faktischen Arbeitsverhältnisses" trotz auf den Vertragsschluss zurückwirkender Unwirksamkeit des Vertrages bestätigt. § 28 AVG zwingt den Arbeitnehmer, die Unwirksamkeit des Vertrages gerichtlich feststellen zu lassen, um die Voraussetzung für den Arbeitsentgeltanspruch zu erfüllen[745]. § 26 Abs. 2 AVG muss somit unter Berücksichtigung von § 28 AVG ausgelegt werden. Denn der Arbeitnehmer muss auch dann vor Gericht die Feststellung der Vertragsunwirksamkeit beantragen können, wenn zwischen den Parteien zwar kein Streit über die Unwirksamkeit, aber über die Zahlung von Arbeitsentgelt oder Schadensersatz besteht.

Dong Runqing geht davon aus, dass unter Geltung des AG bereits gezahltes Arbeitsentgelt nicht zurück gewährt werden musste[746]. Das setzt voraus, dass entweder eine Rechtsgrundlage für die erfolgte Zahlung besteht oder die Rückgewährung zum Beispiel bei Entreicherung gesetzlich ausgeschlossen ist. Zu letzterem enthält das Arbeitsrecht keine Vorschriften. Da der Arbeitsvertrag, aufgrund dessen das Arbeitsentgelt ursprünglich gezahlt wurde, mit Wirkung ex tunc unwirksam ist, kann er auch nicht mehr als Rechtsgrundlage für das bereits gezahlte Arbeitsentgelt dienen. Heute kommt der Arbeitsentgeltanspruch nach § 28 AVG als Rechtsgrundlage in Frage, er muss aber nicht zwangsläufig mit dem aus dem unwirksamen Vertrag übereinstimmen. Als Anspruchsgrundlage für die Differenz könnte man dennoch an einen Schadensersatzanspruch gemäß § 86 AVG denken, der aber ein Verschulden des Arbeitgebers an der Unwirksamkeit voraussetzt[747].

§ 2 Unterschied deutsches – chinesisches Recht

Der wesentliche Unterschied zum chinesischen Recht liegt wieder in der Trennung zwischen Arbeitsvertrag und Arbeitsverhältnis. Das „faktische" Arbeitsverhältnis des § 28 AVG ist das gemäß § 7 AVG entstandene. Der Unterschied

744 Dong Runqing, Case Analysis, S. 413. Vgl. §§ 61 AGZR, 58 VG.
745 Zur entsprechenden Problematik im Zivilvertragsrecht vgl. Ling, Contract Law, S. 201.
746 Dong Runqing, Case Analysis, S. 413.
747 Entsprechendes galt gemäß § 97 AG, der von § 86 AVG abgelöst wurde.

liegt in den Rechtsfolgen, die sich nach § 28 AVG und nicht nach § 11 AVG richten. Anders als im deutschen Recht spielen die Vereinbarungen des unwirksamen Arbeitsvertrages keine Rolle für das Arbeitsverhältnis. Das gilt diesmal auch für die Entgeltvereinbarung, auf die sich der Arbeitnehmer eines nach § 26 Abs. 1 AVG unwirksamen Arbeitsvertrages nicht berufen kann. Hat der Arbeitgeber die Unwirksamkeit zu vertreten, kann die Differenz zwischen dem vereinbarten Entgelt und dem nach § 28 AVG eventuell als Schadensersatz nach § 86 AVG verlangt werden.

IV. Auflösung und Beendigung des Arbeitsvertrages

Der Arbeitsvertrag kann nach chinesischem Recht entweder „aufgelöst" oder „beendet" werden. Die Entwicklung der Auflösungs- und Beendigungsvorschriften ging von den 1986er Bestimmungen über das AG bis zum AVG.

1. Die Rechtslage vor Inkrafttreten des Arbeitsgesetzes

Vor der Einführung des Arbeitsvertragssystems war die Beendigung der festen Arbeitsbeziehungen nur ausnahmsweise und vorrangig aus disziplinarischen Gründen möglich, „zur Sicherung von Produktion und Arbeitsordnung und zur Mobilisierung der Aktivität der Werktätigen"[748]. Zu Beginn des Reformprozesses waren dafür in erster Linie die „Bestimmungen zur Belohnung und Bestrafung von Arbeitern und Angestellten in Unternehmen" („1982er Regeln"), die den vom Staatsverwaltungsrat 1954 erlassenen „Grundriss interner Arbeitsbestimmungen für staatlich betriebene Unternehmen" erneuerten[749], maßgeblich. Die nach den §§ 12, 18 der 1982er Regeln möglichen administrativen Disziplinarstrafen umfassten Abmahnungen und Herabstufungen in der Lohn- und Arbeitshierarchie, Ablösung von einem Posten, Weiterbeschäftigung zur Bewährung, Ausschluss und Streichung aus der Namensliste[750]. Ausschluss und Namensstreichung führten zu einer Beendigung der Arbeitsbeziehungen[751].

Die mit der Einführung des Arbeitsvertragssystems einhergehenden Möglichkeiten zur Auflösung des Arbeitsvertrages knüpften über § 13 Arbeitsvertragsbest. 1986 mittelbar an die alten Begriffe von „Ausschluss" und „Namensstrei-

748 Vgl. Wolff, Arbeitsvertrag, S. 103.
749 Vgl. Wolff, Arbeitsvertrag, S. 103, 210 Anm. 158.
750 Vgl. Wolff, Arbeitsvertrag, S. 104f.
751 Vgl. Wolff, Arbeitsvertrag, S. 105.

chung“ an, bei deren Vorliegen der Arbeitsvertrag automatisch endete. Letzteres galt auch, wenn über den Arbeitnehmer eine Maßnahme der Arbeitserziehung verhängt, oder er zu einer Kriminalstrafe verurteilt wurde.

Eine Auflösung durch den Arbeitgeber kam in Betracht, (1) wenn sich während der Probezeit herausstellte, daß der Vertragsarbeitnehmer nicht den Einstellungsbedingungen entsprach, (2) wenn der Vertragsarbeitnehmer erkrankte oder eine Verletzung erlitt, die mit der Arbeit nichts zu tun hatte und nach Abschluß der Behandlungszeit nicht mehr seiner ursprünglichen Tätigkeit nachgehen konnte oder (3) wenn über das Unternehmen der Konkurs erklärt wurde bzw. es sich vor dem Konkurs in einer nach dem Recht bestimmten Sanierungsperiode befand[752].

Unmittelbare Folge einer Entlassung nach den Entlassungsbest. 1986 war demgegenüber die Beendigung der Arbeitsbeziehungen. Der Arbeitgeber konnte den Arbeitsvertrag aber bei Vorliegen der Voraussetzungen einer Entlassung gemäß § 12 Nr. 3 Arbeitsvertragsbest. auflösen[753]. Bei den Entlassungsbest. 1986 handelte es sich wegen der großen inhaltlichen Übereinstimmung offensichtlich im Wesentlichen um eine bloße Wiederholung der Regeln von 1982[754].

Der zwingend befristet zu schließende Arbeitsvertrag endete gemäß § 9 Arbeitsvertragsbest. 1986 mit dem Ablauf der Vertragsbefristung. Andere Beendigungstatbestände gab es nicht. § 14 Arbeitsvertragsbest. 1986 sah Tatbestände vor, bei deren Vorliegen eine Vertragsauflösung durch den Arbeitgeber ausgeschlossen war. Der Arbeitsvertrag sollte grundsätzlich bis zum Befristungsablauf erfüllt werden. Deshalb konnte der Arbeitnehmer den Vertrag auch nur unter den Voraussetzungen des § 15 Arbeitsvertragsbest. 1986 auflösen.

2. Die Rechtslage nach Erlass von Arbeits- und Arbeitsvertragsgesetz

Da die Tatbestände für Vertragsbeendigung und -auflösung im AVG nicht wesentlich gegenüber dem AG geändert wurden, erfolgt hier eine einheitliche Darstellung.

752 Vgl. § 12 Nr. 1, 2 u. 4 AVB 1986.

753 Vgl. Fan, Rechtsgrundlagen, S. 43 f., der nicht zwischen der Beendigung des Arbeitsvertrages und Arbeitsverhältnisses trennt.

754 Vgl. Wolff, Arbeitsvertrag, S. 113 f.

§ 1 Unterscheidung zwischen Beendigung und Auflösung

Wie sich schon an der Überschrift des 4. Kapitels „Auflösung und Beendigung von Arbeitsverträgen“ erkennen lässt, trennt das AVG zwischen dem Rechtsinstitut der Beendigung (终止-zhōngzhǐ) und der Auflösung[755] (解除) des Arbeitsvertrages[756]. Konsequenterweise wurde die Auflösung nicht in den Katalog der Beendigungstatbestände des § 44 AVG aufgenommen. Die Differenzierung zwischen Vertragsbeendigung und -Auflösung wird seit Inkrafttreten des AVG in allen Vorschriften zum Arbeitsvertrag fortgeführt[757]. Vor Inkrafttreten des AVG galt sie demgegenüber nur eingeschränkt, weil insbesondere regionale Vorschriften Beendigung und Auflösung miteinander vermengten[758] und auch andere Begriffe für die Auflösung des Vertrages verwendet wurden[759].

Artikel 2 IV Nr. 26 „Ansichten zu einigen Problemen bei der Durchführung des Arbeitsgesetzes“ enthält eine Legaldefinition der Auflösung:

> *Die Auflösung des Arbeitsvertrages bezieht sich auf eine Rechtshandlung einer oder beider Arbeitsvertragsparteien zur vorzeitigen Beseitigung des Arbeitsverhältnisses aufgrund bestimmter Gründe, nachdem der Arbeitsvertrag geschlossen und bevor er vollständig erfüllt wurde.*

Unter die Auflösung fällt demnach die Aushandlung der Vertragsauflösung durch beide Parteien[760] und die einseitige Auflösung des Arbeitsvertrages durch eine Partei[761].

Wesentliche Unterschiede zwischen der Beendigung und der Auflösung des Arbeitsvertrages sollen folgende sein:

(1) Während die Umstände, bei deren Vorliegen ein Arbeitsvertrag aufgelöst werden darf, abschließend in Rechtsvorschriften geregelt sind (s. u.)[762], können die Arbeitsvertragsparteien die Beendigungsvoraussetzungen selbständig vereinbaren und müssen diese Vereinbarung in den schriftlichen

---

755 Die Auflösung ist das Pendant zur deutschen Kündigung im chinesischen Recht.

756 So auch Dong Runqing, Case Analysis, S. 488, 493. Anders Duchetsmann, Arbeitnehmerschutz, S. 90, die beide Begriffe zusammenwirft. Die Differenzierung wurde bereits im Arbeitsgesetz vollzogen.

757 Vgl. Überschrift zu Kapitel 3 und die §§ 24, 37 der Ausführungsbestimmungen zum AVG; §§ 47 Abs. 3, 48, 50 Abs. 1 u. 3, 84 Abs. 3, 87, 89, 91 AVG; § 2 Nr. 2 SSAG.

758 Vgl. § 37 Nr. 3 Shangh. AVB.

759 Dazu folgen bei der Auflösung des Vertrages nähere Erläuterungen.

760 Vgl. § 36 AVG.

761 Vgl. §§ 37–40 AVG.

762 Vgl. Lauffs, Employment Law, S. 179.

Arbeitsvertrag aufnehmen[763]. Das gilt nicht mehr uneingeschränkt. Als frei vereinbare Beendigungsvoraussetzungen kommen lediglich noch der Beendigungszeitpunkt und die Beschreibung der fertig zu stellenden Arbeitsaufgabe in Betracht. Im Gegensatz zur Rechtslage unter dem AG dürfen aber keine neuen Beendigungstatbestände in den Vertrag aufgenommen werden[764].

(2) Die Auflösung beendet den Arbeitsvertrag vorzeitig, das heißt vor dem Eintritt des „natürlichen" Beendigungstatbestands[765].

(3) Die Auflösung ist eine bloße Option zur Aufhebung des Arbeitsvertrages, das heißt keine Partei ist bei Vorliegen von Auflösungsumständen verpflichtet, diese tatsächlich auszuüben. Demgegenüber ist der Eintritt der Beendigungsumstände unvermeidlich, da die Beendigung automatisch eintritt[766]. Wird das Arbeitsverhältnis trotz der Beendigung des Arbeitsvertrages weitergeführt, führt dies wegen der strikten Trennung zwischen Arbeitsvertrag und –Verhältnis nicht zu einer Fortführung des Vertrages.

(4) Die Beendigung muss im Gegensatz zur Auflösung nicht vorher angekündigt werden[767].

Die Differenzierung zwischen Beendigung und Auflösung des Vertrages gleicht der Unterscheidung im deutschen Recht zwischen Vertragsbeendigung durch Befristungsablauf oder Zweckerreichung gemäß § 620 Abs. 3 BGB i. V. m. §§ 15, 21 TzBfG und der Beendigung kraft Rechtsgeschäft durch Aufhebungs- oder Auflösungsvertrag bzw. mittels einseitiger, empfangsbedürftiger Willenserklärung im Sinne einer Kündigung des Vertrages gemäß § 620 Abs. 2 BGB.

§ 2 Die Beendigung des Arbeitsvertrages

a. Die einzelnen Beendigungsgründe

Das AVG nennt in § 44 sechs Tatbestände, bei deren Vorliegen der Arbeitsvertrag beendet ist:

---

763 Vgl. Artikel 2 V Nr. 38 „Ansichten zu einigen Problemen bei der Durchführung des Arbeitsgesetzes", sowie § 17 Nr. 3 AVG, wonach die Dauer des zeit- oder zweckbefristeten oder die Festlegung eines unbefristeten Arbeitsvertrages vereinbart werden muss. Weitergehend dagegen § 19 Abs. 1 Nr. 6 AG, vgl. unten.

764 Vgl. § 13 Ausführungsbestimmungen zum AVG.

765 Vgl. § 44 AVG. An diesem Kriterium wird die Stellung des befristeten Arbeitsvertrages im Arbeitsvertragssystem deutlich.

766 Vgl. Artikel 2 V Nr. 38 „Ansichten zu einigen Problemen bei der Durchführung des Arbeitsgesetzes".

767 Vgl. Dong Runqing, Case Analysis, S. 488 ff., 493 f. und Dong Baohua, Case Analysis, S. 492. Vgl. GtZ/MoLSS, Commentaries, S. 487. Siehe auch Lauffs, Employment Law, S. 182.

1. wenn die Dauer des Arbeitsvertrages abgelaufen ist,
2. wenn der Arbeitnehmer nach dem Recht beginnt, Basisaltersrente zu erhalten,
3. wenn der Arbeitnehmer stirbt oder vom Volksgericht für tot oder verschollen erklärt wird,
4. wenn nach dem Recht der Konkurs des Arbeitgebers erklärt wird,
5. wenn dem Arbeitgeber der Gewerbeschein entzogen wird, wenn der Arbeitgeber angewiesen wird, zu schließen oder aufgehoben wird oder beschließt, sich vorzeitig aufzulösen,
6. unter anderen von Gesetzen und Verwaltungsrechtsnormen bestimmten Umständen.

aa. Beendigung mit Ablauf des Arbeitsvertrages

Als Beispiele für zweckbefristete Arbeitsverträge im Sinne von § 44 Nr. 1 AVG listete § 15 Abs. 2 des 2. Entwurfes zum AVG drei konkrete Beispiele auf. Diese wurden zwar nicht in das AVG übernommen, können aber weiterhin als exemplarisch für zweckbefristete Arbeitsverträge gelten. Dazu zählen die Beendigungsbedingungen der Erfüllung einer einzelnen Aufgabe, der Erfüllung einer Tätigkeit im Rahmen einer vertraglichen Projektübernahme und der temporären Beschäftigung aus saisonalen Gründen. Zeitlich befristete Arbeitsverträge sind solche, bei denen bei Vertragsschluss eine kalendermäßig bestimmbare Vertragsdauer festgelegt wird.

bb. Beendigung nach Erhalt einer Basisaltersrente

§ 44 Nr. 2 AVG ist Ausdruck des Altersversicherungssystems in Wirtschaftseinheiten. Es stellt eine Abkehr vom gesetzlichen Rentenaltersystem dar, das seit den 50er Jahren für die Arbeitnehmer in den öffentlichen Arbeitgebereinheiten eingeführt worden war. Gegenüber dem gesetzlichen Rentenaltersystem ist das Altersversicherungssystem nicht nur auf das Erreichen des gesetzlichen Rentenalters, sondern auch auf das Erreichen einer bestimmten Anzahl von Beitragsjahren für die Beziehung von Leistungen aus der Grundrente von nicht weniger als fünfzehn Jahren ausgerichtet[768]. Im Einklang damit wurde der Beendigungstatbestand des § 44 Nr. 2 AVG an den Zeitpunkt geknüpft, ab dem der Arbeitnehmer nach dem Recht die Basisaltersrente bezieht. Mit Erreichung dieser Voraussetzungen endet der Arbeitsvertrag jedoch automatisch[769]. Verwirrung richten nun ausgerechnet die Ausführungsbestimmungen zum AVG an, die bestimmen:

768 Vgl. § 16 Sozialversicherungsgesetz.
769 Vgl. hierzu auch Dong Runqing, Case Analysis, S. 497 f.

§ 21
Ein Arbeitsvertrag endet, wenn der Arbeitnehmer das gesetzliche Renteneintrittsalter erreicht.

Sofern der Arbeitnehmer mit Erreichen des gesetzlichen Renteneintrittsalters nicht auch gleichzeitig das Recht auf Bezug der Basisaltersrente hat, steht die Ausführungsbestimmung in offenem Widerspruch zum Gesetz.

Den gesetzlichen Beendigungstatbestand des Erreichens des Renteneintrittsalters kennt das deutsche Recht nicht. Von der Rechtsprechung zugelassen ist allerdings die vertragliche Vereinbarung der Beendigung des Arbeitsverhältnisses mit Erreichen der Regelaltersgrenze[770].

cc. Beendigung aufgrund Tot- oder Verschollenheitserklärung

Für die Tot- oder Verschollenerklärung des § 44 Nr. 3 AVG, ist auf die Vorschriften des 3. Abschnitts, §§ 20–25 AGZR abzustellen.

dd. Beendigung wegen Konkurs des Arbeitgebers

Das Vorliegen einer Vertragsbeendigung nach § 44 Nr. 4 AVG, ist anhand des Unternehmenskonkursgesetzes zu bestimmen.

ee. Beendigung mit Entzug von Gewerbeschein usw.

Zum Entzug des Gewerbescheins gemäß § 44 Nr. 5 AVG siehe die obigen Ausführungen zum Anwendungsbereich des AVG.

ff. Andere Beendigungsgründe aufgrund von Gesetzen und Verwaltungsrechtsnormen

Nach § 44 Nr. 6 AVG sind weitere Beendigungstatbestände in „Gesetzen und Verwaltungsrechtsnormen" zu beachten. Verwaltungsrechtsnormen werden vom Staatsrat der VRC in Übereinstimmung mit der Verfassung und den Gesetzen erlassen[771]. Sie befassen sich mit Angelegenheiten, die für die Ausführung von Gesetzen und die Ausübung der dem Staatsrat durch die Verfassung gegebenen Behördenmacht notwendig sind[772]. Verwaltungsrechtsnormen stehen im Rang

770 Vgl. Bundesarbeitsgericht bspw. im Urteil vom 27. Juli 2005 (7 AZR 443/04).
771 Vgl. Art. 89 Abs. 1 Verf. Vgl. Ling, Contract Law, S. 28.
772 Vgl. § 56 Abs. 2 Gesetzgebungsgesetz.

unter der Verfassung und den Gesetzen, aber über ministeriellen Regeln und lokalen Bestimmungen und Regeln[773].

Der Begriff „Gesetz" (法律) kann verschiedene Bedeutungen haben. Im weiteren Sinne kann er alle bindenden Instrumentarien die vom Staat angewendet oder anerkannt werden umfassen, also unter anderem die Verfassung, Gesetze der nationalen Legislative, Verwaltungsbestimmungen, ministerielle Regeln, lokalen Bestimmungen und Regeln sowie Interpretationen dieser Instrumentarien durch Behörden. Im engeren Sinne verstanden bezieht sich der Begriff auf vom nationalen Gesetzgeber, dem Nationalen Volkskongress und dem Ständigen Ausschuss des Nationalen Volkskongresses erlassene Gesetze. Letztlich ist die genaue Bedeutung eine Frage der Auslegung[774]. Da § 44 AVG Gesetzen und Verwaltungsrechtsnormen auflistet, also davon ausgeht, dass Verwaltungsrechtsnormen nicht vom Begriff des „Gesetzes" erfasst werden, ist von dem Gesetzesbegriff im engeren Sinne auszugehen[775].

In verschiedenen örtlichen Rechtsnormen gibt es Bestimmungen über die Beendigung von Arbeitsverträgen. Seit Inkrafttreten des AVG ist davon auszugehen, dass diese nicht mehr gelten, sofern sie nicht mit den Beendigungstatbeständen des AVG übereinstimmen, bzw. diese nicht lediglich konkretisieren oder interpretieren[776]. Dies wird mit den weiteren Argumenten vertreten, dass diese Vorschriften lediglich fachspezifische bzw. lokale Umstände berücksichtigt, oftmals in unangemessener Weise fachspezifische oder lokale Interessen betonen und dass die Vorschriften häufig einander widersprechen bzw. mit Gesetzen oder Verwaltungsvorschriften konfligurieren[777].

In der Praxis und auch im Hinblick auf die Verfassung und das Gesetzgebungsgesetz wird es den Parteien jedoch schwer fallen, die Bindungswirkung ministerieller Regeln bzw. lokaler Bestimmungen, die im Einklang mit den recht-

773 Vgl. § 79 Gesetzgebungsgesetz.

774 Vgl. Ling, Contract Law, S. 25 f.

775 Dementsprechend ist auch Ling Bing für die §§ 7, 10 Abs. 2, 36, 38, 44 Abs. 2, 52 Nr. 5, 77, 87, 96 Abs. 2, 123, 127 VG von „Gesetz" im engeren Sinne ausgegangen, Ling, Contract Law, S. 26. Geffken, Der Preis des Wachstums, S. 53, geht dagegen am Beispiel von § 18 Abs. 1 Nr. 1 AG davon aus, dass auch regionale Ausführungsbestimmungen unter „Gesetze und Verwaltungsvorschriften" zu subsumieren sind.

776 Vgl. § 63 Gesetzgebungsgesetz. In § 37 Shangh. AVB heißt es zum Beispiel, dass ein Arbeitsvertrag beendet ist, wenn er über einen bestimmten Zeitraum nicht mehr erfüllt wurde Dong Runqing vertritt hierzu die Ansicht, dass dieser Beendigungstatbestand nicht mehr rechtmäßig ist, Case Analysis, S. 557.

777 Vgl. Ling, Contract Law, S. 57. Glück und Tänzler sind am Beispiel der Regelung über die zulässige Höchstdauer der Probezeit der Ansicht, dass lokale Regelungen zumindest dann anwendbar sind, wenn sie für den Arbeitnehmer im Einzelfall zu einem günstigeren Ergebnis führen, da dies dem Ziel des Arbeitnehmerschutzes aus § 1 AVG entspricht, Glück/Tänzler, Arbeitsvertragsgesetz, S. 345.

lich vorgeschriebenen materiellen und prozessualen Anforderungen stehen und im örtlichen oder behördlichen Zuständigkeitsbereich operieren, abzulehnen[778].

b. Bestimmung des genauen Zeitpunktes der Beendigung

Der Arbeitsvertrag endet gemäß der „Antwort auf die Frage nach der Dauer eines Arbeitsvertrages", im Zeitpunkt seines Auslaufens oder mit Eintritt der Bedingung und zwar um 24 Uhr des letzten Tages der Vertragsdauer. Wurde die Vertragsdauer aufgrund einer noch zu erfüllenden Arbeitsaufgabe überschritten, ist der Zeitpunkt ihrer Vollendung gleichzeitig Beendigungszeitpunkt.

c. Abschließende Regelung der Beendigungsgründe

§ 44 AVG regelt die Gründe für die Beendigung des Arbeitsvertrages abschließend, was sich mittlerweile aus § 13 Ausführungsbestimmungen zum AVG ergibt[779]. Dort heißt es, dass Arbeitgeber und Arbeitnehmer keine Beendigungsbedingungen außerhalb der in § 44 AVG beschriebenen Umstände für die Beendigung des Arbeitsvertrages vereinbaren dürfen. Alle Beendigungsgründe, die nicht im Arbeitsvertragsgesetz normiert sind bzw. auf die das AVG auch nicht indirekt Bezug nimmt, werden demnach als rechtswidrig angesehen.

Entsprechend wurde auch nicht die Regelung des § 19 Nr. 5 AG[780] in § 17 AVG übernommen, wonach die Parteien die Bedingungen der Vertragsbeendigung selbst vereinbaren konnten[781]. Die Vertragsbeendigung wird damit der Privatautonomie der Parteien entzogen[782].

d. Deutsches Recht

Die Regelungsinhalte von § 44 Nr. 3 und 4 AVG sind im deutschen Recht evident. Die Arbeitspflicht ist höchstpersönlich und deshalb gemäß § 613 BGB im

---

778 Vgl. Ling, Contract Law, S. 58. So auch Wang, Teilzeitbeschäftigung, S. 164.

779 Diese Ansicht vertritt auch Dong Runqing, Case Analysis, S. 489, und Lauffs, Employment Law, S. 182. Dieses Ergebnis lässt sich auch aus § 48 AVG ablesen. Danach kann der Arbeitnehmer die Weitererfüllung des Arbeitsvertrages nicht nur bei rechtswidriger Auflösung durch den Arbeitgeber verlangen sondern auch dann, wenn der Arbeitgeber den Arbeitsvertrag entgegen den Bestimmungen des AVG beendet.

780 Entsprechende Regelungen enthalten auch § 12 Nr. 7 Pekinger AVB, §§ 12 Abs. 1 Nr. 11, Abs. 3 S. 2 Guangd. AVB, § 9 Abs. 1 Nr. 7 Shenzh. AVB.

781 Vgl. Dong Runqing, Case Analysis, S. 489. Duchetsmann, Arbeitnehmerschutz, S. 90, die meint, dass der Gesetzeswortlaut keine Vereinbarungen über vertragliche Kündigungsgründe mehr zulässt, verwechselt wohl Beendigung mit Auflösung.

782 Ähnlich Waas/Wu, Arbeitsvertragsgesetz, S. 239.

Zweifel nicht übertragbar. § 613 BGB bestimmt weiter, dass der Anspruch auf die Arbeitspflicht im Zweifel nicht übertragen werden kann. Damit ist auch klargestellt, dass das Arbeitsverhältnis mit dem Tod der natürlichen Person oder Erlöschen der juristischen Person automatisch endet. Der Entzug einer Gewerbeerlaubnis führt im deutschen Recht dagegen nicht zur automatischen Beendigung des Arbeitsverhältnisses. In diesem Fall kommt jedoch ein Kündigungsrecht des Arbeitgebers in Betracht.

Von besonderer Bedeutung für die arbeitsrechtliche Praxis ist die Zeit- und Zweckbefristung des Arbeitsvertrages. Das gilt sowohl für Deutschland als auch für China, da es in beiden Staaten einen verhältnismäßig starken gesetzlichen Kündigungsschutz gibt. Mittels der Vertragsbefristung kann dieser Kündigungsschutz ausgehebelt oder zumindest umschifft werden. Die gesetzliche Ausgestaltung der Zulässigkeit der Befristung von Arbeitsverträgen bietet dem Arbeitgeber demnach einen mehr oder weniger großen Rahmen zum flexiblen Einsatz von Arbeitskräften, was sich unmittelbar auf seine unternehmerische Tätigkeit auswirkt.

In Deutschland wird die Zulässigkeit der Befristung von Arbeitsverträgen historisch unter dem Gesichtspunkt der Umgehung des Kündigungsschutzes betrachtet. Bereits in der Weimarer Republik hatte man erkannt, dass durch die unbeschränkte Zulässigkeit von Arbeitsvertragsbefristungen der Kündigungsschutz ausgehebelt werden kann. Als praktisch nur schwer nachweisbare Schranke vertrat das RAG deshalb die Ansicht, dass die mehrmalige Befristung unwirksam sei, wenn damit absichtlich das Kündigungsschutzrecht umgangen werden sollte[783]. Ursprünglich gab es lediglich die Bestimmung des § 620 BGB, der die uneingeschränkte Zeit- und Zweckbefristung des Dienstvertrages zuließ, ohne eine Unterscheidung zum Arbeitsvertrag zu treffen. Diese Gesetzeslage wurde als widersprüchlich in Anbetracht des allgemeinen und besonderen Kündigungsschutzrechts und der gesetzlichen Fristvorschriften angesehen. Daraus entwickelte sich eine höchstarbeitsrichterliche Rechtsprechung, die eine Gesetzesumgehung und damit die Unwirksamkeit einer Befristung annahm, wenn sie zwingende Kündigungsvorschriften ausschaltete oder wenn weder für die Befristung an sich noch für ihre konkrete Dauer ein sachlicher Grund vorlag. Die Unwirksamkeit der Befristung hatte eine Unbefristetheit des Vertrages zur Folge[784]. Im Gegensatz zur Rechtsprechung des RAG knüpfte das BAG also an eine objektive Umgehung des Kündigungsschutzes an. Bereits das Beschäftigungsförderungsgesetz von 1984 in seiner Fassung von 1994 sah die sachgrundlose Befristung bis zu einer Dauer

783 Vgl. RAG ARS 32, 174. Siehe auch Däubler, Das Arbeitsrecht 2, S. 942.
784 Vgl. Preis, Arbeitsrecht, S. 906 f., Koch, Arbeitsrechts-Handbuch, S. 369.

von maximal achtzehn Monaten vor. Im Beschäftigungsförderungsgesetz vom 25.9.1996 wurde die Dauer auf zwei Jahre erhöht und eine höchstens dreimalige Verlängerung für zulässig erklärt.

Mit Einführung des Teilzeit- und Befristungsgesetzes vom 21.12.2000, in Kraft seit dem 1.1.2001 (TzBfG) wurden diese Gesetzeslage und die Rechtsprechung in § 14 erstmals auf eine gemeinsame gesetzliche Grundlage gestellt. Die Verabschiedung des TzBfG beruht auf einer notwendigen Umsetzung der Richtlinie des Rates 1999/70/EG vom 28.6.1999. Ziel des Gesetzes ist die Festlegung der Voraussetzungen für die Zulässigkeit befristeter Arbeitsverträge, das Verbot der Diskriminierung sowie die Verbesserung der Rechtsstellung befristet angestellter Arbeitnehmer[785]. Wie aber die alte Rechtsprechung zum Sachgrund der Befristung zeigt, ist das Befristungsrecht in Deutschland rechtsdogmatisch in Zusammenhang mit dem Kündigungsschutzrecht zu sehen[786].

e. Analyse des chinesischen Beendigungsschutzes im Vergleich zum deutschen Recht

Wie in vorangegangenen Teilen der Arbeit detailliert ausgeführt wurde, war die Bedeutung befristeter Arbeitsverträge für die Einführung des Arbeitsvertragssystems in China sehr groß, wenn nicht sogar entscheidend. Vor Inkrafttreten des AG mussten nach den 1986er Bestimmungen alle Arbeitsverträge befristet sein. Damit war die automatische Beendigung des Arbeitsverhältnisses nach Ablauf des Befristungszeitraumes vorprogrammiert. Es gab keinerlei Beschränkungen der Befristung. Daneben kam dem Auflösungsschutzrecht nur die Bedeutung einer vorzeitigen Beendigungsmöglichkeit zu. Die Befristung der Arbeitsverträge garantierte quasi die Flexibilität des Arbeitsmarktes.

Im AG wurden zwar auch unbefristete Arbeitsverträge zugelassen, da die Befristung aber weiterhin keinerlei Einschränkungen unterlag, war sie das von den Arbeitgebern bevorzugte Mittel der Wahl. Die negativen Folgen der Aneinanderreihung kurz befristeter Arbeitsverträge auf das Vertrauen der Arbeitnehmer in die Stabilität ihrer Arbeitsverhältnisse und die daraus folgenden sozialen Probleme hat der Gesetzgeber mittlerweile erkannt. Insbesondere an den §§ 14 Abs. 2 und 46 Nr. 5 AVG wird erkennbar, dass er die Nutzung befristeter Arbeitsverträge für die Zukunft stark einschränken und den Abschluss unbefristeter Arbeitsverträge fördern möchte[787]. Er geht dabei einen anderen

785 Vgl. Wank, Münchener Handbuch zum Arbeitsrecht, S. 1470 f.

786 Vgl. auch Däubler, Das Arbeitsrecht 2, S. 942 f.

787 Vgl. auch Lauffs, Employment Law, S. 65.

Weg als die deutsche Rechtsprechung und Gesetzgebung. Die rechtsdogmatische Unterscheidung zwischen einem unbefristeten Regelarbeitsverhältnis und der nur ausnahmsweisen Zulässigkeit einer Vertragsbefristung vollzieht er nicht nach. Das ist auch wenig verwunderlich, wenn man die Entwicklung des Arbeitsvertragssystems betrachtet. Dessen Einführung diente historisch der Aufbrechung der „eisernen Reisschüssel". Demgegenüber diente die Verrechtlichung der Arbeitsbeziehungen in Deutschland der Einschränkung von Willkür auf Seiten des Arbeitgebers, verfolgte also den genau entgegengesetzten Ansatz.

Demzufolge ist es für den chinesischen Gesetzgeber nicht zwingend, die Unbefristetheit des Arbeitsverhältnisses als die Regel aufzufassen und die Befristung als gesetzliche Ausnahme davon auszugestalten, wie dies in Deutschland historisch gewachsen entstanden ist. Die Vorgehensweise des chinesischen Gesetzgebers zur Beschränkung der Verwendung befristeter Arbeitsverträge ist weniger dogmatisch, denn pragmatisch. Die zur Beschränkung angewandten Instrumentarien sind dabei nicht neu. Hier machen sich deutsche oder europäische Rechtseinflüsse deutlich bemerkbar.

Die Begrenzung der Verwendung von befristeten Arbeitsverträgen auf eine Maximaldauer von zehn Jahren[788] bzw. auf den Abschluss des zweiten auf den ersten folgenden Arbeitsvertrages[789] ist sogar strikter als die Regelungen des TzBfG. Nach § 14 TzBfG dürfen Arbeitsverträge mit sachlichem Grund beliebig befristet und verlängert werden. Sachgrundlos darf der Arbeitsvertrag dagegen höchstens dreimal verlängert werden und eine Gesamtbefristungsdauer von zwei Jahren nicht überschreiten. Da mit der zweiten Verlängerung nach dem AVG ein unbefristeter Vertrag geschlossen werden muss, verringert sich die praktische Bedeutung der Zehnjahresbeschränkung.

Die Zulässigkeit der beliebigen Aneinanderreihung befristeter Verträge mit Sachgrund ist dem chinesischen Recht gänzlich unbekannt. Hier wurde dem generelle Bedürfnis der Arbeitnehmer an einem stabilen Arbeitsverhältnis Vorrang vor der unter wirtschaftlichen und betrieblichen Gesichtspunkten durchaus berechtigten befristeten Anstellung eingeräumt, obwohl bei Vorliegen eines sachlichen Grundes bereits im Zeitpunkt des Vertragsschlusses klar ist, dass die Arbeitskraft nur für einen begrenzten Zeitraum benötigt wird. Dies wird in der Praxis jedoch nicht etwa zur Folge haben, dass der Arbeitgeber nun auch mit diesen Arbeitnehmern einen unbefristeten Arbeitsvertrag abschließt sondern er

788 Eine mögliche Lücke ist das Erfordernis der „fortgesetzten" Arbeitstätigkeit über zehn Jahre, die im deutschen Recht durch § 14 Abs. 2 S. 2 TzBfG geschlossen wurde.

789 Hier ist nicht von einer Verlängerung die Rede. Dadurch ergibt sich die Frage, in welchem zeitlichen Näheverhältnis die beiden befristeten Verträge stehen müssen.

wird lediglich darauf achten, den einzelnen Arbeitnehmer nicht zu oft bzw. zu lange anzustellen, um dem Zwang zur unbefristeten Anstellung zu entgehen.

Auch sonst nimmt das AVG keine Rücksicht auf solche Situationen, in denen Unternehmen typischerweise ein nachvollziehbares Bedürfnis an einer nur befristeten Beschäftigung von Arbeitnehmer haben. Das gilt für Neugründungen, die bspw. in § 14 Abs. 2a TzBfG durch die Zulässigkeit einer unbeschränkten Verlängerung von Arbeitsverträgen bis zu einer Gesamtdauer von vier Jahren privilegiert wurden. Keine Berücksichtigung finden desweiteren spezielle arbeitsmarktpolitische Überlegungen die zum Ziel haben, die Beschäftigung bestimmter Arbeitnehmergruppen zu beeinflussen. In Deutschland hat man dies bspw. in § 14 Abs. 3 TzBfG für ältere, arbeitsuchende Arbeitnehmer getan.

Selbst wenn der Arbeitgeber mit dem Arbeitnehmer in rechtlich zulässiger Weise einen befristeten Arbeitsvertrag geschlossen hat, muss er diesem gemäß § 46 Nr. 5 AVG einen wirtschaftlichen Ausgleich[790] für den Verlust des Arbeitsplatzes zahlen, wenn der Arbeitgeber den Vertrag nach Befristungsablauf nicht zu den alten oder besseren Bedingungen fortführt. Dadurch werden die Kosten des Arbeitgebers für eine befristete Anstellung gegenüber der Rechtslage im AG erhöht. Die Ausgleichsregelung steht im Einklang mit dem bei einer ordentlichen Auflösung des Arbeitsvertrages durch den Arbeitgeber fälligen wirtschaftlichen Ausgleich[791]. Die Wirkung ist dennoch eine andere. Während das Befristungsende bei Vertragsschluss vorhersehbar ist, weshalb der Arbeitgeber die Zahlung vor der Anstellung bereits einkalkulieren muss, spielt die Ausgleichszahlung wegen Auflösung in der Regel erst bei der Entscheidung über die Auflösung des Vertrages eine Rolle. Folge ist jedenfalls eine weitere Erschwerung des Abschlusses befristeter Arbeitsverträge in der Praxis.

§ 3 Die Auflösung des Arbeitsvertrages

a. Einleitung

„解除" ist die Auflösung oder Aufhebung des Arbeitsvertrages. Unter den Arbeitsvertragsbest. 1986 umfasste sie die früher gebräuchlichen, verschiedenen Formen der Entlassung[792]. Darunter fällt „开除" (Ausschluss), die härteste Disziplinarmaßnahme[793] im Sinne der §§ 12 f. „Bestimmungen zur Belohnung

790 Die Höhe richtet sich gemäß § 47 AVG nach der Dauer der Betriebszugehörigkeit.

791 Vgl. § 46 Nr. 3 und 4 AVG.

792 Siehe § 3 Arbeitsvertragsbest. 1986. Danach einheitlich im AG und AVG verwendet.

793 Unter anderen enthalten in § 13 Arbeitsvertragsbest. 1986. Vgl. im Einzelnen: Münzel, Chinas Recht, Anm. 3 zum Arbeitsrecht der Staatsunternehmen:/1 Arbeitsvertrag, und Wolff,

und Bestrafung von Arbeitern und Angestellten in Unternehmen"[794]. Dazu gehört auch „除名" („Jemandes Namen aus der Liste streichen"), welches in § 18 der 1982er Regeln aufgenommen wurde. Es handelte sich dabei nach Auffassung der chinesischen Literatur um keine Disziplinarmaßnahme sondern um eine mildere Form der Entlassung wegen häufigen unberechtigten Fernbleibens von der Arbeit[795].

„辞退" (Kündigung oder Entlassung) ist die Entlassung wegen Disziplinarverstößen[796]. „开除" und „除名" im Sinne der 1982er Regeln waren praktisch vollständig in § 2 der Entlassungsbest. 1986 enthalten, so dass sie seit 1986 eigentlich überflüssig, weil von „cítuì" umfasst, waren[797]. Allerdings wurde in § 2 Abs. 1 Entlassungsbest. 1986 auf die Bedingung vorausgegangener Verwaltungsstrafen hingewiesen. Wolff schloss daraus auf die weitere Bedeutung der Möglichkeiten nach den 1982er Regeln[798]. Bei „开除" und „除名" hatte der betroffene Arbeitnehmer zudem wegen des Strafcharakters dieser Entlassungen, im Gegensatz zu in sonstiger Weise entlassenen Arbeitnehmern, keinen Anspruch auf materielle Arbeitslosenunterstützung nach den Arbeitslosenversicherungsbest. 1986[799], so dass ihre Unterscheidung auch unter den 1986er Bestimmungen erforderlich war.

„开除", „除名" und „辞退" berechtigten den Arbeitgeber lediglich zur Entlassung des Arbeitnehmers, beendeten also die Arbeitsbeziehungen. Die Verknüpfung zur Beendigung des Arbeitsvertrages wurde über das nach § 12 Arbeits-

---

Arbeitsvertrag, S. 114.

794 Zu diesen Bestimmungen vgl. die Ausführungen von Wolff, Arbeitsvertrag, S. 103 ff.

795 Zwischen der Entlassung einerseits und Ausschluss bzw. Namensstreichung andererseits wurde streng unterschieden, vgl. Wolff, Arbeitsvertrag, S. 114.

796 Vgl. § 12 Nr. 3 der Arbeitsvertragsbest. 1986 und den Entlassungsbest. 1986. Mit Erläuterungen hierzu siehe Wolff, Arbeitsvertrag, S. 111 ff. Bei Münzel, Chinas Recht, Anm. 3 zum Arbeitsrecht der Staatsunternehmen:/1 Arbeitsvertrag, heißt es fälschlicherweise, dass es sich bei „辞退" um der vertraglichen Form der Entlassung, aber keine Disziplinarmaßnahme handelt. Münzel, ebenda, schreibt weiter, dass der Begriff früher dann verwendet wurde, wenn das Arbeitsverhältnis aus Gründen, die nicht beim Arbeitnehmer lagen, beendet wurde, z. B. weil ein Zeitvertrag abgelaufen war. Jetzt beruhe diese Form der Entlassung jedoch ausschließlich auf vertragswidrigem Verhalten des Arbeitnehmers.

797 Vgl. Münzel, Chinas Recht, Anm. 3 zum Arbeitsrecht der Staatsunternehmen:/1 Arbeitsvertrag, und Anm. 2 zum Arbeitsrecht der Staatsunternehmen:/2 Disziplinarkündigungen, sowie Wolff, Arbeitsvertrag, S. 112 f. Dafür spricht auch die Beobachtung von Oakley, Labor Relations, S. 145„ dass „辞退" (nicht aber „开除" oder „除名") und „解除" oftmals auswechselbar verwendet wurden, wenn es um Entlassungen aufgrund häufiger kleiner Vergehen, allgemeine Ungeeignetheit oder Überbeschäftigung ging. Später soll sich dann aber die allgemeine Verwendung von „解除" durchgesetzt haben.

798 Vgl. Wolff, Arbeitsvertrag, S. 113. Wolff, Arbeitsvertrag, S. 114, meint, dass wegen des geringen Gebrauchs der 1982er Regeln in der Praxis durch die Wiederholung in den 1986er Bestimmungen zu einem vermehrten Gebrauch angeregt werden sollte.

799 Vgl. § 4 der Bestimmungen.

vertragsbest. 1986 vorliegende Auflösungsrecht („解除") bzw. die automatische Auflösung („解除") nach § 13 Arbeitsvertragsbest. 1986 hergestellt[800].

Das AG sowie das AVG kennen nur den Begriff „解除" für die einseitige und einvernehmliche Auflösung des Arbeitsvertrages. Die 1986er Bestimmungen wurden 2000 aufgehoben, so dass man meinen könnte, dass damit auch den alten Begrifflichkeiten keine rechtliche Bedeutung mehr zukommt. Jedoch wird der Begriff des „辞退" noch teilweise in anderen Gesetzen verwendet, so zum Beispiel in § 27 Abs. 1 Gesetz über den Schutz der Rechte und Interessen von Frauen"[801]. Hier wurde wahrscheinlich nur die Anpassung an das AG übersehen.

In § 20 der „Interpretation I des Obersten Volksgerichts betreffend verschiedenen Fragen bei der Anwendung des Gesetzes in Arbeitsstreitigkeiten", werden „ 除名", „开除" und „辞退" als Voraussetzung der Auflösung (jiěchú) des Arbeitsvertrages angesehen.

Das SSAG erklärt sich in § 2 Nr. 3 für anwendbar bei der Namensstreichung (除名)[802], Kündigung/Entlassung (辞退)[803], Amtsniederlegung (辞职)[804] und beim Ausscheiden aus dem Job (离职)[805]. Die Begriffe werden aktuell noch im Beamtenrecht angewendet, in dem auch das AVG Anwendung finden kann, was ihre Aufnahme in den Verfahrensregeln erklären dürfte. § 2 Nr. 2 SSAG bezieht sich auf die Auflösung (解除) des Arbeitsvertrages nach dem AVG.

Wie bereits erwähnt, steht nunmehr die Sicherung sozialer Standards für die Arbeitnehmer stärker im Fokus des Gesetzgebers, während bei Einführung des Arbeitsvertragssystems die Steigerung der Produktivität Vorrang vor den Interessen der Arbeitnehmer an Arbeitsplatzstabilität usw. hatte[806]. Die Schwerpunkt-

---

800 Zu dem Ergebnis kommt auch Wolff, Arbeitsvertrag, S. 106 f., 114, nach eingehender Analyse. Zur strikten Trennung zwischen Ausschluss/Namensstreichung und Auflösung des Vertrages in der chinesischen Literatur vgl. Wolff, Arbeitsvertrag, S. 105.

801 Die englische Übersetzung von Chinalawinfo, Law of the People's Republic of China on the Protection of Women's Rights and Interests (2005 Amendment), enthält bei § 27 des Gesetzes noch die Fassung vor der 2005er Änderung.

802 S. o.

803 Ein Begriff der noch im Beamtenrecht vorkommt, 13. Kapitel BeamtenG.

804 Ein Begriff der noch im Beamtenrecht vorkommt, 13. Kapitel BeamtenG. Dabei löst der Arbeitnehmer von sich aus das Arbeitsverhältnis, vgl. Münzel, Chinas Recht, Anm. 6 zum Gesetz zu Schlichtung und Schiedsverfahren in Arbeitssachen.

805 Münzel, Chinas Recht, Anm. 6 zum Gesetz zu Schlichtung und Schiedsverfahren in Arbeitssachen, übersetzt mit „Verlassen des Dienstes" und versteht darunter das „eigenmächtige Wegbleiben. Siehe § 86 BeamtenG, indem der Begriff als die tatsächliche Beendigung der Arbeitstätigkeit gemeint ist, die im Falle einer Kündigung oder Amtsniederlegung erst dann erfolgen soll, wenn vorher die notwendigen Formalitäten erfüllt wurden. Vgl. zu dem Begriff auch § 102 BeamtenG.

806 Bei Oakley, Labor Relations, S. 77 ff., wird dies an mehreren Beispiele von Vertragsauflösungen illustriert.

verlagerung wird bereits an der Struktur des Arbeitsvertragsgesetzes deutlich. Während sowohl die Arbeitsvertragsbest. 1986 als auch das AG der Arbeitgeberauflösung eine hervorgehobene Stellung vor den Tatbeständen der Arbeitnehmerauflösung zugestanden, steht sie im AVG erstmalig dahinter.

b. *Politische und gesellschaftliche Einflüsse auf die Auslegung der Auflösungsgründe*

aa. *Analyse von Fan Jianhong*

Fan spricht von einem Kontrollnetz, das bei der Auslegung der Auflösungsgründe nach dem AG herangezogen wird. Dieses Kontrollnetz soll auf der chinesischen Rechtskultur beruhen und keine juristische Basis haben, sondern von gesellschaftlichen Normen überlagert sein[807]. In erster Linie soll dieses Kontrollnetz dem Staatsinteresse dienen, das in der „Entwicklung der Produktivkraft", der „Wirtschaftsreform und Öffnung nach außen" und den vier Grundprinzipien „Führungsrolle der KP, Festhalten am sozialistischen Weg, Leittheorie des Marxismus und Diktatur des Proletariats[808]" liegt. Erst an zweiter Stelle kommt es zu einem Interessenausgleich und zur Herstellung der Harmonie mit den Interessen der Arbeitnehmer und Unternehmer[809]. Bei Konflikten zwischen den verschiedenen Interessen soll stets das des Staates Vorrang haben[810]. Fan spricht davon, dass es zu einem Ausgleich zwischen der „Wirtschaftsentwicklung und der Erträglichkeit für die Bevölkerung kommt"[811]. Praktisch soll die Anwendung des Kontrollnetzes bedeuten, dass die Auflösung grundsätzlich mit den Zielen des AG gemäß § 1 AG in Einklang stehen muss[812].

Fan stellt mit seinem Kontrollnetz eine sehr interessante Beobachtung an. Zu Recht verweist er auf dessen fehlende Verankerung im Recht. Im politischen System der VRC ist dies aber nicht zwangsläufig nötig, reicht doch die Macht der KP Chinas in alle staatlichen Institutionen, inklusive der Gerichte. Die fehlende Gewaltenteilung führt dazu, dass Richter, Beamte und Parlamentarier der verlängerte Arm der KP sind. Damit ist theoretisch sichergestellt, dass die jeweils vorherrschenden politischen Ansichten auch ohne gesetzliche

807 Vgl. Fan, Rechtsgrundlagen, S. 127.

808 Das zweite und dritte Grundprinzip stellt nach Fan Jianhong keine Rolle mehr, da Sozialismus und Kapitalismus für die Regierung nur Mittel zur Erreichung eine anderen Ziels seien, vgl. Fan, Rechtsgrundlagen, S. 138.

809 Vgl. Fan, Rechtsgrundlagen, S. 137 ff., 167 f.

810 Vgl. Fan, Rechtsgrundlagen, S. 156.

811 Vgl. Fan, Rechtsgrundlagen, S. 165.

812 Vgl. Fan, Rechtsgrundlagen, S. 140.

Grundlage bei der Tätigkeit der handelnden Organe jederzeit Berücksichtigung finden können.

bb. Analyse anhand der Fallsammlung von Sheila Oakley

In der folgenden Erläuterung der Auflösungsgründe wird immer wieder auf eine Fallsammlung und –analyse, die Oakley ihrer wissenschaftlichen Arbeit zu Grunde gelegt hat, Bezug genommen. Es handelt sich dabei um von verschiedenen staatlichen Stellen veröffentlichte Fälle, zum Beispiel vom Verlag des Volksgerichts, Unternehmensmanagementverlag, Personalbüro Veröffentlichungen und Industrie- und Handelsveröffentlichungen[813]. Es ist davon auszugehen, dass die Fälle unter bestimmten Gesichtspunkten ausgewählt wurden. Ihre Veröffentlichung richtet sich an bestimmte Personengruppen, zum Beispiel an Anwälte, Rechtsbeamte, Rechtsanwaltsgehilfen, Gewerkschaftsbeamte, Personalreferenten und andere, die direkt oder indirekt in den Prozess der Beilegung von Arbeitsstreitigkeiten eingebunden sind. Deshalb ist anzunehmen, dass es sich um keinen Querschnitt arbeitsrechtlicher Entscheidungen sondern um Musterfälle handelt, die den Zielgruppen ein Beispiel für zukünftige Streitbeilegungen sein sollen[814]. Umso wichtiger sind diese Fälle jedoch für die vorliegende Abhandlung, geben sie doch eine offizielle Linie zur Anwendung des Arbeitsrechtes in der Gerichtspraxis wieder[815].

Die Fälle beruhen auf Entscheidungen, die seit Einführung des Arbeitsvertragssystems und des Arbeitskonfliktlösungsrechtes 1987 und in den ersten beiden Jahren seit Einführung des AG bis Ende 1996 ergangen sind.

Oakley geht grundsätzlich davon aus, dass sich bei der Analyse der Fälle eindeutige Einflüsse der Betonung der marktwirtschaftlichen Reformen, aber auch

---

813 Oakley, Labor Relations, bezieht ihre Fälle in erster Linie aus folgenden Quellen: Tang Kuang und Luo Dan, Neue Ausgabe des Handbuchs für den Umgang mit Arbeitsstreitigkeiten, Peking, 1996; Na Xinmin und Shen Xiang, Die neuesten Fälle der Beilegung von Arbeitsstreitigkeiten, Peking, 1996; Na Xinmin und Shen Xiang, Weiterführung der neuesten Fälle der Beilegung von Arbeitsstreitigkeiten, Peking, 1997; Guo Jun und Li Wenhua, Praktisches Handbuch für das Arbeitsrecht und Arbeitsstreitigkeiten, Peking, 1994; Zhang Buhong und Zhang Luhao, Auszüge aus neuen Arbeitsrechtsfällen, Peking, 1997; The Editing Committee for Labor Law and Associated Regulations, Das Arbeitsgesetz und verbundene Rechtssätze: Eine Auswahl an Fällen, Peking, 1996; The Editing Committee for Labor Law and Associated Regulations, Das Arbeitsgesetz und verbundene Rechtssätze: Eine Auswahl an Fällen, Peking, 1996; Shen Weiying, Lu Zhiyong, Hu Zhixian und Gong Zhicheng Kritische Analyse von Arbeitsvertragsfällen, Peking, 1995; Lu Tangxun und Ding Chunting, Der Prozess in Arbeitsstreitigkeiten mit Fallstudie, Peking, 1989.

814 Vgl. Oakley, Labor Relations, S. 3 f., 138.

815 So auch Oakley, Labor Relations, S. 137 f.

maoistische und kulturelle herauslesen lassen[816]. Letztere änderten aber nichts daran, dass das Gesetz der Maßstab sei, an dem die Entscheidungen gemessen werden[817]. Das Gesetz werde quasi als Dämpfung gegen den Markt eingesetzt, um die Benachteiligten zu schützen, Ausbeutung zu verhindern, den sozialen Vertrag zwischen Unternehmen und Arbeitnehmern und damit gleichzeitig die soziale Stabilität zu erhalten[818]. Auf maoistisches Gedankengut lasse sich insbesondere das Recht auf Arbeit als grundlegendes Menschenrecht, die Vorstellung der Arbeiter als Herren des Unternehmens und der Wert der Erziehung und Selbstkritik zur tatsächlichen Veränderung des menschlichen Verhaltens zurückführen.

Sie meint allerdings auch, dass die Entscheidungen der Arbeitsschiedsgerichte, sofern sich darin eine maoistische Ideologie widerspiegelt, nur einen temporären Zustand darstellen könnten. Die meisten Schiedsrichter haben vor 1982 mit ihrem Arbeitsleben begonnen, weshalb sie mit den alten Vorstellungen aufgewachsen seien. Dazu komme die geringe Qualität der Gerichtsbarkeit, aufgrund einer mangelhaften rechtlichen Ausbildung ihrer alten Kader. Deshalb meint Oakley, sei es auch nicht überraschend, wenn diese, die keine Arbeitslosigkeit kannten, sich im Angesicht der Entlassungen der Reformära Mitte bis Ende der 90er Jahre auf die maoistische Ideologie besännen. Allerdings geht Oakley davon aus, dass sich die den Entscheidungen zu Grunde gelegten Grundsätze auf weit ältere, konfuzianische Vorstellungen zurückverfolgen lassen, welche die Generation maoistisch geprägter Schiedsrichtern überdauern werden[819]. Über den politischen Ansatz von Fan Jianhong hinaus, bringt Oakley damit jüngere und ältere kulturelle Aspekte in die Rechtsanwendung ein.

Die chinesische Regierung verbreitet jedenfalls spätestens seit der „Drei Repräsentanten Theorie“ von 2001[820] maoistisch anmutende Vorstellungen ideologischer Korrektheit, um den eigenen Machterhalt zu sichern, so dass eine derartige Rechtsprechung zumindest teilweise durchaus in ihrem Interesse liegt[821].

Anhand Oakleys Fallanalyse lassen sich sowohl in den 80ern als auch in den 90ern bei den Entscheidungen, die zu Gunsten der Arbeitnehmer gefällt wurden, zwei Hauptbegründungen der Kommissionen herauslesen. Es wird danach diffe-

---

816 Dazu mehr bei den einzelnen Auflösungsgründen. Vgl. Oakley, Labor Relations, S. 137 f., 184.

817 Vgl. Oakley, Labor Relations, S. 179.

818 Vgl. Oakley, Labor Relations, S. 178, 181 f.

819 Vgl. S. 160 ff., 167 f., 176, 183.

820 Siehe Nora Sausmikat, More Legitimacy for One-Party Rule? The CCP's Ideological Adjustments and Intra-Party Reforms, in: The German Journal on Contemporary Asia (2006), Ausgabe 99 April, S. 70–91.

821 Ähnlich Oakley, Labor Relations, S. 185.

renziert, ob die Regelverstöße der Arbeitnehmer (vergleichbar mit der verhaltensbedingten Kündigung nach deutschem Recht), die zu den Ausschlussentscheidungen führten, hätten vermieden werden können, wenn die Unternehmensführung den Ansichten oder Beschwerden der Arbeitnehmer Aufmerksamkeit geschenkt hätte[822]. Häufig machten die Schiedsgerichtsentscheidungen dem Arbeitgeber zudem einen Vorwurf, weil er in seiner Pflicht zur Anleitung und Sorge gegenüber dem Arbeitnehmer erfolglos war. Darin spiegele sich die konfuzianische Einstellung wider, dass der Arbeitgeber oft für die Fehler seiner Arbeitnehmer verantwortlich sei[823]. Bei Entlassungen aufgrund eines Fehlverhaltens soll die Einstellung des Arbeitnehmers nach Entdeckung und Konfrontation damit[824] entscheidend dafür sein, ob ihm eine zweite Chance gegeben werden kann, auch wenn die Entlassung eigentlich rechtmäßig wäre. Ausreichend sollen in diesen Fällen Erziehung und Verwaltungsstrafen sein.

In den aufgeführten Fällen ab den 90er Jahren änderte sich diese Begründung insofern, als die unnötige Härte der Entlassung in den Vordergrund gerückt wurde, ohne sich speziell am Grundsatz „Erziehung zuerst, Bestrafung an zweiter Stelle" zu orientieren. Bei Entlassungen aufgrund Abwesenheit während der Arbeitszeit (除名) was speziell auf das Vorliegen eines Grundes für das Fernbleiben abgestellt, was den Schiedsgerichten einen erheblichen Spielraum einräumte, innerhalb dessen sich die genannten maoistischen Prinzipien entfalten konnten[825]. Ähnlich dem deutschen Verhältnismäßigkeitsgrundsatz wird somit einerseits den Beiträgen des Arbeitgebers zur Verursachung des Fehlverhaltens des Arbeitnehmers Gewicht beigemessen und andererseits eine Art „ultima-ratio" angewendet, bei der erzieherische Maßnahmen im Vordergrund stehen.

Alleine über die 1986er Bestimmungen und die 1982er Regeln, mit ihrem Grundsatz „Erziehung vor Bestrafung"[826], die während des von Oakley zur Analyse herangezogenen Zeitraums noch Anwendung fanden, lässt sich diese Rechtsprechung nicht erklären. Diese Vorschriften galten lediglich für staat-

822 In einer Entscheidung von 1994 stellte die Arbeitsschiedskommission sogar auf die Behinderung des demokratischen Rechts auf Meinungsäußerung (Art. 35 Verf.) des Arbeitnehmers durch die Vertragsauflösung ab, vgl. Oakley, Labor Relations, S. 165.

823 Vgl. Oakley, Labor Relations, S. 168. Siehe auch eine bekannte konfuzianische Redewendung: „一个能人可以就好一个企业"-Ein fähiger Mensch kann eine ganzes Unternehmen retten.

824 Festzumachen ist die Einstellung an der Äußerung echter Reue, dem offenen Eingeständnis des Verstoßes, der willentlichen Annahme der Kritik und Unterweisung, vgl. Oakley, Labor Relations, S. 161. Zu den Fällen, in denen die Schiedskommission Entlassungsentscheidungen aufrechterhielt vgl. Oakley, Labor Relations, S. 164 f.

825 Vgl. Oakley, Labor Relations, S. 161 ff., mit Fallbeispielen. In einer Entscheidung von 1995 wurde dem Arbeitnehmer sogar eine gewisse Zeit zur Besserung zugestanden, vgl. Oakley, Labor Relations, S. 165.

826 Vgl. dazu im Einzelnen: Wolff, Arbeitsvertrag, S. 103 ff.

liche Unternehmen, während sich Oakleys Analyse auch auf Unternehmen der Privatwirtschaft bezieht. Die wichtigsten, für alle Unternehmen geltenden, gesetzlichen Auflösungsgründe, die ein vertrags- oder regelwidriges Verhalten des Arbeitnehmers voraussetzen, sind § 39 Nr. 2 und 3 AVG, die vormals in § 25 Nr. 2 und 3 AG enthalten waren. Beide Normen enthalten den unbestimmten Rechtsbegriff der „Erheblichkeit" (严重) des Verstoßes. Alleine über diesen bietet sich in rechtlich nachvollziehbarer Weise ein Spielraum für die oben angeführten Erwägungen der Arbeitsschiedskommissionen. Insgesamt lassen die bei Oakley aufgeführten Fälle allerdings tatsächlich den Eindruck zu, dass sich die Kommissionen weniger am geschriebenen Recht, denn an ungeschriebenen Regeln orientiert haben, die sowohl kulturelle, gesellschaftliche als auch politische Hintergründe haben.

c. Die Vorschriften zur Arbeitsvertragsauflösung als Arbeitnehmerschutzrecht

Was im chinesischen Recht als Auflösung bezeichnet wird, entspricht weitestgehend der deutschen Kündigung. Eine Ausnahme davon stellt die Auflösungsvereinbarung nach § 36 AVG dar, die dem deutschen Aufhebungs- oder Auflösungsvertrag entspricht. Vergleichbar dem deutschen Arbeitnehmerschutzrecht, unterliegt das Auflösungsrecht des Arbeitgebers starken Beschränkungen. Unbefristete Arbeitsverträge werden deshalb in China als Vorteilsverträge angesehen, die prinzipiell eine Lebenszeitbeschäftigung mit sich bringen, weshalb man sie, in Anlehnung an die sozialistischen Beschäftigungsverhältnisse in den staatlichen Betrieben bis Anfang der 80er Jahre, teilweise auch als „Eiserne Reisschüsseln" bezeichnet[827]. Zudem bürdet das AVG dem Arbeitgeber neuerdings eine höhere Last für den Beweis des Vorliegens von Auflösungsgründen auf, als dies unter dem AG der Fall war.

Darüber hinaus übernimmt das AVG den Grundsatz der „gesetzmäßigen Auflösung" des Arbeitsvertrages. Das bedeutet, dass der Arbeitgeber einen Arbeitsvertrag nur dann auflösen darf, wenn die Auflösungsvoraussetzungen des Arbeitsvertragsgesetzes erfüllt sind[828]. Selbst vertraglich können keine den Arbeitsgesetzen widersprechende Auflösungsgründe vereinbart werden, da diese beidseitig zwingendes Recht sind. Vereinbarungen über Auflösungsgründe, die

827 Vgl. Dong Runqing, Case Analysis, S. 435.

828 Vgl. Dong Runqing, Case Analysis, S. 534. Entsprechendes vertritt Wang für die Auflösung der befristeten Arbeitsverträge von Leiharbeitnehmern, Teilzeitbeschäftigung, S. 175. Die Regelungen der §§ 14 Abs. 3 S. 2, 19 Nr. 7 Guangd. AVB, sehen dagegen zwingend (必须) die Vereinbarung von Beendigungs- und Auflösungsbedingungen bei Abschluss eines unbefristeten Arbeitsvertrages vor. Eine Abweichung von den gesetzlichen Auflösungsgründen ist jetzt nicht mehr zulässig.

gegen die arbeitsgesetzlichen Auflösungsbestimmungen verstoßen, sind deshalb nach § 26 Abs. 1 Nr. 3 AVG unwirksam[829]. Für befristete Arbeitsverträge gelten die gleichen Auflösungsbeschränkungen wie für unbefristete[830].

d. Der Kündigungsschutz nach deutschem Recht

In Deutschland gibt es ein Zweiklassenkündigungsschutzrecht. Die Trennlinie liegt in den Anwendungsvoraussetzungen des Kündigungsschutzgesetzes.

aa. Der Kündigungsschutz des KSchG

aaa. Anwendungsbereich des KschG

Der Kündigungsschutz des Kündigungsschutzgesetzes (KSchG) erfasst nur Arbeitnehmer, die länger als sechs Monate ohne Unterbrechung in demselben Betrieb oder Unternehmen beschäftigt sind[831], sofern es sich beim Arbeitgeber um kein Kleinunternehmen mit maximal 10 Arbeitnehmern handelt[832]. Es erfasst zudem nur die ordentlichen Kündigungen. Für Geschäftsführer im nicht-organschaftlichen Sinne, Betriebsleiter und sonstige leitende Angestellte mit selbständiger Einstellungs- oder Entlassungsbefugnis gilt das KSchG mit einigen Sonderbestimmungen[833]. Die wohl Wichtigste ist, dass das Gericht ihr Arbeitsverhältnis auf Antrag des Arbeitgebers auch ohne Grund im Sinne von § 9 KSchG auflösen kann, sofern eine Abfindung gezahlt wird. Zudem unterliegen sie nicht den Schutzbestimmungen des Betriebsverfassungsgesetzes (BetrVG)[834].

bbb. Das Kriterium der „sozialen Rechtfertigung" einer Kündigung

Ansatzpunkt des Kündigungsschutzes nach dem KSchG ist die Sozialwidrigkeit bzw. soziale Rechtfertigung einer Kündigung, die selbst aber kein eigenständiges

829 Dong Runqing am Beispiel des Beendigungsschutzes Schwangerer, Case Analysis, S. 425 sowie Dong Baohua, Case Analysis, S. 516 f. Unter dem AG gab es noch zahlreiche regionale Bestimmungen, die abweichende Auflösungsregeln normierten, vgl. Wolff, Wirtschaftsrecht, S. 222.

830 Der zweite Entwurf des AVG sah noch eigene Auflösungsgründe vor.

831 Vgl. §§ 1 Abs. 1, 14 Abs. 1 KSchG. Siehe Linck, Arbeitsrechts-Handbuch, S. 1569 f.

832 Vgl. § 23 Abs. 1 KSchG. Vgl. Preis, Arbeitsrecht, S. 728 ff., Berkowsky, Münchener Handbuch zum Arbeitsrecht, S. 1807 f.

833 Vgl. §§ 14 Abs. 2, 24 Abs. 5 KSchG. Siehe auch Linck, Arbeitsrechts-Handbuch, S. 1564 f.

834 Vgl. § 5 Abs. 3 BetrVG. Vgl. Linck, Arbeitsrechts-Handbuch, S. 1719, Berkowsky, Münchener Handbuch zum Arbeitsrecht, S. 1816.

Tatbestandsmerkmal bildet[835]. Gekündigt werden darf nur aus personen-, verhaltens- und betriebsbedingten Gründen[836], sofern keiner der Umstände des § 1 Abs. 2 S. 2 KSchG vorliegt, d. h. die Kündigung gegen eine mit Zustimmung des Betriebsrates aufgestellte Richtlinie zur Auswahl von Arbeitnehmern bei Kündigungen nach § 95 BetrVG verstößt, der Arbeitnehmer auf einen anderen Arbeitsplatz im Unternehmen versetzt werden kann oder eine Weiterbeschäftigung nach zumutbaren Schulungs- und Fortbildungsmaßnahmen bzw. einer Änderung der vertraglichen Arbeitsbedingungen mit Einverständnis des Arbeitnehmers möglich ist[837]. Der Rechtsbegriff der Sozialwidrigkeit hat jedoch insofern eine selbständige Bedeutung, als daran die rechtlich unbestimmten Kündigungsgründe gemessen werden müssen. Daraus folgert Berkowsky, dass der Gesetzgeber „einer auf rein subjektiven Erwägungen und subjektivem Vorverständnis des Arbeitgebers bzw. dessen Entscheidung überprüfenden einzelnen Richters beruhenden Gesetzesauslegung einen Riegel vorschieben wollte". Maßstab der Kündigungsgründe soll die soziale, d. h. von einem gemeinschaftlichen Konsens getragene Anschauung sein. Zu deren Feststellung sei ein ständiger „Kontakt mit der betrieblichen Wirklichkeit und der permanenten Pflege des juristischen Diskurs mit anderen Entscheidungsträgern" durch den Arbeitsrichter erforderlich[838].

ccc. Die Beteiligung des Betriebsrats

Existiert in dem betroffenen Betrieb ein Betriebsrat, so ist dessen ordnungsgemäße Anhörung zur geplanten Kündigung Wirksamkeitsvoraussetzung. Sein Widerspruch gegen die Kündigung führt nicht zur Unwirksamkeit der Kündigung, sondern nur zu einem Weiterbeschäftigungsanspruch des Arbeitnehmers mit unveränderten Arbeitsbedingungen während des Kündigungsschutzprozesses und nach Ablauf der Kündigungsfrist gemäß § 102 Abs. 5 BetrVG[839].

835 Ein Widerspruch des Betriebsrates ist bei einer Weiterbeschäftigungsmöglichkeit entgegen dem Gesetzeswortlaut nicht erforderlich, vgl. Linck, Arbeitsrechts-Handbuch, S. 1571, 1574 f. Siehe Preis, Arbeitsrecht, S. 737 ff., Berkowsky, Münchener Handbuch zum Arbeitsrecht, S. 1813 ff.

836 Vgl. § 1 Abs. 2 S. 1 KSchG, Berkowsky, Münchener Handbuch zum Arbeitsrecht, S. 1812.

837 Vgl. u. a. Berkowsky, Münchener Handbuch zum Arbeitsrecht, der zwischen absoluten und relativen Unwirksamkeitsgründen unterscheidet, S. 1814, 1816.

838 Berkowsky, Münchener Handbuch zum Arbeitsrecht, S. 1814.

839 Vgl. § 124 BetrVG, Linck, Arbeitsrechts-Handbuch, S. 1573, Preis, Arbeitsrecht, S. 749 f., Berkowsky, Münchener Handbuch zum Arbeitsrecht, S. 2075 ff.

bb. Der Kündigungsschutz außerhalb des KSchG

Liegen die Voraussetzungen der Anwendung des KSchG nicht vor, weil der Arbeitnehmer noch keine sechs Monate beschäftigt wurde oder der Arbeitgeber nicht mehr als zehn Arbeitnehmer in demselben Betrieb beschäftigt, finden die gesetzlichen Beschränkungen des Arbeitgeberkündigungsrechts nach dem KSchG keine Anwendung[840]. Es gelten lediglich die Beschränkungen der Privatautonomie des BGB. Eine wesentliche Rolle spielen dabei die §§ 134, 138, 242 BGB und das Allgemeine Gleichbehandlungsgesetz („AGG")[841]. Allerdings gesteht das BVerfG in Abkehr der früheren arbeitsgerichtlichen Rechtsprechung dem Arbeitnehmer aufgrund Art. 12 Abs. 1 GG einen Mindestkündigungsschutz zu. Demnach darf die Kündigung jedenfalls nicht nach Art. 3 Abs. 3 GG diskriminierend, willkürlich oder auf sachfremde Gründe gestützt sein. Genauso ist widersprüchliches Verhalten verboten, der Kündigungsgrund kann verwirkt sein und Form oder Zeitpunkt der Kündigung können als treuwidrig erachtet werden[842].

Bei einer Auswahl unter mehreren Arbeitnehmern ist zudem wegen Art. 12 Abs. 1 GG i. V. m. dem Sozialstaatsprinzip eine soziale Rücksichtnahme erforderlich und ein durch langjährige Mitarbeit erdientes Vertrauen in den Fortbestand des Arbeitsverhältnisses muss berücksichtigt werden. Die Maßstäbe der Sozialwidrigkeit des KSchG sind aber aufgrund der gesetzgeberischen Wertung nicht heranzuziehen[843]. Es soll vielmehr nach dem BAG eine Evidenzkontrolle erfolgen, d. h. die Kündigung ist rechtswidrig, wenn der Gekündigte offensichtlich sozial schutzwürdiger ist, als vergleichbare andere Arbeitnehmer, wobei auch deren Vergleichbarkeit offensichtlich sein muss[844]. Unter Umständen muss nach einer anderweitigen Einsatzmöglichkeit gesucht werden[845]. Gegebenenfalls kann ein einzelvertraglich oder tariflich ausgehandelter Kündigungsschutz bestehen[846]. Zudem darf eine Kündigung keine unerlaubte Benachteiligung im

840 Vgl. §§ 1 Abs. 1, 23 Abs. 1 KSchG.

841 Vgl. Linck, Arbeitsrechts-Handbuch, S. 1555 ff., Preis, Arbeitsrecht, S. 698 ff., 707 ff., 710 ff., Rolf Wank, in: Richardi, Reinhard/Wlotzke, Otfried/Wißmann, Hellmut/Oetker, Hartmut (Hrsg.), Münchener Handbuch zum Arbeitsrecht Band 1, 3. Auflage, München, 2009, hier: S. 1543, Däubler, Das Arbeitsrecht 2, S. 563.

842 Vgl. Däubler, Das Arbeitsrecht 2, S. 560 f.

843 BVerfG NZA 1998, 470; NZA 2006, 913. Vgl. Linck, Arbeitsrechts-Handbuch, S. 1555, Preis, Arbeitsrecht, S. 710 f., Wank, Münchener Handbuch zum Arbeitsrecht, S. 1551 f., 1645 ff.

844 BAG DB 2001, 1677; DB 2003, 1393.

845 Vgl. BAG NZA 2007, 1049, 1053.

846 Vgl. Linck, Arbeitsrechts-Handbuch, S. 1561 f., Preis, Arbeitsrecht, S. 714 ff., Wank, Münchener Handbuch zum Arbeitsrecht, S. 1565., 1662 ff. – der auch die Problematik von Kündi-

Sinne von § 612a BGB darstellen, etwa weil der Arbeitnehmer von seinen Rechten Gebrauch gemacht hat[847].

e. Das Verhältnis der Auflösung zur Unwirksamkeit im Sinne von § 26 Abs. 1 AVG

aa. Chinesisches Recht

Voraussetzung für die Auflösung eines Vertrages ist, dass überhaupt ein wirksamer Vertrag vorliegt, der aufgelöst werden kann[848]. Zudem gilt, dass der Vertrag bei Unwirksamkeit ex tunc endet, weshalb sich der Arbeitnehmer für seinen Lohnanspruch bei bereits geleisteter Arbeit auf § 28 AVG berufen muss, bei der Auflösung endet er ex nunc, so dass bis zur Auflösung ein vertraglicher Lohnanspruch besteht. Dabei handelt es sich eigentlich um eine Selbstverständlichkeit, die bis zum Inkrafttreten des AVG auch im chinesischen Arbeitsrecht galt[849]. Das AVG enthält nun zwei Normen, die ein anderes Verständnis nahe legen:

§ 38
Wenn beim Arbeitgeber einer der folgenden Umstände vorliegt, kann der Arbeitnehmer den Arbeitsvertrag auflösen:
...
5. wenn der Arbeitsvertrag nach § 26 Abs. 1 unwirksam ist,
...
und

§ 39
Wenn beim Arbeitnehmer einer der folgenden Umstände vorliegt, kann der Arbeitgeber den Arbeitsvertrag auflösen:
...
5. wenn der Arbeitsvertrag nach § 26 Abs. 1 Nr. 1 unwirksam ist,
...

Die §§ 38, 39 AVG erfassen die Gründe für eine außerordentliche Auflösung des Arbeitsvertrages. Das außerordentliche Auflösungsrecht des Arbeitnehmers umfasst alle Unwirksamkeitsgründe des § 26 Abs. 1 AVG, während sich das des Arbeitgebers lediglich auf das Vorliegen von Täuschung, Gewalt, Drohung und

---

gungsschutzregelungen in Betriebsvereinbarungen diskutiert, wobei insbesondere § 95 Abs. 1 BetrVG zu beachten ist, vgl. S. 1664 ff.

847 Vgl. Däubler, Das Arbeitsrecht 2, S. 561 ff.

848 Vgl. Gerichtsentscheidung bei Dong/Dong, Case Analysis, S. 416, und GtZ/MoLSS, Commentaries, S. 487.

849 Der Arbeitsvertrag war mit Wirkung ex tunc unwirksam und es wurde vertreten, dass ein faktisches Arbeitsverhältnis entstanden war, vgl. Dong Baohua, Case Analysis, S. 416 f.

Ausnutzung einer Notlage zur Herbeiführung des Vertragsschlusses im Sinne des § 26 Abs. 1 Nr. 1 AVG stützen lässt. Der Grund dürfte darin zu sehen sein, dass der Unwirksamkeitsgrund des § 26 Abs. 1 Nr. 2 AVG immer in der Verantwortungssphäre des Arbeitgebers liegt, während dies bei § 26 Abs. 1 Nr. 3 AVG zumindest regelmäßig der Fall ist, da der Arbeitgeber die größere rechtliche Kompetenz besitzt und den Arbeitsvertrag vorgibt. Für Fehler in seinem Verantwortungsbereich soll ihm nun nicht noch ein außerordentliches Auflösungsrecht an die Hand gegeben werden.

Die Vermengung von Auflösungs- und Unwirksamkeitsgründen führt zu einer rechtsdogmatischen Verwirrung zweier Begriffe, die sich normalerweise gegenseitig ausschließen. Bei einer vollständigen Unwirksamkeit des Arbeitsvertrages fügen sich die Vorschriften nicht in die Rechtsdogmatik des Gesetzes ein. Das sieht auch Professor Wang Quan Xing so, der davon ausgeht, dass es für jede Auflösung einen wirksamen Arbeitsvertrag bedarf. Dementsprechend nimmt er an, dass in den Fällen einer Überschneidung von Unwirksamkeits- und Kündigungsgründen der Arbeitsvertrag tatsächlich nicht unwirksam ist, sein Inhalt jedoch geändert werden muss, um einen rechtmäßigen Zustand herzustellen[850].

Daneben hätte der Gesetzgeber aber auch das aus dem Vertragsgesetz bekannte Mittel des Widerrufsrechtes wählen können, um die betroffene Partei selbst über die Fortführung des Vertrages bei Vorliegen eines Nichtigkeitsgrundes entscheiden zu lassen. Mit den §§ 19, 20 des 1. Entwurfes zum AVG hatte der Gesetzgeber auch durchaus an die Einführung eines Widerrufsrechtes gedacht. Hinzu kommt, dass die Auflösung des Vertrages nach den §§ 38 Nr. 5, 39 Nr. 5 AVG die Unwirksamkeit des Arbeitsvertrages voraussetzt. Deshalb kann man nicht davon ausgehen, dass den Parteien die Entscheidung über die Beendigung des Vertrages überlassen werden soll.

Den einzigen Nutzen den das Auflösungsrecht grundsätzlich gegenüber der Vertragsunwirksamkeit mit sich bringt, ist der Anspruch auf wirtschaftlichen Ausgleich nach § 46 AVG. Diesen Vorteil genießt zumindest der Arbeitgeber nicht. Auch wäre es einfacher und dogmatisch schlüssiger gewesen, § 46 AVG unmittelbar um die Tatbestände des § 26 Abs. 1 Nr. 1–3 AVG zu erweitern, anstatt den Umweg über § 38 AVG zu gehen. Neben dem Wortlaut gibt es somit kein Argument für ein Recht der Parteien zur Auflösung eines unwirksamen Arbeitsvertrages.

Die Rechtsdogmatik spricht vielmehr dafür, dass das Auflösungsrecht nur bei teilweiser Unwirksamkeit bestehen soll. Ein Auflösungsrecht bei teilweiser Unwirksamkeit bedeutet im Gegensatz zu dem bei vollständiger Unwirksamkeit keine Durchbrechung der Differenzierung von Unwirksamkeit und Auflösung,

850 So Professor Wang Quan Xing im Interview.

da der wirksame Teil des Arbeitsvertrages noch aufgelöst werden kann. Dieses Verständnis ist auch interessengerecht, da die betroffene Partei beispielsweise bei Ausübung von Drohung, Gewalt, Täuschung und Ausnutzung einer Notlage regelmäßig kein Interesse mehr an der Aufrechterhaltung des Arbeitsverhältnisses hat. Die Entscheidung darüber bleibt aber ihrer Privatautonomie überlassen, sie muss selbst das Für und Wider der Auflösung für sich abwägen.

Der Wortlaut des Arbeitsvertragsgesetzes spricht von der Unwirksamkeit des Arbeitsvertrages nach § 26 Abs. 1 bzw. § 26 Abs. 1 Nr. 1. Die fehlende Differenzierung nach Unwirksamkeit und teilweiser Unwirksamkeit lässt offen, was genau gemeint ist. Die §§ 18, 19 Ausfhrg.best. AVG machen das Auflösungsrecht der Parteien nicht wie die §§ 38, 39 AVG von der Unwirksamkeit des Vertrages sondern vom Vorliegen der Tatbestände des § 26 AVG abhängig. Dies spricht jedenfalls für ein Verständnis, wonach auch die teilweise Unwirksamkeit des Vertrages zur Auflösung berechtigt. Wegen des undifferenzierten Wortlauts der §§ 38, 39 AVG ist die Rechtslage aber noch offen. Vertreten wird deshalb, dass das Unwirksamkeitsfeststellungsverfahren und die sofortige Vertragsauflösung nunmehr nebeneinander stehen[851].

bb. Deutsches Recht

Eine derartige Auslegung ist dem deutschen Recht völlig fremd. Die Kündigung ist eine einseitige empfangsbedürftige Willenserklärung, die sich rechtsgestaltend auf ein Rechtsverhältnis auswirkt, indem sie dessen Beendigung herbeiführt. Voraussetzung ist jedoch, dass überhaupt ein Rechtsverhältnis vorliegt, das beendet werden kann. Die Nichtigkeit kraft Gesetzes oder infolge einer Anfechtungserklärung führt jedoch zur ex tunc bzw. im Arbeitsrecht ex nunc wirkenden Unwirksamkeit des Rechtsgeschäftes. Auf ein unwirksames Rechtsgeschäft kann die Kündigung nicht mehr rechtsgestaltend einwirken. Das ist ein Verständnis, dem wie gezeigt auch das chinesische Recht bis zum Inkrafttreten des Arbeitsvertragsgesetzes gefolgt ist. Folgte man dieser Ansicht, würde sich die rechtliche Bedeutung der Auflösung im chinesischen Arbeitsrecht für die genannten Fälle grundlegend verändern. Da der Arbeitsvertrag bereits kraft Gesetzes unwirksam ist, kann diese Wirkung nicht mehr durch die Auflösung herbeigeführt werden. Die Auflösungserklärung ist dann reine Tatbestandsvoraussetzung für den Anspruch des Arbeitnehmers auf wirtschaftlichen Ausgleich nach § 46 Nr. 1 AVG. Dieses Ziel hätte man ebenfalls durch einen entsprechenden Verweis in

851 Vgl. Dong Runqing, Case Analysis, S. 418. Auch Lauffs, Employment Law, S. 189, ist der Ansicht, dass sich die Vorschrift auf die (vollständige) Unwirksamkeit des Arbeitsvertrages bezieht.

§ 46 AVG auf § 26 AVG erreichen können. Für den Arbeitgeber hätte die Auflösung dagegen keinen erkennbaren Nutzen und keine rechtliche Bedeutung.

f. Voraussetzungen einer wirksamen Auflösungsvereinbarung

Die Parteien sind nach § 36 AVG berechtigt, die Auflösung des Arbeitsvertrags auszuhandeln. Diese Möglichkeit war erstmalig in § 24 AG vorhanden, die Arbeitsvertragsbestimmungen 1986 sahen neben den abschließend geregelten Auflösungsgründen noch keine einvernehmliche Vereinbarung der Parteien über die Auflösung vor[852]. Es bestehen keine besonderen formellen oder materiellen Anforderungen an die einverständliche Auflösungsvereinbarung[853]. Zu beachten ist der Anspruch des Arbeitnehmers auf wirtschaftlichen Ausgleich nach § 46 Abs. 2 AVG, wenn die Initiative zur Vertragsauflösung vom Arbeitgeber ausgeht.

g. Voraussetzungen an eine wirksame einseitige Arbeitsvertragsauflösung

Die Vertragsauflösung unterliegt im chinesischen Arbeitsrecht bestimmten gesetzlichen Beschränkungen durch gesetzliche Auflösungsfristen und Auflösungsgründe.

aa. Die Arbeitnehmerauflösung

Es ist zwischen der ordentlichen und außerordentlichen Auflösung des Arbeitsvertrages durch den Arbeitnehmer zu unterscheiden.

aaa. Die ordentliche Arbeitnehmerauflösung

aaaa. Einleitung

Unter Einhaltung einer Mitteilungsfrist von dreißig Tagen kann der Arbeitsvertrag vom Arbeitnehmer gemäß § 37 AVG ohne Vorliegen eines bestimmten Grundes aufgelöst werden. Der Praxis, eine Arbeitnehmerauflösung durch Einbehaltung eines Teils des Lohns, Personalausweises oder anderer Gegenstände des Arbeitnehmers, Vertragsstrafenregelungen bzw. Zahlung einer Kaution, die bei Auflösung durch den Arbeitnehmer nicht zurückgezahlt wird, zu erschwe-

852 Vgl. zu den Versuchen, entgegen dem Wortlaut dennoch ein Auflösungsgesuch des Arbeiters zuzulassen, Wolff, Arbeitsvertrag, S. 107.

853 Vgl. Chen, People's Republic of China, S. 82.

ren[854], ist der Gesetzgeber entgegen getreten. Vertragsstrafen für vorzeitige Vertragsauflösungen sind nur in den Fällen der §§ 22, 23 AVG zulässig[855]. Anderslautende Vereinbarungen sind gemäß § 26 Nr. 3 AVG unwirksam. Die unverzügliche und vollständige Lohnzahlung und deren beschleunigte Durchsetzung[856] werden explizit in § 30 AVG angesprochen. Der Einbehalt bzw. die Nichtherausgabe persönlicher Dinge des Arbeitnehmers durch den Arbeitgeber ist in § 84 Abs. 1 und 3 AVG geregelt und die Kautionspraxis ist durch § 84 Abs. 2 AVG untersagt.

bbbb. Beschränkung des Auflösungsrechts

aaaaa. Vereinbarung einer Dienstdauer

Die ordentliche Arbeitnehmerauflösung darf nur durch die Vereinbarung einer bestimmten Dienstdauer (服务期) im Sinne von § 22 AVG beschränkt werden[857]. Trägt der Arbeitgeber Schulungskosten für den Arbeitnehmer, können die Parteien die Dauer der Dienste des Arbeitnehmers vereinbaren. Verstößt der Arbeitnehmer gegen diese Vereinbarung, indem er den Arbeitsvertrag vor Ablauf der vereinbarten Dauer auflöst, hat er dem Arbeitgeber eine Vertragsstrafe zu zahlen. Vertreten wird, dass sich der Arbeitnehmer rechtlich durch die Vereinbarung zur Erfüllung des Arbeitsvertrages bis zum Ende der festgelegten Dienstdauer verpflichtet[858]. Noch weitergehend wird formuliert, dass das Auflösungsrecht während der vereinbarten Dienstdauer ausgeschlossen ist[859].

Tatsächlich ist das Auflösungsrecht des Arbeitnehmers aber nur insofern eingeschränkt, als der Arbeitnehmer wegen der mit einer vorzeitigen Auflösung verbundenen Zahlung einer Vertragsstrafe wirtschaftlich in seiner Entscheidungsfreiheit beschränkt wird[860]. Der Arbeitgeber kann die Auflösung des Arbeitsvertrages rechtlich nicht verhindern. Zwar sind die Arbeitsvertragspar-

854 Vgl. auch Waas/Wu, Arbeitsvertragsgesetz, S. 239. Zur Praxis der Schiedskommissionen, den Versuchen von Arbeitgebern zur Beschränkung der Arbeitsfreiheit der Arbeitnehmer entgegenzutreten, vgl. Oakley, Labor Relations, S. 152 f., 181.

855 Vgl. § 25 AVG.

856 Zur eingeschränkten Bedeutung dieses Zahlungsbefehls vgl. Nils Seibert, Die außergerichtliche Beilegung individual-arbeitsrechtlicher Streitigkeiten in China – ein Überblick –, in: ZIAS (2008), Ausgabe 4, S. 310–337.

857 Dong Runqing, Case Analysis, S. 656 f., spricht vom System des beschränkten Ausscheidens.

858 So z. B. Dong Runqing der davon spricht, dass der Arbeitnehmer verpflichtet (必须-bixu) ist, entsprechend der Vereinbarung über die Dienstdauer zu erfüllen. In der englischen Übersetzung heißt es „should", was den rechtlichen Kern der chinesischsprachigen Aussage nicht exakt trifft, Dong Runqing, Case Analysis, S. 657.

859 Vgl. Münzel, Chinas Recht, Anm. 9 zum Arbeitsvertragsgesetz.

860 Vgl. Zhou, Arbeitsvertragsgesetz, S. 233, Darimont, Verabschiedung Arbeitsvertragsgesetz, S. 109, Lauffs, Employment Law, S. 69, und Ligorner/Debiak, Navigating, S. 27.

teien verpflichtet, die arbeitsvertraglich vereinbarten Pflichten zu erfüllen, wozu auch die Erfüllung des Arbeitsvertrages für die gesamte vereinbarte Dienstdauer gehört[861]. Allerdings spricht die Regelung im Gesetz hinsichtlich der Vertragsstrafe bei Verletzung der Vereinbarung über die Dauer der Dienste des Arbeitnehmer[862] dafür, dass der Gesetzgeber dem Arbeitgeber lediglich eine Kompensation für seine finanziellen Ausgaben schaffen, den Arbeitnehmer jedoch nicht grundsätzlich an einem Wechsel des Arbeitgebers hindern wollte.

Das gilt umso mehr, als das AVG in § 48 nur dem Arbeitnehmer das Recht gibt, bei einer rechtswidrigen Vertragsbeendigung durch den Arbeitgeber die Weitererfüllung des Arbeitsvertrages zu verlangen. Dementsprechend wird man davon ausgehen müssen, dass die Vereinbarung über die Dienstdauer im Vertrag keine einklagbare vertragliche Pflicht für den Arbeitnehmer begründet. Sie erschwert ihm die Auflösung und verschafft dem Arbeitgeber im Falle der Auflösung einen finanziellen Ausgleich für finanzielle Aufwendungen wegen der beruflichen Fortbildung des Arbeitnehmers.

Nach § 26 Ausführungsbestimmungen zum AVG verstößt der Arbeitnehmer nicht gegen die Vereinbarung über die vereinbarte Dienstdauer, wenn er den Arbeitsvertrag gemäß § 38 AVG auflöst und er muss in diesen Fällen auch keine Vertragsstrafe an den Arbeitgeber zahlen. Andererseits muss der Arbeitnehmer auch dann die nach § 22 AVG vereinbarte Vertragsstrafe für den Verstoß gegen die Vereinbarung über eine bestimmte Dienstdauer zahlen, wenn der Arbeitgeber den Arbeitsvertrag gemäß § 39 Nr. 2–6 AVG auflöst.

bbbbb. Vereinbarung eines befristeten Arbeitsvertrages

Das Auflösungsrecht des Arbeitnehmers wird genauso wenig wie das des Arbeitgebers durch die Vereinbarung einer zeitlich befristeten oder zweckbefristeten Arbeitsvertrages im Sinnes der §§ 12, 13, 15 AVG beschränkt. Die §§ 18, 19 der Ausführungsbestimmungen zum AVG stellen ausdrücklich klar, dass Arbeitgeber und Arbeitnehmer den unbefristeten, zeitlich befristeten und zweckbefristeten Arbeitsvertrag gemäß den im AVG statuierten Vorschriften[863] sowohl einvernehmlich als auch einseitig beenden dürfen. Die Regelung in § 32 des 1. Entwurfes zum AVG, die sich für die ordentliche Kündigung ausschließlich auf unbefristete Arbeitsverträge bezog, wurde nicht übernommen. Genauso wenig unterscheidet die Pflicht zur Zahlung eines wirtschaftlichen Ausgleichs nach § 46

861 Vgl. auch § 17 Ausführungsbestimmungen zum AVG, zur Weitererfüllung des Arbeitsvertrages aufgrund der vereinbarten Dienstdauer, wenn der Arbeitsvertrag eigentlich bereits wegen Befristungsende nach § 44 Nr. 1 AVG beendet wäre.

862 Vgl. § 22 Abs. 2 AVG.

863 Vgl. §§ 36–41 AVG.

AVG danach, ob eine Auflösung vor Ablauf der Befristung des Arbeitsvertrages oder während eines unbefristeten Arbeitsvertrages ausgesprochen wurde. Die Vertragsbefristung hat demnach nur zur Folge, dass der Arbeitsvertrag zu einem bestimmten Zeitpunkt automatisch endet.

cccc. Deutsches Recht

Entsprechend § 37 AVG bedarf der Arbeitnehmer auch nach deutschem Recht keines bestimmten Grundes, um das Arbeitsverhältnis einseitig zu beenden. Er ist lediglich an die gesetzlichen[864], einzel- oder tarifvertraglichen Kündigungsfristen gebunden. In der Regel ist im Arbeitsvertrag ein Gleichlauf von Arbeitnehmer- und Arbeitgeberkündigungsfristen geregelt, da die Fristen für den Arbeitgeber mit der Dauer der Betriebszugehörigkeit länger werden[865]. Auch nach deutschem Recht kann der Arbeitnehmer vertraglich für eine bestimmte Zeit an den Arbeitgeber gebunden werden. Dies kann einerseits durch die Vereinbarung längerer Kündigungsfristen geschehen[866] und andererseits durch befristete Arbeitsverträge, sofern das Recht zur ordentlichen Kündigung nicht ausdrücklich vorbehalten ist[867]. Das stellt einen Unterschied zum chinesischen Recht dar. Wegen des beidseitig zwingenden Charakters der Auflösungsnormen darf das ordentliche Auflösungsrecht des Arbeitnehmers gemäß § 26 Abs. 1 Nr. 2 AVG nicht rechtswirksam ausgeschlossen werden. Die außerordentliche Kündigung kann nicht rechtswirksam ausgeschlossen oder beschränkt werden. Die zeitliche Höchstgrenze für Vertragsbefristungen liegt gemäß § 624 BGB bei fünf Jahren. Verstößt der Arbeitnehmer gegen seine Vertragsbindung, bleiben dem Arbeitgeber in der Praxis meist allerdings auch nur Schadensersatzansprüche. In Deutschland ist die arbeitsvertragliche Vereinbarung von Rückzahlungsklauseln für Qualifizierungsmaßnahmen oder Sonderzahlungen nicht unüblich. Auch hierdurch wird faktisch das Kündigungsrecht des Arbeitnehmers beschränkt. Aus dem Grund unterliegen diese Klauseln zahlreichen rechtlichen Einschränkungen.

bbb. Die außerordentliche Arbeitnehmerauflösung

Der Arbeitnehmer kann den Arbeitsvertrag auch ohne Einhaltung einer Ankündigungsfrist nach § 38 AVG auflösen, wenn

---

864 § 622 Abs. 1 BGB.

865 Vgl. § 622 Abs. 2 BGB.

866 Die vertragliche Vereinbarung einer längeren Kündigungsfrist für den Arbeitnehmer als für den Arbeitgeber ist allerdings nach § 622 Abs. 6 BGB unwirksam.

867 Vgl. § 15 Abs. 3 TzBfG.

(1) er nicht vertragsgemäß Arbeitsschutz und Arbeitsbedingungen erhält,
(2) sein Arbeitsentgelt nicht unverzüglich[868] und vollständig bezahlt wird,
(3) keine Sozialversicherungsbeiträge für ihn abgeführt werden,
(4) die Arbeitsregeln nach § 4 AVG rechtswidrig sind und die rechtlichen Interessen des Arbeitnehmers verletzen,
(5) einer der Gründe des § 26 Abs. 1 AVG vorliegt[869],
(6) andere, gesetzlich normierte Fälle vorliegen,
(7) er vom Arbeitgeber mit Gewalt, Drohung oder rechtswidriger Freiheitsbeschränkung zur Arbeit gezwungen wird[870] oder
(8) der Arbeitgeber mit regelwidrigen (违章) Anweisungen oder Befehlen zu gefährlicher Tätigkeit die persönliche Sicherheit des Arbeitnehmers gefährdet.

Abgesehen von einer in den letzten beiden Fällen drohenden verwaltungs- und strafrechtlichen Verfolgung, haftet der Arbeitgeber dem Arbeitnehmer auch auf Schadensersatz nach § 88 Nr. 1 und 2 AVG und er muss einen wirtschaftlichen Ausgleich nach § 46 Nr. 1 AVG an den Arbeitnehmer zahlen.

§ 38 AVG gibt dem Arbeitnehmer ein außerordentliches Vertragsauflösungsrecht bei Vorliegen genau bestimmter Sachverhalte. Die statuierten Auflösungstatbestände spiegeln die typischen Probleme wider, mit denen sich chinesische Arbeitnehmer im Berufsalltag konfrontiert sehen. Über die Fälle des § 38 Abs. 1 Nr. 1–5, 2 AVG hinaus besteht nach § 38 Abs. 1 Nr. 6 AVG nur dann ein außerordentliches Auflösungsrecht, wenn dies in anderen Gesetzen oder Rechtsnormen normiert wurde. Damit haben die Gerichte keine Möglichkeit, das außerordentliche Auflösungsrecht flexibel an weitere, dem Gesetzgeber möglicherweise im Zeitpunkt der Verabschiedung des Arbeitsvertragsgesetzes noch nicht bekannte Sachverhalte anzupassen, wie dies durch die Generalklausel des § 626 BGB gewährleistet ist. Es bleibt alleine dem Gesetzgeber überlassen, Tatbestände zu kreieren, die ihrer Schwere nach den Arbeitnehmer zur fristlosen Beendigung des Arbeitsverhältnisses berechtigen sollen.

Der Wortlaut der einzelnen Auflösungstatbestände des § 38 AVG lässt den Gerichten nicht einmal Spielraum für eine Verhältnismäßigkeitsprüfung mit Abwägung objektiver und subjektiver Umstände. Selbst bei nur geringfügigen oder nicht vom Arbeitgeber verschuldeten Verstößen sind die Tatbestände dem

868 Vgl. § 30 AVG.
869 Vgl. § 18 Ausführungsbestimmungen zum AVG. Siehe auch obige Ausführungen zur Abgrenzung zwischen Unwirksamkeit und Auflösung.
870 Dies ist von § 26 Abs. 1 Nr. 1 AVG abzugrenzen, bei der diese Mittel zum Abschluss oder der Änderung des Vertrages anwendet werden. § 38 Abs. 2 AVG meint somit die Sachverhalte, in denen ein wirksam geschlossener Arbeitsvertrag vorliegt, innerhalb dessen Erfüllung es dann zu den genannten Zwangsmaßnahmen durch den Arbeitgeber kommt.

Wortlaut nach erfüllt. Eine andere Auslegung würde den Arbeitnehmern das Schadensersatzrisiko für eine fehlerhafte rechtliche Wertung des Sachverhaltes auferlegen, was nicht im Sinne einer Arbeitnehmerschutzvorschrift wie dem § 38 AVG ist[871]. Dennoch berücksichtigen Gerichte unter Berufung auf den Treu und Glauben Grundsatz teilweise auch subjektive Gesichtspunkte, beispielsweise ob der Arbeitgeber bösgläubig eine zu geringe Gehaltszahlung veranlasst hat[872]. Auch lokale Vorschriften, wie beispielsweise § 9 der „Ansichten des Oberen Volksgerichts Shanghai zur Anwendung des Arbeitsvertragsgesetzes" berücksichtigen teilweise die Interessenlage des Arbeitgebers. So gibt ein Verzug bei der Zahlung von Gehalt oder Sozialversicherungsbeiträgen oder die unvollständige Leistung derselben Zahlungen nach dem Oberen Volksgericht Shanghai dem Arbeitnehmer kein Recht zur außerordentlichen Auflösung des Vertrages, wenn der Arbeitgeber im guten Glauben gehandelt hat, beispielsweise weil die Berechnungsgrundlage unklar war oder objektive Faktoren streitig waren.

§ 38 AVG spiegelt zugleich die Intention des Gesetzgebers wider, dem Arbeitnehmer nicht nur im Einzelfall zu einer fallgerechten Lösung aus seinem Arbeitsverhältnis zu verhelfen, sondern gegen diese rechtswidrigen Praktiken insgesamt vorzugehen. Der sich darin äußernde generelle Sanktionscharakter und die erzielte abschreckende Wirkung sind typisch für das chinesische Arbeitsrecht. Deutlich wird die weniger am Individuum als am Gemeinwohlinteresse interessierte Rechtsgestaltung.

bb. Die Arbeitgeberauflösung

Auch im Rahmen der Auflösung des Arbeitsvertrages durch den Arbeitgeber trennt das Gesetz zwischen der ordentlichen und der außerordentlichen Vertragsauflösung.

---

871 Die außerordentlichen Auflösungsgründe können aber durch regionale Vorschriften konkretisiert werden. In den „Anleitende Ansichten des Guangdonger Oberen Volksgerichts und des Guangdonger Arbeitsschiedsgerichtskomitee zur Anwendung des Arbeitsvertragsgesetzes so wie des Gesetzes über die Schlichtung und Schiedsgerichte in Arbeitsstreitigkeiten in der Guangdong Provinz" ist in § 24 Abs. 2 beispielsweise klargestellt, dass die nicht vollständige oder verzögerte Zahlung von Sozialversicherungsbeiträgen kein außerordentliches Auflösungsrecht begründet.

872 In einem Fall hatte ein Unternehmen eine falsche Grundlage für die Berechnung des Gehaltes zu Grunde gelegt, den Fehler aber noch vor Ausspruch der Auflösungserklärung durch den Arbeitnehmer durch Nachzahlung behoben. Das Gericht sah es deshalb als erwiesen an, dass der Arbeitgeber nicht vorsätzlich gegen das Arbeitsrecht verstoßen hatte, vgl. Baker & McKenzie, Constructive Dismissal Claim for Incorrect Calculation of Overtime Wages is Rejected, in: China Employment Law Update (2010), Ausgabe Juni, S. 6 [http://www.bakermckenzie.com/NLChinaEmploymentLawUpdateJun10/], 7. April 2012.

aaa. Die außerordentliche Arbeitgeberauflösung

Die außerordentliche Vertragsauflösung durch den Arbeitgeber führt zu einer sofortigen Beendigung des Arbeitsvertrages. Die außerordentlichen Auflösungsgründe sind abschließend in § 39 AVG geregelt.

aaaa. Arbeitgeberauflösung gemäß § 39 Nr. 1 AVG

aaaaa. Chinesisches Recht

Weist der Arbeitgeber dem Arbeitnehmer während der Probezeit nach, dass er nicht den Einstellungsvoraussetzungen entspricht, kann er den Vertrag außerordentlich auflösen. Die Vereinbarung der Dauer einer Probezeit unterliegt den Beschränkungen der §§ 19, 83 AVG.

Das Nichtentsprechen der Einstellungsvoraussetzungen muss dem Arbeitnehmer ausdrücklich nachgewiesen werden, das heißt der Arbeitgeber trägt die volle Beweislast dafür. Die Einstellungsvoraussetzungen können sich beispielsweise aus einer Tätigkeitsbeschreibung im Sinne von § 11 Abs. 2 der „Bestimmungen über Arbeitsvermittlung und Beschäftigungsverwaltung" ergeben, die vom Arbeitgeber der Arbeitsvermittlungsagentur vorgelegt werden soll[873].

Bei der Frage, ob ein behinderter Arbeitnehmer den Einstellungsvoraussetzungen entspricht oder nicht, wird beispielsweise auf die Schwere seiner Behinderung und deren Auswirkung auf die Fähigkeit zur Erfüllung der Arbeitspflichten abgestellt[874].

In § 22 des 2. Entwurfes und § 21 des 3. Entwurfes zum AVG hatte der Gesetzgeber noch mit dem Gedanken gespielt, das Auflösungsrecht des Arbeitgebers während der Probezeit des Arbeitnehmers alleine auf den Fall zu beschränken, dass der Arbeitnehmer nicht den Einstellungsvoraussetzungen entspricht. In diesem Fall sollte der Arbeitgeber dem Arbeitnehmer auch den Grund für die Auflösung erläutern. Diese Beschränkung ging allerdings zu weit, weshalb der Gedanke fallengelassen wurde. Nach § 21 AVG darf der Arbeitsvertrag des Arbeitnehmer während der Probezeit nunmehr gemäß den §§ 39, 40 Nr. 1 u. 2 AVG vom Arbeitgeber aufgelöst werden[875]. Nicht darunter fallen infolgedessen alle Auflösungen aufgrund einer Änderung der bei Vertragsschluss zu Grunde liegenden objektiven (wirtschaftlichen) Umstände nach den §§ 40 Nr. 3, 41 AVG.

873 Siehe auch Lauffs, Employment Law, S. 185, und Lauffs, Employment Manual S. 331.

874 Vgl. die Fallschilderung bei Lauffs, Employment Law, S. 185.

875 Vgl. im Einzelnen: Lauffs, Employment Law, S. 68f., und Li Jing, Labor Contract Law, S. 1120.

Das bedeutet letztendlich, dass der Arbeitnehmer während der Probezeit vor betriebsbedingten Auflösungen geschützt ist.

Probezeitvereinbarungen erweisen sich für den Arbeitgeber somit als zweischneidiges Schwert. Auf der einen Seite kann er die Probezeit dafür nutzen herauszufinden, ob der Arbeitnehmer die Einstellungsvoraussetzungen erfüllt. Er kann den Vertrag in dieser Zeit insbesondere dann auflösen, wenn sich herausstellt, dass die Arbeitsleistung nicht den Anforderungen des Arbeitsplatzes dient. Um dies zu eruieren, liegt eine möglichst lange Probezeit im Interesse des Arbeitgebers. Auf der anderen Seite muss er für die maximal zulässige Probezeit von sechs Monaten damit rechnen, dass er bei betriebsbedingten Entlassungen ausschließlich Arbeitsverträge mit Arbeitnehmer auflösen darf, die aufgrund der längeren Betriebszugehörigkeit besser eingearbeitet und erfahrener und somit produktiver sind. Ob dies allerdings tatsächlich eine so große Hürde ist, wie es auf den ersten Blick scheint, kann dennoch bezweifelt werden. Änderungen der objektiven (wirtschaftlichen) Umstände können zwar auch sehr kurzfristig über die Arbeitsvertragsparteien hereinbrechen, meist kann der Arbeitgeber jedoch für den kurzen Zeitraum von sechs Monaten die Auftragslage vorhersehen und dementsprechend seine Einstellungspolitik steuern.

bbbbb. Rechtsvergleich

Die Kündigungsmöglichkeit während der Probezeit nach § 39 Nr. 1 AVG wegen Nichterfüllens der Einstellungsvoraussetzungen ist selbstverständlich auch nach deutschem Recht möglich. Sie spiegelt gerade den Sinn der Probezeit wider, dem Arbeitgeber die Möglichkeit zu geben, die Fähigkeiten des Arbeitnehmers zu testen und über die Weiterbeschäftigung zu entscheiden. In beiden Rechtsordnungen ist die Probezeit auf maximal sechs Monate begrenzt[876].

Da nach § 1 Abs. 1 KSchG innerhalb der ersten sechs Monate die Kündigungsbeschränkungen des KSchG keine Anwendung auf das Arbeitsverhältnis finden, besteht nur ein Mindestkündigungsschutz für den Arbeitnehmer. Eine ordentliche Kündigung wegen Nichtentsprechens der Einstellungsvoraussetzungen ist deshalb in aller Regel während der Probezeit zulässig. Während der vereinbarten Probezeit gilt eine auf zwei Wochen verkürzte Kündigungsfrist[877]. Für eine fristlose Kündigung muss dagegen ein wichtiger Grund vorliegen, dem der des § 39 Nr. 1 AVG allenfalls in Extremfällen genügen kann. Wurde die Probezeit nicht extra vereinbart, bleiben die tatbestandlichen Vorausset-

876 Für das deutsche Recht vergleiche § 622 Abs. 3 BGB.
877 Vgl. § 622 Abs. 3 BGB.

zungen an die Kündigung gleich, sie unterliegt jedoch einer Kündigungsfrist von vier Wochen[878].

In Bezug auf diesen Kündigungsgrund ist eine Probezeitkündigung nach chinesischem Recht also schneller durchführbar. Grundsätzlich kann man aber sagen, dass die Kündigung des Arbeitsvertrages während der Probezeit nach deutschem Recht leichter möglich ist, als nach chinesischem Recht. Das liegt in erster Linie am bereits angesprochenen Kündigungsschutzniveau innerhalb der ersten sechs Monate des Arbeitsverhältnisses. Wenn man einmal vom Auflösungsgrund des § 39 Nr. 1 AVG absieht, dessen Ursprung im typischen Zweck der Probezeit liegt, ist der Auflösungsschutz während der Probezeit so hoch wie danach. Wegen des Ausschlusses der ordentlichen Kündigung aufgrund erheblicher Veränderung der dem Vertragsschluss zugrunde liegenden objektiven Umstände ist der Schutz sogar größer[879].

bbbb. Arbeitgeberauflösung gemäß § 39 Nr. 2 AVG

aaaaa. Chinesisches Recht

aaaaaa. Einleitung

Wenn der Arbeitnehmer erheblich gegen die Regeln des Arbeitgebers verstößt, darf der Arbeitgeber den Arbeitsvertrag fristlos auflösen. Die fristlose Vertragsauflösung nach § 39 Nr. 2 AVG ist eine teilweise Fortführung von § 25 Nr. 2 AG. Die Norm enthält nicht mehr den Tatbestand des Verstoßes gegen die „Arbeitsdisziplin" (劳动纪律). Letztlich wird damit aber nur mehr Rechtssicherheit geschaffen. Da nämlich die Regeln des Arbeitgebers gemäß § 4 Abs. 2 AVG auch die Arbeitsdisziplin umfassen, bleiben Verstöße hiergegen weiterhin als Auflösungsgrund erhalten. Die Einfassung in den zu veröffentlichenden Arbeitsregeln führt zu einer größeren Transparenz für die Arbeitnehmer. Disziplinverstöße und deren Folgen können besser vorausgesehen werden, weil klargestellt wird, dass Disziplinverstöße nur dann eine Auflösung zur Folge haben können, wenn die Disziplinregeln vorher festgelegt wurden[880].

Die Auflösungsmöglichkeit wegen Disziplinverstößen diente ursprünglich direkt dem Hauptziel der Wirtschaftsreformen, der Verbesserung der wirtschaftlichen Effizienz in den Unternehmen[881]. Bei Wolff heißt es: „Im Sozialismus

878 Vgl. § 622 Abs. 1 BGB.
879 Vgl. § 21 AVG.
880 Vgl. zur ursprünglichen Problematik aufgrund der fehlenden Definition der Arbeitsdisziplin, Lauffs, Employment Law, S. 185.
881 Vgl. Wolff, Arbeitsvertrag, S. 113.

garantiere sie [die Arbeitsdisziplin] hingegen die Regelung der sozialistischen Arbeitsbeziehungen, die Erhöhung der Produktionsquoten und die Entwicklung der sozialistischen Wirtschaft. ... Daraus wird gefolgert, dass die Einhaltung der Arbeitsdisziplin zu einer grundlegenden Pflicht des Arbeiters gemacht werden muss“[882].

Die vor Inkrafttreten des AG geltenden Entlassungsbest. 1986 sahen in § 2 Abs. 1 vor, dass einem Beschäftigten in jedem der folgenden Fälle gekündigt werden darf, sofern Erziehung oder Verwaltungsmaßnahmen keine Abhilfe schaffen konnten: bei

(1) schweren Verletzungen der Arbeitsdisziplin, die sich auf den geregelten Gang der Produktion und Tätigkeit auswirken;
(2) Verstößen gegen Regeln für Arbeitsabläufe, Beschädigung von Anlagen und Werkzeugen, Verschwendung von Rohmaterial und Energie, bei denen ein wirtschaftlicher Schaden herbeigeführt wird;
(3) einer schlechten Haltung bei Dienstleistungen, häufigem Streit mit Kunden, Schädigung der Interessen der Verbraucher;
(4) Nichtbefolgung regelgemäßer Versetzungen;
(5) Korruption, Diebstähle, Glücksspiel und Fehlverhalten zur eigenen Bereicherung, soweit der Tatbestand zur strafrechtlichen Verfolgung nicht hinreicht;
(6) grundloser Anzettelung von Krawallen und Prügeleien, die schwere Auswirkungen auf die gesellschaftliche Ordnung haben;
(7) anderen schwerwiegenden Verstößen.

Artikel 6 Nr. 87 „Ansichten zu einigen Problemen bei der Durchführung des Arbeitsgesetzes“ besagt, dass die Definition des „erheblichen Verstoßes“ den internen Regeln des Arbeitgebers vorbehalten bleibt und es gerade keine national einheitlich geltende Definition gibt. Nach den „Ansichten zu einigen Problemen bei der Durchführung des Arbeitsgesetzes“ soll das Schiedskomitee in Arbeitsstreitigkeiten seine Bewertung der „Erheblichkeit“ des Verstoßes auf die in den vom Arbeitgeber aufgestellten Methoden sich wieder findenden Typisierungen, Skalen und der Schwere des Verstoßes sowie auf andere Umstände stützen[883].

882 Vgl. Wolff, Arbeitsvertrag, S. 111. Zu den praktischen Problemen, die Verstöße gegen die Arbeitsdisziplin in China mit sich brachten, vgl. Wolff, Arbeitsvertrag, S. 111 f.

883 Vgl. GtZ/MoLSS, Commentaries, S. 491. Siehe auch Lauffs, Employment Manual, S. 335.

bbbbbb. Unternehmens- und Rechtsprechungspraxis

In den ersten beiden Entwürfen zum AVG war noch vorgesehen, dass die Arbeitgeberbestimmungen und –regeln die Rechtsfolge der Auflösung nennen sollten[884], im dritten nicht mehr[885]. Diese Einschränkung wurde auch nicht in das AVG übernommen, sondern die Regelung entspricht der des AG, weshalb man davon ausgehen kann, dass sich nichts an der Rechtslage ändern soll.

Um die „Erheblichkeit" des Verstoßes den Arbeitnehmern und Gerichten deutlicher zu machen ist es dennoch sinnvoll, dass die arbeitsvertraglichen Bestimmungen klar bestimmen, welche Konsequenzen eine Missachtung der Regeln für den Arbeitnehmer mit sich bringt. Hilfreich ist dabei ein Maßnahmenpaket, das von Verwarnungen bis zur Auflösung des Vertrags reicht[886]. Beachtet werden muss dabei, dass geringfügige Verstöße keine Vertragsauflösungen rechtfertigen[887]. Auch können einseitig, unter Verstoß gegen § 4 Abs. 2, 3, 4 AVG aufgestellte Arbeitsregeln keine Auflösung rechtfertigen[888].

Nach den „Bestimmungen zur Belohnung und Bestrafung von Arbeitern und Angestellten in Unternehmen" musste einer Kündigung die wiederholte Ermahnung des Arbeitnehmers und dessen Weigerung zur Besserung des Verhaltens vorausgehen. Nach Lauffs fanden diese Prinzipien in der Rechtsprechung unter dem AG weiterhin Anwendung. Er spricht sogar davon, dass die disziplinarische Kündigung die „ultima ratio" sein muss. Als von der Schwere des Verstoßes abhängige Sanktionsmöglichkeiten sieht er die Verwarnung, Protokollierung von Fehlern und schwerwiegenden Verstößen, Herabstufung, Entlassung aus der ausgeübten Position, Stellung auf Bewährung innerhalb des Unternehmens und Entlassung an[889].

Bei Auflösungen wegen Disziplinverstößen wird teilweise berücksichtigt, ob dem Arbeitnehmer ein persönlicher Vorwurf bezüglich der Regelverletzung gemacht werden kann. Eine Vertragsauflösung wegen Nichtteilnahme an einer Unternehmensversammlung wurde beispielsweise als unfair zurückgewiesen.

884 Vgl. § 31 Nr. 2 des 1. Entwurfes, § 39 Nr. 2 des 2. Entwurfes.

885 Vgl. § 39 Nr. 2 des 3. Entwurfes.

886 Vgl. Susanne Rademacher, Kein Buch mit sieben Siegeln >>Employment Handbooks<< gewinnen an Bedeutung, in: China Contact (2007), Heft 11, 36–37.

887 Fan Jianhong meint allerdings auch, dass der Arbeitnehmer im Hinblick auf den strategischen Zweck des Auflösungsgrundes keinen besonderen Schutz genieße, Fan, Rechtsgrundlagen, S. 157.

888 Ähnlich auch Waas/Wu, Arbeitsvertragsgesetz, S. 253. Allgemein zum Thema Lauffs, Employment Law, S. 186.

889 Vgl. Lauffs, Employment Manual, S. 332 f.

Die betroffenen Arbeitnehmer hatten keine Kenntnis von der Versammlung, die zwar in einer lokalen Zeitung aber nicht persönlich mitgeteilt wurde[890].

In einem anderen Fall wurde das wiederholte Internetchatten eines Research & Development Managers während der Arbeitszeit als nicht ausreichend für eine fristlose Vertragsauflösung erachtet, obwohl dies ausdrücklich in den Arbeitsregeln des Arbeitgebers untersagt war. Begründet wurde dies damit, dass kein bedeutender wirtschaftlicher Schaden für den Arbeitgeber nachgewiesen werden konnte[891].

Demgegenüber genügte die Verletzung der geistigen Eigentumsrechte des Arbeitgebers durch arbeitsregelwidrige Produktion und Verkauf gefälschter Waren seitens seines Arbeitnehmers ohne weiteres für eine fristlose Auflösung[892].

Das zweimalige Zuspätkommen eines Arbeitnehmers zur Arbeit in einer Fabrik zur Lebensmittelherstellung rechtfertigte nach dem Gericht keine fristlose Vertragsauflösung. Zu berücksichtigen sei die Anzahl und Natur der Verstöße und ob selbige dem Arbeitgeber einen ausreichenden Schaden zufügen, um als ernsthaft angesehen zu werden. Da die konkrete Tätigkeit nicht zeitsensitiv war, verursachte die Unpünktlichkeit dem Arbeitgeber keinen bedeutsamen Schaden[893].

Das Shanghaier Volksgericht urteilte 2009, dass die Initiierung eines eintätigen Streiks zwecks Lohnerhöhung ohne Beteiligung einer Gewerkschaft[894] nicht ohne weiteres zur Rechtfertigung der fristlosen und entschädigungslosen Auflösung des Arbeitsvertrages des den Streik anzettelnden Arbeitnehmers berechtigt. Das Gericht bezog bei der Beurteilung der erforderlichen Erheblichkeit des Regelverstoßes offenbar die Überlegung mit ein, ob unter Umständen eine Auflösungsfrist eingehalten und/oder eine Entschädigung hätte gezahlt werden müssen[895].

bbbbb. Rechtsvergleich

Bei § 39 Nr. 2 AVG handelt es sich um eine bemerkenswerte Regelung. Der Gesetzgeber hat den Arbeitgebern auf der einen Seite und Gewerkschaften,

890 Vgl. die Fallschilderung bei Shen, Labour Disputes, S. 118.

891 Vgl. Lauffs, Employment Law, S. 186 f.

892 Vgl. Lauffs, Employment Law, S. 186 f.

893 Vgl. Lauffs, Employment Law, S. 187.

894 Wurde der Streik durch eine Gewerkschaft initiiert, kommt unter Umständen der Auflösungsschutz des Gewerkschaftsgesetzes in Betracht.

895 Vgl. Baker & McKenzie, Court Rules Termination of Employee for Instigating a Strike Unlawful, in: China Employment Law Update (2010), Ausgabe Januar, S. 3 [http://www.bakermckenzie.com/NLChinaEmploymentLawUpdateJan10/], 7. April 2012.

Beschäftigtenvertretern oder Belegschaften auf der anderen Seite damit tatsächlich einen gewissen Bereich bei der Ausgestaltung von Auflösungsvoraussetzungen durch Arbeitsregeln überlassen, den beide Seiten gemäß § 4 Abs. 2 und 3 AVG nur gemeinsam nutzen können. Dieser Freiraum ist nicht unbegrenzt: vertreten wird, dass geringfügige Verstöße keine Vertragsauflösung rechtfertigen, wobei Gerichte teilweise auch die Fristlosigkeit und die Zahlung von Entschädigungen in ihren Entscheidungen berücksichtigen, dass die Auflösung „ultima ratio" sein muss, es wird mit dem Schaden für den Arbeitgeber abgewogen und die Frage nach dem Schuldvorwurf kann eine Rolle spielen. Die Abgrenzungsregeln hierfür sind nicht klar, weshalb der Arbeitgeber ein erhebliches Risiko bei der Formulierung der Arbeitsregeln trägt. Dies gilt umso mehr, als die Arbeitsregeln auch bei verfahrensfehlerhafter Beteiligung der Arbeitnehmerseite unwirksam sein können[896].

Die Überlegung, dass das Aufstellen eigener Arbeitnehmerregeln mehr Bürde als Erleichterung für den Arbeitgeber ist, scheint nicht fern liegend. Er muss bereits im Vorfeld versuchen, möglichst alle für ihn relevanten Sachverhalte mit Disziplinarverstößen zu erfassen, um sich nicht von vorne herein Auflösungsmöglichkeiten zu verbauen. Dieses Risiko trägt er nicht bei möglichst allgemein gehaltenen gesetzlichen Auflösungstatbeständen, wie zum Beispiel beim Tatbestand der verhaltensbedingten Kündigung nach § 1 KSchG oder bei der außerordentlichen Kündigung aus wichtigem Grund nach § 626 BGB. Hier muss lediglich ein bereits eingetretener Kündigungssachverhalt unter den vom Gesetzgeber vorgegebenen Tatbestand subsumiert werden. Die Nutzung unbestimmter Rechtsbegriffe im Gesetz bietet zudem hinreichend Auslegungsspielraum, um auch solche Sachverhalte zu erfassen, die bei Verabschiedung der Norm noch nicht absehbar waren.

cccc. Arbeitgeberauflösung gemäß § 39 Nr. 3 AVG

aaaaa. Chinesisches Recht

aaaaaa. „Nichtnachkommen von Pflichten"

Eine fristlose Vertragsauflösung kommt weiterhin in Betracht, wenn der Arbeitnehmer in schwerwiegender Weise (严重) seinen Pflichten nicht nachkommt (失

896 Das Erfordernis der Beteiligung der Arbeitnehmerseite wird von den Gerichten auch durchaus strikt durchgesetzt, vgl. den Sachverhalt bei Andreas Lauffs/Jane Peng, Termination for Refusal to Sign Employee Handbook ruled invalid,in: International Law Office (ILO) Newsletter, 27.Oktober 2010, [http://www.internationallawoffice.com/Newsletters/Detail.aspx?g=9d6f7c7c-c50b-4ba8-8ed3-722fc62c6363], 1. April 2012.

职), sich unredliche Vorteile verschafft und dem Arbeitgeberinteresse erheblichen Schaden zufügt. Die Norm wurde von § 25 Nr. 3 AG übernommen. Sie ist um den Begriff des (Arbeitgeber-) Interesses (利益) erweitert worden[897]. Eine rechtliche Änderung dürfte nicht damit verbunden sein.

Indem der Auflösungstatbestand an eine Pflichtverletzung anknüpft wird deutlich, dass es sich um einen Auflösungsgrund wegen Vertragsverletzung handelt. Die Norm muss deshalb zwangsläufig immer in Verbindung mit § 32 Abs. 1 AVG gelesen werden. Danach gilt die Weigerung des Arbeitnehmers zur Ausführung von regelwidrigen[898] Anweisungen oder von Befehlen zur Ausführung gefährlicher Tätigkeiten nicht als Arbeitsvertragsverletzung. Da der Gesetzgeber den Begriff der „gefährlichen Tätigkeit" (冒险作业) gewählt hat, erweitert er das Leistungsverweigerungsrecht des Arbeitnehmers über die Fälle der §§ 30 Abs. 3, 36 Abs. 1 Nr. 6 Gesetz über die Verhütung und Kontrolle von Berufskrankheiten, das nur für Berufskrankheiten gilt[899].

bbbbbb. Analyse von Fällen der Pflichtverletzung

Oakley stellte in ihrer Fallanalyse fest, dass in einem Fall, in dem ein Taxiunternehmen den Vertrag eines Taxifahrers auflöste, weil dieser drei ausländische Fahrgäste betrogen, keine Quittung ausgestellt und eine Anzahl ausländischer Zigaretten als zusätzliche Bezahlung verlangt hatte, das Arbeitsschiedsgericht eine „Sensibilität für die Anforderungen des Marktes" bewies, indem es feststellte, dass das Verhalten des Arbeitnehmers nicht nur dem Ruf und der Marktposition des Unternehmens sondern auch der Industrie als Ganzer schädlich sei. Auch faules, ungehorsames oder unehrliches Verhalten, das die Produktivität beeinträchtigt, soll nach Oakley wenig Unterstützung bei den Schiedsgerichten finden[900]. Demgegenüber wurden Vertragsauflösungen, wie in dem Fall, in dem fünf Wachleute eine Patrouille wegen Regens verweigerten, weil sie unter der bitteren Kälte litten, und ähnlich gelagerten Fällen, von den Arbeitsschiedskommissionen als willkürlich und damit unzulässig erachtet[901].

---

897 In keiner der in dieser Arbeit genannten Übersetzungen des AVG findet sich diese Änderung.

898 Münzel, Chinas Recht, Anm. 11 zum Arbeitsvertragsgesetz, meint, dass damit zum einen Verstöße gegen die Regeln des Arbeitgebers im Sinne von § 4 AVG und zum anderen gegen Gebrauchsanweisungen u. ä. gemeint sind,. Dr. Wu Wenfang vertritt dagegen die Ansicht, dass sich die Regelwidrigkeit ausschließlich auf Anweisungen bezieht, die die Sicherheit des Arbeitnehmers gefährden. Der Begriff der regelwidrigen Anweisung (违章指挥) könne in diesem Zusammenhang nur so verstanden werden.

899 Zu deren Definition vgl. die §§ 2 Abs. 2, 77 dieses Gesetzes.

900 Vgl. Oakley, Labor Relations, S. 146.

901 Vgl. den Fall von 1996 bei Oakley, Labor Relations, S. 150.

In der Falldarstellung wird nicht erläutert, auf welchen gesetzlichen Auflösungsgrund sich der Arbeitgeber stützt bzw. welche Gründe von der Kommission geprüft werden. Ein Patrouillengang gehört gemeinhin zu den arbeitsvertraglichen Pflichten von Wachleuten, so dass ein Nichtpatrouillieren eine Verletzung des Arbeitsvertrages darstellt, was grundsätzlich über § 39 Nr. 3 AVG geahndet werden kann. Eine Auflösung wegen Arbeitsverweigerung als willkürlich zu bezeichnen, erscheint ebenfalls abwegig. Wie oben bereits erwähnt, darf der Arbeitnehmer aber nach § 32 Abs. 1 AVG die Ausführung von Befehlen zu gefährlichen Tätigkeiten verweigern, ohne dass dies einen Verstoß gegen den Arbeitsvertrag darstellt. Dementsprechend müsste das Patrouillieren bei Regen und bitterer Kälte eine gefährliche Tätigkeit darstellen, was letztlich eine Frage des Einzelfalls ist. Wegen der expliziten Nennung gesetzlicher Arbeitsverweigerungsrechte bei schweren Arbeitsbedingungen fällt die Begründung der Unzulässigkeit einer Auflösung wegen erschwerender Umstände, die unterhalb der Schwelle der gesetzlichen Gründe liegen, nicht leicht. Eine Hürde für die Auflösung bei Arbeitsvertragsverletzungen stellt allerdings noch der „erhebliche Schaden", der dem Arbeitgeber entstanden sein muss, dar. Vor Inkrafttreten des AVG war die Ausfüllung dieses unbestimmten Rechtsbegriffes noch den Arbeitsregeln und –richtlinien des Arbeitgebers überlassen[902]. Mangels gegenteiliger Neuregelung ist von der Weitergeltung dieser Bestimmung auszugehen.

In einem anderen Fall wurde die Entlassung von drei Arbeitern einer Schuhfabrik, die Überstunden ablehnten, nachdem die exzessive Überstundenleistung unter heißen Bedingungen zu weit verbreiteten Erkrankungen und damit verbunden zu Lohneinbußen geführt hatten, aufgehoben, weil sich die Unternehmensführung nicht der Beschwerden der Arbeiter angenommen hatte[903]. Wegen der heißen Bedingungen und der zahlreichen Erkrankungen ist in erster Linie an ein Arbeitsverweigerungsrecht nach § 32 Abs. 1 Alt. 2 AVG zu denken.

In einem dritten Fall hatte der Arbeitgeber nach Ansicht der Schiedskommission während einer arbeitsamen Phase bei der Anordnung von Überstunden die persönlichen Umstände eines Arbeitnehmers nicht hinreichend berücksichtigt, dessen Frau krank war, weshalb er sein Kind vom Kindergarten abholen musste und die Anordnung missachtete, was zur Entlassung führte[904]. Hier wurde offensichtlich bereits

902 Vgl. § 25 der „Erläuterungen zu mehreren Paragraphen des Arbeitsgesetzes". Zu den Schwierigkeiten der Arbeitgeber, in der Praxis die Auflösungsvoraussetzungen gerichtsfest nachzuweisen, vgl. Lauffs, Employment Law, S. 187, oder US-China Business Council Staff, The new Labor Contract Law, in: China Business Review (2007), Ausgabe November + Dezember, S. 42–49, hier S. 48.

903 Vgl. den Fall von 1985 bei Oakley, Labor Relations, S. 161.

904 Vgl. den Fall von 1995 bei Oakley, Labor Relations, S. 161.

die Anordnung von Überstunden als nicht vereinbar mit den konkreten Lebensumständen des Arbeitnehmers und damit unzulässig angesehen, weshalb das Gericht anscheinend von keiner Verletzung des Arbeitsvertrages ausging.

In Peking hielt ein Volksgericht die Auflösung des Arbeitsvertrages eines Arbeitnehmers, der sich weigerte die Regeln des Arbeitgebers per Unterschrift anzuerkennen, für unzulässig. Die Regeln waren einseitig, unter Verstoß gegen das gesetzlich vorgeschriebenen Verfahren zur Beteiligung von Gewerkschaften, Arbeitnehmervertretern bzw. Arbeitnehmern vom Arbeitgeber geändert worden und damit nach Ansicht des Gerichts nicht durchsetzbar. Da der Arbeitnehmer deshalb zur Verweigerung der schriftlichen Anerkennung der Regeln berechtigt sei, dürfe ihm nicht deswegen gekündigt werden[905].

cccccc. „Verschaffung unredlicher Vorteile"

Die außerordentliche Auflösung wegen der Verschaffung unredlicher Vorteile, die den Arbeitgeber erheblich schädigen, zielt offensichtlich in erster Linie auf die Eindämmung der weitverbreiteten Korruption ab.

bbbbb. Rechtsvergleich

Auch dieser Auflösungstatbestand lässt sich unter die deutschen Kündigungstatbestände nach § 1 KSchG (verhaltensbedingt) oder § 626 BGB subsumieren.

dddd. Arbeitgeberauflösung gemäß § 39 Nr. 4 AVG

Geht der vollzeitbeschäftigte[906] Arbeitnehmer ein zweites Arbeitsverhältnis mit einem anderen Arbeitgeber ein und ist deshalb die Erfüllung seiner Arbeitsaufgaben erheblich beeinträchtigt, darf sein Arbeitsvertrag außerordentlich aufgelöst werden. Beeinträchtigt das zweite Arbeitsverhältnis die Erfüllung seiner Aufgaben nicht erheblich, weigert er sich aber nach einer Aufforderung dieses zu beenden, stellt auch dies einen außerordentlichen Auflösungsgrund dar. Die Aufforderung zur Beendigung soll den Arbeitnehmer auf die drohende Auflösung hinweisen und warnen. Letztlich darf der in Vollzeit beschäftigte Arbeitnehmer folglich kein zweites Arbeitsverhältnis ohne Zustimmung des Arbeitgebers ein-

905 Vgl. Baker & McKenzie, Court Rules that Termination for Refusal to Sign Employee Handbook Is Invalid, in: China Employment Law Update (2010), Ausgabe Januar, S. 3 f., [http://www.bakermckenzie.com/NLChinaEmploymentLawUpdateJan10/], 7. April 2012.

906 Demgegenüber dürfen Teilzeitbeschäftige mehrere Arbeitsverhältnisse eingehen, vgl. § 69 Abs. 2.

gehen. Der Arbeitnehmer zusammen mit dem neuen Arbeitgeber haften dem alten Arbeitgeber auf Schadensersatz gemäß § 91 AVG.

Dem Auflösungsgrund kommt die Bedeutung einer Wettbewerbsbeschränkung während eines bestehenden Arbeitsverhältnisses zu Gunsten des älteren Arbeitgebers zu. Sie ist gleichzeitig Ausdruck einer Loyalitätsverpflichtung gegenüber dem Arbeitgeber[907]. Da die „erhebliche Beeinträchtigung" der Arbeitsaufgaben nach dem Verlangen des Arbeitgebers die neue Tätigkeit einzustellen keine Rolle mehr spielt, wird die nichtvertragsgerechte Erfüllung der Arbeitspflicht nur nachrangig geahndet. Diese Funktion wird auch bereits von § 39 Nr. 3 AVG ausgefüllt. Der vorliegende Auflösungsgrund ist den besonderen Verhältnissen in China geschuldet, wo Nebentätigkeiten mit Wettbewerbscharakter von Mitarbeitern immer wieder bekannt werden.

Eine Kündigung ist in diesen Fällen nach deutschem Recht nur möglich, wenn die Erfüllung des Arbeitsvertrages durch die neue Tätigkeit tatsächlich beeinträchtigt wird. Es können zwar Genehmigungsvorbehalte für Nebentätigkeiten vertraglich vereinbart werden, Genehmigungen dürfen aber nur bei berechtigtem Interesse des Arbeitgebers unter Berücksichtigung der §§ 242, 307, 315 BGB verweigert werden, da damit in die grundgesetzlich gewährleistete Entfaltung der Persönlichkeit nach Art. 2 Abs. 1 GG und in die Berufsausübungsfreiheit nach Art. 12 GG des Arbeitnehmers eingegriffen wird. Auch unter Wettbewerbsgesichtspunkten sind Nebentätigkeitsverbote in bestimmten Grenzen zulässig[908]. Dies ergibt sich bereits aus der arbeitsvertraglichen Nebenpflicht zur Rücksichtnahme auf die Interessen des Arbeitgebers.

eeee. Arbeitgeberauflösung gemäß § 39 Nr. 5 AVG

Veranlasst der Arbeitgeber den Arbeitnehmer mittels Täuschung, Drohung, Gewalt oder Ausnutzung einer Notlage zum Abschluss oder der Änderung des Arbeitsvertrages, darf der Arbeitgeber den Arbeitsvertrag fristlos auflösen[909]. Die genannten Fälle stellen im deutschen Recht in der Regel Anfechtungsgründe gemäß § 123 BGB, unter Umständen auch Kündigungsgründe dar. Das chinesische Arbeitsrecht kennt kein Anfechtungsrecht. Der Unterschied liegt vor allem in der Rechtsfolge. Während die Kündigung/Auflösung ex nunc wirkt, hat die Anfechtung nach § 123 BGB als Ausnahme von der Regel im Arbeitsrecht Wirkung ex tunc.

---

907 So Lauffs, Employment Law, S. 189.

908 Vgl. § 60 HGB.

909 Vgl. § 26 Abs. 1 Nr. 1 AVG, § 19 Nr. 6 Ausführungsbestimmungen zum AVG. Siehe auch obige Ausführungen zum Verhältnis Unwirksamkeit zu Auflösung.

ffff. Arbeitgeberauflösung gemäß § 39 Nr. 6 AVG

Zuletzt besteht ein außerordentlicher Auflösungsgrund, wenn die strafrechtliche Verantwortung des Arbeitnehmers in legaler Weise verfolgt wird. § 39 Nr. 6 AVG ist unverändert aus § 25 Nr. 4 AG übernommen worden. Bereits § 13 Arbeitsvertragsbest. 1986 sah bei der Verurteilung eines Vertragsarbeitnehmers zu einer Kriminalstrafe die automatische Aufhebung des Arbeitsvertrages vor.

Für eine fristlose Kündigung soll genügen, dass der Arbeitnehmer nach § 39 Nr. 2 AVG einer Straftat „beschuldigt" wird. Beschuldigt ist, gegen wen nach § 142 Strafprozessordnung die Strafverfolgung durch die Staatsanwaltschaft eingestellt wurde[910], wer eine Straftat begangen hat, aber nicht vom Gericht bestraft wurde und wer von einem Strafgericht verurteilt wurde[911]. Die Verhaftung genügt nicht für die Begründung einer außerordentlichen Vertragsauflösung. In diesen Fällen darf der Arbeitgeber die Vertragserfüllung aber zeitweise suspendieren[912].

Erkennbar wird dies auch am Wortlaut von § 39 Nr. 6 AVG in dem es heißt, dass die strafrechtliche „Verantwortung" des Arbeitnehmers verfolgt wird. Impliziert wird damit, dass jedenfalls eine strafrechtliche Verantwortlichkeit vorliegen muss. Teilweise wird von Gerichten angenommen, dass sich der außerordentliche Auflösungsgrund nur auf die strafrechtliche Verfolgung, nicht aber auf die verwaltungsrechtliche bezieht[913].

Die Vorschrift stellt wie bereits die Regelung im AG eine Verschärfung gegenüber dem Auflösungsgrund des § 13 Arbeitsvertragsbest. 1986 dar. Dort war noch die Rede davon, dass der Arbeitnehmer zu einer Kriminalstrafe verurteilt sein müsse. Teilweise wurde dies so verstanden, dass es sich um eine Freiheitsstrafe handelt, weil der Zweck des Auflösungsgrundes in der dadurch entstehenden Unmöglichkeit zur Erfüllung des Arbeitsvertrages gesehen wurde[914]. Dem

910 Als Gründe kommen Geringfügigkeit und Verjährung der Tat, Amnestie, Antragsdelikte ohne oder nach Rücknahme des erforderlichen Antrags und andere in Rechtsvorschriften bestimmte Umstände in Betracht, vgl. § 15 StPO.

911 Vgl. Artikel 2 IV Nr. 29 „Ansichten zu einigen Problemen bei der Durchführung des Arbeitsgesetzes" zum wortlautidentischen Auflösungsgrund des § 25 Nr. 4 AG.

912 Vgl. Artikel 2 IV Nr. 29 „Ansichten zu einigen Problemen bei der Durchführung des Arbeitsgesetzes".

913 So Lauffs, Employment Law, S. 189, mit der Schilderung eines Verfahrens, in dem das Gericht ausdrücklich zwischen der straf- und der verwaltungsrechtlichen Verfolgung und Bestrafung unterschied.

914 Wolff, Arbeitsvertrag, S. 105. Auch Fan Jianhong stellt auf die Arbeitsverhinderung infolge der Haft für das Auflösungsrecht ab, Fan, Rechtsgrundlagen, S. 79.

stand eine Ansicht gegenüber, wonach auch Geldstrafen wegen des anhaftenden Makels zur Auflösung des Vertrages führten[915].

Nach der „Antwort auf die Frage, ob es möglich ist, das Arbeitsverhältnis eines Arbeitnehmers zu erneuern, der fälschlicherweise verurteilt wurde und später für unschuldig befunden und entlassen wurde", soll ein Arbeitsverhältnis, das ausschließlich in Folge der Verurteilung aufgelöst wurde, wiederhergestellt werden. Da die Vorschrift nicht aufgehoben wurde, ist von ihrer Weitergeltung auszugehen.

Oakleys Fallanalyse hat ergeben, dass die Schlichtungskomitees bei der Beurteilung der Zulässigkeit einer Auflösung eher auf die Extremität des Verhaltens oder der Einstellung des Arbeitnehmers schauen, als sich allzu streng an den Rechtsangelegenheiten oder der wirtschaftlichen Lage des Arbeitgebers zu orientieren. In einem Fall soll die Auflösungsentscheidung gegen einen Arbeitnehmer, der beim Schmuggeln ertappt wurde, sogar ohne Strafantrag aufrechterhalten worden sein, da dieses Verhalten in extremer Weise dem Marktimage der Firma entgegenstehe. Ausnahmen werden anscheinend in den Fällen gemacht, in denen es um den Ausschluss der Anführer störender Arbeitsunterbrechungen oder Streikes geht. In diesen Fällen wurde, unter Berufung auf die Störung der üblichen Produktion und den finanziellen Schaden der Firma hierdurch, die Auflösungsentscheidung aufrechterhalten[916]. Nicht ausreichend sind haltlose Verdächtigungen, zum Beispiel der Verdacht auf versuchten Diebstahl, nur weil ein Arbeitnehmer durch das Fenster eines Firmenjeeps geschaut hatte[917].

Bei der Frage, ob die strafrechtliche Verfolgung eines Arbeitnehmers dessen Kündigung nach deutschem Recht rechtfertigt, ist zu differenzieren. Die Kündigung ist zulässig, wenn durch die strafrechtliche Verfolgung bzw. die darauffolgende Verurteilung mit Freiheitsstrafe die zukünftige Vertragserfüllung unmöglich gemacht wird. Das Gleiche gilt, wenn durch die Straftat das Vertrauensverhältnis zwischen den Parteien irreparabel zerstört wurde. Das ist der Fall bei Straftaten gegen den Arbeitgeber oder gegen Kollegen und bei anderen Straftaten, die unmittelbar mit dem Arbeitsverhältnis in Verbindung stehen. Als Paradebeispiel dient der Fall des wegen eines Vermögensdeliktes verurteilte Buchhalter oder Bankangestellte. Das KSchG stellt dem Arbeitgeber aber keinen „Freifahrschein" zur Kündigung bei jeglicher Straftat eines Arbeitnehmers aus, wie dies im chinesischen Recht der Fall ist. Im chinesischen Recht genügt bereits der „Makel" der Straftatbegehung zur Vertrags-

915 Vgl. Wolff, Arbeitsvertrag, S. 212.
916 Vgl. Oakley, Labor Relations, S. 147.
917 Vgl. den Fall von 1988 bei Oakley, Labor Relations, S. 150.

auflösung. Eine Verbindung zum Arbeitsverhältnis muss nicht bestehen, der gesellschaftliche Aspekt der Straftat kommt hier zum Tragen.

bbb. Die ordentliche Arbeitgeberauflösung

aaaa. Arbeitgeberauflösung gemäß § 40 Nr. 1 AVG

aaaaa. Chinesisches Recht

Der Arbeitsvertrag darf ordentlich aufgelöst werden, wenn der Arbeitnehmer erkrankt oder durch einen Unfall, der kein Arbeitsunfall war, verletzt wurde und nach der vorgeschriebenen Behandlungszeit weder die alte noch eine ihm neu zugewiesene Arbeitstätigkeit erfüllen kann. Der erste ordentliche Auflösungsgrund ist eine Wiederholung von § 26 Nr. 1 AG. Ergänzt wurde er nur um die Bestimmung, dass der Arbeitsvertrag erst nach der „vorgeschriebenen" (规定的) Behandlungszeit aufgelöst werden darf[918].

An diesem Auflösungsgrund wird die Intention des Gesetzgebers ersichtlich, die Erfüllung der arbeitsvertraglichen Pflichten in den Mittelpunkt des Arbeitsverhältnisses zu stellen[919]. Die mit der Weitererfüllung des Arbeitsvertrages verbundenen Belastungen sollen dem Unternehmen in den genannten Fällen nicht zumutbar sein, sie stehen dem Austausch der Arbeitskräfte und der Förderung der Wirtschaftlichkeit der Unternehmen im Weg[920]. Die Interessen des Arbeitnehmers und eine Abwägung mit der tatsächlichen Belastung des Unternehmens spielen keine Rolle[921].

Der durch die Erkrankung oder den Unfall verletzte Arbeitnehmer darf weder in der Lage sein, seine ursprüngliche Arbeit noch eine ihm vom Arbeit-

918 Zur Berechnung der Behandlungszeit vgl. die §§ 3, 4 der „Bestimmungen betreffend der medizinischen Behandlungsdauer für Unternehmensarbeitnehmer die krank wurden oder eine nicht berufsbedingte Verletzung erlitten haben" vom 1.1.1995.

919 Vgl. GtZ/MoLSS, Commentaries, S. 491.

920 Vgl. Wolff, Arbeitsvertrag, S. 111, zur entsprechenden Norm der Arbeitsvertragsbest. 1986, bei dem es unter Berufung auf andere Quellen heißt, „dass ein Unternehmen schließlich kein Wohltätigkeitsorgan oder Sanatorium, sondern ein selbständiger Warenproduzent und Wirtschafter sei". Dies soll sich nach Oakley, Labor Relations, S. 146, auch in den Entscheidungen der Arbeitsschiedsgerichte widerspiegeln.

921 Fan, Rechtsgrundlagen, S. 157, vertritt dagegen, dass bei krankheitsbedingten Auflösungen ein „besonders strenger Maßstab anzulegen" ist, weil damit wegen des „schlechten Versicherungssystems für Arbeitslose und des Festhaltens am sozialistischen Weg und der Herrschaft des Proletariats im Rahmen des strategischen Zwecks politische Probleme" ausgelöst werden könnten.

geber zugewiesene andere Arbeit zu erfüllen[922]. Diese Voraussetzungen werden von den Gerichten teilweise sehr restriktiv ausgelegt. Insbesondere wird für die Entstehung des Auflösungsrechtes verlangt, dass tatsächlich eine alternative Beschäftigung für den Arbeitnehmer bereitgestellt wurde, bei deren Erfüllung der Arbeitnehmer dann versagt hat[923]. Diese Beschäftigungsalternative muss auch angemessen (适当) sein, was ihre Gesetzmäßigkeit und den Gesundheitszustand des Arbeitnehmers angeht.

Die Schaffung einer neuen Stelle ist nach Lauffs keine Pflicht, jedoch soll der Arbeitgeber verpflichtet sein, die Belegschaft so umzustrukturieren, dass der betroffenen Arbeitnehmer möglichst wieder beschäftigt werden kann. Nur wenn dies wegen seiner Gesundheit oder seiner Qualifikation nicht möglich ist, ist eine Auflösung zulässig[924]. Ob dem Arbeitnehmer die Chance zur Umschulung oder Fortbildung gegeben werden muss, ergibt sich nicht aus dem Wortlaut. Eine entsprechende Pflicht besteht jedoch für den Auflösungsgrund des § 40 Nr. 2 AVG, der wie Nr. 1 voraussetzt, dass der Arbeitnehmer seine Vertragspflichten nicht mehr erfüllt. Da die Interessenlagen hier vergleichbar sind ist es nahe liegend, auch für § 40 Nr. 1 AVG eine Pflicht des Arbeitgebers, Schulungsmaßnahmen abzuwarten, anzunehmen.

bbbbb. Rechtsvergleich

Der vorliegende Auflösungsgrund ist mit dem der personen- oder krankheitsbedingten Kündigung im Sinne von § 1 Abs. 2 KSchG vergleichbar. In beiden Fällen ist der Arbeitnehmer aufgrund seiner Krankheit zukünftig nicht mehr in der Lage, den Arbeitsvertrag zu erfüllen. Bei der personenbedingten Kündigung nach deutschem Recht müssen die mangelnde Eignung oder die persönlichen Fähigkeit und Eigenschaften des Arbeitnehmer es ausschließen, dass er weiterhin seine arbeitsvertraglichen Verpflichtungen erfüllt und dies muss nach der BAG-Rechtsprechung zu einer erheblichen Beeinträchtigung betrieblicher oder wirtschaftlicher Interessen des Arbeitgebers führen[925]. Auch setzt die soziale Rechtfertigung der Kündigung eine negative Prognose bezüglich der Zumutbarkeit der Weiterführung des Arbeitsverhältnisses trotz der Beeinträchtigung für die Zukunft voraus. Rechtmäßig krankheitsbedingt gekündigte Arbeitnehmer können einen Wiedereinstellungsanspruch haben, wenn sich innerhalb der Kün-

922 So Punkt 35 der „Ansichten zu einigen Problemen bei der Durchführung des Arbeitsgesetzes". Vgl. auch Lauffs, Employment Law, S. 190.

923 Vgl. Lauffs, Employment Law, S. 190f.

924 Vgl. Lauffs, Employment Manual, S. 336.

925 Vgl. Linck, Arbeitsrechts-Handbuch, S. 1576, Preis, Arbeitsrecht, S. 799ff., Berkowsky, Münchener Handbuch zum Arbeitsrecht, S. 1970f.

digungsfrist herausstellt, dass die negative Zukunftsprognose im Hinblick auf die Arbeitsunfähigkeit nachträglich korrigiert werden muss. Dem stehen mögliche berechtigte Interessen des Arbeitgebers, z. B. wegen zwischenzeitlicher Disposition über den Arbeitsplatz entgegen[926]. Zu letzt ist eine Abwägung der widerstreitenden Interessen von Arbeitgeber und Arbeitnehmer vorzunehmen[927].

Dem Arbeitnehmer darf nach deutschem Recht prinzipiell bereits während oder vor der Behandlung gekündigt werden[928]. Häufig wird jedoch das Ergebnis einer Behandlung abgewartet, um das Erfordernis der negativen Prognose zu erfüllen. Wie auch im chinesischen Recht, muss – nach hier vertretener Auffassung gegebenenfalls nach vorherigen Umschulungs- oder Fortbildungsmaßnahmen – eine Weiterbeschäftigungsmöglichkeit auf einem anderen Arbeitsplatz geprüft werden, § 1 Abs. 2 S. 2 Nr. 1 lit. b, S. 3 KSchG. Den wesentlichen Unterschied zum deutschen Kündigungsschutzrecht stellt die Beschränkung des Auflösungsrechtes auf solche Unfälle und Krankheiten dar, die keine Arbeitsunfälle bzw. Berufskrankheiten sind, § 42 Nr. 2 AVG. Einige Besonderheiten dieser Auflösungsbeschränkung wurden bereits an früherer Stelle im Rahmen der Frage nach der Arbeitsfähigkeit als Voraussetzung der Arbeitnehmereigenschaft erläutert. Die Auflösungsbeschränkungen werden an späterer Stelle eingehend behandelt.

bbbb. Arbeitgeberauflösung gemäß § 40 Nr. 2 AVG

aaaaa. Deutsches Recht

Bewältigt der Arbeitnehmer seine Arbeit auch nach Schulung oder Arbeitsplatzwechsel nicht, darf sein Arbeitsvertrag vom Arbeitgeber ordentlich aufgelöst werden. § 40 Nr. 2 AVG ist mit § 26 Nr. 2 AG wortlautgleich. Die alte Regelung verstand unter Schlechtleistung, dass der Arbeitnehmer nicht in der Lage ist, die geschuldete Aufgabe zu erfüllen, bzw. die übliche oder durchschnittliche Leistung eines aufgrund seiner Stellung vergleichbaren Arbeitnehmers zu erbringen[929]. Nicht ausreichend sind abstrakte Kausalitäten. Wenn zum Beispiel

926 Vgl. Linck, Arbeitsrechts-Handbuch, S. 1754, Berkowsky, Münchener Handbuch zum Arbeitsrecht, S. 1881.

927 Vgl. Linck, Arbeitsrechts-Handbuch, S. 1571 f., Preis, Arbeitsrecht, S. 738 ff., Berkowsky, Münchener Handbuch zum Arbeitsrecht, S. 1818 ff., 1833.

928 Vgl. § 8 Abs. 1 EntgeltfG. Anders war dies in der DDR, § 58d Arbeitsgesetzbuch.

929 Vgl. § 26 der „Erläuterungen zu mehreren Paragraphen des Arbeitsgesetzes".

die Verkaufszahlen sinken, darf nicht ohne weiteres der Arbeitsvertrag des Sales Managers aufgelöst werden[930].

Nach Oakleys Fallanalyse unterstützen die Arbeitsschiedsgerichte den Arbeitgeber bei einer entsprechenden Auflösungsentscheidung, sofern die rechtlichen Mindestanforderungen beachtet wurden, weil der Arbeitgeber nicht verpflichtet ist, einen Arbeitnehmer, der nicht mehr so produktiv ist, wie er das früher war, weiterzubeschäftigen. Es könne nicht erwartet werden, dass dieser Arbeitnehmer weiter auf Kosten des Unternehmens getragen werde[931].

Allerdings muss der Arbeitgeber den Arbeitnehmer vor Ausspruch einer Auflösungsmitteilung weitergeschult bzw. den Versuch der Beschäftigung auf einem anderen Arbeitsplatz unternommen haben[932]. Nach Lauffs ist der Versuch der Weiterqualifizierung des Arbeitnehmers auf ein Mal beschränkt und es muss nur ein anderer Arbeitsplatz angeboten werden[933]. Das Schulungserfordernis macht deutlich, dass sich der Auflösungsgrund sowohl auf verhaltens- als auch personenbedingte Gründe stützen lässt. Für die Erfüllung des Auflösungstatbestandes ist irrelevant, ob die Arbeitsleistung wegen mangelnder Motivation oder wegen fehlender persönlicher Eignung des Arbeitnehmers nicht erbracht wird.

bbbbb. Rechtsvergleich

Die unterdurchschnittliche Arbeitsleistung berechtigt nach deutschem Recht nur in gravierenden Fällen zur Kündigung. Das liegt in erster Linie daran, dass zwar eine Arbeitsleistung mittlerer Art und Güte erbracht werden muss, sich Arbeitspflicht und –inhalt aber nicht nach objektiven Umständen, sondern nach dem subjektiven Leistungsvermögen des jeweiligen Arbeitnehmers richten. In Betracht kommen eine verhaltensbedingte Kündigung[934], wenn der Arbeitnehmer die geschuldete Leistung trotz Abmahnung verweigert oder nur teilweise erbringt oder eine personenbedingte Kündigung[935], weil der Arbeitnehmer für die Erbringung der Arbeitsleistung nicht geeignet ist. Bei der personenbedingten Kündigung muss die Eignung des Arbeitnehmers deutlich unter dem Durchschnitt liegen. Das ist in der Regel der Fall, wenn sie mehr als ein Drittel unter dem Mittel der Arbeitsleistung der Kollegen liegt.

---

930 Vgl. einen auf der Webseite von MOLSS veröffentlichten Musterfall für die Lösung von Arbeitsstreitigkeiten. Als Fall 5 bei Shen, Labour Disputes, S. 118, übersetzt.

931 Vgl. Oakley, Labor Relations, S. 146. Zur schwierigen Beweisbarkeit für den Arbeitgeber, siehe Lauffs, Employment Law, S. 191 f.

932 Vgl. § 40 Nr. 2 AVG und Lauffs, Employment Law, S. 191.

933 Vgl. Lauffs, Employment Manual, S. 335.

934 Vgl. BAG 5/08, Urteil vom 17.01.2008 2 AZR 536/06.

935 Vgl. BAG 11.12.2003, 2 AZR 667/02 in NJW 2004, 2545.

Am vorliegenden Auflösungsgrund zeigt sich, dass das chinesische Arbeitsrecht stärker leistungsbezogen ist, als das deutsche. Während der Nachweis der Nichterbringung der vertraglich geschuldeten Leistung in der Praxis nur dann gelingen wird, wenn die Arbeitsleistung im Vertrag hinreichend konkretisiert wurde, ist das Vergleichskriterium des zu erbringenden Arbeitsniveaus durchaus relevant. Der Arbeitnehmer ist auch nach der Probezeit gehalten, stets Schritt mit der Arbeitsleistung der Kollegen zu halten. An dieser Stelle trägt das chinesische Recht dem Austauschgedanken des Vertrages mehr Rechnung, als dies die deutsche Rechtsprechung gemäß dem KSchG tut. Der Auflösungsgrund ist im Gesamtrahmen der Wirtschaftsreformen betrachtet durchaus nachvollziehbar, da er unmittelbar der Steigerung oder Hochhaltung der Produktivität der Unternehmen dient.

cccc. Arbeitgeberauflösung gemäß § 40 Nr. 3 AVG

Der Arbeitsvertrag darf auch dann vom Arbeitgeber ordentlich aufgelöst werden, wenn er nicht mehr erfüllt werden kann, weil die dem Vertragsschluss zugrunde liegenden objektiven Umstände sich erheblich geändert haben und eine Vertragsänderung nicht ausgehandelt werden konnte. Abgesehen von kleinen Änderungen in der Formulierung, entspricht § 40 Nr. 3 AVG dem § 26 Nr. 3 AG.

Däubler/Wang sind der Ansicht, dass der Tatbestand dem Wegfall der Geschäftsgrundlage nachgebildet ist und insbesondere die Tatbestände der betriebsbedingten Kündigung erfasst[936]. Auch Guang/Frik meinen, dass hierunter „je nach den einzelnen Gegebenheiten auch betriebsbedingte Gründe im Sinne des deutschen Rechts zählen[937].

§ 40 Nr. 3 AVG ist der für den Arbeitgeber wichtigste Auflösungstatbestand, um eine den wirtschaftlichen Bedingungen angepasste, flexible Personalpolitik zu betreiben. Die chinesische Regierung hat seit Reformbeginn stets die Restrukturierung der Arbeitskräfte zur Verbesserung der Produktivität und Wettbewerbsfähigkeit gefördert, auch wenn dies mit Entlassungen verbunden war. Die Überbeschäftigung wurde als Hauptgrund für die Ineffektivität chinesischer Unternehmen identifiziert, weshalb die Auflösung des Arbeitsvertrages zur Verringerung der Beschäftigtenzahlen als im Interesse der Effektivität und damit als berechtigter Grund für die Entlassung selbst größerer Zahlen von Arbeitnehmern anerkannt wurde. Dementsprechend hat Oakley festgestellt, dass Arbeitsschiedsgerichte bei Auflösungsprozessen häufig explizit die wirtschaftlichen Interessen

936 Vgl. Däubler/Wang, Das neue chinesische Arbeitsrecht, S. 86. So auch Waas/Wu, Arbeitsvertragsgesetz, S. 252.

937 Nach Fan Jianhong überwiegen bei der betriebsbedingten Auflösung die Interessen der Unternehmen und des Staates gegenüber denen des Arbeitnehmers, Fan, Rechtsgrundlagen, S. 157.

der Unternehmen befürworteten[938] und auch die Rationalisierung der Beschäftigten zur Gewinnmaximierung gebilligt wird[939].

Waas/Wu meinen, dass nach der herrschenden Auffassung die Voraussetzungen einer betriebsbedingten Kündigung in einer Betriebsordnung konkretisiert werden können[940]. Dagegen lässt sich nichts einwenden, da § 4 Abs. 2 AVG bezüglich des Inhalts der Arbeitsregeln offen formuliert ist, soweit die Ausgestaltung in den Arbeitsregeln nicht den durch § 40 Nr. 3 AVG vorgegebenen Rahmen überschreitet.

Nach den „Erläuterungen zu mehreren Paragraphen des Arbeitsgesetzes", liegen erhebliche Änderungen der objektiven Umstände vor, wenn bei einer Verlegung des Betriebs, Übernahme des Unternehmens durch Verschmelzung oder Übergang wesentlichen Vermögens die Durchführung des Arbeitsvertrages vollständig oder in den wesentlichen Fragen zum Beispiel aufgrund einer damit verbundenen Umstrukturierung unmöglich geworden ist[941]. Demgegenüber genügt ein Wechsel der Anteilseigner oder des Managements nicht[942]. Diese Beispiele können auch unter § 40 Nr. 3 AVG subsumiert werden[943].

dddd. Arbeitgeberauflösung gemäß § 41 AVG

aaaaa. Einleitung

Handelt es sich um eine Änderung der objektiven wirtschaftlichen Umstände, verbunden mit der Entlassung einer größeren Anzahl von Arbeitnehmern (Massenentlassung), stützt sich die Auflösung auf § 41 AVG. Eine Massenentlassung liegt vor, wenn mindestens zwanzig Personen oder zehn Prozent der Belegschaft entlassen werden. Sie ist gemäß § 41 AVG nur zulässig, wenn

(1) eine Sanierung nach dem Unternehmenskonkursgesetz durchgeführt wird,
(2) es in Produktion und Betrieb zu erheblichen Schwierigkeiten gekommen ist,

---

938 Vgl. Oakley, Labor Relations, S. 145, wobei sich Oakley auf „辞退" Entlassungen bezieht. Aus dem Kontext ergibt sich aber, dass damit allgemein „解除" gemeint ist.

939 Vgl. Oakley, Labor Relations, S. 153, 180.

940 Vgl. Waas/Wu, Arbeitsvertragsgesetz, S. 252.

941 Vgl. auch Waas/Wu, Arbeitsvertragsgesetz, S. 252, Lauffs, Employment Law, S. 192, und Shen, Labour Disputes, S. 85.

942 Vgl. einen auf der Webseite von MOLSS veröffentlichten Musterfall für die Lösung von Arbeitsstreitigkeiten. Als Fall 3 bei Shen, Labour Disputes, S. 118, übersetzt.

943 § 10 Arbeitsvertragsbestimmungen 1986 kannte lediglich ein Vertragsänderungsrecht bei Änderung der Verhältnisse. Unter die Norm wurde zum Beispiel die Neukonsolidierung von Preisen, höhere Gewalt oder der Erlass neuer Rechtsbestimmungen subsumiert, also Fälle, in denen die weitere Ausführung des Vertrages zu den ursprünglichen Bedingungen unmöglich wird, vgl. Wolff, Arbeitsvertrag, S. 102.

(3) das Unternehmen bei Produktionsumstellungen, bei großen technischen Neuerungen oder Korrekturen der Betriebsweise die Belegschaft auch nach Änderungen der Arbeitsverträge noch verringern muss oder
(4) sich wegen anderer großer Veränderungen der objektiven wirtschaftlichen Umstände auf denen der Abschluss der Arbeitsverträge bei Vertragsschluss beruhte, die Verträge nicht erfüllen lassen.

Inhaltlich tritt § 41 AVG an die Stelle der „Bestimmungen über die Entlassung wegen wirtschaftlichen Gründen in Unternehmen". Eine bloße Personalreduzierung genügt demnach offenbar nicht mehr zur Rechtfertigung einer Massenentlassung[944]. Allerdings gibt es zahlreiche örtliche Bestimmungen zur Beschränkung von Massenentlassungen, die häufig strikter als die nationalen Vorschriften sind. § 2 der „Bestimmungen über die Entlassung wegen wirtschaftlichen Gründen in Unternehmen" verwies noch ausdrücklich auf die von regionalen Regierungen aufgestellten Standards zur Rechtfertigung wirtschaftlich bedingter Entlassungen[945]. Unter anderem werden in solchen Vorschriften Verluste über einen zusammenhängenden mehrjährigen Zeitraum verlangt, gekoppelt mit einer Insolvenz, einer Beschäftigungslosigkeit von über 80% und einer mehrmonatigen Nichtzahlung der Löhne[946].

§ 41 AVG handelt zwar von der „Reduzierung des Personals" (裁减人员) und nicht von der Auflösung oder Beendigung von Arbeitsverträgen. Dennoch handelt es sich um eine eigenständige Norm, die Gründe für die Auflösung des Arbeitsvertrages enthält. Das wird an § 42 AVG ersichtlich, wie Geffken/Dong/Hsieh[947] richtigerweise erkennen. Nach der Norm ist selbst bei Vorliegen der Voraussetzungen des § 41 AVG die Vertragsauflösung gegenüber von durch § 42 AVG geschützten Arbeitnehmern unzulässig. Daneben stehen die Tatbestände des § 41 Abs. 1 Nr. 1–4 AVG in § 19 Nr. 11–14 Ausführungsbestimmungen zum AVG in einer Reihe mit den Auflösungsgründen der §§ 39, 40 AVG.

bbbbb. Verhältnis von § 40 Nr. 3 AVG zu § 41 AVG

Das Verhältnis zwischen § 40 Nr. 3 AVG und § 41 AVG ist umstritten. § 41 AVG schränkt nach Dong Runqing den Tatbestand von § 40 Nr. 3 AVG auf Entlassungen von weniger als zwanzig Personen oder zehn Prozent der Belegschaft

944 Vgl. bei Shen, Labour Disputes, S. 85.
945 Vgl. zu den Bestimmungen der Städte Beijing und Shenzhen Lauffs, Employment Law, S. 193 f.
946 Vgl. allgemein bei Lauffs, Employment Manual, S. 337.
947 Geffken, Rolf/Ma, Dong/Hsieh, Sheng-Min, Das chinesische Arbeitsvertragsgesetz, Cadenberge, 2008, S. 16. Siehe auch Nancy Sun/Kirsten Gao, Laying off is hard to do, in: China Law & Practice (2009), Ausgabe März, S. 14–15, hier S. 15.

erheblich gegenüber dem AG ein[948]. Dong Runqing vertritt demnach die Ansicht, dass die Auflösungsvoraussetzungen von § 41 AVG grundsätzlich auch unter § 40 Nr. 3 AVG subsumierbar sind[949].

Anders verstehen Däubler/Wang das Verhältnis von § 41 zu § 40 Nr. 3 AVG[950]. Sie meinen, dass Wortlaut und Systematik lediglich für eine höhere Schwelle bei der Individualauflösung sprächen[951]. Ernsthafte wirtschaftliche Schwierigkeiten, die eine Massenentlassung nach § 41 AVG zulassen, sollen deshalb nicht immer auch eine Einzelkündigung rechtfertigen können[952]. Das Vorliegen der Gründe des § 41 Abs. 1 AVG soll nur dann zur Reduzierung von Personal rechtfertigen, wenn eine Mindestzahl von Arbeitnehmern entlassen wird. Anscheinend gehen Däubler/Wang davon aus, dass sich erst dann die besondere Schwere der wirtschaftlichen Probleme zeigt, eine Kündigungsbeschränkung für eine relativ geringe Anzahl von Beschäftigten dem Arbeitgeber trotz wirtschaftlicher Schwierigkeiten aber noch zumutbar ist, weil die Schwelle für die Individualauflösung nach § 40 Nr. 3 AVG noch nicht erreicht ist.

Diese Sichtweise ist nicht schlüssig. Die in § 41 Abs. 1 Nr. 1–3 AVG genannten Tatbestände der Sanierung nach dem Unternehmenskonkursgesetz, erheblichen Produktions-/Betriebsschwierigkeiten, Produktionsumstellungen, großen technischen Neuerungen und Korrekturen der Betriebsweise der Belegschaft können allesamt unter die „objektiven Umstände" des § 40 Nr. 3 AVG subsumiert werden[953]. Dafür spricht neben dem allgemeinen Verständnis dieser Tatbestände § 41 Abs. 1 Nr. 4 AVG, der von „anderen" großen wirtschaftlichen Veränderungen der objektiven wirtschaftlichen Umstände spricht und damit darauf hinweist, dass auch die Nr. 1–3 große Veränderungen der objektiven wirtschaftlichen Umstände sind. Die Einschränkung auf „wirtschaftliche" Umstände vermag nichts daran zu ändern, dass damit gleichzeitig objektive Umstände gemeint sind. Demzufolge weist § 41 Abs. 1 Nr. 3 AVG nur einen engeren Tatbestand als § 40 Nr. 3 AVG auf.

An § 33 des 1. Entwurfes zum AVG zeigt sich, dass der Gesetzgeber im Entwurfsverfahren von Anfang vor Augen hatte, dass sich die tatbestandlichen Voraussetzungen der Massenentlassung mit denen des individuellen Auflösungs-

---

948 So Dong Runqing, Case Analysis, S. 513, und Glück/Tänzler, Arbeitsvertragsgesetz, S. 348, die meinen, dass in Überschneidungsfällen eine Kündigung „nur unter den zusätzlichen Voraussetzungen der betriebsbedingten Kündigung zulässig" ist.

949 Das vertritt auch Münzel, Chinas Recht, Anm. 19 zum Arbeitsvertragsgesetz.

950 So auch Waas/Wu, Arbeitsvertragsgesetz, S. 254 ff., und Duchetsmann, Arbeitnehmerschutz, S. 90.

951 Vgl. Däubler/Wang, Das neue chinesische Arbeitsrecht, S. 86.

952 Vgl. Däubler/Wang, Bestandsschutz, S. 141.

953 So auch Dr. Wu Wenfang.

grundes der „Veränderung objektiver Umstände“ im Sinne von § 40 Nr. 3 AVG decken. Der Vorentwurf zu § 41 AVG setzte „erhebliche Veränderungen der objektiven Umstände“ und zusätzlich die Entlassung einer größeren Anzahl von Arbeitnehmern voraus. Der Anwendungsbereich von § 41 AVG wurde gegenüber dem Entwurf nur auf die Fälle des § 41 Abs. 1 Nr. 1–4 AVG verkleinert. In den mehr und weniger konkretisierten Fälle des § 41 Abs. 1 Nr. 1–4 AVG wird nun der Anwendungsbereich von § 40 Nr. 3 AVG eingeschränkt, sofern eine größere Anzahl von Arbeitnehmern entlassen werden soll.

ccccc. Sozialauswahl

Bei einer Vertragsauflösung nach § 41 AVG ist eine Sozialauswahl gemäß Absatz 2 durchzuführen. Nachrangig sollen Personen

(1) mit einem für eine lange Dauer befristeten Arbeitsvertrag,
(2) mit einem unbefristeten Arbeitsvertrag und
(3) solche, bei denen sonst niemand in der Famile eine Arbeit hat und die alte Leute und Minderjährige unterhalten müssen, entlassen werden.

Der Schutz alter Arbeitnehmer durch die Privilegierung von Arbeitnehmern mit langer Betriebszugehörigkeit[954] wurde allerdings nicht übernommen. Lediglich die Dauer der Vertragsbefristung ist relevant und unbefristet angestellte Arbeitnehmer werden privilegiert. Dabei ist aber der Anspruch nach § 14 Abs. 2 AVG auf einen unbefristeten Arbeitsvertrag zu beachten, der unter bestimmten Umständen älteren Arbeitnehmern zu Gute kommt, insbesondere aber an eine mehr als zehnjährige Betriebszugehörigkeit anküpft und auch den Arbeitnehmern mit einer zweiten Vertragsverlängerung zusteht. Hat der Arbeitnehmer seinen Anspruch auf Entfristung durchgesetzt, ist er gemäß § 41 Abs. 2 AVG privilegiert.

Stellt der Arbeitgeber innerhalb von sechs Monaten nach der Entlassung im Sinne von § 41 Abs. 1 AVG wieder Personal ein, soll dies den Entlassenen mitgeteilt und sie vorrangig sowie zu den alten Bedingungen wieder eingestellt werden[955]. Die Regelung schützt das Interesse der Entlassenen, möglichst schnell wieder eine Beschäftigung zu finden und kann verhindern, dass der Arbeitgeber die Massenentlassung zur Drückung der Personalkosten nutzt.

954 So noch in § 41 Abs. 2 Nr. 1 des 2. Entwurfes zum AVG enthalten.

955 Vgl. § 41 Abs. 3 AVG. Waas/Wu sprechen von einem Anspruch der entlassenen Arbeitnehmer auf vorrangige Wiedereinstellung, Waas/Wu, Arbeitsvertragsgesetz, S. 255.

eeee. Die betriebsbedingte Kündigung nach deutschem Recht

aaaaa. Einleitung

Bei der betriebsbedingten Kündigung eines Arbeitnehmers nach dem KSchG muss dessen Beschäftigungsbedarf auf Dauer entfallen sein. Zwar muss der Arbeitgeber vor Gericht nachweisen, dass der Beschäftigungsbedarf tatsächlich auf Dauer weggefallen ist, um willkürliche oder auf sachfremden Erwägungen gestützte Kündigungen zu verhindern. Es ist aber letztlich seine Entscheidung, die Zahl der Arbeitskräfte zu bestimmen, die er zur Erledigung einer Arbeitsaufgabe einsetzen will. Letztlich beschränkt sich die gerichtliche Überprüfung somit auf die Durchführbarkeit der unternehmerischen Entscheidung und die Dauerhaftigkeit der Maßnahme[956]. Die auf der unternehmerischen Entscheidung beruhenden betrieblichen Erfordernisse müssen so dringlich sein, dass die Kündigung im Interesse des Betriebes notwendig ist, d. h. sie muss unvermeidbar sein. Nach herrschender Meinung verbirgt sich dahinter die Verhältnismäßigkeitsprüfung[957].

Wegen des Wegfalls des Arbeitsplatzes wird bei einer betriebsbedingten Kündigung nach dem KSchG nicht zwischen dem Arbeitnehmerinteresse am Bestandsschutz und dem Arbeitgeberinteresse an der Beendigung abgewogen. Erst im Rahmen einer möglichen Sozialauswahl werden die Bestandsschutzinteressen der für die Kündigung in Betracht kommenden, vergleichbaren Arbeitnehmer miteinander abgewogen. Dem am wenigsten schutzwürdigen Arbeitnehmer muss grundsätzlich zuerst gekündigt werden. Zur Prüfung der Sozialwidrigkeit hat die Rechtsprechung weitere Kriterien entwickelt.

bbbbb. Rechtsvergleich

Interessant ist, dass der chinesische Gesetzgeber die Sozialauswahl und die bevorzugte Wiedereinstellung der entlassenen Arbeitnehmer nicht auch auf Vertragsauflösungen unterhalb der Schwelle des § 41 AVG ausgedehnt hat. Offensichtlich hat er dem unterhalb der Schwelle einer Massenentlassung keine Bedeutung beigemessen. Anscheinend spielen für den chinesischen Gesetzgeber soziale Aspekte erst dann eine Rolle, wenn eine größere Anzahl von Arbeitnehmern betroffen ist. Der Hintergrund könnte sein, dass das Risiko sozialer Unruhen in diesen Fällen größer ist und man dem Arbeitgeber nicht grundsätzlich die Auswahl der betriebsbedingt zu entlassenden Arbeitnehmer einschränken möchte.

---

956 Vgl. Linck, Arbeitsrechts-Handbuch, S. 1620 f., Berkowsky, Münchener Handbuch zum Arbeitsrecht, S. 1842 ff.

957 Vgl. Linck, Arbeitsrechts-Handbuch, S. 1623, Preis, Arbeitsrecht, S. 759 ff., Berkowsky, Münchener Handbuch zum Arbeitsrecht, S. 1856 ff.

Das ist ein wesentlicher Unterschied zur betriebsbedingten Kündigung im Sinne von § 1 KSchG. Im deutschen Recht spielt die Sozialauswahl bei jeder Einzelkündigung eine Rolle. Die Sozialauswahl ist im deutschen Recht auch deshalb von größerer Bedeutung, weil die betriebsbedingte Kündigung mehr Fälle erfasst, als die Veränderung objektiver wirtschaftlicher Umstände gemäß § 41 Abs. 1 Nr. 1–4 AVG. Andererseits findet die Sozialauswahl des KSchG keine Anwendung auf Kleinbetriebe, während die Regelungen zur Massenentlassung unabhängig von der Größe des Unternehmens einschlägig sind.

Die Vertragsfreiheit des Arbeitgebers ist nach der BAG Rechtsprechung durch einen Wiedereinstellungsanspruch des rechtmäßig, betriebsbedingt gekündigten Arbeitnehmers beschränkt, wenn sich zwischen dem Ausspruch der Kündigung und dem Ablauf der Kündigungsfrist eine Weiterbeschäftigungsmöglichkeit ergibt. Der Anspruch wird aus der arbeitsvertraglichen Pflicht, auf die berechtigten Interessen des Vertragspartners Rücksicht zu nehmen, gemäß § 242 bzw. § 241 Abs. 2 BGB i. V. m. Art. 12 Abs. 1 GG gefolgert. Berechtigte Interessen des Arbeitgebers können dem Anspruch entgegenstehen, z. B. weil der Arbeitsplatz bereits besetzt wurde, sofern dadurch nicht die Weiterbeschäftigung des gekündigten Arbeitnehmers treuwidrig verhindert werden sollte.

Die Wiedereinstellungspflicht des Arbeitgebers nach § 41 Abs. 3 AVG ist nach dem Gesetzeswortlaut nicht durch berechtigte Interessen des Arbeitgebers einschränkbar. Der Hauptanwendungsfall der vorherigen Besetzung des Arbeitsplatzes soll aber auch gerade durch § 41 Abs. 3 AVG ausgeschlossen werden. Der zeitliche Anwendungsbereich der Wiedereinstellungspflicht bis zu sechs Monate nach der Entlassung ist deutlich weiter, als der nach deutschem Recht, der nur bis zum Ablauf der Kündigungsfrist gilt. Innerhalb des Anwendungsbereiches von § 41 Abs. 1 Nr. 1–4 AVG wird dem Arbeitnehmer, dessen Arbeitsvertrag aufgelöst wurde, ein nachwirkender Bestandsschutz gewährt. Dahinter dürften wiederum arbeitsmarkt- und gesellschaftspolitische Erwägungen stehen. Unter (arbeits-) vertraglichen Gesichtspunkten ist dies kaum zu erklären. Unabhängig von der behördlichen und gewerkschaftlichen Kontrolle der Massenentlassung sowie der gerichtlichen Überprüfung der Rechtmäßigkeit der individuellen Vertragsauflösung wird hier gegen den Missbrauch der Massenentlassung als Mittel zur Senkung von Personalkosten durch den Arbeitgeber angegangen. Massenentlassungen gehen aber auch einher mit strukturellen Maßnahmen[958] oder wirtschaftlichen Schwierigkeiten des Unternehmens[959]. Die Wiedereinstellung zu den alten Vertragsbedingungen geht dann alleine zu Lasten des Arbeitgebers. Er ist innerhalb des Sechs-

958 Vgl. § 41 Abs. 1 Nr. 3 AVG.
959 Vgl. § 41 Abs. 1 Nr. 1, 2 AVG.

monatszeitraums wegen der fixen Personalkosten etwaiger Neueinstellungen in seinem wirtschaftlichen Handlungsspielraum beschränkt. Selbst bei einer Verbesserung der wirtschaftlichen Situation des betroffenen Unternehmens wird § 41 Abs. 3 AVG somit Neueinstellungen eher hemmen.

Existiert in dem betroffenen Betrieb ein Personal- oder Betriebsrat, so ist nach dem deutschen Betriebsratsverfassungsgesetz dessen ordnungsgemäße Anhörung zur geplanten Kündigung Wirksamkeitsvoraussetzung. Sein Widerspruch gegen die Kündigung führt nicht zur Unwirksamkeit der Kündigung, sondern nur zu einem Weiterbeschäftigungsanspruch des Arbeitnehmers während des Kündigungsschutzprozesses und nach Ablauf der Kündigungsfrist zu unveränderten Arbeitsbedingungen gemäß § 102 Abs. 5 BetrVG[960].

cc. Das Mitteilungserfordernis

aaa. Die Mitteilung als Wirksamkeitsvoraussetzung

Die Auflösung des Arbeitsvertrages bedarf grundsätzlich einer vorherigen Mitteilung (通知) an den Auflösungsempfänger[961]. Ausdrücklich ist das Mitteilungserfordernis in den Tatbeständen zur ordentlichen Vertragsauflösung gemäß den §§ 37, 40 AVG geregelt. Demgegenüber fehlt eine Regelung für die außerordentlichen Auflösungsgründe gemäß den §§ 38, 39 AVG[962]. Weder das AG noch das AVG enthalten grundsätzliche Aussagen zur Bedeutung der Mitteilung für die Wirksamkeit einer Vertragsauflösung. Nur das VG statuiert in seinem allgemeinen Teil:

> *§ 96*
> *(1) Wenn eine Partei nach den §§ 93 Abs. 2, 94 den Vertrag auflöst, muss sie dies der anderen Partei mitteilen. Sie hat den Vertrag aufgelöst, sobald die Mitteilung der anderen Seite zugeht. Wenn die andere Seite Einwände hat, kann sie beim Volksgericht oder Schiedsgericht die Feststellung der Wirksamkeit des aufgelösten Vertrages verlangen.*
> *(2) ...*

Das VG findet zwar grundsätzlich keine Anwendung auf den Arbeitsvertrag, die vertragsrechtliche Regelung zeigt jedoch, dass der chinesische Gesetzgeber vom Grundsatz der empfangsbedürftigen Willenserklärung bei einer einseitigen Vertragsauflösung ausgeht. Es sind keine Gründe erkennbar, warum der Grund-

---

960 Vgl. § 124 BetrVG, Linck, Arbeitsrechts-Handbuch, S. 1574, Preis, Arbeitsrecht, S. 749 f., Berkowsky, Münchener Handbuch zum Arbeitsrecht, S. 2075 ff.

961 Vgl. GtZ/MoLSS, Commentaries, S. 488.

962 Lauffs, Chinese law spurs reforms, S. 96, vertrat ursprünglich die Meinung, dass es keiner Mitteilung der Auflösung durch den Arbeitgeber an den Arbeitnehmer im Fall von § 39 AVG bedarf. In Lauffs, Employment Law, S. 195, weicht er davon jedoch ausdrücklich wieder ab.

satz der einseitig empfangsbedürftigen Willenserklärung nicht auch im Arbeitsvertragsrecht gelten soll. Man kann annehmen, dass der Gesetzgeber auch ohne besondere Erwähnung von der Anwendung dieses Grundsatzes für die Auflösung des Arbeitsvertrages ausging. Das wird an der einzigen normierten Ausnahme vom Mitteilungserfordernis deutlich:

§ 38 AVG

(1) ...

(2) Wenn der Arbeitgeber den Arbeitnehmer mit Gewalt, Drohung oder rechtswidriger Freiheitsbeschränkung zur Arbeit zwingt oder mit regelwidrigen Anweisungen oder Befehlen zu gefährlicher Tätigkeit seine persönliche Freiheit gefährdet, kann der Arbeitnehmer sofort den Arbeitsvertrag auflösen, ohne den Arbeitgeber vorher zu unterrichten[963].

Dass das Fehlen einer vorherigen Unterrichtung des Vertragspartners explizit zugelassen wurde, bedeutet im Umkehrschluss, dass der Arbeitsvertrag grundsätzlich nicht ohne selbige aufgelöst werden kann. Anders als sonst ist zwar nicht von einer Mitteilung, sondern von der vorherigen Unterrichtung (事先告知) die Rede; ein Ausdruck der selbst im VG nicht mit einer rechtlichen Bedeutung belegt ist. Inhaltlich sind Unterrichtung und Mitteilung jedoch deckungsgleich. Folglich ist damit die Mitteilung umfasst.

Grundsätzlich bedarf es aber einer vorherigen Mitteilung der Auflösung an den Vertragspartner. So enthielten auch die Vorschriften zur außerordentlichen Arbeitnehmerkündigung in § 36 Abs. 1, 2. HS des 1. Entwurfes, in § 38 Abs. 2 des 2. Entwurfes und § 38 Abs. 1 des 3. Entwurfes noch die Erläuterung, dass eine Mitteilung der Auflösung an den Arbeitgeber erforderlich ist. Stützen lässt er sich auch auf § 70 AVG, wonach die Auflösung eines Teilzeitarbeitsvertrages immer der Mitteilung bedarf. Erst nach vorheriger Mitteilung an den Vertragspartner, wird die Auflösung demnach wirksam[964].

Bei der bloßen Einstellung der Auflösungsmitteilung ins Internet wurde beispielsweise die Auflösung gerichtlich für unwirksam befunden, weil sie dem Arbeitnehmer nicht ordnungsgemäß zugestellt wurde. Hier wird man nur schwer von einem Zugang der Auflösungsmitteilung beim Arbeitnehmer sprechen können. Öffentliche Verkündungen einseitiger Arbeitsvertragsauflösungen

---

963 Zu den Arbeitsbedingungen, die wohl zur Aufnahme der Regelung veranlasst haben, vgl. Oakley, Labor Relations, S. 157 f.

964 Vgl. Ling, Contract Law, S. 353, und GtZ/MoLSS, Commentaries, 497. So auch ein Shanghaier Schiedskommitee im September 2010, vgl. Baker & McKenzie, Employee's Absence From Work Does Not Imply Resignation, in: China Employment Law Update (2010), Ausgabe Oktober, S. 5 [http://www.bakermckenzie.com/NLChinaEmploymentLawUpdateOct10/], 7. April 2012. Das Schiedskommitee hatte befunden, dass ein Arbeitsvertrag mangels Auflösungsmitteilung durch den Arbeitnehmer bzw. den Arbeitgeber fortbestand, obwohl der Arbeitnehmer nach einer Auseinandersetzung mit seinem Vorgesetzten ohne Erlaubnis der Arbeit fernblieb.

werden allerdings nicht immer als Wirksamkeitshindernis angesehen. Entscheidend dürfte dabei sein, ob der Erklärende mit einer Kenntnisnahme durch den Adressaten ausgehen durfte[965].

bbb. Form der Auflösungsmitteilung

Ob bei § 38 Abs. 2 AVG zumindest eine konkludente Auflösungserklärung erforderlich ist, ist streitig[966]. Der Normwortlaut differenziert jedenfalls nicht zwischen mündlicher, schriftlicher oder konkludenter Unterrichtung, so dass der Anschein des Ausschlusses jeglicher vorheriger Unterrichtung besteht. Die Bedeutung der Regelung dürfte im Zeitpunkt des Mitteilungserfordernisses liegen. Der Gesetzgeber hat mit der Regelung nur beabsichtigt, dem Arbeitnehmer eine Möglichkeit zur sofortigen Auflösung des Arbeitsvertrages an die Hand zu geben, ohne sich zuvor an den Arbeitgeber wenden zu müssen. Damit ist eine Unterrichtung oder Mitteilung an sich nicht ausgeschlossen worden. Sie kann vielmehr auch nachträglich erfolgen.

Hier stellt sich die Frage, in welcher Form – schriftlich, mündlich oder sogar konkludent – die Unterrichtung bzw. Auflösungsmitteilung erfolgen kann. Der Gesetzgeber möchte dem Arbeitnehmer offensichtlich eine möglichst einfache Möglichkeit zur Auflösung des Arbeitsvertrages an die Hand geben. Dem entspricht es, dass dem Arbeitnehmer kein unmittelbarer Kontakt zum Arbeitgeber mehr zuzumuten ist, weil ein strafbares oder zumindest regelwidriges, auf Gesundheit und Leben des Arbeitnehmers keine Rücksicht nehmendes Verhalten des Arbeitgebers vorliegt. Da das chinesische Vertragsrecht grundsätzlich die konkludente Willenserklärung anerkennt[967], ist die Annahme einer konkludenten Auflösungsmitteilung die naheliegendste Lösung. Diese kann bereits durch das Fernbleiben vom Arbeitsplatz erfolgen.

Für die ordentliche Auflösung in §§ 37, 40 AVG verlangt der Gesetzgeber die Schriftform der Mitteilung, nicht aber bei außerordentlichen Auflösungen gemäß §§ 38, 39 AVG. Teilweise wird vertreten, dass die Schriftform für alle Auflösungen und sogar für Auflösungsvereinbarungen im Sinne von § 36 AVG erforder-

---

965 Vgl. Baker & McKenzie, Defects in Termination Notices Lead to Employer Liability, in: China Employment Law Update (2010), Ausgabe Juni, S. 5f. [http://www.bakermckenzie.com/NLChinaEmploymentLawUpdateJun10/], 7. April 2012.

966 Vgl. Li/Frik, Arbeitsvertragsgesetz, S. 88. Glück/Tänzler gehen davon aus, dass zumindest keine „ausdrückliche Kündigungserklärung“ erforderlich ist, Glück/Tänzler, Arbeitsvertragsgesetz, S. 347.

967 Vgl. §§ 22 VG, Nr. 66 „Versuchsweise durchgeführte Ansichten zu einigen Fragen bei der Anwendung der Allgemeinen Grundsätze des Zivilrechts“.

lich sein soll[968]. Dagegen spricht, dass besondere Formerfordernisse bspw. im chinesischen Zivilvertragsrecht eine Ausnahme darstellen, die speziell ausgedrückt werden muss[969]. Wenn die Schriftform zwingend für alle Auflösungen im Sinne des Arbeitsvertragsgesetzes gesetzlich vorgesehen wäre, wäre darüber hinaus die Bestimmung des § 50 AVG, wonach der Arbeitgeber im Zeitpunkt der Auflösung eines Arbeitsvertrages einen Nachweis über die Auflösung zu erstellen hat, überflüssig[970]. Der Beweisfunktion würde nämlich jedenfalls die schriftliche Auflösungsmitteilung genügen. Des Weiteren sah schon das AG nur bei den ordentlichen Auflösungen eine vorherige schriftliche Mitteilung vor[971] was darauf hindeutet, dass es sich um keine zufällige Unterscheidung handelt. Infolgedessen genügt für die außerordentliche Auflösung des Arbeitsvertrages die mündliche oder konkludente Mitteilung an den Vertragspartner[972].

Die Schriftform der Mitteilung ist zwingend, das heißt ein Verstoß führt zur Unwirksamkeit der Auflösung[973].

Das AVG enthält keine Definition der Schriftform. Es bleibt alleine eine Orientierung an den zivil- und vertragsgesetzlichen Formgrundsätzen. Nach § 11 VG bedeutet Schriftform eine Form, bei der der Inhalt einen sichtbaren Ausdruck finden kann. Das ist der Fall bei Vertragsurkunden, Briefen oder elektronischen Datenschriftstücken (inklusive Telegrammen, Fernschreiben, Faxen, ausgetauschte elektronische Daten und E-mails).

ccc. Auflösungsfristen

aaaa. Allgemeine Regelungen

Das AVG stellt auch für die individuelle Auflösungsmitteilung besondere Fristerfordernisse auf. So muss der Arbeitnehmer dem Arbeitgeber die Auflösung ohne

968 Der Ansicht sind Li/Frik, Arbeitsvertragsgesetz, S. 89, Waas/Wu, Arbeitsvertragsgesetz, S. 251, und Glück/Tänzler, Glück/Tänzler, Arbeitsvertragsgesetz, S. 348.

969 Vgl. § 96 VG. Im Ergebnis genauso Alexander Greth/Talin Demir, Kündigungsschutz modifiziert, in: China Contact (2008), Heft 6, S. 23.

970 Es würde dann der Bezug auf die Beendigung des Arbeitsvertrages genügen.

971 Vgl. §§ 25, 26, 31, 32 AG.

972 Auch Prof. Wang Quan Xing – im Interview – ist der Auffassung, dass es kein generelles Schriftformerfordernis gibt sondern nach dem Wortlaut der Normen ausgelegt werden muss. Ansichten, wonach es im chinesischen Arbeitsrecht grundsätzlich keine konkludente Auflösungsmitteilung gibt, sind abzulehen (so z. B. Baker & McKenzie, Employee's Absence From Work, S. 5). In den problematischen Fällen geht es um reine Beweisfragen, nicht aber um die generelle Verneinung konkludenter Auflösungsmitteilungen.

973 Vgl. zur parallelen Rechtslage beim Zivilvertrag Ling, Contract Law, S. 354.

Vorliegen eines besonderen Grundes dreißig Tage vorher mitteilen. Während der Probezeit beträgt die Auflösungsfrist nur drei Tage[974].

Eine Auflösungsfrist von dreißig Tagen hat auch der Arbeitgeber zu beachten, wenn er den Vertrag ordentlich gemäß § 40 AVG auflösen möchte. Diese Auflösungsfrist gilt für den Arbeitgeber mangels anderslautender Bestimmung auch während der Probezeit.

Löst der Arbeitnehmer den Vertrag gemäß § 38 AVG auf, muss er überhaupt keine Auflösungsfrist beachten[975]. Entsprechendes gilt für den Arbeitgeber, der unter den Voraussetzungen von § 39 AVG auflöst. Der Arbeitgeber kann den Arbeitsvertrag auch dann mit sofortiger Wirkung und ohne schriftliche Mitteilung auflösen, wenn er dem Arbeitnehmer zusätzlich einen Monatslohn gezahlt hat[976].

Die Auflösungsgründe des Arbeitsvertragsgesetzes sind beidseitig zwingendes Recht. Fraglich ist, ob dies auch für die Auflösungsfristen gilt oder ob diese auch verlängert[977] bzw. verkürzt werden dürfen. Dem Gedanken des Arbeitnehmerschutzes folgend, der dem AVG zu Grunde liegt, könnte zumindest eine Verkürzung der Auflösungsfristen im Falle der Arbeitgeberkündigung ausgeschlossen sein. Dafür spricht, dass § 40 AVG eine Nichteinhaltung der gesetzlichen Auflösungsfrist für den Arbeitgeber nur gegen finanzielle Kompensation vorsieht. Gemäß § 26 Abs. 1 Nr. 2 AVG sind Vereinbarungen unwirksam, die gesetzliche Pflichten des Arbeitgebers ausschließen. Bei einer vertraglichen Verkürzung der Auflösungsfrist des Arbeitgebers würde seine Kompensationspflicht gemindert oder ganz ausgeschlossen, was unwirksam sein dürfte.

Vergleichbare Gründe, die gegen eine vertragliche Verkürzung der gesetzlichen Frist für Vertragsauflösungen durch den Arbeitnehmer sprechen, sind dagegen nicht ersichtlich. Vertreten wird dennoch, dass von den Fristenregelungen auch im Fall der Arbeitnehmervertragsauflösung prinzipiell nicht vertraglich abgewichen werden darf[978].

---

974 § 37 AVG

975 Vgl. hierzu auch Münzel, Chinas Recht, Anm. 14 zum Arbeitsvertragsgesetz, der dies sogar für die vereinbarte Dienstdauer gemäß § 22 AVG annimmt.

976 Vgl. § 40 AVG. So auch Li/Frik, Arbeitsvertragsgesetz, S. 88, Waas/Wu, Arbeitsvertragsgesetz, S. 251, Duchetsmann, Arbeitnehmerschutz, S. 90, und Glück/Tänzler, Arbeitsvertragsgesetz, S. 348. Däubler/Wang meinen dagegen, „dabei ist eine sofortige Freistellung möglich, wenn das Entgelt für diese 30 Tage fortbezahlt wird", Das neue chinesische Arbeitsrecht, S. 86. Dabei wird nicht deutlich, ob auch der Arbeitsvertrag sofort enden soll oder erst nach Ablauf einer Freistellungsphase von 30 Tagen.

977 Generell dafür sprechen sich Greth/Demir, Kündigungsschutz modifiziert, S. 23, aus.

978 Für beide Parteien schließt das Duchetsmann, Arbeitnehmerschutz, S. 90, aus.

Andere meinen, dass längere als die gesetzlichen Fristen nur wirksam für Arbeitgeberkündigungen vereinbart werden dürfen[979]. Das soll selbst für solche Verlängerungen gelten, die nicht ausschließlich im Interesse des Arbeitgebers sondern auch im Interesse des Arbeitnehmers liegen[980]. Bei einer Verlängerung der Auflösungsfrist für den Arbeitnehmer könnte man wiederum einen Verstoß gegen § 26 Abs. 1 Nr. 2 AVG annehmen, da sein Recht zur Vertragsauflösung innerhalb von dreißig Tagen ausgeschlossen wird.

bbbb. Spezielle Fristvereinbarungen

Regionale Bestimmungen beinhalten mitunter eigene Regelungen zu den Fristen. Unter den Shangh. AVB sind die Parteien befugt, einvernehmlich eine andere Auflösungsfrist zu vereinbaren, wenn eine vorherige Auflösungsmitteilung verlangt ist[981]. Die Bestimmung lässt infolgedessen sowohl Verlängerungen als auch Verkürzungen der Auflösungsfrist für eine oder beide Vertragsparteien zu. In Zukunft muss hier zumindest die Kompensationsregelung des § 40 AVG beachtet werden, um Widersprüche mit der nationalen Gesetzgebung zu vermeiden.

Die Pekinger AVB kennen die arbeitsvertragliche Änderung der gesetzlichen Auflösungsfrist für den Arbeitnehmer bis zu einer Maximaldauer von sechs Monaten unter der Voraussetzung, dass dies zur Wahrung von Geschäftsgeheimnissen des Arbeitgebers nötig ist[982]. Ähnliches gilt entsprechend § 2 der „Mitteilung zu verschiedenen Fragen betreffend der Mobilität der Arbeitnehmer in Unternehmen“[983].

Das AVG enthält in den §§ 23–25 Vorschriften über Wettbewerbsbeschränkungen von Arbeitnehmern, die der Wahrung von Geschäftsgeheimnissen des Arbeitgebers dienen. Wettbewerbsbeschränkungen dürfen nur gegen monatliche Ausgleichszahlungen bis zur Höchstdauer von zwei Jahren vereinbart werden. Weiter bestehen Beschränkungen des betroffenen Arbeitnehmerkreises sowie von Umfang und Gebiet der Wettbewerbsbeschränkung. Verstößt der Arbeitnehmer gegen die Wettbewerbsbeschränkung, muss er eine vereinbarte Vertragsstrafe zahlen. Außer in den Fällen der §§ 22, 23 AVG dürfen keine Vertragsstrafen zu Lasten des Arbeitnehmers vereinbart werden.

---

979 Vgl. Kuang-Hua Lin/Philipp Korte, Ab 1. Januar 2008: Verschärftes Arbeitsrecht in China, in: Fashion Technics Today (2007), Heft Dezember, S. 13.

980 Kategorisch abgelehnt wird dies in: 100 Fragen – 100 Antworten: Personalbeschaffung und -führung“ in: China Contact (2009), Ausgabe 7, S. 30.

981 Vgl. Punkt 15 des „Rundschreiben II betreffend bestimmte Fragen über die Einführung der Arbeitsvertragsbestimmungen der Stadt Shanghai“.

982 Vgl. § 18 Pekinger AVB.

983 Vgl. auch Lauffs, Employment Law, S. 180.

Diese Vorschriften schließen eine Verlängerung von Auflösungsfristen für den Arbeitnehmer zur Wahrung von Geschäftsgeheimnissen nicht ausdrücklich oder implizit aus. Die Begrenzung der Wettbewerbsbeschränkungen auf bestimmte Personengruppen usw. zeigt nichtsdestotrotz, dass der Gesetzgeber ein Schutzbedürfnis des Arbeitnehmers bei vertraglichen Regelungen zum Schutz von Geschäftsgeheimnissen des Arbeitgebers anerkennt. Auch einseitige Verlängerungen von Auflösungsfristen für den Arbeitnehmer zur Wahrung von Geschäftsgeheimnissen benachteiligen denselben. Die Beeinträchtigung ist allerdings nicht so gravierend, wie bei Wettbewerbsbeschränkungen nach dem Ende des Arbeitsvertrages. Sie ist eher vergleichbar mit der Vereinbarung der Dauer der Dienste des Arbeitnehmers im Sinne von § 22 AVG. Als Sanktionsmöglichkeit für die vorzeitige Beendigung des Arbeitsverhältnisses gesteht das Gesetz dem Arbeitgeber die Vereinbarung einer Vertragsstrafe mit dem Arbeitnehmer zu. In allen anderen Fällen als den §§ 22, 23 AVG ist eine Vertragsstrafe gemäß § 25 AVG ausgeschlossen[984]. Dies ist ein wesentlicher Unterschied zu einer verlängerten Auflösungsfrist, bei deren Verletzung allenfalls Schadensersatzansprüche in Betracht kommen[985]. Deshalb kann nicht angenommen werden, dass die Vorschriften zur Vereinbarung einer Dienstdauer gegen die Vereinbarung verlängerter Auflösungsfristen für Arbeitnehmer sprechen.

Unklar ist, inwieweit diese regionalen und untergesetzlichen Bestimmungen gegen das AVG verstoßen. Im Zweifel wird man annehmen können, dass aufgrund dieser Bestimmungen getroffene Vereinbarungen über die Länge der Mitteilungsfrist nicht wegen Verstoßes gegen § 26 Abs. 1 Nr. 2 AVG unwirksam sind. Das Feld bleibt demnach auch weiterhin untergesetzlichen nationalen oder regionalen Vorschriften überlassen.

ddd. Rechtsvergleich

Die Kündigungserklärung ist auch nach deutschem Recht Wirksamkeitsvoraussetzung für die Kündigung. Sie ist eine einseitige, empfangsbedürftige Willenserklärung. Sie bedarf gemäß § 623 BGB zwingend der Schriftform. Von diesem Erfordernis kann nicht durch Vertrag abgewichen werden. Die Kündigung tritt nach Ablauf der gesetzlichen, tarif- oder einzelvertraglich wirksam vereinbarten Kündigungsfrist in Kraft.

---

984 Diese Bestimmung darf auch nicht durch lokale Regelungen umgangen werden, wie ein Urteil des Changning Distriktgerichts Shanghai zeigt, vgl. Baker & McKenzie, Shanghai Court Strikes Down Liquidated Damages Provision in Confidentiality Claim, in: China Employment Law Update (2009), Ausgabe Oktober, S. 4, [http://www.bakermckenzie.com/NLChinaEmploymentLawUpdateOct09/] 7. April 2012.

985 Vgl. unten.

Das Gesetz enthält in § 622 Abs. 1 und 2 BGB nach der Beschäftigungsdauer gestaffelte Kündigungsfristen für die Arbeitgeberkündigung. Dabei handelt es sich um Arbeitnehmerschutzrecht, also um einseitig dispositives Recht[986]. Das bedeutet, einzelvertraglich dürfen nur Verlängerungen jedoch grundsätzlich keine Verkürzungen der Kündigungsfristen vereinbart werden[987]. Tarifvertraglich sind jedoch Abweichungen möglich[988].

Auch für die Arbeitnehmerkündigung gibt es in § 622 Abs. 1 BGB eine Kündigungsfrist von vier Wochen, die verlängert und unter den Voraussetzungen von § 622 Abs. 5 BGB verkürzt werden darf. Vertraglich vereinbarte Kündigungsfristen für den Arbeitnehmer dürfen allerdings gemäß § 622 Abs. 6 BGB nicht länger als die für den Arbeitgeber sein. Während der Probezeit gilt eine kürzere gesetzliche Kündigungsfrist von zwei Wochen gemäß § 622 Abs. 3 BGB.

Wesentliche Unterschiede zwischen den gesetzlichen Regelungen im BGB und im AVG sind, dass das chinesische Recht nur sehr kurze Auflösungsfristen vorsieht, die völlig unabhängig von der Beschäftigungsdauer des Arbeitnehmers sind. Daran wird ersichtlich, dass der Gesetzgeber die Parteien nicht kraft Gesetzes über Maßen aneinander binden möchte, wenn die Voraussetzungen einer wirksamen Kündigung erfüllt sind. Wenn man einmal von der Sondervorschrift des § 38 Abs. 2 AVG absieht, werden die Arbeitsvertragsparteien vom Gesetz gleich behandelt. Demgegenüber hat der deutsche Gesetzgeber die Kündigungsfristenregelungen eindeutig als Arbeitnehmerschutzrecht ausgestaltet. Deshalb fällt es im chinesischen Arbeitsrecht auch schwer, eine Partei unter Berufung auf den generellen Arbeitnehmerschutz des Arbeitsrechtes bei vertraglichen Fristenregelungen gegenüber der anderen zu privilegieren. Naheliegender ist da die Auffassung, dass von den gesetzlichen Fristerfordernissen nur in oder aufgrund von Rechtsvorschriften abgewichen werden darf. Dass die außerordentlichen Vertragsauflösungen nach chinesischem Recht keiner Schriftform bedürfen, wird durch das Nachweiserfordernis des § 50 Abs. 1 AVG entschärft.

dd. Beteiligung der Gewerkschaften

Nach § 43 S. 1 AVG soll der Arbeitgeber vor seiner einseitigen Auflösung des Arbeitsvertrages die Gründe der Auflösung der Gewerkschaft mitteilen.

Umstritten ist, ob mit Gewerkschaft lediglich die Unternehmensgewerkschaft gemeint ist oder, sofern eine solche nicht besteht, auch eine Mitteilungspflicht an die nächst höhere Gewerkschaft besteht. Letztere Ansicht wurde bereits ver-

---

986 Vgl. Preis, Arbeitsrecht, S. 720 ff., Wank, Münchener Handbuch zum Arbeitsrecht, S. 1546.

987 Zur Ausnahme siehe § 622 Abs. 5 BGB.

988 Vgl. § 622 Abs. 4 BGB. Vgl. Linck, Arbeitsrechts-Handbuch, S. 1498.

schiedentlich von Schiedsgerichten befürwortet. Rechtsfolge einer unterlassenen Mitteilung ist nach teilweise vertretener Ansicht die Fortsetzung des Arbeitsvertrages auf Verlangen des Arbeitnehmers gemäß § 48 AVG[989].

Die Gewerkschaft kann die Auflösung des Arbeitsvertrages nicht selbst verhindern[990]. Sie hat zwar einen Anspruch (有权要求) gegen den Arbeitgeber auf Korrektur von Verstößen gegen Gesetze, Verwaltungsrechtsnormen oder den Arbeitsvertrag und der Arbeitgeber muss die Einwände der Gewerkschaft erwägen und ihr seine Regelung schriftlich mitteilen[991], die Gewerkschaft hat aber keine Durchsetzungsmöglichkeiten. Ob die Gewerkschaft durch die Vorschrift anstelle des Arbeitnehmers zur gerichtlichen Geltendmachung der Unwirksamkeit der Vertragsauflösung berechtigt sein soll, ist unklar.

In manchen Gegenden unterliegt die Auflösung zusätzlich dem Zustimmungserfordernis durch die zuständige Arbeitsverwaltungsbehörde[992].

ee. Besonderheiten bei Massenentlassungen

aaa. Mitteilungserfordernis

Im Gegensatz zu § 40 AVG sieht § 41 AVG keine Mitteilung an den Arbeitnehmer sondern eine Erklärung der Umstände der Massenentlassung an die Gewerkschaft oder ganze Belegschaft dreißig Tage vor der Entlassungsmaßnahme vor. Damit wird die Vorschrift dem kollektiven Charakter der Entlassung einer größeren Anzahl von Arbeitnehmern gerecht.

Bereits für die alte Regelung des Arbeitsgesetzes ging Lauffs davon aus, dass tatsächlich nur die vorzeitige Mitteilung an die gesamte Belegschaft bzw. Gewerkschaft nötig ist[993]. Man wird davon ausgehen können, dass in diesen Fällen eine individuelle Mitteilung nicht mehr erforderlich ist. Nach § 41 Abs. 1 AVG vertreten

---

989 Vgl. Lauffs, Employment Law, S. 196, unter Berufung auf ein Gerichtsurteil aus Shanghai (s. u.), Glück/Tänzler, Arbeitsvertragsgesetz, S. 348, Waas/Wu, Arbeitsvertragsgesetz, S. 254, und Kirk, Putting, S. 16. So auch der Kommentar zur Entscheidung in dem als Musterverfahren bekannt gewordenen Kündigungsschutzvolksgerichtsverfahren Liu Jianfa gegen Shanghai Otis Elevator Company, Fall 115211996037, die zum inhaltsgleichen aber mittlerweile unwirksamen § 16 der „Shanghaier Bestimmungen zu Arbeits- und Personalverwaltung in ausländisch investierten Unternehmen“ erging. Die Entscheidung gehört zu einer Sammlung ausgewählter Werke der staatlichen CEILAW Datenbank. Eine Übersetzung der Entscheidung inklusive des Kommentars findet sich bei Josephs, Labor Law in China, S. 163 ff. Unklar in diesem Zusammenhang: GtZ/MoLSS, Commentaries, S. 494.

990 Vgl. Lauffs, Chinese law spurs reforms, S. 96, sowie in Lauffs, Employment Law, S. 196.

991 Vgl. § 43 S. 2 und 3 AVG.

992 Vgl. Wolff, Arbeitsvertrag, S. 221.

993 Vgl. Lauffs, Employment Manual, S. 339.

Gewerkschaft oder gesamte Belegschaft vielmehr die von der Auflösung betroffenen Arbeitnehmer im Hinblick auf den Empfang der Auflösungsmitteilung.

Die Pflicht des Arbeitgebers, dem Arbeitnehmer gemäß § 50 AVG einen Nachweis der Vertragsbeendigung oder –auflösung auszustellen, wird dagegen nicht von § 41 AVG eingeschränkt. Eine besondere Form ist für die Mitteilung nicht vorgesehen.

bbb. Anhörung und Aufstellung eines Entlassungsplans

Der Arbeitgeber muss die Meinungen der Gewerkschaft oder ganzen Belegschaft anhören und danach den Entlassungsplan der Arbeitsverwaltungsbehörde melden[994]. Das Gesetz stellt keine Anforderungen an den Inhalt eines Entlassungsplanes auf und schreibt keinen zeitlichen „Fahrplan" für das Verfahren nach § 41 Abs. 1 AVG vor. Regionale Vorschriften mit entsprechenden Zeit- und Fristenregelungen sind deshalb zu beachten[995].

In der Praxis kann der Entlassungsplan Aussagen treffen über den Grund für die Entlassungen, die betroffenen Arbeitnehmer und zu den geplanten wirtschaftlichen Kompensationen für dieselben[996]. Dabei handelt es sich um Mindestinformationen die die Arbeitsverwaltungsbehörde benötigt, um sich ein Bild über die Einhaltung der rechtlichen Anforderungen an die Massenentlassung zu machen und die zum Beispiel für eine Überprüfung im Hinblick auf die Erfordernisse der Sozialauswahl nach § 41 Abs. 2 AVG erforderlich sind[997]. Das ist deshalb von Bedeutung, weil die Arbeitsverwaltungsbehörde gemäß § 8 der „Bestimmungen über die Entlassung wegen wirtschaftlichen Gründen in Unternehmen", die Personalreduzierung aufhalten und eine Korrektur verlangen kann, wenn sie Gesetze, Vorschriften oder Vereinbarungen in Kollektivverträgen verletzt.

Auch die Gewerkschaft kann bei Verstößen gegen Kollektivverträge nach § 9 die erneute Behandlung des Falles verlangen und sich im Streitfall nach § 10 an die Schieds- und Volksgerichte wenden.

---

994 Vgl. § 41 Abs. 1 AVG.

995 Siehe auch Artikel 2 III Nr. 25 „Ansichten zu einigen Problemen bei der Durchführung des Arbeitsgesetzes", das nähere Informationen zum Entlassungsplan gemäß § 27 AG bietet. Auch wenn die Vorschrift noch zur alten Rechtslage erging, dürfte sie auch auf § 41 AVG Anwendung finden, soweit sich keine Widersprüche zur neuen Rechtslage ergeben. Vgl. Sun/Gao, Laying off, S. 15.

996 Vgl. Sun/Gao, Laying off, S. 14. Siehe auch Wang/Mo, Chinese law, S. 454.

997 Siehe auch Adam Salzer, Downsizing, in Andreas Lauffs (Hrsg.), China Staff Employment Manual, 3. Auflage, Hong Kong, 1997, S. 68–72, hier S. 69.

ccc. Rechtliche und praktische Bedeutung des Verfahrens nach § 41 Abs. 1 AVG

Wortlaut und Zweck legen nahe, dass es sich bei dem Verfahren nach § 41 Abs. 1 AVG um eine Zulässigkeitsvoraussetzung für die Massenentlassung handelt[998]. Dafür spricht, dass die chinesische Regierung in besonderem Maße Entlassungen großer Zahlen von Arbeitnehmern fürchtet, da diese schwere soziale Umbrüche bewirken können[999]. Sie schädigen den Reformprozess und gefährden die Stabilität und Entwicklung des sozialen Sicherungssystems. Bei aus Rationalisierungsgründen geplanten Entlassungen mussten deshalb bereits früher staatliche Unternehmen Rücksicht auf die öffentlichen Finanzen, die soziale Sicherheit der Belegschaft und die Fähigkeit der Gesellschaft, die entlassenen Arbeitnehmer aufzufangen, nehmen und Wiedereinstellungen fördern[1000].

Im Zuge der weltweiten Wirtschaftskrise sahen sich verschiedene lokale Regierungen durch ein Schreiben des MOLLS vom 17. November 2008 veranlasst, Entlassung von mehr als vierzig Arbeitnehmern bzw. die Nichtverlängerung von mehr als 80% der Arbeitsverträge eines Unternehmens an eine vorherige Billigung zu knüpfen, was so überhaupt nicht vom AVG vorgesehen ist[1001].

Daneben sehen beispielsweise die „Bestimmungen zu Kollektivarbeitsverträgen in Shanghai" vom 16.8.2007 in § 13 Abs. 2 Nr. 1 ausdrücklich die Pflicht zur Aufnahme von Verhandlungen zwischen Arbeitgeber und Arbeitnehmern im Falle von Massenentlassung vor, wenn dies eine Seite verlangt.

ddd. Kollektivvertrag und Massenentlassung

Nach § 8 Nr. 10 der Kollektivvertragsbestimmungen, können auch in einem Kollektivvertrag Regelungen zu Entlassungen getroffen werden. Dieser Punkt ist zwar nicht in § 51 AVG genannt, da aber die dortige Aufzählung an Gegenständen in Kollektivverträgen nicht abschließend ist, spricht nichts gegen eine zukünftige Anwendung. Nach § 18 Kollektivvertragsbestimmungen fallen unter

998 So sehen das auch Waas/Wu, Arbeitsvertragsgesetz, S. 254.

999 Vgl. zur Problematik in den Staatsunternehmen, Salzer, Downsizing, S. 68 f.

1000 Vgl. GtZ/MoLSS, Commentaries, S. 422. Details zum genauen Verfahren siehe S. 432. Siehe auch Shen, Labour Disputes, S. 53.

1001 Bei Asia Law & Practice, Legal Briefs – Government Approval may be required for Mass-Layoffs: Move is part of wider labor law developments, in: China Law & Practice (2008/09), Ausgabe Dezember/Januar , S. 3, und Asia Law & Practice, Legal Briefs – Emerging Rules will create Inconsistency: Temporary Local Rules will fill the Gap, in: China Law & Practice (2008/09), Ausgabe Dezember/Januar, S. 8, ist die Rede von Hubei, Shandong, Shanghai und Beijing. Vgl. auch Günter Schucher, China's Employment Crises – A Stimulus for Policy Change, in: Journal of Current Chinese Affairs (2009), Ausgabe 2, S. 121–144, hier S. 131, und Sun/Gao, Laying off, S. 14 f.

den Punkt „Entlassungen“: Pläne für Entlassungen, das Entlassungsverfahren und die Durchführung der Entlassungen sowie Kriterien für Entschädigungen.

eee. Deutsches Recht

Die §§ 17–22 KSchG enthalten besondere Regelungen für Massenentlassungen. Die Vorschriften verfolgen arbeitsmarktpolitische Ziele und sollen den Arbeitsbehörden die Möglichkeit entweder zur Verhinderung der Massenarbeitslosigkeit durch Unterstützung des Arbeitgebers oder zur frühzeitigen Vorbereitung der Vermittlung einer großen Anzahl zukünftiger Arbeitsloser geben[1002]. Die Anwendung der Vorschriften setzt voraus, dass der betroffene Betrieb oder die Verwaltung in der Regel mehr als zwanzig Arbeitnehmer beschäftigt. Aufgrund der EuGH-Rechtsprechung gilt ein anderer Betriebsbegriff, als der des KSchG und BetrVG[1003]. Seit der Entscheidung des EuGH vom 27.1.2005 entspricht die Kündigungserklärung dem Entlassungsereignis. Der Arbeitgeber muss innerhalb von dreißig Tagen eine von der jeweiligen Betriebsgröße abhängige Mindestanzahl von Arbeitnehmern im Sinne von § 17 Abs. 1 KSchG entlassen. Für außerordentliche Kündigungen ist keine Massenanzeige erforderlich[1004].

Der Betriebsrat ist schriftlich von der Massenentlassung zu unterrichten, er darf eine Stellungnahme dazu abgeben und der Arbeitgeber muss mit ihm über die Vermeidung der Massenentlassung beraten[1005]. Zudem muss vor der Massenentlassung selbige schriftlich der Agentur für Arbeit angezeigt werden. Lässt sich die Anzahl der Kündigungen noch nicht absehen, muss der Arbeitgeber vorsorglich Anzeige erstatten, da er sie nicht nachholen kann[1006]. Ein Verstoß gegen die Anzeigepflicht oder gegen ihre Formerfordernisse (z. B. Vorlage der Stellungnahme des Betriebsrates)[1007] hat die Unwirksamkeit der Kündigung zur Folge[1008]. Mit Eingang der Anzeige beginnt eine Entlassungssperre von regelmäßig einem Monat, wenn die Arbeitsagentur keine kürzere oder längere Frist verfügt. Maximal kann sie zwei Monate betragen, wenn arbeitsmarktpolitische Umstände dies

---

1002 Vgl. Linck, Arbeitsrechts-Handbuch, S. 1726, Berkowsky, Münchener Handbuch zum Arbeitsrecht, S. 2194 f.

1003 Vgl. Linck, Arbeitsrechts-Handbuch, S. 1726, Berkowsky, Münchener Handbuch zum Arbeitsrecht, S. 2194.

1004 Vgl. § 17 Abs. 4 KSchG. Siehe Preis, Arbeitsrecht, S. 704 f., Berkowsky, Münchener Handbuch zum Arbeitsrecht, S. 2196.

1005 Vgl. § 17 Abs. 2 KSchG.

1006 Vgl. § 17 Abs. 3 KSchG, Linck, Arbeitsrechts-Handbuch, S. 1731.

1007 Vgl. § 17 Abs. 3 KSchG.

1008 Seit EuGH 27.05.05, NZA (2005), S. 213, ist eine Kündigung unter Missachtung der Voraussetzungen des § 17 KSchG unwirksam und kann auch nicht mehr geheilt werden. Vgl. BAG NZA (2008), S. 753 (756 f.) m. w. N.

erfordern. Während der Dauer der Entlassungssperre muss der Arbeitgeber den Arbeitnehmer weiterbeschäftigen und bezahlen. Gegebenenfalls verlängert sich hierdurch die Kündigungsfrist. Die Entlassungen müssen innerhalb von neunzig Tagen nach Wegfall der Entlassungssperre vorgenommen werden, ansonsten bedarf es einer erneuten Anzeige[1009]. Entscheidungen der Arbeitsagentur sind Verwaltungsakte, die vom Arbeitgeber nach Durchführung des Vorverfahrens vor den Sozialgerichten angefochten werden können[1010]. Die Vorschriften zur Massenentlassung verdrängen nicht die Anwendung der individualrechtlichen Kündigungsschutzvorschriften des KSchG[1011]. Die Regeln zur Massenentlassung enthalten auch weder eigene Kündigungsgründe, noch enthebt das Massenentlassungsverfahren den Arbeitgeber von seiner Pflicht zur individualrechtlichen Kündigung.

ff. Auflösung und Beendigung eines Entsendungs- oder Leiharbeitsvertrages[1012]

aaa. Einleitung

Sonderregeln für die Auflösung und Beendigung bestehen für Leiharbeitsverträge im 5. Kapitel, 2. Abschnitt, §§ 57–67 AVG (Entsendung von Dienstleistungen: 劳务派遣). Die Normierung der Leiharbeit ist neu, bisher war sie nicht im AG enthalten. Es bestehen aber vereinzelt untergesetzliche Regelungen aus den vergangenen Jahren, die sich mit dem Thema beschäftigen. Das AVG regelt die Materie nun neu.

bbb. Anwendbare Rechtsvorschriften

Gemäß § 58 Abs. 1 AVG ist der Verleiher (Dienstleistungen entsendende Einheit: 劳务派遣单位) der Arbeitgeber, so dass das Arbeitsverhältnis zwischen ihm und dem Arbeitnehmer besteht und nicht etwa mit dem Entleiher (Arbeit in Form einer Nutzung der Dienstleistungsentsendung durch den Arbeitgeber: 劳务派遣形式用工的单位).

Die Vorschriften zur Leiharbeit beinhalten keine allgemeinen Vorschriften zu Abschluss, Änderung, Beendigung und Auflösung des Arbeitsvertrages. Verweise auf die allgemeinen Vorschriften des Arbeitsvertragsgesetzes zum Arbeits-

---

1009 Vgl. § 18 KSchG, Linck, Arbeitsrechts-Handbuch, S. 1733 ff., Berkowsky, Münchener Handbuch zum Arbeitsrecht, S. 2202.

1010 Vgl. Linck, Arbeitsrechts-Handbuch, S. 1735.

1011 Vgl. Berkowsky, Münchener Handbuch zum Arbeitsrecht, S. 2183 f.

1012 Im Folgenden wird an Stelle von Entsendung der im deutschen Arbeitsrecht gebräuchliche Begriff der Leihe verwendet.

vertrag gibt es in § 58 Abs. 1 AVG, der auf § 17 AVG verweist, sowie in den §§ 31 f. Ausführungsbestimmungen zum AVG, die auf die §§ 46–48 AVG verweisen. Unter Beachtung der Sonderregelungen zur Leiharbeit wird man aber auch alle anderen allgemeinen Vorschriften zu Arbeitsverhältnis und Arbeitsvertrag auf die Leiharbeit anwenden können. Ansonsten wäre der Leiharbeitsvertrag weitgehend ungeregelt, was nicht vom Gesetzgeber gewollt sein kann. Daneben heißt es in § 58 AVG, dass der Verleiher Arbeitgeber im Sinne des AVG ist und gegenüber dem Arbeitnehmer die Arbeitgeberpflichten erfüllen muss. Darin ist eine Bezugnahme auf die Arbeitgeberpflichten des AVG zu sehen, beispielsweise auf die zum Abschluss des schriftlichen Arbeitsvertrages, §§ 7, 10 f., 16 AVG.

ccc. Besonderheiten des Arbeitsvertrages

Der Verleiher soll mit dem Arbeitnehmer (entsandter Arbeitnehmer: 派遣劳动者) Arbeitsverträge fester Dauer, mit mindestens zweijähriger Laufzeit schließen[1013]. Unbefristete Arbeitsverträge sind nicht vorgesehen und wohl auch gesetzlich ausgeschlossen, wie sich gleich zeigen wird[1014]. Der Verleiher wiederum schließt mit dem Entleiher nach § 59 Abs. 1 AVG eine Arbeitsüberlassungsvereinbarung, in der unter anderem die Dauer der Überlassung geregelt wird. Die Dauer soll anhand des tatsächlichen Bedarfs am Arbeitsplatz bestimmt werden, eine fortlaufende Tätigkeit darf nicht (不得) in mehrere kurzzeitig befristete Arbeitsverträge unterteilt werden[1015]. Rechtliche Konsequenzen für einen Verstoß hiergegen nennt das Gesetz nicht. § 92 AVG sieht lediglich ein Anweisungsrecht der Arbeitsbehörden zur Korrektur gegenüber dem Verleiher vor, wenn dieser das AVG verletzt.

Entleiher und Verleiher haften allerdings gesamtschuldnerisch für etwaige dem Arbeitnehmer entstandenen Schäden. Auch durch Verstöße gegen Gesetze, die dem Schutz des Arbeitnehmers dienen, können demselben Schäden entstehen, so dass der Entleiher nicht vollständig vor Sanktionen geschützt ist.

ddd. Beendigung und Auflösung des Arbeitsvertrages

Für die Beendigung des Arbeitsvertrages sehen die §§ 57–67 AVG keine besonderen Regelungen vor, weshalb man davon ausgehen kann, dass § 44 AVG anwendbar bleibt.

1013 Vgl. § 58 Abs. 2 AVG. Damit sind Regelungen wie in § 14 Abs. 1 Nr. 1 Guangd. AVB, die geringere Vertragszeiträume für Leiharbeiter vorsehen, unwirksam.

1014 Duchetsmann, Arbeitnehmerschutz, S. 91, gibt als „Praxistipp“ an, dass nur befristete Arbeitsverträge geschlossen werden sollten.

1015 Vgl. § 59 Abs. 2 AVG.

aaaa. Auflösung durch den Arbeitnehmer

Der Arbeitnehmer darf den Arbeitsvertrag gemäß § 65 Abs. 1 AVG entweder im Einvernehmen mit dem Arbeitgeber nach § 36 AVG oder bei Vorliegen eines zur außerordentlichen Auflösung berechtigenden Grundes auflösen. Das ordentliche Auflösungsrecht im Sinne von § 37 AVG wird dagegen nicht genannt, weshalb man davon ausgehen muss, dass dieses Recht ausgeschlossen ist. Mit anderen Worten, der Arbeitnehmer ist grundsätzlich bis zum Ende der Befristung an den Arbeitsvertrag gebunden.

Hintergrund dieser Regelung könnte die vertragliche Bindung zwischen Entleiher und Verleiher sein, die der Arbeitnehmer nicht durch die Auflösung des Arbeitsvertrages unterbrechen können soll. Damit besteht eine weitere Möglichkeit neben § 22 Abs. 1 AVG, einen Arbeitnehmer für eine Mindestvertragslaufzeit an sich zu binden. Berücksichtigt man die Beschränkung des Arbeitnehmerauflösungsrechts, wird auch nachvollziehbar, warum nur befristete Arbeitsverträge abgeschlossen werden dürfen. Bei unbefristeten Arbeitsverträgen wäre der Arbeitnehmer ansonsten auf unabsehbare Zeit an den Arbeitgeber gebunden, möglicherweise bis zur Verrentung, da er nur im Einvernehmen mit dem Verleiher oder außerordentlich den Arbeitsvertrag auflösen kann.

Eine Vertragsstrafe für die vorzeitige Auflösung des Arbeitsvertrages ist zwar nach § 25 AVG ausgeschlossen, allerdings haftet der Arbeitnehmer dem Arbeitgeber auf Schadensersatz nach § 90 AVG, so dass ein Druckmittel zur Einhaltung der Vertragsdauer vorhanden ist[1016].

bbbb. Auflösung durch den Arbeitgeber

Im Gegenzug zur Beschränkung des Arbeitnehmerauflösungsrechts ist auch der Arbeitgeber noch stärker als sonst in seinen Möglichkeiten zur einseitigen Auflösung des Arbeitsvertrages eingeengt. Gemäß § 65 Abs. 2 AVG kann der Entleiher die Leiharbeitnehmer bei Vorliegen der Auflösungsgründe nach den §§ 39, 40 Nr. 1 und 2 AVG dem Verleiher zurückschicken. Der Verleiher darf dann gemäß den einschlägigen Vorschriften des Arbeitsvertragsgesetzes den Arbeitsvertrag auflösen. Das Gesetz sieht kein Zurücksendungsrecht des Entleihers in den Fällen der §§ 40 Nr. 3, 41 AVG vor[1017]. Implizit bedeutet das, dass in diesen Fällen auch das Auflösungsrecht des Verleihers ausgeschlossen ist. Die Regelung dient dem

1016 Vgl. Chen, People's Republic of China, S. 59 f.

1017 Die größten Leihunternehmen FESCO und CIIC bestätigen diese Rechtsauffassung. Allerdings gestehen manchmal Gerichte den Entleihern ein auf § 40 Nr. 3 AVG gestütztes Zurücksendungsrecht zu, vgl. Baker & McKenzie, Right of Rep Office to Terminate Secondment of Agency Employee Upheld, in: China Employment Law Update (2010), Ausgabe Oktober,

Schutz des Arbeitnehmers. Demnach kann man davon ausgehen, dass sie vertraglich nicht geändert oder ausgeschlossen werden darf.

Fraglich ist, ob das Auflösungsrecht des Arbeitgebers auch dann beschränkt ist, wenn der Arbeitnehmer gerade keine Arbeit hat, also nicht ausgeliehen ist. § 58 Abs. 2, 2. HS AVG sieht vor, dass der Leiharbeitnehmer in Zeiten ohne Arbeit das monatliche Arbeitsentgelt nach dem örtlichen Mindestlohn erhält. Der systematische Zusammenhang mit der Regelung zum Abschluss eines Leiharbeitsvertrages fester Dauer in Halbsatz 1 legt nahe, dass während der festen Arbeitsvertragsdauer eine Vertragsauflösung unter Berufung auf die fehlende Beschäftigungs-/Verleihmöglichkeit nicht möglich ist. Damit ist der klassische Fall der betriebsbedingten Vertragsauflösung ausgeschlossen, die den Hauptanwendungsfall von §§ 40 Nr. 3, 41 AVG darstellt[1018]. Anderenfalls könnte der Verleiher seine Pflicht zur Zahlung des Mindestlohnes während beschäftigungsloser Zeiträume bis zum Ablauf des Arbeitsvertrages umgehen, indem er gerade wegen der fehlenden Beschäftigungsmöglichkeit den Arbeitsvertrag auflöst.

Dem Verleiher wird deshalb daran gelegen sein, die Dauer der Arbeitsverträge an die der Arbeitsüberlassungsvereinbarungen zu knüpfen[1019]. Wie gezeigt, müssen die Arbeitsverträge dann auf mindestens zwei Jahre befristet sein. Der Gesetzgeber hat damit einige Hürden für den Arbeitgeber aufgestellt, welche die Nutzung von Leiharbeit einschränken sollen.

eee. Beschränkungen der Nutzung von Leiharbeit

Zwar darf ein Arbeitgeber selbst keine Verleiher errichten, welche ihm oder ihm zugehörigen Einheiten Arbeitnehmer überlassen[1020]. Allerdings ist nicht auszuschließen, dass Leiharbeit bewusst dazu genutzt wird, Arbeitnehmer für bestimmte Zeiträume an den Arbeitgeber zu binden. Um eine Praxis der Aushebelung des Auflösungsrechts der Arbeitnehmer zu verhindern, muss sich § 66 AVG bewähren, der Arbeitsüberlassung in der Regel nur für zeit- bzw. hilfsweise Arbeiten und zur Vertretung vorsieht. Nach Duchetsmann „gehen die Arbeitsbehörden davon aus, dass diese Beschränkung der Tätigkeiten grundlegend gilt und daher grundsätzlich als verbindlich zu verstehen ist“[1021].

S. 3 f. [http://www.bakermckenzie.com/NLChinaEmploymentLawUpdateOct10/], 7. April 2012.

1018 Vgl. Lauffs, Employment Law, S. 79.

1019 Zu den entsprechenden Versuchen der Verleihfirmen vgl. Lauffs, Employment Law, S. 79.

1020 Vgl. § 67 AVG und § 28 Ausführungsbestimmungen zum AVG.

1021 Vgl. S. 91. Zu den Schwierigkeiten, die sich aus dieser Bestimmung für Repräsentanzbüros ergeben, vgl. die obigen Ausführungen zum Anwendungsbereich des AVG.

fff. Rechtsvergleich

Die Überlassung erfordert nach deutschem Recht wegen § 613 S. 2 BGB das Einverständnis des Arbeitnehmers. Zwischen dem Entleiher und dem Leiharbeitnehmer entsteht kein Arbeitsverhältnis. Dennoch wird der Leiharbeitnehmer voll in den Betrieb des Entleihers eingegliedert und unterliegt einzig dessen Weisungen. Ver- und Entleiher schließen einen Arbeitnehmerüberlassungsvertrag sui generis[1022]. Der Arbeitnehmerüberlassungsvertrag kann durch eine Befristung, Kündigung oder Aufhebungsvereinbarung beendet werden[1023]. Der Leiharbeitsvertrag kann auf gleiche Weise beendet werden, wobei hier die arbeitsrechtlichen Schutznormen des TzBfG und KSchG zu beachten sind.

Seit Änderung der §§ 9 Nr. 3, 11 IV Arbeitnehmerüberlassungsgesetz (AÜG) genügt für eine betriebsbedingte Kündigung des Leiharbeitsverhältnisses grundsätzlich bereits die fehlende Einsatzmöglichkeit für den Leiharbeitnehmer nach Beendigung einer Arbeitsüberlassung. Die betriebsbedingte Kündigung nach § 1 KSchG erfordert jedoch einen dauerhaften Wegfall der Beschäftigung, was im Einzelfall zu prüfen ist[1024]. Zuvor galt ausdrücklich, dass kurzfristige Auftragslücken nicht zur betriebsbedingten Kündigung berechtigten[1025].

Leiharbeitsverhältnisse können gemäß den Regeln des TzBfG mit befristeter Dauer geschlossen werden. Die sachgrundlose Befristung des Leiharbeitsverhältnisses ist selbst dann nicht unwirksam, wenn der Verleiher ein Konzernunternehmen des Entleihers ist, und letzterer zuvor selbst ein sachgrundlos befristetes Arbeitsverhältnis mit dem jetzigen Leiharbeitnehmer unterhält, da das Anschlussverbot nicht arbeitsplatz- oder betriebs-, sondern arbeitgeberbezogen ist[1026].

Mittlerweile ist durch Art. 1 Abs. 1 der Richtlinie 2008/104/EG vom 19.11.2008 über Leiharbeit geklärt, dass Leiharbeitnehmer (RL-LA) nur noch vorübergehend bei einem Arbeitgeber beschäftigt werden dürfen, so dass eine dem § 66 AVG ähnliche Regelung in Deutschland gilt. Gemäß Art. 5 Abs. 5 RL-LA darf dieses Gebot nicht durch mehrere aufeinander folgende Überlassungen umgangen werden.

Der „zentrale Schutzmechanismus" des AÜG ist die Erlaubnispflichtigkeit für den gewerbsmäßigen Verleiher. Erteilung, Rücknahme und Widerruf derselben

---

1022 Vgl. BAG 30.1.1991 AP Nr. 8 zu § 10 AÜG. Vgl. Preis, Arbeitsrecht, S. 102 f., Schüren, Peter, in: Richardi, Reinhard/Wlotzke, Otfried/Wißmann, Hellmut/Oetker, Hartmut (Hrsg.), Münchener Handbuch zum Arbeitsrecht Band 2, 3. Auflage, München, 2009, S. 1841 ff., 1845 f.

1023 Vgl. Koch, Arbeitsrechts-Handbuch, S. 1409.

1024 Vgl. BAG vom 18.5.2006, Az.: 2 AZR 412/05.

1025 Vgl. Koch, Arbeitsrechts-Handbuch, S. 1404.

1026 Vgl. BAG vom 18. 10. 2006, Az.: 7 AZR 145/06, 16. 7. 2008, Az.: 7 AZR 278/07.

hängen von der Beachtung der §§ 3–5 AÜG ab. Ein Verstoß gegen die Erlaubnispflicht führt zur Unwirksamkeit des Arbeitsvertrages[1027], woraufhin ein Arbeitsverhältnis zwischen Leiharbeitnehmer und Entleiher fingiert wird[1028]. Der Bundesagentur für Arbeit kommen diesbezügliche Kontrollbefugnisse zu[1029]. Zudem treffen den Entleiher diverse Schutzpflichten[1030] sowie eine selbstschuldnerische Bürgenhaftung für die Abführung der Sozialversicherungsbeiträge[1031]. Im Baugewerbe ist Leiharbeit grundsätzlich gänzlich verboten[1032].

Vergleicht man die Regelungen zur Zulässigkeit der Leiharbeit sticht sofort ins Auge, dass der chinesische Gesetzgeber wesentlich restriktivere Vorschriften getroffen hat. Um den Nutzen von Leiharbeit für die Unternehmern nicht zu groß werden zu lassen, sind die gesetzlichen Arbeitgeberrechte des Verleihers merklich eingeschränkt. Die durch feste Vertragsdauern entstehenden Kosten und Risiken während beschäftigungsloser Zeiten werden sich entsprechend den Marktgegebenheiten unmittelbar auf die Überlassungsverträge mit den Entleihern auswirken.

Damit ist Leiharbeit in China rechtlich gesehen ungleich unattraktiver sowohl für Ent- und Verleiher, als auch für Arbeitnehmer, die während der Vertragsdauer fest an den Verleiher gebunden sind. Während der deutsche Gesetzgeber in der Vergangenheit zur Schaffung von mehr Arbeitsplätzen die Zulässigkeit von Leiharbeit zunehmend erleichtert hat, möchte der chinesische Gesetzgeber deren Anwendungsbereich möglichst gering halten. Dies steht im Einklang mit seiner Politik zur Einschränkung befristeter Arbeitsverträge. Diese sogenannten „prekären" Arbeitsverhältnisse sollen in Zukunft im Verhältnis zu den unbefristeten Arbeitsverträgen einen geringeren Anteil einnehmen als bisher.

gg. Die Auflösung eines Teilzeitarbeitsvertrages

Teilzeitarbeit war bis zum Inkrafttreten des Arbeitsvertragsgesetzes national lediglich in der „Ansichten zu mehreren Fragen betreffend Teilzeitarbeitnehmer" geregelt[1033]. Allerdings gab es bereits diverse regionale Bestimmungen, zum Beispiel in Shanghai[1034].

1027 Vgl. § 9 Nr. 1 AÜG. Siehe auch Koch, Arbeitsrechts-Handbuch, S. 1369 ff.
1028 Vgl. § 10 Abs. 1 AÜG.
1029 Vgl. §§ 7, 8 AÜG.
1030 Vgl. § 11 Abs. 6 AÜG.
1031 Vgl. § 28e Abs. 2 S. 1 Sozialgesetzbuch (SGB) IV.
1032 Vgl. § 1b AÜG. Siehe für alles auch Koch, Arbeitsrechts-Handbuch, S. 1396 f., Schüren, Münchener Handbuch zum Arbeitsrecht, S. 1861 ff., 1869 ff., Däubler, Das Arbeitsrecht 2, S. 1010 ff., 1026 ff.
1033 Vgl. zur Rechtslage bis 1997 Bath, Vivienne, Part-time Workers, in Andreas Lauffs (Hrsg.), China Staff Employment Manual, 3. Auflage, Hong Kong, 1997, S. 191–1921 f.
1034 Vgl. Shangh. AVB.

Der Gesetzgeber hat die in einem eigenen Abschnitt (5. Kapitel, 3, Abschnitt, §§ 68–72 AVG) geregelte Teilzeitarbeit (Nichtvollzeitarbeit – 非全日制用工) in vieler Hinsicht als eine Beschäftigungsform mit einem geringeren Schutz für den Arbeitnehmer ausgeprägt. Die Regelungen des Arbeitsvertragsgesetzes überlagern konfligurierende Bestimmungen der „Ansichten zu mehreren Fragen betreffend Teilzeitarbeitnehmer“[1035].

Unter Teilzeitarbeit versteht das AVG eine Arbeitstätigkeit, die hauptsächlich nach Stunden bezahlt wird, und bei der die Durchschnittsarbeitszeit täglich maximal vier Stunden und wöchentlich maximal vierundzwanzig Stunden beträgt[1036]. Leiharbeitsverhältnisses dürfen nicht als Teilzeitarbeitsverhältnisse ausgestaltet sein[1037]. Die Teilzeitarbeit kann jederzeit und ohne Zahlung eines wirtschaftlichen Ausgleichs von jeder Partei beendet werden[1038]. Damit ist die Anwendung der Vorschriften zur Vertragsauflösung und –Beendigung ausgeschlossen.

Teilzeitarbeitsverhältnisse bieten nach deutschem Recht keine größere Flexibilität als Vollzeitbeschäftigungen, wenn man einmal von der rein zeitlichen Komponente absieht[1039]. Nach § 2 Abs. 1 TzBfG sind Teilzeitbeschäftigte solche, deren regelmäßige Wochenarbeitszeit kürzer ist, als die vergleichbarer Arbeitnehmer des Betriebes. Nachrangig gilt die Vergleichbarkeit nach dem einschlägigen Tarifvertrag oder dem jeweiligen Wirtschaftszweig. Nach § 4 Abs. 1 TzBfG darf ein teilzeitbeschäftigter Arbeitnehmer nur bei Vorliegen eines sachlichen Grundes anders als ein vergleichbarer Vollzeitbeschäftigter behandelt werden. Der Teilzeitbeschäftigte genießt denselben gesetzlichen Arbeitnehmerschutz, wie ein Vollzeitbeschäftigter[1040].

Anders als bei der Leiharbeit, wird die Teilzeitarbeit im chinesischen Recht nicht als lediglich vorübergehende Tätigkeit eingestuft. Die einzige Einschränkung für den Einsatz von Teilzeitarbeitnehmern ergibt sich aus dem Charakteristikum der Teilzeitarbeit: die zeitlich begrenzte Tätigkeit. Die Regelungen zur Teilzeitarbeit stehen damit dem allgemeinen Trend des Arbeitsvertragsgesetzes, stabile Arbeitsbeziehungen zu schaffen entgegen. Abgesehen davon, dass

1035 Vgl. Lauffs, Employment Law, S. 70 f.

1036 Vgl. § 68 AVG.

1037 Vgl. § 30 Ausführungsbestimmungen zum AVG.

1038 Vgl. § 71 AVG. Zur berechtigten Kritik hieran vgl. Wang, Teilzeitbeschäftigung, S. 168 f. Allerdings ist beispielsweise im „Rundschreiben der Stadt Peking betreffend mehreren Fragen über die Verwaltung von Teilzeitbeschäftigung“, erlaubt, dass die Parteien eine Ankündigungsfrist für die Beendigung des Arbeitsvertrages bei Teilzeitbeschäftigung vereinbaren.

1039 Eine gewisse Flexibilität des Arbeitskräfteeinsatzes ergibt sich hier durch die Vereinbarung einer „kapazitätsorientierten variablen Arbeitszeit“ (KAPOVAZ), bei der der Arbeitgeber einseitig je nach Bedarf den Arbeitseinsatz des Arbeitnehmers bestimmt, vgl. Preis, Arbeitsrecht, S. 533 ff., Däubler, Das Arbeitsrecht 2, S. 998 ff.

1040 Vgl. Linck, Arbeitsrechts-Handbuch, S. 409 ff., Preis, Arbeitsrecht, S. 530 ff.

bestimmte Arbeitnehmergruppen typischerweise nur teilzeitig arbeiten, beispielsweise Mütter, bietet das Gesetz den Arbeitgebern ein Schlupfloch, um den rigiden Vorschriften zum Arbeitnehmerschutz zu entgehen. Arbeitsplätze mit sehr niedrigen Anforderungen an die Qualifikation der Arbeitnehmer bieten sich idealerweise an, mehrere Arbeitnehmer auf einem Arbeitsplatz zu beschäftigen. Höchstwahrscheinlich werden viele Unternehmen diese neuen Möglichkeiten bis an ihre Grenzen austesten. Anscheinend hatte den Gesetzgeber angesichts der allgemeinen Verschärfung des Arbeitnehmerschutzes im Gesetz der Mut verlassen, er fürchtete die negativen Konsequenzen der neuen Gesetzgebung auf die Wirtschaft.

Interessanterweise steht das neue Recht in einem gewissen Widerspruch zu der wirtschaftlichen Entwicklung, die die Regierung für Chinas Zukunft plant. China soll den Sprung vom Produzenten im Billiglohnsektor zur Innovationsgesellschaft schaffen. Das AVG erhöht nun aber die gesetzlichen Kosten für Arbeit im Allgemeinen und senkt sie in den Bereichen niedrig qualifizierter Tätigkeiten, also im Billiglohnsektor.

§ 4 Ausschluss der Beendigung und Auflösung des Arbeitsvertrages gegen oder ohne den Willen des Arbeitnehmers

a. Die geschützten Personengruppen

In besonderer Weise schützt das AVG fünf Personengruppen[1041] vor der Beendigung und Auflösung des Arbeitsvertrages. Nicht in die endgültige Version des AVG übernommen wurde die Fallgruppe der Arbeitnehmer, die in gleichberechtigte Verhandlungen mit dem Arbeitgeber eingetreten sind. Anscheinend ist der Gesetzgeber von einem hinreichenden Schutz dieser Arbeitnehmer durch die sonstigen Kündigungsbeschränkungen ausgegangen, bzw. er hat mit der Abwertung der Beteiligung der Arbeitnehmer an der Aufstellung der Arbeitgeberregeln im folgenden Gesetzgebungsverfahren kein Bedürfnis mehr hierfür gesehen[1042]. Daneben gibt es allerdings noch den Sonderschutz nach chinesischem Kollektivarbeitsrecht[1043].

1041 Die Tatbestände wurden gegenüber der Regelung in § 29 AG erweitert.

1042 Ursprünglich sollten Arbeitsregeln unwirksam sein, wenn sie nicht gemäß § 51 AVG (1. Entwurf) gleichberechtigt verhandelt wurden. Vgl. die obigen Ausführungen zu den Arbeitsregeln.

1043 Bspw. §§ 17, 18, 52 Nr. 2 Gewerkschaftengesetz oder § 28 Kollektivvertragsbestimmungen.

aa. „In besonderer Weise Gefährdete“

Dazu gehören die in besonderer Weise Gefährdeten, § 42 Nr. 1 AVG, also Arbeitnehmer, die bei der Arbeit einem gesundheitlichen Berufsrisiko ausgesetzt sind und vor Aufgabe dieses Arbeitsplatzes nicht auf Berufskrankheiten untersucht wurden bzw. bei denen wegen des Verdachts der Verwirklichung des Berufsrisikos eine Diagnose erstellt wird oder die unter medizinischer Beobachtung stehen[1044].

bb. Behinderte

Gleiches gilt für die Behinderten, § 42 Nr. 2 AVG, also Arbeitnehmer, deren ganzer oder teilweiser Verlust der Arbeitsfähigkeit durch eine Berufskrankheit oder einen Arbeitsunfall[1045] bestätigt wurde. Konkretisierende Regelungen hierzu sind in den AUV getroffen worden. Die §§ 14–20 AUV enthalten Vorschriften zur Frage, wann ein arbeitsbedingter Unfall vorliegt. Das Arbeitsverhältnis soll in Fällen einer Behinderung 1.-4. Grades bestehen bleiben, der Arbeitnehmer verlässt aber den Arbeitsplatz und erhält Leistungen vom Arbeitgeber und aus dem Arbeitsunfallversicherungsfond, in den alle Arbeitgeber einzahlen müssen, § 35 AUV. Bei einer Behinderung 5.-10. Grades kann der betroffene Arbeitnehmer gegen Entschädigung die Beendigung des Arbeitsverhältnisses vorschlagen, §§ 36, 37 AUV. In einem Umkehrschluss bedeutet das, dass in allen anderen Fällen das Arbeitsverhältnis selbst mit Einwilligung des Arbeitnehmers nicht beendet werden kann.

cc. Kranke

Während der vorgeschriebenen Behandlungszeit sind auch die Kranken geschützt, § 42 Nr. 3 AVG. Das sind Arbeitnehmer, die erkranken oder nicht berufsbedingt bei einem Unfall verletzt werden[1046]. In dieser Beendigungsbeschränkung sollen

---

1044 Dies entspricht den §§ 32 Abs. 2, 49 Abs. 2 Gesetz zur Verhütung und Kontrolle von Berufskrankheiten. Zum Feststellungsverfahren vgl. Kapitel 4, §§ 39–54 dieses Gesetzes und die „Antwort des MOLSS zu Fragen betreffend der zeitlichen Begrenzung bei der der Bestätigung von Berufskrankheiten“.

1045 Dabei handelt es sich um Unfälle, die während der Arbeit für den Arbeitgeber entstehen, vgl. GtZ/MoLSS, Commentaries, S. 492.

1046 Vgl. dazu bspw. das „Rundschreiben der Stadt Shanghai zur medizinischen Behandlungszeit von Arbeitern, die an Krankheit oder nicht-arbeitsbedingten Verletzungen leiden“

sich die Überlegenheit und menschlichen Ideale des sozialistischen Systems manifestieren[1047].

dd. Schwangere

Der Auflösungs- und Beendigungsschutz erstreckt sich des Weiteren auf Arbeitnehmerinnen während der Schwangerschaft, Geburt, nach der Geburt und während der Stillzeit, § 42 Nr. 4 AVG[1048]. Der Schutz der Frauen hat traditionell einen besonderen Stellenwert in der chinesischen Gesetzgebung[1049]. Bezweckt wird damit nicht nur der Schutz der (werdenden) Mütter, sondern auch die mentale und physische Gesundheit der nachfolgenden Generationen[1050]. Fraglich ist, ob sich das Auflösungsverbot des § 42 Nr. 4 AVG auch auf faktische Arbeitsverhältnisse bezieht. Teilweise wurde dieser Schutz von Gerichten auch Arbeitnehmerinnen zugestanden, die nicht im Besitz eines Arbeitsvertrages waren, bei denen aber ein faktisches Arbeitsverhältnis begründet wurde[1051]. Unklar ist insofern auch § 27 Abs. 1 Gesetz über den Schutz der Rechte und Interessen von Frauen. Danach ist es dem Arbeitgeber verboten, Arbeitnehmerinnen wegen ihrer Heirat, Schwangerschaft, Schwangerschaftsurlaub oder Stillzeit zu entlassen (辞退), oder den Arbeitsvertrag mit diesen einseitig aufzulösen (解除), außer die Arbeitnehmerin verlangt die Beendigung (终止) des Arbeitsvertrages. Wie oben festgestellt, wurde der Begriff „辞退" nach den 1986er Bestimmungen nur auf die Beendigung der Arbeitsbeziehungen angewendet und führte nicht unmittelbar zur Auflösung des Arbeitsvertrages. Ob dies weiterhin gilt, geht aus dem Gesetz nicht hervor, zumal die 1986er Bestimmungen aufgehoben wurden. Wenn sich „辞退" auch auf die Beendigung des Arbeitsvertrages durch den Arbeitgeber beziehen würde, läge eine unnötige Doppelung durch „解除" vor, was für eine Erstreckung des Beendigungsverbotes über den Arbeitsvertrag hinaus spricht.

ee. Ältere Arbeitnehmer

In den Schutz einbezogen sind zu guter Letzt ältere Arbeitnehmer, die mindestens fünfzehn Jahre ununterbrochen (连续) bei dem selben Arbeitgeber gearbei-

---

1047 Vgl. GtZ/MoLSS, Commentaries, S. 492.

1048 Die Dauer richtet sich nach den „Bestimmungen über den Arbeitsschutz weiblicher Arbeiter".

1049 Vgl. Wolff, Arbeitsvertrag, S. 116. Zur Diskrepanz zwischen der „Eichung" des Arbeitsmarktes und der Wirtschaft auf Effizienz und der Beschäftigung von Frauen in der Praxis vgl. S Oakley, Labor Relations, S. 154 f.

1050 Vgl. GtZ/MoLSS, Commentaries, S. 493.

1051 Vgl. einen Fall von 1996 bei Oakley, Labor Relations, S. 155. So auch eine Fallschilderung von 1996 bei Lauffs, Employment Law, S. 75 f., 230.

tet haben und die weniger als fünf Jahre vom gesetzlichen Renteneintrittsalter entfernt sind, § 42 Nr. 5 AVG[1052]. Der Ursprung dieser Regelung könnte in dem Erhalt des Status der dauerhaft beschäftigten, älteren Arbeitnehmer in den staatlichen Unternehmen liegen[1053].

b. Beendigungs- und Auflösungsmöglichkeiten

Der Arbeitnehmer ist berechtigt, den Arbeitsvertrag trotz Vorliegens eines Beschränkungstatbestandes nach § 42 Nr. 1–6 AVG einseitig oder einvernehmlich aufzulösen[1054]. Der Arbeitgeber dagegen darf Arbeitsverträge mit Arbeitnehmern dieser Gruppen außerordentlich nicht aber ordentlich auflösen. Der Grund dafür wird darin gesehen, dass den Arbeitnehmer bei einer Auflösung nach den §§ 40, 41 AVG kein Verschulden vorgeworfen werden kann[1055]. Liegt einer der Umstände des § 42 Nr. 1, 3–6 AVG vor und endet in der Zwischenzeit ein Arbeitsvertrag aufgrund Fristablaufs, wird der Arbeitsvertrag gemäß § 45 AVG um den Zeitraum des Vorliegens der Umstände nach § 42 AVG verlängert.

Waas/Wu[1056] folgern aus § 45 AVG, dass auch die Wirksamkeit einer mitgeteilten Auflösung in bestimmten Fällen nur bis zum Ende der Umstände nach § 42 AVG aufgeschoben ist und die Auflösung „Wirksamkeit erlangt, sobald die gesetzliche Schutzfrist ausläuft". Dem kann nicht zugestimmt werden, da § 45 AVG ausschließlich auf die Beendigung aufgrund des Befristungsablaufs abstellt und sich nicht auf die „vorzeitige" Vertragsauflösung bezieht. § 42 AVG verbietet (不得) explizit die Auflösung nach §§ 40, 41 AVG und schiebt nicht lediglich ihren Wirksam-

---

1052 Siehe auch Dong Runqing, Case Analysis, S. 501.

1053 Vgl. Gallagher, Contagious Capitalism, S. 73 und S. 186.

1054 So auch Chunyun Pan zur identischen Vorgängerregelung des § 29 AG, die lediglich weniger geschützte Personengruppen enthält, The labor relationship should not be restored after the resignation of the laborer, in: Dong Baohua/Dong Runqing (Hrsg.), Case Analysis on latest PRC Labor Contract Law, Peking, 2007, S. 522, 523, und Dong Baohua, Case Analysis, S. 524. Siehe auch eine Entscheidung des Pudong Distriktvolksgerichts in Shanghai vom September 2010 bei Baker & McKenzie, Employee's Withdrawal of Resignation Invalid, in: China Employment Law Update (2010), Ausgabe Oktober S. 6, [http://www.bakermckenzie.com/NLChinaEmploymentLawUpdateOct10/], 7. April 2012. In der Entscheidung ging es um eine Arbeitnehmerin, die ihren Arbeitsvertrag einseitig aufgelöst hatte und bei der am letzten Arbeitstag eine chronische Krankheit festgestellt wurde, weshalb sie sich in medizinische Behandlung begab und ihre Vertragsauflösung widerrief. Das Gericht bestätigte die Auflösung des Vertragsverhältnisses zum vorgesehenen Zeitpunkt ungeachtet der medizischen Behandlung.

1055 Der Begriff des Verschuldens ist hier näher erklärungsbedürftig, siehe Dong Runqing, Case Analysis, S. 502. Zur Trennung zwischen Auflösung aufgrund Verschulden des Arbeitnehmers bzw. ohne Verschulden nach dem Arbeitsgesetz vgl. Dong Runqing, Case Analysis, S. 512.

1056 Waas/Wu, Arbeitsvertragsgesetz, S. 252.

keitseintritt hinaus. Der Arbeitnehmer ist somit während der Schutzfrist umfassend geschützt. Der Arbeitgeber ist nach Ende der Schutzfrist nur dann zur Auflösung berechtigt, wenn die Gründe für die Auflösung weiterhin vorliegen. Entsprechend beginnt die Auflösungsfrist auch erst nach dem Ende der Schutzfrist zu laufen.

Für die Behinderten im Sinne von § 42 Nr. 2 AVG gelten gemäß § 45 AVG die Sonderregelungen der staatlichen Arbeitsunfallversicherung[1057]. Dort ist geregelt, dass nur bei einer Behinderung 7.-10. Grades der Arbeitsvertrag mit Ablauf der Vertragsdauer endet, ansonsten aber aufrechterhalten bleibt[1058].

Sofern Gesetze oder Verwaltungsrechtsnormen dies bestimmen, können zusätzliche Umstände zu dieser weitgehenden Beschränkung der Auflösung und Beendigung des Arbeitsvertrages führen, § 42 Nr. 6 AVG. Darunter fällt beispielsweise die Beschränkung aufgrund der „Antwort auf die Frage nach der Möglichkeit zur Aufhebung von Arbeitsverträgen mit Arbeitnehmern, die an mentalen Krankheiten leiden", genauso wie § 28 Kollektivvertragsbestimmungen in Bezug auf die Beschränkung der Auflösung von Arbeitsverträgen mit Arbeitnehmerdelegierten im Sinne von § 19 Kollektivvertragsbestimmungen und auch die §§ 30 Abs. 3, 36 Abs. 2 Gesetz zur Verhütung und Kontrolle von Berufskrankheiten[1059].

c. *Rechtsvergleich*

Auch im deutschen Recht genießen bestimmte Personengruppen einen Sonderkündigungsschutz, so zum Beispiel Mitglieder der Betriebsverfassungsorgane[1060], Schwerbehinderte[1061], Schwangere und Mütter nach der Geburt[1062], Eltern in der Elternzeit[1063], Auszubildende[1064], Wehr- und Zivildienstleistende[1065], Immissionsschutz-[1066], Abfall-[1067], Gewässerschutz-[1068] und Datenschutzbeauftragte[1069], Abgeordnete[1070], Seeleute[1071] und Bergmänner[1072].

1057 Siehe auch § 28 Kollektivvertragsbestimmungen.
1058 Vgl. §§ 33–35 AUV.
1059 Zur Definition von Berufskrankheiten vgl. die §§ 2 Abs. 2 und 3, 77 dieses Gesetzes.
1060 Vgl. KSchG.
1061 Vgl. §§ 85 ff. SGB IX.
1062 Vgl. MuSchG.
1063 Vgl. BEEG.
1064 Vgl. BBiG.
1065 Vgl. ArbeitsplatzSchG , § 78 ZivildienstG, EignungsübungsG und ZivilschutzG.
1066 Vgl. § 53 BImSchG.
1067 Vgl. § 58 Abs. 2 BImSchG i. V. m. § 55 Abs. 3 KreislaufwirtschaftsG.
1068 Vgl. § 21 f Abs. 2 WasserhaushaltsG.
1069 Vgl. § 4 f Abs. 3 S. 4 BDSG.
1070 Vgl. Art. 48 Abs. 2 GG.
1071 Vgl. SeemannsG.
1072 Vgl. die diversen Ländergesetze.

Erkennbar ist, dass im chinesischen Auflösungsschutz ein Schwerpunkt auf Sachverhalten mit Kranken, Arbeitsunfällen und Berufskrankheiten besteht[1073]. Wenn man einmal von den Schwerbehinderten absieht, gibt es keinen Sonderkündigungsschutz für Kranke und dergleichen im deutschen Arbeitsrecht. Das liegt in erster Linie daran, dass in Deutschland ein breites soziales Netz besteht, das den Kranken auffängt, unabhängig von der Frage, ob er durch einen Betriebsunfall usw. beeinträchtigt wurde.

In der VRC sieht die Sachlage anders aus. Vor Beginn der Wirtschaftsreformen waren die Staatsunternehmen vollumfänglich für die zugehörigen Arbeitnehmer und deren Familien zuständig. Die Unternehmen stellten sozusagen selbst die sozialen Netze zur Verfügung, um ihre Arbeitnehmer in Problemfällen aufzufangen. Mit der zunehmenden Privatisierung hat sich der Charakter der Arbeitsbeziehungen geändert. Der Staat stellt auch heute noch kein umfassendes soziales Netz bereit, das einer Versorgung wie in den alten Staatsbetrieben gleichkäme. Vor diesem historischen und aktuellem Hintergrund wird nachvollziehbar, warum die Unternehmen für Kranke, insbesondere aber für aufgrund von Berufskrankheiten und Arbeitsunfällen geschädigte Arbeitnehmer nach dem Gesetz weiterhin einen Großteil der Verantwortung tragen sollen.

Einen weiteren Unterschied zum deutschen Arbeitsrecht bietet der Auflösungsschutz älterer Arbeitnehmer, die lange Zeit für das Unternehmen gearbeitet haben und kurz vor der Verrentung stehen. Diese Personengruppe wird auch an anderer Stelle im Gesetz privilegiert, nämlich in § 14 Abs. 2 Nr. 2 AVG, wonach mit diesen Arbeitnehmern unbefristete Arbeitsverträge geschlossen werden müssen. Allerdings betrifft dieser Fall faktisch nur staatliche Unternehmen. Im deutschen Recht werden ältere Arbeitnehmer zwar auch als Problemgruppe auf dem Arbeitsmarkt identifiziert, es werden jedoch hauptsächlich Anreize für den Arbeitgeber zur Einstellung derselben geschaffen, zum Beispiel durch Erleichterungen bei den Vertragsbefristungsregeln[1074], oder gesetzliche Maßnahmen wie Altersteilzeit unterstützen die Reduzierung der älteren Belegschaften mit Steuergeldern. Eine generelle Privilegierung ist mittlerweile durch das Inkrafttreten des AGG ohne sachlichen Grund schwierig geworden, da es eine Diskriminierung jüngerer Arbeitnehmer bedeuten kann. Auch bei diesem Unterschied könnte der Grund wieder in dem unzureichenden sozialen Netz liegen, das der chinesische Staat für seine Bürger bereitstellt. Ältere Arbeitnehmer können meist nur eine magere Rente erwarten, wenn sie nicht zuvor als Beamte und Kader beschäftigt waren. Auf dem hochkompetitiven chinesischen Arbeitsmarkt mit Unmengen junger Arbeitskräfte ist es den meist überhaupt nicht oder sehr schlecht ausge-

1073 Vgl. bspw. § 42 Nr. 1–3 AVG.
1074 Vgl. § 14 Abs. 3 TzBfG.

bildeten älteren Arbeitskräften häufig nicht möglich, eine neue Anstellung zu finden. Da liegt es näher, bestehende Arbeitsplätze durch Auflösungsbeschränkungen zu schützen.

Obwohl auch die Diskriminierung bestimmter Personen- und Bevölkerungsgruppen im Arbeitsrecht stärker in den Fokus des chinesischen Gesetzgebers gerückt ist[1075], enthält das AFG keine besonderen Regelungen für die Beendigung oder Auflösung des Arbeitsvertrages von für Diskriminierungen anfällige Arbeitnehmergruppen[1076].

§ 5 Zahlung eines wirtschaftlichen Ausgleichs

a. Einleitung

Gemäß § 46 AVG muss der Arbeitgeber dem Arbeitnehmer in bestimmten Fällen der Vertragsauflösung oder –beendigung einen wirtschaftlichen Ausgleich zahlen. Unter dem AG galt dies nur für die Auflösung, nicht auch für die Beendigung des Vertrages[1077], was zusätzlich zur Attraktivität befristeter Arbeitsverträge für den Arbeitgeber beitrug. Dem versucht der Gesetzgeber des AVG durch die Eindämmung der Verbreitung befristeter Verträge, die als Ursachen für Unsicherheit und Instabilität in den Beschäftigungsverhältnissen ausgemacht wurden, entgegenzusteuern[1078].

b. Gesetzliche Fälle der Zahlungspflicht

Die Pflicht zur Zahlung eines wirtschaftlichen Ausgleichs besteht, wenn

(1) der Arbeitnehmer den Vertrag einseitig und außerordentlich nach § 38 AVG auflöst,
(2) die Initiative zur einvernehmlichen Vertragsauflösung nach § 36 AVG vom Arbeitgeber ausgeht,
(3) der Arbeitgeber den Vertrag einseitig ordentlich nach den §§ 40, 41 Abs. 1 AVG auflöst,
(4) ein befristeter Arbeitsvertrag endet und der Arbeitnehmer die Fortführung ausschlägt, obwohl ihm der Arbeitgeber diese zu mindestens den alten Bedingungen angeboten hat,

1075 Vgl. Kapitel 3, §§ 25–31 AFG.
1076 Vgl. dazu auch eine entsprechende Arbeitsschiedskommissionsentscheidung von 1995 bei Oakley, Labor Relations, S. 155.
1077 Vgl. § 28 AG.
1078 Vgl. Li Jing, Labor Contract Law, S. 1113.

(5) der Arbeitgeber in Konkurs geht,
(6) ihm der Gewerbeschein entzogen, er zur Schließung oder Aufhebung angewiesen wird oder selbst entscheidet, sich vorzeitig aufzulösen und
(7) in anderen durch Gesetze oder Verwaltungsvorschriften bestimmten Fällen.

c. Die Höhe des wirtschaftlichen Ausgleichs

Die Höhe des wirtschaftlichen Ausgleichs berechnet sich nach § 47 AVG und ist von der Beschäftigungsdauer beim betroffenen Arbeitgeber[1079] sowie vom durchschnittlichen Monatslohn des Arbeitnehmers abhängig[1080]. Dem durchschnittlichen Monatslohn darf maximal das Dreifache des Durchschnittsmonatslohns der Beschäftigten entsprechend der staatlichen Bekanntmachung in dem Gebiet der Ausgleichsberechnung zu Grunde gelegt werden. Liegt der monatliche Durchschnittslohn in dieser Höhe, dürfen bei der Berechnung der Ausgleichszahlung zudem höchstens zwölf Beschäftigungsjahre einfließen[1081].

d. Sinn und Zweck des wirtschaftlichen Ausgleichs

Die Regelung mildert die nicht selten existentiellen wirtschaftlichen Folgen der Vertragsauflösung oder -beendigung für den Arbeitnehmer ab, hilft ihm eine Übergangszeit finanziell zu überbrücken, in der eine neue Beschäftigung gefunden werden kann, und schafft durch die Deckelung des Betrages einen Ausgleich zur wirtschaftlichen Belastung der Unternehmen bei hochbezahlten Arbeitnehmer[1082], bei denen der Verlust des Arbeitsplatzes meist nicht existenzgefährdend ist[1083]. Die Zahlung soll einen Ausgleich für den Verlust der Arbeit, des Einkommens und der Lebensgrundlage darstellen[1084]. Sie beschränkt indirekt das Recht des Arbeitgebers zur Auflösung und Beendigung des Arbeitsvertrages und erleichtert auf der anderen Seite in bestimmten Fällen dem Arbeitnehmer die Vertragsauflösung. Da nicht in allen Fällen der Beendigung oder Auflösung ein wirtschaftlicher Ausgleich gezahlt wird, lässt sich anhand

1079 Vgl. § 46 Abs. 1 AVG.
1080 Vgl. § 46 Abs. 3 AVG.
1081 Vgl. § 46 Abs. 2 AVG. Die Berechnungsmethode wird durch § 27 Ausführungsbestimmungen zum AVG näher konkretisiert.
1082 Z. B. Expatriates.
1083 Vgl. auch Ed Frauenheim, China's Contract Law: Something For Everyone, in: Workforce Management (2007), Vol. 86 Issue 14, S. 35–39.
1084 Vgl. GtZ/MoLSS, Commentaries, S. 488.

des Fehlens der Zahlungspflicht nachvollziehen, welche Fälle der Beendigung oder Auflösung der Gesetzgeber beschränken oder fördern möchte[1085].

Unter dem AG wurde beispielsweise der Verlust des Arbeitsplatzes in den Fällen der Vertragsbeendigung als unvermeidbares Risiko angesehen, das keiner Ausgleichszahlung seitens des Arbeitgebers bedurfte[1086]. Darin spiegelte sich die Vorstellung des Gesetzgebers vom Vorrang befristeter Arbeitsverträge wider.

Im AVG besteht keine Ausgleichspflicht bei

(1) der Weigerung des Arbeitnehmers, den Arbeitsvertrag zu verlängern, obwohl der Arbeitgeber den Abschluss eines neuen Arbeitsvertrages zu gleichen oder besseren Konditionen angeboten hat[1087];
(2) der einvernehmlichen Vertragsauflösung aufgrund von Verhandlungen auf Veranlassung des Arbeitnehmers[1088];
(3) der Auflösung durch den Arbeitnehmer während der Probezeit unter Beachtung der Vorankündigungsfrist von drei Tagen[1089]; sowie
(4) der Auflösung während der Vertragsdauer unter Einhaltung der Vorankündigungsfrist von dreißig Tagen[1090].

Die bevorzugte Behandlung der Vertragsbefristung gegenüber der Auflösung als politisches Mittel zur Flexibilisierung des Arbeitskräfteeinsatzes entfällt somit. Eine Ausgleichszahlung ist dann ausgeschlossen, wenn

(1) entweder Kontinuität im Arbeitsvertrag im Hinblick auf seine Fortführung und die Arbeitsbedingungen besteht,
(2) der Arbeitnehmer den Arbeitsvertrag auflöst, ohne dazu durch einen Umstand aus der Sphäre des Arbeitgebers veranlasst zu sein, oder
(3) der Arbeitsvertrag infolge des Verschuldens des Arbeitnehmers vom Arbeitgeber aufgelöst werden darf.

Kontinuität der Arbeitsbedingungen im Arbeitsvertrag bedeutet, dass die Ausnutzung der Befristung zur Drückung der Arbeitsbedingungen auf Kosten des Arbeitnehmers zwar nicht verboten, aber sanktioniert wird. Deshalb ist der Ausgleich selbst dann gemäß § 46 Nr. 5 AVG zu zahlen, wenn der Arbeitsvertrag zu schlech-

1085 Dong Runqing, Case Analysis, S. 656f., spricht von einem grundlegenden System des Ausscheidens.

1086 Vgl. GtZ/MoLSS, Commentaries, S. 488.

1087 Vgl. dazu §§ 44 Nr. 1, 46 Nr. 5 AVG.

1088 Vgl. dazu §§ 36, 46 Nr. 2 AVG.

1089 Also wenn kein fristloses Auflösungsrecht des Arbeitnehmers vorliegt, vgl. §§ 37, 38, 44 Nr. 1 AVG.

1090 Also wenn kein fristloses Auflösungsrecht des Arbeitnehmers vorliegt, vgl. §§ 37, 38, 44 Nr. 1 AVG.

teren Bedingungen fortgesetzt wird. Zuzustimmen ist gleichfalls der Ansicht, wonach der Arbeitgeber auch dann zur Zahlung eines wirtschaftlichen Ausgleichs verpflichtet sein soll, wenn der Arbeitgeber den Arbeitnehmer gegen seinen tatsächlichen Willen zwingt, den Arbeitsvertrag von sich aus zu beenden[1091].

e. Rechtsvergleich

Der deutsche Gesetzgeber hat sich im Kündigungsschutzgesetz grundsätzlich gegen das Abfindungssystem als Alternative zum System des Bestandsschutzes am Arbeitsplatz entschieden[1092]. Das Kündigungsschutzgesetz sieht vor, dass dem Arbeitnehmer nur bei Vorliegen bestimmter Gründe wirksam gekündigt werden darf. Ist dies geschehen, muss keine Abfindung gezahlt werden. Ist die Kündigung rechtswidrig und damit unwirksam, besteht das Arbeitsverhältnis fort und soll auch in der Praxis weitergeführt werden. Lediglich für die einseitige Beendigung des Arbeitsverhältnisses leitender Angestellte gibt es für den Arbeitgeber eine Möglichkeit zur Beendigung gegen Zahlung einer Abfindung, wenn keine gesetzlichen Kündigungsgründe vorliegen[1093].

Im Gegensatz dazu kombiniert das AVG Beschränkungen von Vertragsauflösungen mit wirtschaftlichen Ausgleichszahlungen. Wenn dem Arbeitnehmer die Auflösung oder Beendigung des Arbeitsvertrages nicht vorgeworfen werden kann[1094], hat der Arbeitgeber für den Verlust des Arbeitsplatzes einen wirtschaftlichen Ausgleich zu zahlen. Über den Bestandsschutz am Arbeitsplatz durch die Auflösungsverbote hinaus, erhält der Arbeitnehmer infolgedessen mit dem Besitz des Arbeitsplatzes zusätzlich eine geldwerte Rechtsposition. Für jene Rechtsposition ist irrelevant, ob der Arbeitsplatz unbefristet oder von vorneherein nur befristet zur Verfügung gestellt wurde.

Unter vertragsrechtlichen Gesichtspunkten ist das bemerkenswert. Nach deutschem Rechtsverständnis besteht im Arbeitsvertrag ein Austauschverhältnis: Die Arbeitsleistung wird gegen Zahlung des Arbeitslohnes erbracht. Es gibt zwar auch in Deutschland durch den gesetzlichen Kündigungsschutz einen Bestandsschutz am Arbeitsplatz, der Arbeitnehmer erwirbt allerdings keine über die vertraglichen

---

1091 Vgl. Dong Runqing, Case Analysis, S. 657, der von einem System des passiven Ausscheidens spricht.

1092 Zur begrenzten Ausnahme im Rahmen eines Kündigungsschutzprozesses vgl. § 9 KSchG. Berkowsky, Münchener Handbuch zum Arbeitsrecht, S. 2136 f.

1093 Vgl. § 14 i. V. m. § 9 Abs. 1 S. 2 KSchG.

1094 Das ist der Fall bei außerordentlichen Kündigungen durch den Arbeitgeber, nicht vom Arbeitgeber veranlassten Auflösungsverträgen, ordentlichen Kündigungen durch den Arbeitnehmer und wenn sich der Arbeitnehmer nicht auf eine Verlängerung des beendeten Arbeitsvertrages zu zumutbaren Bedingungen einlässt.

Vereinbarungen hinausgehenden vermögenswerten Rechtspositionen am Arbeitsplatz und dergleichen. Eine derartige Vertragsauslegung wäre mit dem Willen des Arbeitgebers unvereinbar und entsprechende gesetzliche Regelungen gibt es nicht.

In der arbeitsvertragsgesetzlichen Rechtsgestaltung spiegelt sich somit die Auffassung wider, dass es beim Arbeitsvertrag nicht alleine um den Austausch von Arbeitsleistung gegen Arbeitslohn geht sondern ein Rechtsverhältnis zwischen den Parteien zur Entstehung gebracht wird, in dem der Arbeitnehmer eine gesetzlich privilegierte Stellung erhält. Diese Privilegierung rechtfertigt sich dabei nicht nur aus dem Gedanken heraus, dass der Arbeitnehmer als die sozial und wirtschaftlich schwächere Partei des Arbeitsverhältnisses besonders schutzwürdig ist. Dies geschieht bereits über den gesetzlichen Bestandsschutz. Hier schimmert in gewisser Weise noch eine sozialistische Vorstellung durch, dass der Arbeitnehmer (über den Besitz am Arbeitsplatz) Anteil am Unternehmen selbst hat, für dessen Verlust er denn auch kompensiert werden muss.

§ 6 Nachweis der Beendigung oder Auflösung

Gemäß § 50 Abs. 1 AVG muss der Arbeitgeber dem Arbeitnehmer bei Auflösung oder Beendigung des Arbeitsvertrages einen Nachweis darüber ausstellen und innerhalb von fünfzehn Tagen das Verfahren[1095] zur Übertragung der Personalakte und Sozialversicherungsbeziehungen des Arbeitnehmers durchführen[1096]. Der Nachweis soll die Vertragsdauer, das Datum der Auflösung oder Beendigung, die Position des Arbeitnehmers und die Beschäftigungsdauer bei diesem Arbeitgeber bezeichnen[1097].

Vertreten wird teilweise, dass der Arbeitsvertrag ohne Durchführung dieser Formalien weiterhin wirksam bleibt[1098], was sich allerdings nicht aus dem Gesetz ergibt. Dieses spricht davon, dass der Arbeitgeber „bei Auflösung … einen Nachweis … ausstellen" soll und nicht „zur Auflösung …". Es gibt der Arbeitsbehörde bei einem Verstoß gegen die Nachweispflicht das Recht, den Arbeitgeber zur Korrektur anzuweisen. Entsteht dem Arbeitnehmer ein Schaden, haftet der Arbeitgeber dafür[1099].

Das Gesetz trifft keine Aussage darüber, dass der Nachweis bereits vor der Auflösung oder Beendigung erbracht werden muss, wie dies bei der Auflösungsmitteilung der Fall ist, was gegen die Bedeutung des Nachweises als Wirksamkeitsvoraussetzung spricht. § 44 AVG knüpft den Eintritt der Beendigungswirkung ebenfalls nicht an die Erbringung des Nachweises. Die Pflicht steht zudem

1095 Vgl. zum Verfahren: § 14 der „Bestimmungen zur Verwaltung des Arbeitsmarktes".
1096 Vgl. auch § 41 Shangh. AVB.
1097 Vgl. § 24 Ausführungsbestimmungen zum AVG.
1098 So jedenfalls Dong Baohua, Case Analysis, S. 442.
1099 Vgl. § 89 AVG.

im Kapitel über die Beendigung und Auflösung des Vertrages an letzter Stelle und zwei Normen hinter der Vorschrift über die Rechtsfolgen der rechtswidrigen Auflösung oder Beendigung, so dass sie gesetzessystematisch nicht mehr von der Rechtswidrigkeitsprüfung des § 48 AVG erfasst wird.

Der Ausstellung des Auflösungs- oder Beendigungsnachweises kommt Bedeutung für die Beitragsleistung aus der Arbeitslosenversicherung zu[1100]. Kann der Arbeitnehmer der Behörde seine Arbeitslosigkeit mangels rechtzeitiger Ausstellung des Nachweises durch den Arbeitgeber nicht beweisen, ist ihm mit dem Schadensersatzanspruch gegen den Arbeitgeber nach § 89 AVG hinreichend gedient. Ein darüberhinausgehendes Bedürfnis an der Aufrechterhaltung des Arbeitsvertrages besteht nicht, weshalb die Ansicht, wonach der Nachweis Wirksamkeitsvoraussetzung der Auflösung und Beendigung ist, abzulehnen ist.

Die Funktion des Auslösungs- bzw. Beendigungsnachweises erfüllt in Deutschland das Schriftformerfordernis der Kündigungserklärung gemäß § 623 BGB, bzw. der Arbeitsvertragsbefristung gemäß § 14 Abs. 4 TzBfG. Auch in Deutschland kann der Nachweis von Kündigung oder Beendigung des Arbeitsverhältnisses relevant sein, beispielsweise für die Geltendmachung von Ansprüchen auf Arbeitslosengeld gegenüber den Arbeitsagenturen. Zusätzlich setzen sich die Arbeitsagenturen aber selbst mit den alten Arbeitgebern in Kontakt.

§ 7 Rechtsfolgen einer rechtswidrigen Arbeitsvertragsbeendigung oder –auflösung

Das Gesetz sieht verschiedene Rechtsfolgen im Falle der rechtswidrigen Arbeitsvertragsbeendigung oder –auflösung vor.

a. Wirkung einer rechtswidrigen Auflösung oder Beendigung auf den Arbeitsvertrag

aa. Einleitung

Wurde der Arbeitsvertrag entgegen dem AVG aufgelöst oder beendet, kann der Arbeitnehmer die Weitererfüllung des Arbeitsvertrages verlangen und der Arbeitgeber soll dem nachkommen. Verlangt der Arbeitnehmer keine Weitererfüllung des Vertrages oder ist die Weitererfüllung unmöglich, soll der Arbeitgeber gemäß § 87 AVG eine Entschädigung in Höhe des doppelten wirtschaftlichen Ausgleichs nach § 47 AVG leisten.

1100 Vgl. § 14 Abs. 1 Nr. 3, 16 AVR, sowie Ziffer 21 des Rundschreiben I betreffend bestimmte Fragen über die Einführung der Arbeitsvertragsbestimmungen der Stadt Shanghai.

§ 48 AVG
Wenn der Arbeitgeber den Arbeitsvertrag entgegen diesem Gesetz auflöst oder beendet und der Arbeitnehmer verlangt, dass der Arbeitsvertrag weiter erfüllt wird, muss der Arbeitgeber ihn weiter erfüllen; wenn der Arbeitnehmer das nicht verlangt, oder der Arbeitsvertrag sich nicht mehr erfüllen lässt, muss der Arbeitgeber eine Entschädigung nach § 87 zahlen.

bb. Unwirksamkeit des Vertrages aufgrund rechtswidriger Auflösung

Das AVG legt sich nicht eindeutig bei der Frage fest, ob eine gegen die gesetzlichen Bestimmungen verstoßende Auflösung/Beendigung per se unwirksam ist oder ob sie grundsätzlich wirksam ist, jedoch bei Rechtswidrigkeit vom Gericht aufgehoben wird.

Bei Dong Baohua/Dong Runqing ist in mehreren Gerichtsurteilen zum alten Recht die Rede davon, dass ein rechtswidrig aufgelöster Arbeitsvertrag weiterhin wirksam ist und erfüllt werden muss und lediglich die Auflösung aufgehoben wird, manchmal wurde auch explizit eine Aufhebung (撤销) der Auflösung angeordnet[1101].

Nach § 20 Abs. 1 der „Interpretation I des Obersten Volksgerichts betreffend verschiedenen Fragen bei der Anwendung des Gesetzes in Arbeitsstreitigkeiten", darf (可以) das Volksgericht bei Fehlerhaftigkeit von Ausschluss (开除), Namensstreichung (除名), Entlassung (辞退) oder andere Ursachen, aufgrund derer der Vertrag aufgelöst (解除) wurde, annullieren/aufheben/widerrufen (撤销), was die Wirksamkeit der Auflösung bis zur Aufhebung impliziert. Zur Wirksamkeit einer rechtswidrigen Beendigung des Vertrages traf die Interpretation keine Aussage.

Alle Gesetzesentwürfe[1102] sahen vor, dass der rechtswidrig aufgelöste oder beendete Arbeitsvertrag auf Verlangen des Arbeitnehmers fortgeführt werden sollte. Wird das nicht verlangt oder ist die Fortführung nicht mehr möglich, so endete der Arbeitsvertrag kraft Gesetz erst nach der Zahlung der dann fälligen Abfindung. Die rechtswidrige Auflösung oder Beendigung sollte demnach eindeutig keine vertragsauflösende Wirkung haben. Die Anknüpfung der Vertragsauflösung/-beendigung an die Abfindungszahlung wurde nicht in die endgültige Fassung des AVG übernommen. Andererseits wurde aber auch nicht bestimmt, dass die rechtswidrige Auflösung/Beendigung annulliert werden muss, so dass man aus der Nichtübernahme nicht zwingend darauf schließen kann, dass nunmehr das Gegenteil gelten soll. Hintergrund der Nichtaufnahme der Verknüpfung von Vertragsauflösung/-beendigung mit Abfindungszahlung könnte nämlich sein, dass der Gesetzgeber sich im Hinblick auf den Beendigungszeitpunkt nicht festlegen wollte.

1101 Vgl. Dong/Dong, Case Analysis, S. 440, 538, 540, 576.
1102 § 42 des 1. Entwurfes, § 48 des 2. Entwurfes und § 48 des 3. Entwurfes zum AVG.

Die Formulierung der „Weitererfüllung“ (继续履行) des Arbeitsvertrages deutet ebenfalls mehr darauf hin, dass die rechtswidrige Auflösung/Beendigung unwirksam ist[1103], da ein unwirksamer Vertrag nicht einfach weitererfüllt werden kann sondern erst neu abgeschlossen werden muss oder seine Auflösung/Beendigung muss aufgehoben werden. Der Gesetzeswortlaut lässt aber keinen eindeutigen Rückschluss mehr auf die Wirksamkeit des Vertrages bei rechtswidriger Auflösung zu.

Da die Interpretation des Obersten Volksgerichtshofes nicht aufgehoben wurde und ihr das Arbeitsvertragsgesetz nicht ausdrücklich entgegengetreten ist, muss das Volksgericht die rechtswidrige Auflösung immer noch annullieren und nicht nur die Rechtswidrigkeit feststellen.

Entsprechendes nimmt auch Professor Wang Quan Xing an, der davon ausgeht, dass zwischen Ausspruch der rechtswidrigen Auflösungserklärung und der gerichtlichen Entscheidung grundsätzlich kein Arbeitsvertrag vorliegt. Seiner Ansicht nach misst der Gesetzgeber der Erbringung von Arbeit im Rahmen des alten Arbeitsverhältnisses während des Auflösungsschutzprozesses keine besondere Bedeutung zu, weshalb für diesen Zeitraum auch kein Arbeitsvertrag erforderlich ist[1104].

cc. Unwirksamkeit des Vertrages aufgrund rechtswidriger Beendigung

Anders ist die Rechtslage, wenn der Arbeitgeber die Beendigung des Arbeitsvertrages behauptet, ohne dass ein gesetzlicher Beendigungsgrund erfüllt ist. Die Wirksamkeit des Arbeitsvertrages ist nicht von einer Aufhebung durch das Volksgericht abhängig. Anders als bei der Auflösung, wo die vorherige Mitteilung als Rechtshandlung die Rechtsfolge der Unwirksamkeit herbeiführt, hängt die Vertragsbeendigung alleine vom Vorliegen eines gesetzlichen Beendigungstatbestandes ab. Liegt derselbe nicht vor, endet auch der Vertrag nicht. Wenn für die rechtmäßige Beendigung des Arbeitsvertrages bereits alleine die Erfüllung der Gründe des § 44 AVG genügt, so kann man die rechtswidrige Beendigung nicht auf das bloße Vorliegen einer Beendigungsmitteilung durch eine der Parteien stützen. Die Beendigung des Arbeitsverhältnisses durch Nichterbringung der Arbeitsleistung hat wie gezeigt ebenfalls keinen unmittelbaren Einfluss auf den Arbeitsvertrag. Somit bedarf es auch keiner gerichtlichen Aufhebung einer rechtswidrigen Beendigung.

1103 Andreas Lauffs meint dazu:“…labor arbitration panel or court may rule the termination to be void and reinstate the employee“, in Lauffs, Employment Law, S. 199.

1104 So Professor Wang Quan Xing im Interview.

b. Annahmeverzugslohn und Schadensersatzanspruch

Das chinesische Recht kennt keine spezielle Anspruchsgrundlage für den Annahmeverzugslohn, wie das deutsche Recht mit § 616 BGB. Dennoch erkennen chinesische Gerichte regelmäßig auf Zahlung des Arbeitslohnes für den Zeitraum des Auflösungsschutzprozesses, wenn das Arbeitsverhältnis in Folge fortgesetzt wird, weil die Auflösung rechtswidrig war. Im Fall einer Vertragsauflösung handelt es sich nach Prof. Wang Quan Xing um einen Schadensersatzanspruch, der sich auf § 80 AVG stützen lässt[1105].

Die Rechtslage bei einer rechtswidrigen Vertragsbeendigung ist dagegen nicht so eindeutig. Da weiterhin ein wirksamer Arbeitsvertrag besteht, stützt sich der Lohnanspruch bei faktischer Arbeitsleistung auch auf denselben. Ohne Erbringung der vertraglichen Arbeitsleistung, was der Regelfall sein wird, besteht nach allgemeinen Grundsätzen auch keine vertragliche Pflicht zur Lohnzahlung. Sofern man dies vertritt, wird man dem Arbeitnehmern aber jedenfalls einen Schadensersatzanspruch zugestehen, weil der Arbeitgeber die Annahme der Arbeitsleistung unter fälschlicher Berufung auf einen Beendigungsgrund verweigert und damit den Schaden in Form des entgangenen Lohns zu vertreten hat.

c. Beendigungszeitpunkt bei Abfindungszahlung

Weiter fehlt entgegen den Entwurfstexten eine zeitliche Bestimmung des Vertragsendes bei rechtswidriger Auflösung/Beendigung. Der Zeitpunkt der Abfindungszahlung dürfte mangels Übernahme in das Gesetz vom Gesetzgeber ausgeschlossen sein. Das Nichtverlangen der Vertragsweitererfüllung ist ein negatives Tatbestandsmerkmal, dessen Vorliegen sich mangels gesetzlicher Fristen für die Äußerung des Verlangens zeitlich nur schwer festmachen lässt. Ähnliches gilt für die Bestimmung des Zeitpunktes des Eintritts der Nichterfüllbarkeit des Vertrages. Übrig bleibt der Zeitpunkt, in dem bei unterstellter Rechtmäßigkeit der rechtswidrigen Auflösung/Beendigung der Arbeitsvertrag aufgelöst/beendet worden wäre.

d. Rechtsbehelfseinlegungsfrist

Nach § 2 Nr. 2 SSAG kann sich der Arbeitnehmer bei Streitigkeit über die Auflösung des Vertrages an die Schlichtungsstellen und Schiedsgerichte und anschließend an die Volksgerichte wenden. Dafür hat er gemäß § 27 SSAG ein Jahr ab

1105 So Professor Wang Quan Xing im Interview.

Kenntnis oder Kennen müssen der Rechtsverletzung Zeit. Mit dem Erhalt der Auflösungsmitteilung erfährt der Arbeitnehmer von der Rechtsverletzung.

Wie bereits in der Vergangenheit angenommen wurde, siehe z. B. „Antwort des Obersten Volksgerichts auf die Frage nach dem Beginn der Frist für die Antragstellung des Schiedsverfahrens bei der Schiedskommission für Arbeitsstreitigkeiten wegen der Auflösung des Arbeitsvertrages“, beginnt die Frist folglich mit dem Erhalt der Auflösungserklärung zu laufen. Bei der rechtswidrigen Beendigung des Arbeitsvertrages wird man von dem Zeitpunkt ausgehen, in dem der Arbeitnehmer von der rechtswidrigen Beendigung erfährt, was regelmäßig auch durch Mitteilung seitens des Arbeitgebers geschieht. Aus Gründen der Rechtssicherheit kann man auf den Erhalt des schriftlichen Beendigungsnachweises im Sinne von § 50 Abs. 1 AVG abstellen.

e. Nichterfüllbarkeit des Arbeitsvertrages

aa. Normanalyse

Fraglich ist, wie die Formulierung, dass sich der Arbeitsvertrag nicht mehr erfüllen lässt, zu verstehen ist[1106]. Problematisch an dieser Regelung ist, dass sie zu einer Umgehung der gesetzlichen Auflösungsgründe der §§ 39–41 AVG führen kann.

Vertreten wird, dass die Nichterfüllbarkeit des Vertrages nur bei objektivem Wegfall des Arbeitsplatzes, zum Beispiel bei Verlegung des Geschäftssitzes oder Stilllegung des Betriebes, vorliegt. Jedenfalls sei die Vorschrift eng auszulegen[1107]. Dem kann aus Gründen des gesetzlichen Auflösungsschutzes nur zugestimmt werden. Hätte der Gesetzgeber es als ausreichend erachtet, den Verlust des Arbeitsplatzes durch eine Abfindungszahlung zu kompensieren, wären nicht so detaillierte und abschließende Auflösungsgründe normiert worden. Derart weit gefasste unbestimmte Rechtsbegriffe entsprechen nicht der Neigung des Gesetzgebers, das Auflösungsrecht möglichst konkret zu regeln. Deshalb scheint es äußerst unwahrscheinlich, dass mit § 48 AVG die Definition von Auflösungsgründen prinzipiell den Gerichten überlassen werden sollte. Bis jetzt gibt es aber weder gesetzliche Vorschriften noch konkrete Vorschläge aus der Rechtswissenschaft zur Anwendung der Beendigungsmöglichkeit des Arbeitsvertrages nach § 48 AVG[1108].

1106 So auch Lauffs, Employment Law, S. 199.

1107 Vgl. Glück/Tänzler, Arbeitsvertragsgesetz, S. 350 f.

1108 So auch Prof. Wang Quan Xing im Interview.

Überlegenswert ist, ob der Gesetzgeber nicht lediglich auf das Vorliegen eines Auflösungsgrundes nach § 40 AVG verweisen wollte. Nur bei Heranziehung der gesetzlichen Auflösungsgründe für die Auslegung der Norm bleibt der abschließende Charakter der Auflösungsgründe gewahrt. Eine Beschränkung der Auflösungsmöglichkeiten steht auch im Einklang mit dem Zweck der Auflösungsbeschränkungen, dem Schutz der Arbeitnehmer, so dass die Normen im Interesse der Arbeitnehmer interpretiert werden müssen. Es liegt deshalb nahe, unter den gesetzlichen Auflösungsgründen diejenigen zur Auslegung heranzuziehen, bei denen der Vertrag aus objektiven Gründen nicht mehr erfüllt werden kann. Nur dann bleibt die Systematik des Gesetzes gewahrt.

In Betracht kommen die Fälle des § 40 Nr. 1–3 AVG. Sie haben gemeinsam, dass der Arbeitnehmer aus personen- oder betriebsbedingten Gründen die arbeitsvertraglichen Pflichten auch durch Vertragsänderung, Schulung oder Wechsel des Arbeitsplatzes objektiv nicht mehr erfüllt werden kann. Bei § 39 Nr. 1–6 AVG ist der Arbeitsvertrag hingegen entweder prinzipiell weiterhin erfüllbar, da noch nicht alle Mittel ausgeschöpft wurden oder es stehen einer Vertragserfüllung ausschließlich subjektive Gründe entgegen. Zudem kann der Arbeitsvertrag bei Vorliegen der Auflösungsgründe nach § 39 AVG sowieso fristlos aufgelöst werden, so dass es keiner gesonderten Erwähnung dieser Möglichkeit bedarf.

Dass der Gesetzgeber bei der Schaffung von § 48 AVG die Auflösungsgründe des § 40 AVG aber wohl gerade nicht vor Augen hatte, zeigt sich an dem sonst üblichen, hier jedoch fehlenden Verweis auf die Norm.

Auch Professor Wang Quan Xing geht davon aus, dass die Beendigung nach § 48 AVG unter niedrigeren Anforderungen möglich ist, als unter den normalen Auflösungsbestimmungen des AVG. Grundsätzlich sei die Vorschrift zum Vorteil des Arbeitgebers, dem die Möglichkeit zum Nachweis der Nichterfüllbarkeit des Arbeitsvertrages an die Hand gegeben wird. Auch bedürfe es keiner erneuten Auflösungsmitteilung mehr, wenn die Voraussetzungen der Nichterfüllbarkeit des Arbeitsvertrages vorliegen. Dennoch solle immer der Arbeitnehmerschutz beachtet werden, was beispielsweise zur Folge habe, dass eine Besetzung des Arbeitsplatzes mit einem anderen Arbeitnehmer während des Auflösungsschutzprozesses keinen Beendigungsgrund im Sinne von § 48 AVG darstellt[1109].

bb. Zusätzlicher gesetzlicher Auflösungsgrund

Überlegenswert ist deshalb, ob der Gesetzgeber mit § 48 AVG einen dem § 9 Abs. 2 S. 2 KSchG ähnlichen, gesetzlichen Auflösungsgrund einführen wollte, der seine Ursache gerade in den Besonderheiten des Auflösungsschutzprozes-

1109 So Prof. Wang Quan Xing im Interview.

ses hat. Wang[1110] meint dazu: „Eine Möglichkeit des Arbeitgebers wie nach § 9 des deutschen Kündigungsschutzgesetzes, bei rechtswidrigen Kündigungen die Auflösung des Arbeitsverhältnisses mit einer Abfindung zu beantragen, weil die weitere Zusammenarbeit nicht zu erwarten ist, gibt es aber nicht“. Dabei übersieht sie die deutliche Parallele von § 48 AVG zu § 9 KSchG. Der Arbeitnehmer kann die Auflösung des Vertrages mit der Folge einer Abfindungszahlung durch Nichtverlangen der Weitererfüllung herbeiführen, was dem deutschen Recht ähnelt. Die Frage, ob ein Antrag gestellt oder ein Verlangen nicht ausgedrückt werden muss, ist dabei rein gesetzestechnischer Natur. Der Arbeitgeber hingegen wird sich im Auflösungs- oder Beendigungsschutzprozess auf die Nichterfüllbarkeit des Arbeitsvertrages berufen können und dies sinnvollerweise auch tun. Da der Arbeitsvertrag nicht durch die rechtswidrige Auflösung/Beendigung endet, ist damit gleichzeitig ein Antrag auf Auflösung des Vertrages verbunden.

Die Besonderheit dieses Auflösungsgrundes liegt jedoch nicht in der Antragsbefugnis, sondern in der generellen, zusätzlichen Auflösungsmöglichkeit gegenüber den „normalen“ gesetzlichen Auflösungsgründen. Allerdings ist die Formulierung in § 48 AVG sogar noch enger, als die des deutschen Kündigungsschutzgesetzes die erfordert, dass „Gründe vorliegen, die eine den Betriebszwecken dienliche weitere Zusammenarbeit zwischen Arbeitgeber und Arbeitnehmer nicht erwarten lassen“. Der Wortlaut in § 48 AVG scheint sich auf die subjektive und objektive Möglichkeit (不能)[1111] der Erfüllung arbeitsvertraglicher Pflichten zu beschränken, während die Betriebszwecke unter Umständen auch über diese hinausgehen können. Jedenfalls darf man dieser Auflösungsmöglichkeit alleine wegen der Umgehungsgefahr des Auflösungsschutzrechtes nur sehr eingeschränkte Anwendung zu gestehen. Erst konkretisierende Bestimmungen zur Auslegung des Begriffs werden hier weitere Aufklärung über das genaue Verständnis geben.

f. Entschädigungsanspruch gemäß § 87 AVG

aa. Verhältnis Schadensersatzanspruch zu Anspruch auf wirtschaftlichen Ausgleich

Däubler/Wang sind der Ansicht, dass der Entschädigungsanspruch aus § 87 AVG neben dem wirtschaftlichen Ausgleich nach den §§ 46 f. AVG steht[1112]. Betrachtet

1110 Vgl. Wang, Teilzeitbeschäftigung, S. 74.

1111 Es besteht aber keine Deckungsgleichheit mit § 40 Nr. 3 AVG, wo tatsächlich von „Unmöglichkeit“ (无法-wúfǎ) die Rede ist.

1112 Däubler/Wang, Bestandsschutz, S. 141.

man den Zweck der Normen erscheint dies nicht folgerichtig. Der wirtschaftliche Ausgleich wird für den Verlust des Arbeitsplatzes gezahlt, die Entschädigung für die auf die rechtswidrige Auflösung/Beendigung folgende rechtmäßige Auflösung/Beendigung, also ebenfalls für den Verlust des Arbeitsplatzes. Dazu kommt die Sanktionierung der rechtswidrigen Auflösung/Beendigung was dazu führt, dass die Entschädigung für die folgende rechtmäßige Auflösung/Beendigung das Doppelte des üblicherweise zu zahlenden wirtschaftlichen Ausgleichs beträgt. Die Bezeichnung als Entschädigung trägt allein dem zusätzlichen Sanktionierungs- bzw. Wiedergutmachungscharakter der Zahlung Rechnung. § 48 AVG stellt insoweit eine speziellere und somit verdrängende Regelung gegenüber § 46 AVG dar. Bestätigt wird dies von § 25 S. 1 Ausführungsbestimmungen zum Arbeitsvertragsgesetz, wonach wirtschaftlicher Ausgleich bei Zahlung einer Entschädigung nach § 87 AVG nicht mehr geleistet werden muss.

bb. Verhältnis Schadensersatzanspruch zu Anspruch auf Annahmeverzugslohn

Eine davon zu trennende Frage ist die nach dem Verhältnis von Annahmeverzugslohn zu Entschädigung nach § 87 AVG. Wie bereits erläutert, kennt das chinesische Recht keine spezielle Anspruchsgrundlage für den Annahmeverzugslohn. Neben dem anerkannten Schadensersatzanspruch in Höhe des arbeitsvertraglichen Lohnes für den Zeitraum des Auflösungsschutzprozesses soll dem Arbeitnehmer nach Prof. Wang Quan Xing noch der Entschädigungsanspruch aus § 87 AVG zustehen. Seiner Ansicht nach handelt es sich in diesem Fall um eine Lücke im Gesetz, die zu derart umfangreichen Ansprüchen für den Arbeitnehmer führt[1113].

Tatsächlich ist der Wortlaut der Norm nicht eindeutig und lässt durchaus ein derartiges Verständnis zu. Das Ungleichgewicht zwischen wirtschaftlicher Situation bei Fortsetzung und Nichtfortsetzung des Arbeitsverhältnisses bei ansonsten gleicher Ausgangslage, rechtswidrige Auflösung der Vertrages, ist aber auffällig.

cc. Anspruch auf wirtschaftlichen Ausgleich bei Nichteinhaltung der Auflösungsfrist

Überlegenswert ist, ob die §§ 48, 87 AVG auch dann Anwendung finden, wenn der Arbeitgeber den Arbeitsvertrag unter Verstoß gegen das Fristerfordernis nach § 40 AVG aufgelöst hat. In erster Linie ist in diesem Fall an die Möglichkeit des „Abkaufs“ der Auflösungsfrist nach § 40 AVG zu denken, für die das Gesetz

1113 So Professor Wang Quan Xing im Interview.

keine ausdrückliche Erklärung gegenüber dem Arbeitnehmer vorsieht, so dass in der fristlosen Auflösung der konkludente „Abkauf" der Frist zu sehen sein könnte. Zur Rechtslage unter dem AG, in dem noch kein „Abkauf" der Auflösungsfrist vorgesehen war, vertrat Bing Ling die Auffassung, dass eine Auflösung nach den §§ 26, 31 AG erst dreißig Tage nach Zugang wirksam wird. In dem Urteil, auf das er sich dabei bezieht, wurde der Arbeitgeber wegen Verstoßes gegen die Pflicht zur Auflösungsmitteilung dreißig Tage im Voraus zur Zahlung eines Monatsgehaltes verurteilt[1114]. Nach Bing Ling handelt es sich dabei konsequenterweise um den Verzugslohn.

Dies läuft auf das gleiche Ergebnis hinaus, wie § 40 AVG. Allerdings lässt § 40 AVG eine sofortige Auflösung nur zu, „nachdem" der Arbeitgeber dem Arbeitnehmer den zusätzlichen Monatslohn „gezahlt hat"[1115], den Fall der fristlosen Auflösung ohne vorherige Zahlung des zusätzlichen Monatsgehalts erfasst die Norm nicht. Ursprünglich sah § 57 des 1. Entwurfes zum AVG vor, dass der Arbeitnehmer bei Verstoß gegen die Auflösungsfrist eine Entschädigung in Höhe des doppelten Monatsgehaltes zahlen muss, obwohl der Entwurf bereits die Möglichkeit zum „Abkauf" der Frist kannte[1116]. Damit wird deutlich, dass der Gesetzgeber eine Sanktionierung der rechtswidrigen fristlosen Auflösung durchaus im Auge hatte.

Hintergrund dieser Regelung dürfte sein, die Zahlungsmoral des Arbeitgebers im Hinblick auf das zusätzliche Monatsgehalt zu verstärken. § 57 des Entwurfes wurde nicht in das Gesetz übernommen. Sein Zweck könnte aber über die §§ 48, 87 AVG zu erreichen sein. Ein Verstoß gegen das Fristerfordernis ohne zusätzliche Zahlung eines Monatsgehaltes stellt eine Auflösung entgegen dem AVG dar. Rechtsfolge von § 48 AVG ist aber nicht in erster Linie die Zahlung einer Entschädigung nach § 87 AVG, sondern die Weitererfüllung des Arbeitsvertrages auf Verlangen des Arbeitnehmers. Damit scheint § 48 AVG über § 57 des Entwurfes hinaus zu gehen. Allerdings erfüllen die ordentlichen Auflösungsgründe des § 40 Nr. 1–3 AVG problemlos die Anforderung des „sich nicht erfüllen lassen" des Arbeitsvertrages im Sinne von § 48 AVG, da in allen drei Fällen der Arbeit-

---

1114 Vgl. Ling, Contract Law, S. 353 und Rn. 146. Zweideutig dagegen GtZ/MoLSS, Commentaries, S. 488, zur Rechtslage unter dem AG, bei dem ein Abkauf der Auflösungsfrist noch nicht möglich war.

1115 Vgl. die Übersetzungen von Münzel, Chinas Recht, Arbeitsvertragsgesetz, ChinaLawInfo, Labor Contract Law of the People's Republic of China und MOFCOM, Labor Contract Law of the People's Republic of China. Demgegenüber berücksichtigen die Übersetzungen von Beiten Burkhardt, Arbeitsvertragsgesetz, China Law & Practice, PRC Employment Contract Law, sowie Baker & McKenzie, Law of the People's Republic of China on Employment Contracts, das zeitliche Moment der Zahlung, das durch 后-hòu zum Ausdruck kommt, nicht.

1116 Vgl. § 32 des Entwurfes.

nehmer objektiv nicht mehr in der Lage ist, seinen arbeitsvertraglich vereinbarten Pflichten nachzukommen.

Lediglich bei der Berechnung des Ausgleichs nach § 87 i. V. m. § 47 AVG kommt es zu Unterschieden gegenüber der Entwurfsregelung, da die in Bezug genommene Zahlungshöhe von der Dauer des Arbeitsverhältnisses abhängt. Bestand das Arbeitsverhältnis im Zeitpunkt der Vertragsauflösung bis zu sechs Monaten, beträgt die Entschädigung ein Monatsgehalt, ist damit genauso hoch wie die „Abkaufsumme" nach § 40 AVG, aber niedriger als die Entschädigung nach der Entwurfsregelung; wurde bereits länger als sechs Monate aber weniger als ein Jahr Arbeit geleistet, ist der Betrag identisch mit dem des Entwurfes und bei zeitlich darüber hinaus geleisteter Arbeit liegt er sogar höher[1117]. Der Arbeitnehmer wird also zumindest nie schlechter gestellt, als wenn der Arbeitgeber ihm die Frist „abgekauft" hätte.

In § 8 der „Ansichten des Oberen Volksgerichts Shanghai zur Anwendung des Arbeitsvertragsgesetzes" wurde ausdrücklich klargestellt, dass die Nichteinhaltung der Auflösungsfrist nicht zur Anwendung von § 48 AVG sondern zur Wiedergutmachung des Mangels führt.

Problematisch sind weiter die Fälle, in denen eine rechtswidrige Auflösung mit einem Verstoß gegen die Auflösungsfrist zusammenfällt, weil der Vertrag aus einem nachträglich eintretenden Umstand des § 40 Nr. 1–3 AVG nicht mehr erfüllt werden kann. Die Entschädigungszahlung nach § 87 i. V. m. § 47 AVG scheint den Sachverhalt nicht sachgerecht zu erfassen, da dieser „doppelte" Verstoß nicht anders sanktioniert wird, als ein „einfacher" Verstoß, obwohl der „Unrechtsgehalt" eines doppelten Verstoßes offensichtlich schwerer wiegt. § 48 AVG differenziert jedoch nicht zwischen einem und mehreren Gesetzesverstößen durch dieselbe Auflösung, so dass die Situation als vom Gesetzgeber gewollt anzusehen ist.

Verstößt der Arbeitnehmer gegen das Fristerfordernis des § 37 AVG, haftet er dem Arbeitgeber nach § 90 AVG für den durch die vorzeitige Auflösung ent-

1117 Der chinesische Wortlaut trifft keine Aussage über die Höhe der Ausgleichszahlung, wenn exakt sechs Monate gearbeitet wurden. Es wird getrennt zwischen mehr als sechs Monaten und unter (不满) einem Jahr sowie unter (不满) sechs Monaten. Diese Lücke ist auch den Übersetzungen von Münzel, Chinas Recht, Arbeitsvertragsgesetz, und MOFCOM, Labor Contract Law of the People's Republic of China, entnehmbar. Da für jedes volle Arbeitsjahr ein ganzes Monatsgehalt gezahlt werden muss, liegt das mathematische Mittel bei sechs vollen Arbeitsmonaten, bis zu deren Erreichen dann lediglich ein halbes Monatsgehalt zu zahlen wäre. Siehe auch Waas/Wu, Arbeitsvertragsgesetz, S. 256. Anders aber die Übersetzungen von Baker & McKenzie, Law of the People's Republic of China on Employment Contracts, ChinaLaw&Practice, Labor Contract Law of the People's Republic of China, und BeitenBurkhardt, Arbeitsvertragsgesetz, in denen bei vollen sechs Monaten mit einem ganzen Monatsgehalt kalkuliert wird. Anhaltspunkte für diese Sichtweise gibt es aber keine.

standenen Schaden[1118]. Die Vereinbarung von Vertragsstrafen ist grundsätzlich gemäß § 25 AVG verboten, um das Auflösungsrecht des Arbeitnehmers nicht ungebührlich zu beschränken[1119]. Weiter kann der Arbeitgeber vom Arbeitnehmer nicht die Weitererfüllung des Arbeitsvertrages verlangen[1120].

g. Deutsches Recht

Die Unwirksamkeit einer Kündigung hat nach deutschem Recht zur Folge, dass das Arbeitsverhältnis weiter besteht. Nach Zugang der schriftlichen Kündigungserklärung muss der Arbeitnehmer jedoch innerhalb von drei Wochen Kündigungsschutzklage vor dem Arbeitsgericht erheben, weil ansonsten die Kündigung als von Anfang an wirksam gilt[1121].

Obwohl das KSchG dem Arbeitnehmer einen Bestandsschutz am Arbeitsplatz und nicht nur eine Abfindung für dessen Verlust gewährt, kann es Fälle geben, in denen einer oder beiden Parteien die Fortsetzung des Arbeitsverhältnisses trotz Unwirksamkeit der Kündigung nicht zumutbar ist. In § 9 KSchG ist dementsprechend geregelt, dass das Gericht das Arbeitsverhältnis trotz Sozialwidrigkeit der Kündigung auf Antrag einer Partei gegen Zahlung einer Abfindung durch Urteil auflösen kann. Dabei handelt es sich um eine Ausnahmeregelung, bei der es um den Ausgleich der Parteiinteressen wegen eines zerrütteten Arbeitsverhältnisses geht[1122]. Während der Arbeitnehmer nach der BAG-Rechtsprechung den Auflösungsantrag auch in anderen Fällen der Unwirksamkeit der Kündigung als nur bei einer Sozialwidrigkeit stellen kann (z. B. wegen fehlerhafter Betriebsratsanhörung), ist dies dem Arbeitgeber verwehrt[1123]. Um dem Antrag stattgeben zu können, bedarf es des Vorliegens bestimmter Gründe. Bei einem Auflösungsantrag durch beide Parteien müssen die Gründe nicht mehr geprüft werden[1124]. Für den Antrag des Arbeitnehmers darf ihm die Fortführung des Arbeitsverhält-

---

1118 Vgl. auch § 4 der „Maßnahmen zur Entschädigung wegen Verstoßes gegen die relevanten Bestimmungen über Arbeitsverträge unter dem Arbeitsgesetz".

1119 Vgl. Lauffs, Employment Law, S. 181.

1120 Da die Motivation des Arbeitnehmers für die Erbringung der Arbeitsleistung wichtiger ist, als die Begeisterung des Arbeitgebers an der Entgegennahme der Arbeitsleistung, macht die Rechtsfolgendifferenzierung durchaus Sinn. Vgl. hierzu und zur Handhabung in der Praxis Oakley, Labor Relations, S. 143 f., 152, die feststellt, dass der Arbeitgeber kein geschütztes Recht über die Person des Arbeitnehmers hat.

1121 Vgl. §§ 4–7, 13 KSchG.

1122 Vgl. Linck, Arbeitsrechts-Handbuch, S. 1710, Berkowsky, Münchener Handbuch zum Arbeitsrecht, S. 1127.

1123 Vgl. Linck, Arbeitsrechts-Handbuch, S. 1712.

1124 Vgl. Linck, Arbeitsrechts-Handbuch, S. 1716, Berkowsky, Münchener Handbuch zum Arbeitsrecht, S. 2140.

nisses nicht mehr zumutbar sein. Das liegt nicht bereits bei der Unwirksamkeit der Kündigung vor. Die Auflösungsgründe müssen darüber hinausgehen und im Zusammenhang mit der Kündigung oder dem Kündigungsschutzprozess stehen. Ansonsten bleibt dem Arbeitnehmer nur die ordentliche oder außerordentliche Kündigung. Bei letzterer steht ihm eventuell ein Schadensersatzanspruch nach § 628 BGB zu[1125].

Für den Auflösungsantrag des Arbeitgebers müssen Gründe vorliegen, die einer weiteren, den Betriebszwecken dienlichen Zusammenarbeit entgegenstehen. In Betracht kommen Umstände, die das persönliche Verhältnis zum Arbeitnehmer, die Wertung seiner Persönlichkeit, seiner Leistung oder seiner Eignung für die Arbeitsaufgaben sowie seine Beziehung zu den anderen Mitarbeitern betreffen. Betrifft der Auflösungsantrag einen Arbeitnehmer mit besonderem Kündigungsschutz, muss der Auflösungsgrund nach der BAG-Rechtsprechung eine Kündigung aus wichtigem Grund rechtfertigen, bzw. der Maßstab für die Auflösungsgründe liegt höher[1126]. Wirtschaftliche oder betriebliche Gründe genügen nicht[1127].

Die Regelung des § 48 AVG ist neu und es sieht so aus, als wäre sie mit § 9 KSchG vergleichbar. Das AVG enthält keine Regelungen zur Zahlung von Arbeitslohn, wenn der Arbeitgeber mit der Annahme der Arbeitsleistung in Verzug ist. Diese Rechtsfrage ist aber vor allem für die Zeit des Auflösungsschutzprozesses relevant, während dessen der Arbeitnehmer häufig nicht mehr beschäftigt wird. Stellt sich dann die Unwirksamkeit der Auflösung heraus, bleibt die Frage nach der Zahlung des Arbeitslohnes für den Zwischenzeitraum.

Die Rechtsbehelfsfrist ist nach dem chinesischen Recht deutlich länger als nach deutschem Recht. Sie wurde im SSAG gegenüber der Frist des AG deutlich verlängert. Das liegt daran, dass die alten, kürzeren Fristen häufig aufgrund mangelnder Rechtskenntnis der Arbeitnehmer oder infolge eines Hinhaltens durch den Arbeitgeber versäumt wurden[1128].

1125 Vgl. Linck, Arbeitsrechts-Handbuch, S. 1716 f., Berkowsky, Münchener Handbuch zum Arbeitsrecht, S. 2137 f.

1126 Vgl. Linck, Arbeitsrechts-Handbuch, S. 1718, Berkowsky, Münchener Handbuch zum Arbeitsrecht, S. 2138 ff.

1127 Vgl. Linck, Arbeitsrechts-Handbuch, S. 1720.

1128 Vgl. Seibert, Beilegung, S. 310–337.

Teil F. Zusammenfassung

Die vorliegende Arbeit vergleicht die deutsche mit der chinesischen Rechtslage im Hinblick auf die Entstehung und Beendigung von Arbeitsverhältnissen und Arbeitsverträgen. Daneben konnten im Rahmen der Forschung drei wesentliche, grundsätzliche Unterschiede zwischen dem deutschen und dem chinesischen Arbeitsrechtsverständnis festgestellt werden.

Der erste Unterschied liegt in der großen Lückenhaftigkeit des chinesischen Arbeitsvertragsrechtes. Die Wurzeln des Arbeitsvertragsrechts in der heutigen Form liegen lediglich gute dreißig Jahre zurück. Bedingt durch ein, nach deutschem Verständnis, sich erst noch entwickelndes juristisches Ausbildungs- und Rechtsstaatssystem, fehlt viel Erfahrung bei der Schaffung, Auslegung und Anwendung arbeitsrechtlicher Vorschriften und Gesetze.

Der zweite große, generelle Unterschied liegt im starken Einfluss regionaler Gesetzgebung auf das Arbeitsrecht. Die von Provinz zu Provinz usw. abweichenden Vorschriften führen nicht nur zur einer Uneinheitlichkeit des Arbeitsrechts sondern haben auch zur Folge, dass eine vorhandene dogmatische Systematik des nationalen Rechtes vollständig über den Haufen geworfen werden kann. Ohne eine einheitliche Systematik und damit ohne eine vom Gesetzgeber vorgegebene Gesetzesstruktur fällt es dem Rechtsanwender aber schwer, das Arbeitsrecht an den lückenhaften Stellen vernünftig auszulegen. Verstärkt wird dies noch durch die vergleichsweise schlechte Transparenz der Gesetz- und Normgebungsverfahren und einer Unkenntnis des gesetzgeberischen Willens, der hinter den einzelnen Vorschriften steht.

Der dritte Unterschied ist letztlich die Konsequenz aus den beiden ersten Unterschieden. Mangelnde Erfahrung verbunden mit schlechten Rahmenbedingungen für eine interessengerechte Rechtsanwendung haben in China dazu geführt, dass sich die Gerichte in der Praxis sowie die rechtswissenschaftliche Literatur in einem gewissen Umfang vom geschriebenen Recht entfernt und in verstärktem Umfang eigene Konzepte für die Lösung arbeitsrechtlicher Fragen entwickelt haben. Die negativen Folgen insbesondere einer uneinheitlichen und an keine geschriebenen Regeln gebundenen Rechtsprechungspraxis auf die Rechtssicherheit sollen hier nicht näher dargelegt werden.

Der konkrete Rechtsvergleich hat im Einzelnen Folgendes ergeben: Aufgrund historischer und wirtschaftspolitischer Gründe hat sich der chinesische Gesetzgeber entschlossen, die Wirksamkeit des Arbeitsvertrages von einem Schriftformerfordernis abhängig zu machen. Anders als im deutschen Recht werden keine konkludenten oder mündlichen Vertragsschlüsse anerkannt. Die dadurch entstehende Lücke im grundsätzlich auf den Arbeitsvertrag ausgerichteten Rechtsschutz hat der chinesische Gesetzgeber mit dem Institut des faktischen Arbeitsverhältnisses gefüllt. Auf faktisches Arbeitsverhältnis und Arbeitsvertragsverhältnis finden unterschiedliche Rechtsnormen Anwendung. Prinzipiell will allerdings auch der chinesische Gesetzgeber jedes Arbeitsverhältnis auf vertragliche Füße stellen. Unter Androhung finanzieller Sanktionen und behördlicher Eingriffsmöglichkeiten soll der Arbeitgeber motiviert werden, den schriftlichen Arbeitsvertrag mit dem Arbeitnehmer abzuschließen.

Letztlich hat das zwingende Schriftformerfordernis dennoch eine Zwei-Klassengesellschaft unter den Arbeitnehmer zur Folge. Das zeigt sich in erster Linie am Bestandsschutz des Arbeitsverhältnisses. Der Arbeitgeber darf das faktische Arbeitsverhältnis ohne Vorliegen weiterer Voraussetzungen schon dann beenden, wenn er keine Einigung mit dem Arbeitnehmer über den Abschluss des Arbeitsvertrages herbeiführen kann. In der Praxis dürfte ihm das eine Leichtes sein. Alleine durch die in dem dem Arbeitnehmer vorgeschlagenen Arbeitsvertrag enthaltene Vertragsdauer hat er die Fortsetzung des Arbeitsverhältnisses in der Hand. Lehnt der Arbeitnehmer eine sehr kurze Vertragsdauer ab, ist der Arbeitgeber zur fristlosen Beendigung des faktischen Arbeitsverhältnisses berechtigt. Wird der Arbeitsvertrag geschlossen, so zu einer vom Arbeitgeber bestimmten Vertragsdauer, die keinen gesetzlichen Beschränkungen unterliegt. Wenn man einmal von Sondersituationen absieht, in denen auch das faktische Arbeitsverhältnis nicht beendet werden darf, zum Beispiel aus Gründen des Mutterschutzes, findet der für den Arbeitsvertrag geltende Bestandsschutz durch die gesetzlichen Auflösungstatbestände und Auflösungs- und Beendigungsausschlüsse demnach keine Anwendung auf das faktische Arbeitsverhältnis. Insoweit besteht ein geringerer Bestandsschutz, als er dem sich in einem Arbeitsverhältnis befindlichen Arbeitnehmer nach deutschem Recht gewährt wird.

Die Frage, ob das deutsche oder das chinesische Arbeitsrecht dem Arbeitnehmer einen besseren Bestandsschutz gewährt, lässt sich dennoch nur schwer beantworten. Wie das deutsche Recht auch, schränkt das chinesische Arbeitsrecht die Arbeitsvertragsauflösungsmöglichkeiten des Arbeitgebers durch gesetzliche Auflösungsgründe ein. Ob die Auflösungsgründe nach der einen oder anderen Rechtsordnung im Allgemeinen strenger sind oder nicht, lässt sich nur schwer beantworten. Das verstärkt mit Generalklauseln arbeitende deutsche Kündigungsschutzrecht wurde durch eine jahrzehntelange bundesarbeitsgerichtliche Rechtsprechung zunehmend konkretisiert, so dass die strukturellen Unterschiede zu den enumerativ aufgelisteten, konkreteren Auflösungsgründen nach chinesischem Recht gering sind. Sowohl das Kündigungsschutzgesetz als auch das Arbeitsvertragsgesetz kennen die verhaltens-, personen- und betriebsbedingten Vertragsauflösungsgründe, so dass hier kein grundsätzlicher Unterschied besteht. Als Besonderheit ist aber die Auflösungsfrist des Arbeitsvertragsgesetzes zu beachten. Während im deutschen Recht Kündigungsfristen die Parteien auch nach Ausspruch der Kündigung noch sehr lange aneinander binden können, gilt im chinesischen Recht eine einheitliche Frist von dreißig Tagen. Auch diese Kündigungsfristen sind Teil des Bestandsschutzsystems.

Beide Rechtsordnungen arbeiten des Weiteren mit Ausnahmen vom gesetzlichen Bestandsschutz. Im deutschen Recht geschieht dies in erster Linie über die Kleinbetriebsklauseln des § 23 KSchG, die Arbeitnehmer in Betrieben mit weniger als elf Arbeitnehmern in der Regel vom Kündigungsschutz des Kündigungsschutzgesetzes ausschließen. Ihnen steht nur ein Kündigungsschutz „zweiter Klasse“ zur Verfügung. Seit Inkrafttreten des chinesischen Arbeitsvertragsgesetzes gilt zudem, dass die Befristung von Arbeitsverträgen nach deutschem Recht geringeren Beschränkungen unterliegt, als nach chinesischem Recht. Über die Vertragsbefristung wird der Kündigungsschutz unterlaufen, was sich somit unmittelbar auf den Bestandsschutz am Arbeitsverhältnis auswirkt.

Im chinesischen Recht bietet dagegen, wie gezeigt, das faktische Arbeitsverhältnis einen nur eingeschränkten Bestandsschutz. Der chinesische Gesetzgeber versucht die Verwendung faktischer Arbeitsverhältnisse und damit des geringen Bestandsschutzes allerdings auf anderem Wege zu kompensieren, zum Beispiel durch einen Lohnanspruch in doppelter Höhe. Er setzt aber nicht nur auf den Arbeitnehmer zur Druckausübung sondern gibt auch den Behörden theoretisch einen erheblichen Eingriffsspielraum gegenüber dem säumigen Arbeitgeber. In der vergangenen Praxis spielte die administrative Eingriffsbefugnis aber nur eine geringe Rolle, weshalb faktische Arbeitsverhältnisse weit verbreitet waren. Ob sich das durch den doppelten Lohnanspruch ändert, bleibt abzuwarten. Die Einschränkung des Bestandsschutzes findet allerdings mit der gesetzlichen Fiktion eines unbefristeten Arbeitsvertrages nach einem Jahr ein Ende, weshalb der Arbeitgeber mit dem Abschluss eines von Anfang an auf ein Jahr befristeten Arbeitsvertrages unter Umständen besser beraten ist.

Dazu kommt, dass es zwar keine Anknüpfung der Anwendung der Auflösungsgründe an eine Mindestanzahl von Arbeitnehmern in einem Betrieb gibt, allerdings genießen in Teilzeit beschäftigte Arbeitnehmer überhaupt keinen Auflösungsschutz. Eine derartige Regelung wäre im deutschen Recht wegen der Ungleichbehandlung von Frauen, als der hauptsächlich in Teilzeitarbeitsverhältnissen beschäftigten Arbeitnehmergruppe, ausgeschlossen. Welche Dynamik und welche Veränderungen diese Regelung für den Arbeitsmarkt und die Art der Beschäftigungsverhältnisse mit sich bringt, wird in Zukunft gespannt zu verfolgen sein.

Literaturverzeichnis

Atzler, Christian/Lauffs, Andreas
– Internationaler Personaleinsatz: Das Arbeitsrecht in China, in: AuA – Personal Profi (2007), S. 590–593
– Besser Aufhebungsverträge: Gesetzliche Rahmenbedingungen für Reduzierung der Arbeitnehmeranzahl, in: China Contact (2009), Heft 3, S. 39

Baker & McKenzie
– Peking Court Finds Working College Student Protected By Employment Laws, in: China Employment Law Update (2009), Ausgabe Oktober, S. 5, [http://www.bakermckenzie.com/NLChinaEmploymentLawUpdateOct09/], 4. April 2012
– Employer Ordered to Sign Open-Term Contract After Two Fixed-Term Contracts, in: China Employment Law Update (2010), Ausgabe August, S. 4, [http://www.bakermckenzie.com/NLChinaEmploymentLawUpdateAug10/], 7. April 2012
– Employment Contract for Expatriate General Manager Ruled Invalid, in: China Employment Law Update (2010), Ausgabe Januar, S. 3 [http://www.bakermckenzie.com/NLChinaEmploymentLawUpdateJan10/], 7. April 2012.
– Constructive Dismissal Claim for Incorrect Calculation of Overtime Wages is Rejected, in: China Employment Law Update (2010), Ausgabe Juni, S. 6, [http://www.bakermckenzie.com/NLChinaEmploymentLawUpdateJun10/], 7. April 2012
– Court Rules Termination of Employee for Instigating a Strike Unlawful, in: China Employment Law Update (2010), Ausgabe Januar, S. 3 [http://www.bakermckenzie.com/NLChinaEmploymentLawUpdateJan10/], 7. April 2012
– Court Rules that Termination for Refusal to Sign Employee Handbook Is Invalid, in: China Employment Law Update (2010), Ausgabe Januar, S. 3 f., [http://www.bakermckenzie.com/NLChinaEmploymentLawUpdateJan10/], 7. April 2012
– Employee's Absence From Work Does Not Imply Resignation, in: China Employment Law Update (2010), Ausgabe Oktober, S. 5 [http://www.bakermckenzie.com/NLChinaEmploymentLawUpdateOct10/], 7. April 2012
– Defects in Termination Notices Lead to Employer Liability, in: China Employment Law Update (2010), Ausgabe Juni, S. 5 f. [http://www.bakermckenzie.com/NLChinaEmploymentLawUpdateJun10/], 7. April 2012
– Shanghai Court Strikes Down Liquidated Damages Provision in Confidentiality Claim, in: China Employment Law Update (2009), Ausgabe Oktober, S. 4, [http://

www.bakermckenzie.com/NLChinaEmploymentLawUpdateOct09/] 7. April 2012
– Right of Rep Office to Terminate Secondment of Agency Employee Upheld, in: China Employment Law Update (2010), Ausgabe Oktober, S. 3 f., [http://www.bakermckenzie.com/NLChinaEmploymentLawUpdateOct10/], 7. April 2012
– Employee's Withdrawal of Resignation Invalid, in: China Employment Law Update (2010), Ausgabe Oktober S. 6, [http://www.bakermckenzie.com/NLChinaEmploymentLawUpdateOct10/], 7. April 2012
– Law of the People's Republic of China on Employment Contracts [http://www.bakermckenzie.com/files/webinars/eyeonchina1jun11/Employment_Contract_Law.PDF], 7. April 2012

Bath, Vivienne Part-time Workers, in Andreas Lauffs (Hrsg.), China Staff Employment Manual, 3. Auflage, Hong Kong, 1997, S. 191–192

Beiten Burkhardt
Arbeitsvertragsgesetz der Volksrepublik China, [http://www.bblaw.com/uploads/media/China_Juli_deutsch_2007_01.pdf], 7. April 2012

Berkowsky, Wilfried in: Richardi, Reinhard/Wlotzke, Otfried/Wißmann, Hellmut/Oetker, Hartmut (Hrsg.),
Münchener Handbuch zum Arbeitsrecht Band 1, 3. Auflage, München, 2009

Binding, Jörg/Thum, Kai
– Contracts, Disputes and new Jobs – An Overview of China's new Labor Laws, in: China Law & Practice (2008), Ausgabe Mai, S. 75–77
– Aktuelle Entwicklungen im Arbeitsrecht der VRC, in: RdA (2008), S. 347–357

Boemke, Burkhard
Schuldvertrag und Arbeitsverhältnis, München, 1999

Brown, Ronald C.
China's employment discrimination laws during economic transition, in: Columbia Journal of Asia Law (2006), Volume 19, S. 361–427

Bunnell, Beth/Kay, David Ben
Secondment, in: Andreas Lauffs (Hrsg.), China Staff Employment Manual, 3. Auflage, Hong Kong, 1997, S. 271–276

Burell, Mattias
The Rule-Governed State – China's Labour Market Policy: 1978–1998, Uppsala, 2001

Cai, Heping
Ländliche Wanderarbeitnehmer in der Volksrepublik China – Probleme und Lösungsansätze, in: ZIAS (2006), S. 297–319

Chan, Anita

Emerging Patterns of Industrial Relations in China and the Rise of Two New Labour Movements, in: China Information (1995), Volume 9, Nr. 4, S. 36–59
Chang, Kai
Globalisation, Labour Standards and Protection of Labour Rights, in: ZChinR (2005), S. 23–29
Chen, John
China, in: Asia Monitor Resource Center (Hrsg.), Asia Pacific Labour Law Review, Hongkong, 2003, S. 105–122
China Labour Bulletin
http://www.clb.org.hk/en
– Migrant workers without a labour contract go unpaid for nearly a year, 25. Mai 2009, [http://www.clb.org.hk/en/node/100472], 19. Februar 2012
– China's Draft Labour Contract Law: Without Freedom Of Association, Will Chinese Workers Be Any Better Off?, 11. August 2006, [http://www.china-labour.org.hk/en/node/38982], 19. Februar 2012
– Hunan auto workers successfully claim wages in arrears, 30. Juli 2008, [http://www.china-labour.org.hk/en/node/100412], 19. Februar 2012
– No Way Out: Worker Activism in China's State-Owned Enterprise Reforms, September 2008, [http://www.clb.org.hk/en/node/100013], 19. Februar 2012
– Speaking Out: The Workers' Movement in China, Dezember 2007, [http://www.clb.org.hk/en/node/100013], 19. Februar 2012
– Dongguan court's dubious ruling in Nokia HBV discrimination case, 6. November 2008, [http://www.china-labour.org.hk/en/node/100336], 19. Februar 2012
– IBM case highlights work pressures in China's hi-tech industries, 30. Juni 2008,
[http://www.china-labour.org.hk/en/node/100271], 19. Februar 2012
– Shanghai HBV discrimination case reaches "satisfactory" conclusion, 24. April 2008, [http://www.china-labour.org.hk/en/node/100245], 19. Februar 2012
– Dongguan court orders Vtech to pay plaintiff 24,000 yuan in compensation for HBV discrimination, 7. Januar 2008, [http://www.china-labour.org.hk/en/node/100189], 19. Februar 2012
– Going it Alone: The Workers' Movement in China, Juli 2009, [http://www.clb.org.hk/en/node/100013], 19. Februar 2012
– Reform of State-owned enterprises in China, 19. Dezember 2007, [http://www.china-labour.org.hk/en/node/100153], 19. Februar 2012
Chen, Ke
– Individual Labour Contracts and Collective Agreements: Contents and Procedural Requirements in Recent Chinese Law and Practice, in: ZIAS (1996), S. 265–284

– People's Republic of China, in: Kluwer Law International (Hrsg.), Encyclopedia Labour Law, Supplement 288, The Hague, 2004
Cheng, Yanyuan/Darimont, Barbara
Die Debatten über die Entwürfe des Arbeitsvertragsgesetzes, in: ZChinR (2007), Heft 2, S. 172–181
Asia Law & Practice (Hrsg.)
1. Employment
– Emerging Rules will create Inconsistency: Temporary Local Rules will fill the Gap, in: China Law & Practice (2008/09), Ausgabe Dezember/Januar, S. 8
– No revision of labour law expected: Legal burdens could lead to more short-term employment, in: China Law & Practice (2009), Ausgabe April, S. 7
2. Legal Briefs
– Employment Law Prompts Foreign Companies To Clean House, in: China Law & Practice (2007), Ausgabe Juli/August, S. 3
– Lawyer Says: Increase Of Minimum Wage Add Burdens To Enterprises, Labour Shortage Continues – Shenzhen's minimum wage is now higher than Shanghai's, in: China Law & Practice (2008), Ausgabe Juli/August, S. 4
– Government Approval May Be Required For Mass Layoffs: Move is part of wider labour law developments, in: China Law & Practice (2008/09), Ausgabe Dezember/ Januar, S. 3
– Guangdong Delays Labor Law Implementation, in: China Law & Practice (2008/09), Ausgabe Dezember/Januar, S. 3
Darimont, Barbara
Die Verabschiedung des Arbeitsvertragsgesetzes vor dem Hintergrund moderner Sklavenhaltung in der VRC, in: China Aktuell (2007), Heft 5, S. 96–114
Darimont, Barbara/Cheng, Yanyuan
Die Debatten über die Entwürfe des Arbeitsvertragsgesetzes, in: ZChinR (2007), Heft 2, S. 172–181
Däubler, Wolfgang
Das Arbeitsrecht 2 – Das Arbeitsverhältnis: Rechte und Pflichten, Kündigungsschutz, 12. Auflage, Reinbek, 2009
Däubler, Wolfgang/Wang, Qian
– Das neue chinesische Arbeitsrecht, in: AuR (2008), S. 85–90
– Bestandsschutz des Arbeitsverhältnisses in der VRC, in: RdA (2008), S. 141–146
Debiak, Monica Lynn/Ligorner, K. Leslie
Navigating the new Employment Contract Law, in: China Law & Practice (2007), Ausgabe Juli/August, S. 26–29
Demir, Talin/Greth, Alexander
– Umdenken gefordert – auf das neue Arbeitsrecht einstellen, in: China Contact 2007, Heft 10, S. 26–28

– Kündigungsschutz modifiziert, in: China Contact (2008), Heft 6, S. 23
Dietrich, Helmuth
Das Arbeitssystem der VRC * Strukturen und Entwicklungstendenzen, in: Mitteilungen aus der Arbeitsmarkt- und Berufsforschung (MittAB) (1993), 26. Jg., H. 1, S. 100–111
Dong, Baohua/Dong, Runqing
Case Analysis on latest PRC Labor Contract Law, Peking, 2007
Dong, Runqing/Dong, Baohua
Case Analysis on latest PRC Labor Contract Law, Peking, 2007
Dong Yueying
Students belong to the category of laborers and the unit's actions are illegal, in: Dong Baohua/Dong Runqing (Hrsg.), Case Analysis on latest PRC Labor Contract Law, Peking, 2007, S. 633 f.
Duchetsmann, Iris
Arbeitnehmerschutz in China, in: AuA – Personal Profi (2009), S. 88–91
Dübbers, Robert/Gebhardt, Immanuel
Unwirksamkeit von Arbeitsverträgen in der VRC, in: ZIAS (2004), S. 110–125
EL Consulting
– Hukou, in Andreas Lauffs (Hrsg.), China Staff Employment Manual, 3. Auflage, Hong Kong, 1997, S. 115–117
– Cadres, in Andreas Lauffs (Hrsg.), China Staff Employment Manual, 3. Auflage, Hong Kong, 1997, S. 33–35
Elfstrom, Manfred
China's new arbitration law, 2008, [http://laborrightsblog.typepad.com/international_labor_right/2008/05/chinas-new-arbi.html], 18. März 2012
Fairbank, Mark/Bronwen, May
China's iron rice bowl remolded, in: American Bankruptcy Institute Journal (2006), Volume 25, Nr. 9, S. 40
Falder, Roland
Neue Spielregeln im chinesischen Arbeitsrecht, in: China Contact (2007), Heft 9, S. 33
Fan, Jianhong
– Arbeitgeberkündigungsgründe nach dem Arbeitsgesetz der VRC, in: RIW (1996), S. 29–35
– Rechtsgrundlagen und Kontrollstruktur der Arbeitgeberkündigung nach den Grundsätzen deutscher Verhältnismäßigkeit und chinesischer beilegungsimmanenter Schiedsentscheidung, Frankfurt/Main, 1997
Fang, Lehua
The labor relationship cannot be denied if a laborer is recruited on condition of personally bringing the means of production, in: Dong Baohua/Dong Run-

qing (Hrsg.), Case Analysis on latest PRC Labor Contract Law, Peking, 2007, S.643 f.
Feng, Jinwei/Peerenboom, Randy
Terminating Labour Contracts: Restrictive Covenants, in: China Law & Practice (2001), Ausgabe März, S. 64
Frauenheim, Ed
China's Contract Law: Something For Everyone", in: Workforce Management (2007), Vol. 86 Issue 14, S. 35–39
Frik, Roman/Li, Guang
Das neue Arbeitsvertragsgesetz Chinas, in: NZA (2008), S. 86–91
Fu, Hualing/Choy, D.W.
From Mediation to Adjudication: Settling Labor Disputes in China, in: In the Factories – China Rights Forum (2004), Nr. 3, S. 17–22
Gallagher, Mary Elizabeth
Contagious Capitalism – Globalisation and the Politics of Labor in China, Princeton, New Jersey, 2005
Gallagher, Mary Elizabeth/Jiang, Junlu
Guest Editor's Introduction, in: Chinese Law and Government (2002), Ausgabe November/Dezember, Volume 35, Nr. 6, S. 1–15
Gao, Kirsten/Sun, Nancy
Laying off is hard to do, in: China Law & Practice (2009), Ausgabe März, S. 14–15
Gebhardt, Immanuel/Dübbers, Robert
Unwirksamkeit von Arbeitsverträgen in der VRC, in: ZIAS (2004), S. 110–125
Gebhardt, Immanuel/Zhang Yuqing
Chinese Contract Law – Comparative Case Studies – Part Two, Peking, 2003
Geffken, Rolf
- Arbeit in China/Arbeit, Arbeitsbeziehungen und Arbeitsrecht in der VRC, Taiwan und Hongkong, Baden Baden, 2004
- Gewerkschaften in China, in: AuR (2005), S. 95–97
- Arbeitsrecht in China, in: Michael-Florian Ranft/Christoph Schewe (Hrsg.): Chinas Wirtschaftsrecht: Einführung für Unternehmen und deren Rechtsberater, Baden-Baden, 2006, S. 149 ff.
- Der Preis des Wachstum – Arbeitsbeziehungen und Arbeitsrecht in der VRC, Hamburg, 2005
- Interview mit Dajun Zhong am 29. Dezember 2007, [http://www.labournet.de/internationales/cn/geffken_zhong.pdf], 18. März 2012
Geffken, Rolf/Ma, Dong/Hsieh, Sheng-Min
Das chinesische Arbeitsvertragsgesetz, Cadenberge, 2008

Gesellschaft für Technische Zusammenarbeit/Department of Legal Affairs of the Ministry of Labour and Social Security
Commentaries on Chinese Labour and Social Security Laws and Regulations, Volume 1, Peking, 2003
Glück, Ulrike/Tänzler, Julia
Das neue Arbeitsvertragsgesetz der VRC, in: RIW (2008), S. 343–351
Goldammer, Mike
Neues Steuer- und Arbeitsrecht – Wesentliche Änderungen zum 1. Januar 2008, China Contact (2008), Heft 1, S. 33
Gu, Edward X.
Labor Market Reforms – Central Government Policy, in: Chinese Law and Government (2001), Ausgabe Januar/Februar, Volume 34, Nr. 1, S. 5–15
Hang, Jian
Doing Business in China: Understanding China's Newly Adopted Labor Contract Law, in: International Legal News, 8. Oktober 2007, [http://www.ebglaw.com/showarticle.aspx?Show=7242], 18. März 2012
Harper Ho, Virginia
Labor Dispute Resolution in China, Berkeley, California, 2003
Hu, Jie
The unit has no authority to decide whether the labor contract is valid or not, in: Dong Baohua/Dong Runqing (Hrsg.), Case Analysis on latest PRC Labor Contract Law, Peking, 2007, S. 421, 422
Hu, Martin G.
Labor Issues in Group Restructurings, in: China Law & Practice (2004), Ausgabe Juli/August, S. 84
Jiang, Jin
His injuries are not work-related, in: Dong Baohua/Dong Runqing (Hrsg.), Case Analysis on latest PRC Labor Contract Law, Peking, 2007, S. 649, 650
Jiang, Junlu
The Employment Contract Law: A New Era in China's Labor Market, in: China Law Reporter (2007), Heft September, Volume 3, Issue 5, S. 27–29
Jiang, Junlu/Gallagher, Mary Elizabeth
Guest Editor's Introduction, in: Chinese Law and Government (2002), Ausgabe November/Dezember, Volume 35, Nr. 6, S. 1–15
Josephs, Hilary K.,
- Labor Law in China, 2. Auflage, Huntington, New York, 2003
- Labor Reform in the Workers' State: The Chinese Experience, in: Journal of Chinese Law (1988), Volume 2, Nr. 2, S. 201–263
- Measuring Progress under China's Labour Law: Goals, Progresses, Outcomes, in: Comparative Labor Law & Policy Journal (2008), Volume 30, S. 373–394

Kay, David Ben/Bunnell, Beth
Secondment, in Andreas Lauffs (Hrsg.), China Staff Employment Manual, 3. Auflage, Hong Kong, 1997, S. 271–276
Kirk, Brandon
Putting China's Labour Contract Law into Practice, in: China Law & Practice (2008), Ausgabe März, S. 15–18
Koch, Ulrich
in: Schaub, Günter/Koch, Ulrich/Linck, Rüdiger/Vogelsang, Hinrich/Treber, Jürgen (Hrsg.), Arbeitsrechts-Handbuch, 14. Auflage, München, 2011
Korte, Philipp/Lin, Kuang Hua
Ab 1. Januar 2008: Verschärftes Arbeitsrecht in China, in: Fashion Technics Today (2007), Heft Dezember, S. 13
Lauffs, Andreas
- Das Arbeitsrecht der Volksrepublik China – Entwicklung und Schwerpunkte, Hamburg, 1990
- Employment Law and Practice in China, Hong Kong, 2008
- China Staff Employment Manual, 3. Auflage, Hong Kong 1997
- Chinese Law Spurs Reforms – Employment contracts must now define more working conditions, in: HR Magazine (2008), Heft Juni, S. 92–98
Lauffs, Andreas/Atzler, Christian
- Internationaler Personaleinsatz: Das Arbeitsrecht in China, in: AuA – Personal Profi (2007), S. 590–593
- Besser Aufhebungsverträge: Gesetzliche Rahmenbedingungen für Reduzierung der Arbeitnehmeranzahl, in: China Contact (2009), Heft 3, S. 39
Lauffs, Andreas/Wilson, Jeffrey/Gu, Patrick
New Rules for Labour Dispute Resolution, in: China Law & Practice (2006), Ausgabe November, S. 19–20
Lauffs, Andreas/Isaacs, Jonathan
- Feeling the Pressure? – A resurgent campaign seeks to unionize workers in foreign invested companies, in: China Business Review (2007), Ausgabe Juli/August, S. 20–23
- Email Communication can constitute Employment Contract, in: International Law Office (ILO) Newsletter, 16. September 2009, [http://www.internationallawoffice.com/newsletters/detail.aspx?g=3a93ceb4-da1e-4749-a4f1-605c4bd54415], 1. April 2012
Lauffs, Andreas/Peng, Jane
Termination for Refusal to Sign Employee Handbook ruled invalid,in: International Law Office (ILO) Newsletter, 27.Oktober 2010, [http://www.internationallawoffice.com/Newsletters/Detail.aspx?g=9d6f7c7c-c50b-4ba8-8ed3-722fc62c6363], 1. April 2012

Law, Joanna
– Labor Law: State Council delays, as Guangdong makes is better, in: China Law & Practice (2008), Ausgabe September, S. 35–37
– Employment regulations may prove a burden for employers, in: China Law & Practice (2008), Ausgabe Oktober, S. 6–9
– Employers, prepare for trouble, in: China Law & Practice (2009), Ausgabe Februar, S. 9 f.

Levens, Tim/Kwan, Ping/Sheperd, Ed
China, in: Labour Law Review – Asia Pacific (1999), S. 9–16

Li, Guang/Frik, Roman
Das neue Arbeitsvertragsgesetz Chinas, in: NZA (2008), S. 86–91

Li, Jing
China's New Labor Contract Law and Protection of Workers, in: Fordham International Law Journal (2008/2009), Volume 32, S. 1083–1131

Liao, Mingtao
The labor relationship ends upon contract termination, in: Dong Baohua/Dong Runqing (Hrsg.), Case Analysis on latest PRC Labor Contract Law, Peking, 2007, S. 490, 491

Ligorner, K. Leslie/Debiak, Monica Lynn
Navigating the new Employment Contract Law, in: China Law & Practice (2007), Ausgabe Juli/August, S. 26–29

Lin Feng
Labour Law, in: Wang Chenguang/Zhang Xianchu (Hrsg.), Introduction to Chinese Law, Hongkong, 1997, S. 457–488

Ling, Bing
Contract Law in China, Hongkong, 2002

Linck, Rüdiger
in: Schaub, Günter/Koch, Ulrich/Linck, Rüdiger/Vogelsang, Hinrich/Treber, Jürgen (Hrsg.), Arbeitsrechts-Handbuch, 14. Auflage, München, 2011

Liu, Lihua
Based on comprehensive hiring conditions, the contract shall be effective, in: Dong Baohua/Dong Runqing (Hrsg.), Case Analysis on latest PRC Labor Contract Law, Peking, 2007, S. 415, 416

Luo, Siqi
Cosi van tutte: Siqi Luo zur Umgehung des neuen Arbeitsgesetzes in China, in: Zeitung für sozialistische Betriebs- und Gewerkschaftsarbeit (2007), 20. Dezember 2007 [http://www.labournet.de/internationales/cn/luo.html], 1. April 2012

Lu, Qinyi
Die privatrechtliche Entwicklung bei der Regelung der Arbeitsbeziehungen in China und die Notwendigkeit vom staatlichen Eingriff, in Wang, Weida

(Hrsg.), Erfüllung der öffentlichen Aufgabe durch Privatrecht – Tagungsband des 1. Chinesisch-Deutschen Rechtssymposiums am CDHK (12. u. 13. März 2002), Konstanz, 2004, 65–72

Lu, Yin

- Providing labor is not equivalent to forming a labor relationship, in: Dong Baohua/Dong Runqing (Hrsg.), Case Analysis on latest PRC Labor Contract Law, Peking, 2007, S. 591 f.
- Students, whose main task is study, are not laborers, in: Dong Baohua/Dong Runqing (Hrsg.), Case Analysis on latest PRC Labor Contract Law, Peking, 2007, S. 634 f.

Ma, Qianyun

The injuries suffered by Lao Zheng are work-related injuries, in: Dong Baohua/Dong Runqing (Hrsg.), Case Analysis on latest PRC Labor Contract Law, Peking, 2007, S. 649

Meijer, Marinus J.

Problems of Translating the Marriage Law, in: Jerome Alan Cohen (Hrsg.), Contemporary Chinese Law: Research Problems and Perspectives, Cambridge, 1970, S. 210–229

Moccia, Sergio M.

The level of protection provided by Chinese labour law compared to German labour law, Hamburg, 2008

Münzel, Frank

Chinas Recht, Kommentierte Übersetzungen aus dem Recht der Volksrepublik China http://lehrstuhl.jura.uni-goettingen.de/chinarecht/inhalt.htm

National Bureau of Statistics of China

China Statistical Yearbook 2005, Peking, 2005

Ngok, Kinglun

The Development of the Labour Law of the People's Republic of China, in: Chinese Law and Government (2000), Ausgabe Januar/Februar, Volume 33, Nr. 1, S. 3–21

Oakley, Sheila

Labor Relations in China's Socialist Market Economy – Adapting to the Global Market, Westport, Connecticut, 2002

Pang, Chunyun

The labor relationship should not be restored after the resignation of the laborer, in: Dong Baohua/Dong Runqing (Hrsg.), Case Analysis on latest PRC Labor Contract Law, Peking, 2007, S. 522, 523

Preis, Ulrich

- Arbeitsrecht – Individualarbeitsrecht: Lehrbuch für Studium und Praxis, 3. Auflage, Köln, 2009

– Prinzipien des Kündigungsrechts bei Arbeitsverhältnissen, München, 1987
Qiao, Wenbao/Manzau, Fabian
Gesetz der Arbeitslosigkeit – Probleme mit dem neuen Arbeitsrecht, in: China Contact (2009), Heft 1, S. 44–45
Rademacher, Susanne
Kein Buch mit sieben Siegeln – „Employment Handbooks“ gewinnen an Bedeutung, in: China Contact (2007), Heft 11, 36–37
Richardi, Reinhard
in: Richardi, Reinhard/Wlotzke, Otfried/Wißmann, Hellmut/Oetker, Hartmut (Hrsg.), Münchener Handbuch zum Arbeitsrecht Band 1, 3. Auflage, München, 2009
Ross, Claudia/Ross, Lester
Language and Law, in: Turner, Karen G./Feinerman, James V./Guy, R. Kent (Hrsg.), The Limits of the Rule of Law in China, Seattle, 2000, S. 223 ff.
Salzer, Adam
Downsizing, in Andreas Lauffs (Hrsg.), China Staff Employment Manual, 3. Auflage, Hong Kong, 1997, S. 68–72
Sausmikat, Nora
More Legitimacy for One-Party Rule? The CCP's Ideological Adjustments and Intra-Party Reforms, in: The German Journal on Contemporary Asia (2006), Ausgabe 99 April, S. 70–91
Scheil, Jörg-Michael
– Das neue chinesische Vertragsgesetz Teil 1, in: Newsletter Deutsch-Chinesische Juristenvereinigung (1999), S. 2–12
– Das neue chinesische Vertragsgesetz Teil 2, in: Newsletter Deutsch-Chinesische Juristenvereinigung (1999), S. 34–45
Schneider, Volker
- Regelung arbeitsrechtlicher Streitigkeiten in der VRC – Stand und Entwicklungstendenzen, in: NZA (1998), S. 743–746
- Das neue Arbeitsgesetz der Volksrepublik China, in: AuR (1998), S. 429–430
Schucher, Günter
– Chinas neues Arbeitsvertragsgesetz – Stärkung der Schwachen oder nur Beruhigungspille?, in: China Aktuell (2006), Heft 4, S. 47–65
– China's Employment Crisis – A Stimulus for Policy Change?, in: Journal of Current Chinese Affairs (2009), Ausgabe 2, S. 121–144
Schüren, Peter
in:
– Richardi, Reinhard/Wlotzke, Otfried/Wißmann, Hellmut/Oetker, Hartmut (Hrsg.), Münchener Handbuch zum Arbeitsrecht Band 1, 3. Auflage, München, 2009

– Richardi, Reinhard/Wlotzke, Otfried/Wißmann, Hellmut/Oetker, Hartmut (Hrsg.), Münchener Handbuch zum Arbeitsrecht Band 2, 3. Auflage, München, 2009
– Richardi, Reinhard/Wlotzke, Otfried/Wißmann, Hellmut/Oetker, Hartmut (Hrsg.), Ergänzungsband Münchener Handbuch zum Arbeitsrecht, 2. Auflage, München, 2001

Seibert, Nils
Die außergerichtliche Beilegung individual-arbeitsrechtlicher Streitigkeiten in China – ein Überblick –, in: ZIAS (2008), Ausgabe 4, S. 310–337

Shao Wenjie
The relationship between the parties is a contractual relationship, in: Dong Baohua/Dong Runqing (Hrsg.), Case Analysis on latest PRC Labor Contract Law, Peking, 2007, S. 642 f.

Shen, Jie
– Labour disputes and their resolution in China, Oxford, 2007
– Labour contracts in China: Do they protect workers' rights?, in: Journal of Organisational Transformation and Social Change (2007), Vol. 4 Nr. 2, S. 111–129

Sun, Nancy/Gao, Kirsten
Laying off is hard to do, in: China Law & Practice (2009), Ausgabe März, S. 14–15

Sun, Weixin
Depriving the laborer of his position and salary was in essence early contract dissolution, in: Dong Baohua/Dong Runqing (Hrsg.), Case Analysis on latest PRC Labor Contract Law, Peking, 2007, S. 491

Tao, Rong
Employees' Property Rights in Chinese State-Owned Enterprise Reorganization, in: Columbia Journal of Asian Law (1999), Volume 13, Herbst Ausgabe, Nr. 2, S. 153–184

Tänzler, Julia/Glück, Ulrike
Das neue Arbeitsvertragsgesetz der VRC, in: RIW (2008), S. 343–351

Thum, Kai/Binding, Jörg
– Contracts, Disputes and new Jobs – An Overview of China's new Labor Laws, in: China Law & Practice (2008) Mai, S. 75–77
– Aktuelle Entwicklungen im Arbeitsrecht der VRC, in: RdA (2008), S. 347–357

US-China Business Council Staff
The New Labour Contract Law, in: China Business Review (2007), Ausgabe November + Dezember, S. 42–49

Vogelsang, Hinrich
in: Schaub, Günter/Koch, Ulrich/Linck, Rüdiger/Vogelsang, Hinrich/Treber, Jürgen (Hrsg.), Arbeitsrechts-Handbuch, 14. Auflage, München, 2011

Waas, Bernd/Wu, Yongxin
Das neue Arbeitsvertragsgesetz der VRC, in: ZVglRWiss (2008), S. 231–260
Wan Jing
Probleme, denen sich Ausländer die in China arbeiten ausgesetzt sehen (外国人在华就业遭遇劳动合同法难题), in Legal Daily vom 09. Juni 2008 [www.legaldaily.com.cn/0801/2009-01/17/content_1021980.htm], 4. April 2012
Wang, Guiguo/Mo, John
Chinese law, London, 1999
Wang, Cheng
How can they dismiss him, while he is not an employee of the unit?, in: Dong Baohua/Dong Runqing (Hrsg.), Case Analysis on latest PRC Labor Contract Law, Peking, 2007, S. 506
Wang, Qian
Teilzeitbeschäftigung nach dem neuen Arbeitsvertragsgesetz der VRC – Wirksames Mittel zur Flexibilisierung des Arbeitsmarktes?, in: China Aktuell (2008), S. 162–180
Wang, Qian/Däubler, Wolfgang
- Das neue chinesische Arbeitsrecht, in: AuR (2008), Heft 3, S. 85–90
- Bestandsschutz des Arbeitsverhältnisses in der VRC, in: RdA (2008), Heft 3, S. 141–146
Wank, Rolf
in: Richardi, Reinhard/Wlotzke, Otfried/Wißmann, Hellmut/Oetker, Hartmut (Hrsg.), Münchener Handbuch zum Arbeitsrecht Band 1, 3. Auflage, München, 2009
White, Chris
- China's new Labor Laws: employment contract reforms, 30. August 2008, [http://chriswhiteonline.org/2008/08/chinas-new-labor-laws-employment-contract-reforms/], 4. April 2012
- China labor laws 2008-employer compliance and the new conciliation and arbitration system, 3. September 2008 [http://chriswhiteonline.org/2008/09/china-labor-laws-2008-employer-compliance-and-the-new-conciliation-and-arbitration-system/], 4. April 2012
- 2008 China labor law reforms – part one The content of the employment contract law, 5. September 2008 [http://chriswhiteonline.org/2008/09/2008-china-labor-law-reforms-part-one-the-content-of-the-employment-contract-law/], 4. April 2012
- 2008 China labor laws – part two The union ACFTU, 4. September 2008, [http://chriswhiteonline.org/2008/09/2008-china-labor-laws-part-two-the-union/], 4. April 2012

– Rocky Road to Labor Reform in China, 17. Oktober 2008 [http://chriswhiteonline.org/2008/10/rocky-road-to-labor-reform-in-china/], 4. April 2012
– Chinese workers fight back, 21. Oktober 2008 [http://chriswhiteonline.org/2008/10/chinese-workers-fight-back/], 4. April 2012
– China: rules on the new contract employment law, 29. Dezember 2008 [http://chriswhiteonline.org/2008/12/china-rules-on-the-new-contract-employment-law/], 4. April 2012
– China labour contract law – no teeth, 24. Februar 2009 [http://chriswhiteonline.org/2009/02/china-labour-contract-law-no-teeth/], 4. April 2012
– China fears riots, 1. März 2009 [http://chriswhiteonline.org/2009/03/china-fears-riots/], 4. April 2012
– China keeps labour law, 10. März 2009 [http://chriswhiteonline.org/2009/03/china-keeps-labour-law/], 4. April 2012
– China's workers protesting, 27. Juli 2009 [http://chriswhiteonline.org/2009/07/chinas-workers-protesting/], 4. April 2012

Wlotzke, Otfried/Volze, Armin
Dienstverhältnis und Arbeitsverhältnis – Erläuterungen zu §§ 611–630 BGB, Stuttgart, 1962

Wolff, Lutz-Christian
– Der Arbeitsvertrag in der Volksrepublik China nach dem Arbeitsvertragssystem von 1986, Hamburg, 1990
– Das internationale Wirtschaftsrecht der VRC, 2. Auflage, Frankfurt am Main, 2005

Weidlich, Thomas/Li, Guang
Neues Arbeitsrecht bringt deutliche Veränderungen: Klare Vorgaben für Arbeitsverträge, in: Wall Street Journal Online – Dowjones/VWD News, 11.07.2006 [http://www.localglobal.de/sixcms/detail.php?id=744916&template_id=3693], 11. Februar 2010

Wu, Jing
Facing Downsizing in China: Avoiding Legal Risks in Reduction in Force, in: China Law Reporter (2009), Ausgabe Mai, Volume 5, Issue 1, S. 30–35

Wu, Victorien
Labor Relations in Focus – The PRC government's efforts to better protect workers' rights spring from worries about China's social stability, in: China Business Review (2007) [http://www.chinabusinessreview.com/public/0611/wu.html], 4. April 2012

Wu, Yongxin/Waas, Bernd
Das neue Arbeitsvertragsgesetz der VRC, in: ZVglRWiss (2008), S. 231–260

Xu, Feng
The emergence of temporary staffing agencies in China, in: Comparative Labour Law & Policy Journal (2008), Volume 30, S. 431–462
Xu, Minglang
- The law does not allow employers to request a non-pregnancy commitment, in: Dong Baohua/Dong Runqing (Hrsg.), Case Analysis on latest PRC Labor Contract Law, Peking, 2007, S. 423–425
- A labor relationship was established by the parties, in: Dong Baohua/Dong Runqing (Hrsg.), Case Analysis on latest PRC Labor Contract Law, Peking, 2007, S. 641 f.
Ye, Hongjun
The relationship between Xiao Ye and the firm is not a labor relationship, in: Dong Baohua/Dong Runqing (Hrsg.), Case Analysis on latest PRC Labor Contract Law, Peking, 2007, S. 314
Ye Jing-Sheng
Labour contracts, in: Vout, Paul T./Ye Jing-Sheng/Yi Yi Wu (Hrsg.), China contracts handbook, 2. Auflage, Hongkong, 2000, S. 157–170
Zhang, Yunqiu
Law and Labor in Post-Mao China, in: Journal of Contemporary China (2005), S. 525–542
Zhang, Zhihong
The dismissal did not infringe upon his right of reputation, in: Dong Baohua/Dong Runqing (Hrsg.), Case Analysis on latest PRC Labor Contract Law, Peking, 2007, S. 507
Zhao, Deming
Draft implementation regulations for labour contract law issued, in: China Law & Practice (2008), Ausgabe Mai, S. 7
Zhao, Yun
China's new labour dispute resolution law: A catalyst for the establishment of harmonious labour relationship?, in: Comparative Labour Law & Policy Journal (2009), Volume 30, S. 409–430
Zhao, Litao/Lim, Tin Seng
China's new Labour Contract Law: Belated convent to better protection of workers, in: East Asian Institute (EAI) Background Brief No. 378, 13. April 2008 [http://www.eai.nus.edu.sg/BB378.pdf], 4. April 2012
Zhou, Cui
Das neue Arbeitsvertragsgesetz der VRC, in: ZIAS (2007), S. 225–237
Zhou, Lily Wei
Labour Union Leader's Wrongful Employment Termination Case, in: China Law & Practice (2007), Ausgabe Mai, S. 36

Zhou, Wei
Zur Grundrechtsbindung chinesischer Gerichte, in: ZChinR (2003), Heft 2, S. 8–17
Zhou, Yi
Will the new Labour Contract Law of the PRC increase cost of doing business in China?, in: China Law & Practice (2008), Ausgabe Februar, S. 75
Zhu, Hui
The labor contract is invalid due to fraud, in: Dong Baohua/Dong Runqing (Hrsg.), Case Analysis on latest PRC Labor Contract Law, Peking, 2007, S. 414, 415
Zweigert, Konrad/Kötz, Hein
Einführung in die Rechtsvergleichung, 3. Auflage, Tübingen, 1996

Chinesische Rechtsvorschriften

Nr.	Rechtsvorschrift	Erlassen am
1.	Bürgerliches Gesetzbuch Teil I	23.05.1929
2.	Bürgerliches Gesetzbuch Teil II	22.11.1929
3.	Gewerkschaftsgesetz	21.10.1929
4.	Fabrikgesetz	30.12.1929
5.	Arbeitsschutzgesetz	23.05.1930
6.	Arbeitsgesetz	07.10.1931
7.	Vorläufige Methode, die Beziehungen zwischen Arbeit und Kapital zu regeln	22.11.1949
8.	Ehegesetz	01.05.1950
9.	Bestimmungen zum Verfahren für die Beilegung von Arbeitsstreitigkeiten	26.11.1950
10.	Bestimmungen über das Ausscheiden von Arbeitern	02.06.1978
11.	Bestimmungen zur Verwaltung von Arbeit in Joint-Ventures	26.07.1980
12.	Bestimmungen zur Belohnung und Bestrafung von Arbeitern und Angestellten in Unternehmen	10.04.1982
13.	Mitteilung über den aktiven Versuch der Einführung des Arbeitsvertragssystems	22.02.1983
14.	Beschluss über die Reform des Wirtschaftssystems	20.10.1984
15.	Allgemeine Grundsätze des Zivilrechts	12.04.1986
16.	Vorläufige Bestimmungen zur Anstellung von Arbeitern in staatlichen Unternehmen	12.07.1986
17.	Vorläufige Bestimmungen zur Durchführung des Arbeitsvertragssystems in staatlichen Unternehmen	12.07.1986
18.	Vorläufige Bestimmungen des Staatsrates zur Entlassung von Beschäftigten in Staatsunternehmen bei Disziplinarverletzungen	12.07.1986
19.	Vorläufige Bestimmungen zur Arbeitslosenversicherung für Arbeiter und Angestellte in staatlichen Unternehmen	12.07.1986

20.	Vorläufige Bestimmungen über die Regelung von Arbeitskonflikten in staatlich betriebenen Unternehmen	31.07.1987
21.	Shanghaier Bestimmungen zu Arbeits- und Personalverwaltung in ausländisch investierten Unternehmen	19.12.1987
22.	Versuchsweise durchgeführte Ansichten zu einigen Fragen bei der Anwendung der Allgemeinen Grundsätze des Zivilrechts	26.01.1988
23.	Verwaltungsbestimmungen zur Regelung der Registrierung juristischer Korporationen	06.03.1988
24.	Ansichten betreffend der weiterführenden Umsetzung des Rechtes ausländisch investierter Unternehmen, Arbeitnehmer anzustellen	05.05.1988
25.	Bestimmungen über den Arbeitsschutz weiblicher Arbeiter	21.07.1988
26.	Unternehmensinsolvenzgesetz	01.10.1988
27.	Vorschriften für die Unternehmensbezeichnungen	21.05.1991
28.	Antwort auf die Frage nach der Dauer eines Arbeitsvertrages	13.02.1992
29.	Ansichten des Obersten Volksgerichts zu einigen Angelegenheiten betreffend der Anwendung des Zivilprozessgesetzes	14.07.1992
30.	Gesetz zur Sicherheit in Minen	07.11.1992
31.	Bestimmungen zur Abwicklung der Entlassung von Arbeitnehmern in Staatsunternehmen	20.04.1993
32.	Bestimmungen zur Beilegung von Arbeitstreitigkeiten in Unternehmen	06.07.1993
33.	Gesellschaftsgesetz	29.12.1993
34.	Antwort auf die Frage nach der Möglichkeit zur Aufhebung von Arbeitsverträgen mit Arbeitnehmern, die an mentalen Krankheiten leiden	14.07.1994
35.	Bestimmungen zur Arbeitsverwaltung in ausländisch investierten Unternehmen	11.08.1994
36.	Erläuterungen zu mehreren Paragraphen des Arbeitsgesetzes	05.09.1994
37.	Bestimmungen über die Entlassung wegen wirtschaftlichen Gründen in Unternehmen	14.11.1994
38.	Vorläufigen Bestimmungen zur Regelung provinzüberschreitender Wanderbeschäftigung ländlicher Arbeitskräfte	17.11.1994

39.	Shanghaier Bestimmungen zu Mindestlöhnen für Arbeitnehmer in Unternehmen	05.12.1994
40.	Shanghaier Bestimmungen zur Verwaltung von Arbeit und Personal in Unternehmen mit Auslandsinvestition	09.12.1994
41.	Maßnahmen für Verwaltungsstrafen bei Verstößen gegen das Arbeitsgesetz	26.12.1994
42.	Bestimmungen betreffend der medizinischen Behandlungsdauer für Unternehmensarbeitnehmer die krank wurden oder eine nicht berufsbedingte Verletzung erlitten haben	01.01.1995
43.	Lösungen für arbeitsvertragliche Probleme im Zusammenhang mit der Implementierung des Arbeitsgesetzes	27.04.1995
44.	Maßnahmen zur Entschädigung wegen Verstoßes gegen die relevanten Bestimmungen über Arbeitsverträge unter dem Arbeitsgesetz	10.05.1995
45.	Ansichten zu einigen Problemen bei der Durchführung des Arbeitsgesetzes	04.08.1995
46.	Bestimmungen zum Verfahren bei Arbeitsinspektionen	20.12.1995
47.	Antwort des Hauptbüros des Arbeitsministeriums zu relevanten Fragen betreffend der Verwaltung der Rekrutierung von Arbeitnehmern	16.01.1996
48.	Mitteilung betreffend mehreren Fragen zur Durchführung des Arbeitsvertragssystems	31.10.1996
49.	Mitteilung zu verschiedenen Fragen betreffend der Mobilität der Arbeitnehmer in Unternehmen	31.10.1996
50.	Pekinger Bestimmungen zur Verwaltung der Beschäftigung chinesischer Bürger durch ansässige Repräsentanzbüros ausländischer Unternehmen	15.06.1996
51.	Antwort auf die Frage, ob es möglich ist, das Arbeitsverhältnis eines Arbeitnehmers zu erneuern, der fälschlicherweise verurteilt wurde und später für unschuldig befunden und entlassen wurde	29.04.1997
52.	Beschluss zur Errichtung einer einheitlichen Grund-Altersrentenversicherung für die Beschäftigten von Unternehmen	16.07.1997
53.	Mitteilung zu verschiedenen Fragen betreffend der Mobilität der Arbeitnehmer eines Unternehmens	31.10.1996

54.	Ausführungsbestimmungen zu den Verwaltungsbestimmungen zur Regelung der Registrierung juristischer Korporationen [i. d. F. vom 25.12.1996]	03.11.1988
55.	Rundschreiben über intensive Anstrengungen bei der Sicherung der Grundlebensbedürfnisse und der Wiederbeschäftigung entlassener Arbeiter in Staatsunternehmen	09.06.1998
56.	Vorläufige Registrierungsvorschriften für Unternehmensgruppen	06.04.1998
57.	Vorschriften über die Registrierung der gesetzlichen Repräsentanten	07.04.1998
58.	Ansichten der Shanghaier Arbeitsbehörde zur Einführung der Vorschriften zur Verwaltung der Beschäftigung von Ausländern in China	14.04.1998
59.	Arbeitslosenversicherungsregeln	22.01.1999
60.	Vorläufige Bestimmungen zum Einzug und der Zahlung von Sozialversicherungsbeiträgen	14.01.1999
61.	Vertragsgesetz	15.03.1999
62.	Registrierungsvorschriften für Zweigstellen von Luftfahrtgesellschaften	18.08.1999
63.	Interpretation I des Obersten Volksgerichts zu einigen Fragen bezüglich der Anwendung des Vertragsgesetzes	19.12.1999
64.	Gesetzgebungsgesetz	15.03.2000
65.	Bestimmungen zur Verwaltung des Arbeitsmarktes	08.12.2000
66.	Interpretation I des Obersten Volksgerichts betreffend verschiedenen Fragen bei der Anwendung des Gesetzes in Arbeitsstreitigkeiten	16.04.2001
67.	Gesetz zur Verhütung und Kontrolle von Berufskrankheiten	27.10.2001
68.	Gewerkschaftengesetz [i. d. F. vom 27.10.2001]	03.04.1992
69.	Shanghaier Arbeitsvertragsbestimmungen	15.11.2001
70.	Antwort des MOLSS auf die Frage, ob wirtschaftlicher Ausgleich gezahlt werden soll, wenn ein faktisches Arbeitsverhältnis beendet wird	26.11.2001
71.	Antwort des MOLSS zu Fragen betreffend der zeitlichen Begrenzung bei der der Bestätigung von Berufskrankheiten	03.12.2001
72.	Pekinger Arbeitsvertragsbestimmungen	24.12.2001

73.	Antwort des Shanghaier Oberen Volksgerichts zu mehreren Fragen betreffend die Anpassung von Fällen in Arbeitsstreitigkeiten	06.02.2002
74.	Rundschreiben I betreffend bestimmte Fragen über die Einführung der Arbeitsvertragsbestimmungen der Stadt Shanghai	17.04.2002
75.	Bestimmungen zu den Standards der Genesungszeit für Arbeitnehmer in Shanghai, die an Krankheiten oder nicht berufsbedingten Krankheiten leiden, während der Dauer der Erfüllung des Arbeitsvertrages	30.04.2002
76.	Rundschreiben der Stadt Shanghai zur medizinischen Behandlungszeit von Arbeitern, die an Krankheit oder nicht-arbeitsbedingten Verletzungen leiden	01.05.2002
77.	Arbeitsschutzgesetz	29.06.2002
78.	Shanghaier Bestimmungen zu Mindestlöhnen für Arbeitnehmer in Unternehmen [i. d. F. vom 21.08.2002]	05.12.1994
79.	Gesetz zur Übernahme von Dorfland Chinas	29.08.2002
80.	Vorschriften zum Verbot der Nutzung von Kinderarbeit	18.09.2002
81.	Rundschreiben der Stadt Peking betreffend mehreren Fragen zur Verwaltung von Teilzeitbeschäftigung	23.04.2003
82.	Arbeitsvertragsverwaltungsbestimmungen der Provinz Guangdong [i. d. F. vom 13.05.2003]	07.04.1995
83.	Ansichten zu mehreren Fragen betreffend Teilzeitarbeitnehmer	30.05.2003
84.	Rundschreiben zu relevanten Fragen der Begutachtung der Arbeitsfähigkeit	26.09.2003
85.	Interpretation des Obersten Volksgerichts zur Führung von Verfahren über die Entschädigungen von Personenschäden	26.12.2003
86.	Bestimmungen zu Mindestlöhnen	30.12.2003
87.	Kollektivvertragsbestimmungen	30.12.2003
88.	Rundschreiben II betreffend bestimmte Fragen über die Einführung der Arbeitsvertragsbestimmungen der Stadt Shanghai	05.01.2004
89.	Bestimmungen über die Arbeitsschutzzulassungen	07.01.2004
90.	Verfassung der Volksrepublik China [i. d. F. vom 14.03.2004]	20.09.1954

91.	Arbeitsvertragsbestimmungen der Sonderwirtschaftszone Shenzhen [i. d. F. vom 25.06.2004]	15.07.1997
92.	Antwort des Obersten Volksgerichts auf die Frage nach dem Beginn der Frist für die Antragstellung des Schiedsverfahrens bei der Schiedskommission für Arbeitsstreitigkeiten wegen der Auflösung des Arbeitsvertrages	20.07.2004
93.	Vorläufige Maßnahmen zur Prüfung, Genehmigung und Überwachung von Wirtschaftsprüfungsgesellschaften	18.01.2005
94.	Beamtengesetz	27.04.2005
95.	Bestimmungen der Stadt Tianjin zur Verwaltung von Arbeit und Beschäftigung [i. d. F. vom 24.05.2005]	01.11.2000
96.	Rundschreiben zur Feststellung von Arbeitsverhältnissen	25.05.2005
97.	Gesetz über den Schutz der Rechte und Interessen von Frauen [i. d. F. vom 28.08.2005]	03.04.1992
98.	Rundschreiben III betreffend bestimmte Fragen über die Einführung der Arbeitsvertragsbestimmungen der Stadt Shanghai	17.10.2005
99.	Sicherheitengesetz	27.10.2005
100.	Rundschreiben zur weiteren Intensivierung der Arbeit zur Beschäftigung und Wiederbeschäftigung	04.11.2005
101.	Gesellschaftsregisterverwaltungsvorschriften [i. d. F. vom 18.12.2005]	24.06.1994
102.	Interpretation II des Obersten Volksgerichts betreffend verschiedenen Fragen bei der Anwendung des Gesetzes in Arbeitsstreitigkeiten	14.08.2006
103.	Unternehmenskonkursgesetz	27.08.2006
104.	Bestimmungen zur Beschäftigung Behinderter	25.02.2007
105.	Arbeitsvertragsgesetz	29.06.2007
106.	Bestimmungen zur Beilegung von Personalstreitigkeiten	09.08.2007
107.	Bestimmungen zu Kollektivarbeitsverträgen in Shanghai	16.8.2007
108.	Arbeitsförderungsgesetz	30.08.2007
109.	Bestimmungen des Obersten Volksgerichts zur Tätigkeit der gerichtlichen Interpretation	03.09.2007
110.	Zivilprozessgesetz [i. d. F. vom 28.10.2007]	09.04.1991
111.	Bestimmungen über Arbeitsvermittlung und Beschäftigungsverwaltung	05.11.2007

112.	Dringende Rundschreiben der Stadt Guangzhou zur Leitung der Massenentlassungen durch Arbeitgeber	14.12.2007
113.	Vorschrift über den bezahlten Jahresurlaub von Arbeitnehmern	14.12.2007
114.	Gesetz zur Schlichtung und den Schiedsgerichten in Arbeitsstreitigkeiten	29.12.2007
115.	Anleitende Ansichten des Guangdonger Oberen Volksgerichts und des Guangdonger Arbeitsschiedsgerichtskomitee zur Anwendung des Arbeitsvertragsgesetzes so wie des Gesetzes über die Schlichtung und Schiedsgerichte in Arbeitsstreitigkeiten in der Guangdong Provinz	23.06.2008
116.	Ausführungsbestimmungen zum Arbeitsvertragsgesetz	03.09.2008
117.	Ansichten des Oberen Volksgerichts Shanghai zur Anwendung des Arbeitsvertragsgesetzes	03.03.2009
118.	Interpretation II des Obersten Volksgerichts zu verschiedenen Angelegenheiten betreffend der Anwendung des Vertragsgesetzes	24.04.2009
119.	Versuchsweise Ansichten zur Verlängerung des Verfahrens zur Beantragung der Basisrente für Fachpersonal in Shanghai	06.09.2010
120.	Interpretation III des Obersten Volksgerichts betreffend verschiedenen Fragen bei der Anwendung des Gesetzes in Arbeitsstreitigkeiten	13.09.2010
121.	Sozialversicherungsgesetz	28.10.2010
122.	Vorschriften zur Beschäftigung von Ausländern in China [i. d. F. vom 12.11.2010]	22.01.1996
123.	Arbeitsunfallversicherungsregeln [i. d. F. vom 20.12.2010]	27.04.2003
124.	Gesetz über die Gesetzesanwendung bei ausländischen Zivilrechtsverhältnissen	01.04.2011
125.	Bestimmungen für Einzelgewerbetreibende	16.04.2011
126.	Strafprozessordnung [i. d. F. vom 14.03.2012]	01.01.1980

Schriften zum Recht der Arbeit

Herausgegebenvon Olaf Deinert / Rüdiger Krause

Das Arbeitsrecht regelt die Bedingungen, unter denen durch Kooperation von Arbeitgebern und Arbeitnehmern wirtschaftliche Werte geschaffen und die daraus entstehenden Erträge verteilt werden. Dabei muss sich das Arbeitsrecht in einem immer stärkeren Maße den Herausforderungen einer globalisierten Ökonomie einerseits und sich ständig verändernden gesellschaftlichen Anschauungen andererseits stellen. Das Arbeitsrecht nimmt daher eine zentrale Rolle in der Struktur moderner Industrie- und Dienstleistungsgesellschaften ein. Kein anderes Rechtsgebiet steht deshalb so stark im Spannungsfeld der politischen und sozialen Kräfte sowie zugleich im Blickpunkt der Öffentlichkeit. Die Reihe „Schriften zum Recht der Arbeit“ soll die wissenschaftliche Auseinandersetzung mit dem Arbeitsrecht und dem betrieblichen Sozialrecht fördern, indem sie einen Rahmen für einschlägige Publikationen schafft. Sie vereint vorwiegend Dissertationen zu diesen Themen, die mit mindestens „cum laude“ bewertet worden sind.

Manuskriptvorschläge sind in Papierform an die Herausgeber zu richten: Professor Dr. Olaf Deinert / Professor Dr. Rüdiger Krause, Institut für Arbeitsrecht, Georg-August-Universität Göttingen, Platz der Göttinger Sieben 5, 37073 Göttingen.

Band 1 Elisa Maria Wolf: Druckkündigungen mit diskriminierendem Hintergrund. 2012.

Band 2 Daniel Hader: Die Differenzierung nach der Gewerkschaftsmitgliedschaft durch Vereinbarung. 2012.

Band 3 Nils Seibert: Die Begründung und Beendigung von Arbeitsverhältnissen und Arbeitsverträgen. 2012.

www.peterlang.de

www.ingramcontent.com/pod-product-compliance
Ingram Content Group UK Ltd.
Pitfield, Milton Keynes, MK11 3LW, UK
UKHW021125041026
8980IPUK00026B/424

9 783631 637548